谨以此书献给有志于报效国家
努力实现梦想的年轻创业者们

BURNING K-LINES

燃烧的 K 线

中国股市沉浮录

芦世明 ◎著

卢柯青　刘雨蒙 ◎整理

中国财经出版传媒集团

经济科学出版社

Economic Science Press

图书在版编目（CIP）数据

燃烧的K线：中国股市沉浮录/芦世明著；卢柯青，
刘雨蒙整理．—北京：经济科学出版社，2020.3（2020.12重印）
ISBN 978 - 7 - 5218 - 1248 - 0

Ⅰ．①燃… Ⅱ．①芦…②卢…③刘… Ⅲ．①股票
市场 - 研究 - 中国 Ⅳ．①F832.51

中国版本图书馆CIP数据核字（2020）第021628号

责任编辑：王红英
责任校对：蒋子明
责任印制：邱 天

燃烧的K线

——中国股市沉浮录

芦世明 著

卢柯青 刘雨蒙 整理

经济科学出版社出版、发行 新华书店经销
社址：北京市海淀区阜成路甲28号 邮编：100142
总编部电话：010 - 88191217 发行部电话：010 - 88191522
网址：www.esp.com.cn
电子邮箱：esp@esp.com.cn
天猫网店：经济科学出版社旗舰店
网址：http://jjkxcbs.tmall.com
固安华明印业有限公司印装
787 × 1092 16开 26印张 400000字
2020年4月第1版 2020年12月第3次印刷
ISBN 978 - 7 - 5218 - 1248 - 0 定价：79.00元
（图书出现印装问题，本社负责调换。电话：010 - 88191510）
（版权所有 侵权必究 打击盗版 举报热线：010 - 88191661
QQ：2242791300 营销中心电话：010 - 88191537
电子邮箱：dbts@esp.com.cn）

导　读

　　中国股民，一个诞生于二十世纪九十年代，希望通过股票投资改善一下生存条件的弱势群体。在社会上，他们被一些人视为不务正业、谋求一夜暴富的另类；在市场上，被大股东和资本大鳄视为随意掠夺和屠杀的羔羊。他们忍受恐惧和绝望的煎熬，挣扎在一种极为险恶和不公平的环境之中。然而，正是这些人肩负起中国几千家上市公司，承载着中国经济的稳固和发展。

　　可以说，中国股票市场的建立和发展，成为了20多年来推动中国经济高速发展的强大引擎。没有中国股票市场，就没有今天中国经济的巨大成就。不管股民出于什么动机和目的进入股票市场，客观上都对中国经济的发展做出了伟大的贡献。没有千千万万的股民在股票市场上，不屈不挠、前赴后继做出的巨大贡献，就不会有现在几千家支撑着中国经济的上市公司。千千万万的投身于股票市场的股民正是中国改革的先行者和推动者，每一个正在享受着社会高度物质文明和精神文明的中国人都应该客观、公正地认识他们，对他们怀有感激之情。

　　作者自1996年进入股市，经历和见证了中国股市20多年的发展历程，亲身感受了中国股民的心路历程，为他们在中国股市中跌宕起伏的人生叹喟不已，决意以小说的形式为一代股民造像。作品取材于身边的股民朋友，真实地再现了他们在股市里拼搏、挣扎的岁月。这里有草根阶层到亿万富豪的华丽转身，也有资本大佬破产后亡命天涯的凄凉；有贫困大学毕业生实现财富梦想的奋斗，也有成功人士倾家荡产后的苦难境遇；有退伍战斗英雄下岗后的浴火重生，也有无数梦想暴富者一夜之间梦幻破灭的闹剧；当然，还有在股市里苦苦挣扎着的小散股民。

有人把股市比喻成和平年代的战场，虽然没有炮声隆隆、刀光剑影，但诡诈、凶险无处不在。投资者在感受着博弈时的刺激和快感之余，更长的时间是在忍受着漫长的等待和资产巨大损失后的痛苦和折磨。置身股市里的人，尤其是中小股民永远也得不到真正的快乐和幸福，除非离开股市。

股市以其独特的魔力，在给你无尽折磨和惨痛打击的同时，又赋予你无限美妙的幻想和一夜暴富的梦境。在股市，人性的弱点暴露和放大到了极致，贪婪、恐惧、追涨杀跌、投机取巧、急功近利，呈现出了一幅幅活生生的人性百态图。有时，即便自己的判断和操作是正确的，也会被盘面上正常的波动所干扰，放弃了自己正确的选择。就这样，很多人在交易过程中一个接着一个重复着自己的错误，直至身心疲惫、弹尽粮绝。

作为一个股票投资者应该了解股票的起源，就像了解我们人类的起源一样。

400 多年前，中国正经历着新旧朝代的更替。在遥远的荷兰一个叫阿姆斯特丹的小城，出现了一家载入史册的东印度公司。这个公司为了解决发展过程中的资金困难问题，开创了通过股票来筹集资金的模式，于是，东印度公司成了世界上第一家股份公司。此后，公司快速扩张，几乎垄断了全世界的海运市场，因此也发展成为世界上最强大的公司。此举使小国荷兰率先成为当时世界上的经济霸主。

随即，荷兰成立了世界上第一个证券交易所——阿姆斯特丹证券交易所。

股份公司一旦产生，就如星星之火，很快在资本主义国家形成了燎原之势。股份公司的发展使得资本主义社会进入了一个全新的时代，它推动了国家的经济、军事、科学技术等多个方面都驶入了高速发展的快车道。

为了推动股份公司这个具有强大生命力和作用的经济成分不断发展，世界上股份公司发展迅速的国家先后成立了证券交易所。

在 19 世纪 80 年代初，中国上海就有一批企业集股筹资，并出现了发行股票的机构。1891 年上海成立了最早的证券交易所。

进入 20 世纪 80 年代中期，崛起中的中国随着改革开放的深化，建立股份制经济和证券市场的大戏拉开了帷幕。

1984 年 7 月，北京天桥股份有限公司和上海飞乐音响股份有限公司经中国人民银行批准向社会公开发行股票。

1984 年 10 月，中共十二届三中全会通过了《关于经济体制改革的决定》，股份制也由此开始进入了正式试点阶段。

1986 年 9 月 26 日，中国第一个证券交易柜台——静安证券业务部的开张，标志着新中国从此有了股票交易。新中国第一股——上海飞乐音响股份有限公司在南京西路 1806 号静安证券业务部正式挂牌买卖，当天上市的 100 股股票不到一个半小时即被抢购一空。

1986 年 11 月 14 日，邓小平会见纽约证交所董事长约翰·范尔霖，并向其赠送了中国第一股——飞乐音响股票。

1990 年 3 月，政府允许上海、深圳两地试点公开发行股票，两地分别颁布了有关股票发行和交易的管理办法。

1990 年 12 月 19 日，上海证券交易所成立。

1991 年 7 月 3 日，深圳证券交易所正式开业。

沪深两个交易所的成立，标志着中国证券市场的形成，为中国企业的发展和壮大构建了一个完善的融资平台。从此，中国经济进入一个高速发展的时代。

中国的证券市场与美国等国家成熟的市场相比有着许多的差异。美国证券市场应该说是一个相对理性、成熟的投资市场，只要没有大的经济危机和灾难事件发生，市场不会轻易大幅波动和暴跌，股市随着国家经济的发展在不断上涨。而中国股市的运行却呈现着周期性的变化和波动，是一个投资和投机并存的市场。所以，在中国进行股票投资，科学的投资理念和对市场运行规律的正确认识很重要。

股票市场作为国家金融的组成部分、国民经济的晴雨表，随着经济的发展，发挥着越来越重要的作用。股票投资已经成为很多人投资理财的主要方式。以前证券公司人头攒动的交易大厅里老头老太太的身影越来越少，取而代之的是大批涌入市场的具有高学历和专业知识并富有冒险精神、怀揣梦想的年轻人。尤其是2015 年股市的大幅波动，刺激带动了一大批刚刚走出校门的大学生踊跃入场。互联网的发展给股票投资者提供了更为便捷的服务，人们坐在家里或办公室，甚至在旅途中也可以利用手中的手机进行交易。国家组织的每年多次的证券和基金从业资格考试，志愿报名和参加人数超过了任何其他的专业资格考试，形成了一道万众积极学习证券专业知识的靓丽风景。

作者笔下中国股市风起云涌的盘面上，红色与绿色的 K 线之间，是梦想的开始、资本的流动、欲望的燃烧、成败的转换，也伴随着时间的流逝。作者亲历的20 年历程并不长，但其间演绎了多少悲壮、惊艳的股市人生。这些人生故事还在不断更新、演绎着。

目 录

第一章　初入股市

史明挂断电话，心里五味杂陈。电话是柏青打来的，请史明参加后天由他发起并控股的双丰基金管理有限公司的挂牌仪式。他谦和的语气中含有满满的自信和掩饰不住的喜悦。

柏青现在身价到底多少，史明也说不清。但从前一段时间，多家上市公司十大流通股东列表中同时出现他的身影，不难推测他在股市的资产至少有4亿元人民币。他不再是20年前那个站在人头攒动的股票交易大厅旮旯里，怀揣着东凑西借筹来的两万元钱，仰着头看电子屏幕上股票行情的小散股民了。现在，他即将驾驭着宁夏最受关注的私募基金公司，在股海里乘风破浪，驶向梦想的彼岸。

真是人各有命、造化弄人，同样也是在股市，可是自己呢，从20年前一个身价千万、事业有成的私企老板变成了一个感叹英雄迟暮的落伍者。在本应是功成名就的年纪，却还像一匹冰天雪地里的老狼，拖着疲惫的身躯，不服输地搜寻着再创辉煌的机会。

这些年来，史明最后悔的就是当初选择了股市。股市彻底改变了他的人生，夺走了他曾经拥有的一切，使他经历了常人难以忍受的挫折和煎熬。自从进入股市那一刻起，他就不曾真正快乐过。

20年的股市沉浮留给他的记忆是刻骨铭心的，一切历历在目，挥之不去。

史明是1996年秋季进入股市的。当时，33岁的史明经营着一家专门生产和销售羊绒服装的制衣公司和一家餐饮娱乐中心。制衣公司生产的"诗人"牌绒类服装深受市场青睐，在全国许多知名商场都设有销售专柜。公司每年三千多万元的经营收入，这在经济发展相对落后的西部地区，已经是一个有相当规模的民营企业了。

提起股市，史明就不由自主地想到了海俊杰。正是这个人将自己引入了股市，他的人生之路也就因此拐了一个弯。

史明是在参加宁夏企业家协会组织的欢迎广夏公司董事局主席陈元的宴会上认识海俊杰的。广夏公司是他们省在中国证券市场上第一家上市公司，公司设立在深圳特区，因从事计算机行业，属高科技板块，在当时的中国证券市场上风光无限。

那天，出席欢迎宴会的多是些宁夏知名企业家，为了提高宴会规格，企业家协会特意邀请了主管经济的自治区副主席徐谦。

欢迎宴会在欢快的气氛中开始，徐谦副主席首先起立高举酒杯，热情洋溢地致了欢迎辞：“今天我们在这里欢聚一堂，热烈欢迎广夏公司董事局主席陈元一行荣归故里，感谢广夏给家乡人民带来荣耀，并预祝广夏这艘我省企业的旗舰在主席阁下的驾驭下，在市场经济的海洋里乘风破浪，取得更大的辉煌！”

一阵热烈的掌声后，杯声哗然、笑声荡漾。敬酒毕，广夏公司陈元主席理了理领带，含笑扫视众人后，礼貌地转向徐副主席答谢道：“感谢徐副主席阁下及诸位亲朋挚友，我们之所以能取得今天的成绩，完全仰仗我们省政府的大力支持和朋友们的帮助，我们只是做了应该做的事，能为家乡增一点荣光也是我们的荣幸。我提议，为家乡明天的繁荣昌盛干杯！”

陈元主席年过五旬，但青丝茂然、皮肤光润，棱眉下两眼炯炯有神。他那挥洒自如、举止有度的做派和蜻蜓点水般的寥寥应答之语，能让人感觉到此人内功深厚，绝非简单的商界名流。他情真意切的致辞赢得了一片掌声，人们纷纷起身，众星捧月般地逐个和陈元碰杯祝酒。

宴会进行不久，就有一些企业领导急不可待地向陈元请教，深圳有什么好的投资机会和项目，广夏公司有没有我们可以合作的项目。面对众多昔日熟人朋友如饥似渴的样子，陈元不便推辞什么，指了指坐在他身边的海俊杰说：“这是我集团投资部的总经理海俊杰，对于深圳的投资机会和项目他了解得比我要清楚，他可以给大家介绍。至于有朋友愿意和我们银广夏合作，你们也可以事后和海总交流一下，需要我帮忙的地方，我责无旁贷。"

海俊杰，看起来有 40 岁的样子。这是一个具有典型儒商气质的人。他穿着一身考究的藏蓝色西装，戴着一副金丝边的眼镜，身材不高，显得十分结实，在儒雅外表的深处，隐藏着一丝难以掩饰的精明。

这是一个善于表现自己的人，不会错过任何一个讨上司欢心，表现自己的机会。陈元话音刚落，他抿了一口茶，用湿巾擦了擦嘴角，起身抚了抚眼镜，用充满磁性的声音说道："首先，我要告诉各位领导和贵宾的是我也是随陈元主席从家乡到深圳的，我是地地道道的本地人。深圳作为中国改革开放的最前沿，确实是一块创业者的热土。深圳的人思想观念和我们内陆地区的人有着巨大的差距，他们敢想敢干，热情澎湃，充满着创业激情。这确实是在内陆地区，尤其是我们西部地区很难感受到的。深圳确实投资机会很多，但这对投资者专业知识和资金实力要求也逐渐高了起来。所以，如果有人对深圳感兴趣，有投资愿望，我建议大家可以到深圳来实地考察调研，我们可以全力以赴给予帮助。不过眼下就有一个比较好的投资机会，就是证券投资，也就是我们所说的股票投资。有了计算机后，股市投资几乎和上海、深圳同步，这样你们也不用再抛家弃业到深圳了。"

说到这，海俊杰回头看了一眼陈元，并没有发现上司有什么不悦的表情，反而似乎对他的话题也表现出兴趣。于是，他更有兴致地讲了起来："自 1990 年 12 月上海证券交易所成立以来，1991 年 7 月深圳证券交易所相继成立，经过五年多的发展，中国证券市场已具备了一定的规模，加上现在股票交易已经完全计算机化，操作起来简单、方便、快捷，现在正是入市的最好时机。投资股市门槛不高，几十万、几百万都可以。现在上市的有许多高科技和新兴行业的公司，与其自己建厂房、买设备，到处寻找管理和技术人才开办工厂，还不如把有限的资金直接投入到已经上市的优质公司，坐享其成。值得给大家提出的是，公司一旦上市，就具有资金上的优势，公司的发展要比没有上市的公司快得多，所以投资上市公司股票是一个很不错的选择。"

史明像多数参加宴会的人一样，被海俊杰富有新意的建议感染了。确实，自己办企业，涉及的环节太多，地处相对闭塞的西部，找个像样的技术和管理人才都很难，加上当地又没有什么优势，想生产个能在市场上站住脚跟的产品都不容易。想想自己这么多年的折腾，办小钢厂，为了找技术人员跑遍了省内外，厂子好不容易开张了，生产不到两年就因环境保护和产品质量方面的问题被政府限产取缔了。

开制衣公司，没有好的设计人员，硬是高薪从北京、上海请。产品出来了销售又是问题，进大城市商场门槛太高，好容易进去了，各种费用加到一起占到了销售价格的三成。价格高了没人买，营业额上不去还要给商场赔损失，价格低了要赔钱。两年多时间，自己就像个消防队员一样，上午还在上海，下午又到了哈尔滨，整天飞来飞去，公司表面上看起来一派兴旺景象，但这一切背后的艰辛只有他自己知道。现在自己的企业正好遇到了瓶颈，如果股市像海俊杰所说那样，那倒不失为一条新的生路。

由于宴会上人多不好细说，史明和海俊杰互换了名片，相约抽时间面谈。

三天后的一个晚上，史明和海俊杰相约来到了银川市区玉皇阁东边一家店名"心灵花园"的音乐茶座。这是一家中式风格的茶座，灯光明亮但不炫眼，茶座的三面墙上点缀着几幅名人字画，使环境显得格外优雅。清脆、灵透的古筝曲流淌在整个空间，如潺潺细水浸润人的心田，把你紧绷了一天的身心一下子带进了青山绿水之间。靠窗落座以后，清纯、靓丽的女服务生送来了茶单，两个人实在不忍心干扰这舒心美妙的环境，随意要了两杯绿茶，便轻声交谈起来。

交谈自始至终轻松愉悦。其实，人是讲缘分的，有些人相处了许多年，从未有过一次的交心，但有的人初次见面就不由得生出来一份一见如故、相见恨晚的感觉。有了几天前宴会上初识的前戏，史明和海俊杰没有常人初次交谈时彼此之间的猜测和设防。

他们聊了很多，先是谈起了邓小平改革开放政策的伟大历史功绩以及中国当今的政治生态，又谈起了中国改革开放局面和制约民营经济发展的许多不利因素，还谈到了创建企业文化和产品品牌的作用。谈话之中自然也少不了历史、哲学、文学艺术方面的内容。

很快，他们就像多年未见的故友敞开心扉向对方讲述了自己的人生经历，倾诉了自己这一路走来的艰辛和委屈，以及现在自己的困惑和忧虑，当然，谈得更多的是对今后人生的规划和憧憬。酒逢知己千杯少，话不投机半句多。不经意间几个小时过去了，史明见天色已晚，便将谈话拉入了正题。他向海俊杰请教一些股票投资中相关专业和技术上的问题，海俊杰是有问必答。

随着交谈的深入，海俊杰就对这位小自己十来岁，事业有成的年轻人产生了好感。

在刚见面时他只是觉得这个年轻人与众不同。他宛若黑夜中的鹰，冷傲孤清却又盛气逼人，孑然独立间散发的是傲视天地的强势。随着他们谈话的融洽和了解的深入，他慢慢感觉到了他那俊俏、帅气的脸上出现的一抹温柔和他身上散发出来由各种气息混合而成的一种特殊的气质，在那些温柔与帅气中，有他自己独特的空灵与俊秀。他学识渊博、才思敏捷、胸怀大志，却又显得谦和、低调，一点也没有少年得志的轻狂和粗俗。

海俊杰在内心深处渐渐对他泛起了一种不曾有过的特殊情感。当他听了史明24岁白手起家开始创业，经历了那么多艰难和委屈后产生了强烈的冲动，他想尽自己所能好好帮助一下他。

当史明问到股市投资将来前景如何时，海俊杰语气严肃地说："股市有个'七二一'现象，即70%的人赔钱、20%的人不赚不赔、10%的人赚钱。股市是天堂同时也是地狱，它可以让你创造奇迹和神话，也可以让你短短几天内倾家荡产陷入万劫不复之地。所以，你必须首先确定正确的投资理念和交易方法，在入市之前，找些相关书籍和资料好好学习一下，把功课做足。当然，理论上的东西要和实践结合起来需要一个过程，没有在市场上磨炼过相当长时间的人，不能算一个成熟的投资者……"

海俊杰给他讲了当时股票市场上的风云人物杨百万的故事。

史明对杨百万这个人和他在股市挣了多少钱没有产生多大兴趣。在股市挣几百万元钱，对一般的小股民来说也许值得羡慕，对于在商场驰骋了多年的他来讲，也只是一个数字而已。但杨百万在股市成功的事例倒是让他眼前一亮，神奇的股票市场引起了他的浓厚兴趣。他甚至有点自责，自己除了经营企业外，对外部世界的了解太少了。中国建立了股票市场，一个在中国改革开放进程中这么重要的事件，6 年多时间了，自己竟毫无知觉。

史明问道："海总，杨百万真有那么神奇吗？你认为他在股市成功的秘诀是什么？"

海俊杰思考了一会说道："杨百万绝对是中国股市最惊艳的传奇之一。他之所以成为上海滩第一批证券投资大户，股票市场上炙手可热的风云人物，能够笑傲风云变幻的中国股市多年不倒，不仅源于他对国家政策的正确理解和对市场的深刻认识及感悟，而且更重要的是他能及时把握对自己有利的机会和对风险进行有效的预防和控制。"

海俊杰似乎察觉到了史明不以为然的心理，又郑重其事地对史明说："如果你决定进入股票市场，做一个股票投资者，就一定要好好研究一下世界股神巴菲特和杨百万他们成功的范例，借鉴一下他们的实战经验与技巧，切不可轻举妄动，感情用事。股票市场绝不同于你办企业，股市里经常风云突变、险象环生，一切你都掌控不了。"

史明是第一次听到巴菲特和杨百万这两个名字，他惭愧自己在商场这么多年竟不知道这两个人是何人。与此同时也被这两个人的成功深深地吸引了，他眼前展现了一个无限神奇和刺激的世界，他感觉到了周身的血液在激荡、在沸腾。

他确实没有对海俊杰的忠告产生足够的重视，更没有退却，一向心高气傲、自信满满的他暗自对自己说：既然有 10% 的人赚钱，我为什么不能呢，在战争中学习战争吧，我一定在股市里找到属于自己的一片天空。

从茶座出来，夜深了。凤城银川散去了白天的喧闹，街上行人和车辆已经很少了，两边的建筑物被夜色笼罩着，偶尔闪烁着的灯光也变幻莫测，给人一种神秘的感觉。街道巷子深处传来的一阵狗吠声，仿佛是在向人们警示着什么。

史明和海俊杰两个人并肩走在大街上，丝毫没有被周围的一切所影响，依然一边交谈着一边向回家的方向走着。

史明是个雷厉风行，说干就干的人，第二天就到证券公司办理了开户手续，并安排公司财务人员将200万元转入证券账户。当时，200万元是一笔不小的资金，在当地，200万元就可以注册一家房地产开发公司，一年能给国家上缴税收超过100万元的民营企业也就屈指可数的几十家。原本在入市之前，史明打算公司管理层开个会商量一下，但怕有人提出反对意见，动摇了他的决心。于是，这件事他也就没有告诉公司的任何人。

西北证券公司在银川的股票交易厅设立在财政厅办公大楼的一、二楼。一楼是交易大厅，用于客户办理业务和散户观看行情和交易；二楼是办公室和五六间大户和机构操作的房间。1996年计算机和网络还不普及，观看股市行情和操作交易必须要到证券公司。

这是史明第一次来到股票交易大厅。大厅前的街道边拥挤着许多手里拿着各种各样证券类报纸和刊物高声叫卖着的小贩，大厅外两边堆满了各种五颜六色的自行车。

走进大厅，500平方米左右的大厅正面墙上悬挂着巨大的股票行情电子显示屏，屏幕上不断闪动红色和绿色变化着的数字。大厅中央的七八排长条椅上坐满了仰着脖子大呼小叫的股民，椅子周围是密密层层拥挤的人群，可怕的叹息声、叫骂声、欢呼声此起彼伏，竟到了两个人面对面大声喊话都听不清的程度。人群中有发亮的头顶、灰白色的头发，有因吃惊而惨白、沮丧的面孔，有因激动发疯似的手舞足蹈的身子。总之，人们都像着了魔一般，让人仿佛进入了一个惊异、恐怖的世界。

史明看到这种景象，内心涌起了一种从未有过的迟疑和忧虑。过了一会，他还是镇定了一下自己的情绪，毅然穿过人群找到工作人员，在他们的引导下，走进了自己交易的房间。

史明的交易房间是二楼的206室。证券公司对客户按资金多少分为几类，安排在不同的交易场所中。史明的入市资金是200万元，享有机构优待，自然被安排在一个单独的交易房间。房间和一般的办公室没有什么区别，没有特别的装修，陈设也很简单，20多平方米的样子。房间靠墙摆着的办公桌上放着两个电脑显示屏，便于交易和观看股票行情；办公桌对面有一个宽大的三人沙发，闲暇时间可以躺着休息一会；房间内唯一的奢侈品就是一部挂式空调。当然，这个环境对当时挤在大厅里的小散股民来说，已是人间天堂了。

进入一个新的领域，和大多数人一样，史明的心情不免有些兴奋和紧张。这是他第一次接触到股票分析和交易系统，一切对他都是那么陌生和新奇。他先是熟悉了一下交易系统和操作方法，然后对分析系统有了一些粗浅的了解，慢慢学会进入到各股的盘面，查看股价走势图形、查阅公司资讯。

他永远也不会忘记，他是在任何技术指标都不了解，也看不懂，更不知道怎么用的情况下，1996 年 12 月 30 日开始的第一笔交易。也就是这一笔交易将他带进了一个充满着凶险、变幻莫测的世界，开始了希望和绝望、喜悦和痛苦交替，内心整日被忧虑、恐惧、期待煎熬和蹂躏的股市人生。

这天不到 9 点，他就让司机把他送到了证券公司，他在交易大厅门口买了一份当天的《证券时报》，走向自己房间。进了房间，倒了一杯茶，随手打开买来的报纸，一篇介绍格力电器股票的文章映入眼帘。文章说格力电器今年业绩增长很快，"10 送 10"的分红除权后一定会有一波填权行情。因为刚入市对其他公司股票还没有一点印象，格力电器一下植入了他的心田，他决定今天全仓买入格力电器。

好不容易挨到了开市，格力电器以 36.8 元的最低价开盘，看着股价慢慢向上涨，史明急不可待地以 36.9 元的价格买入 20000 股，由于先前对股票交易系统的操作做过练习，所以交易很顺利。等股价达到 37 元时，他将账面上的资金全部买入，总计买了 54000 股，那天格力电器的收盘价是 38.99 元。第一次交易就挣了近 10.8 万元，史明喜悦的心情难于言表，他起身原地转了几圈，挥舞着双手差点喊了出来，原来股票投资这么简单，挣钱如此容易！

第二天，格力电器股价没有太大的变化，收盘时股价跌了 0.5 元，收到 38.49 元，账面盈利缩水了 2.75 万元。第三天，情况出现了大逆转，股价以 37.5 元，跳空低开 2.75%，稍作整理后继续下跌，最后股价以 36.83 元收盘，下跌了 4.31%，资金账户开始出现了亏损。第四天，情况并没有像史明盼望的那样出现好转，股价延续着前日的走势，继续下跌，收盘价 36.07 元，跌幅

2.06%，账面亏损5.4万元。

最可怕的是第五个交易日，史明清楚地记得那是1997年1月6日，星期一，地处中国西部银川的一个冬天。天气阴沉，满天是厚厚的、青灰色的乌云。街道上残留着斑斑雪迹，车辆稀稀拉拉地蠕动着。西北风呜呜地呼叫，肆虐地在空中飞舞，街道两旁光秃秃的树枝被吹得左右摇摆，发出阵阵哀鸣。街上行人的脸被风吹得像刀割一般，疼痛难忍。他们大都一个个竖起衣领，猫着腰低着头碎步快走着。

史明走进房间，用双手捂了捂被风刺得生疼的双颊，伸展了一下身体后，打开了电脑。他倒了一杯热茶，坐在屏幕前，双手捧着烫手的茶杯，急切地等待着股市开盘。

股市终于开盘了，出现的情况完全出乎史明的预料。格力电器以更低的价格35.2元，下跌2.41%开盘，然后，股价费力地向上挣扎。就像一条泥土中蠕动的蚯蚓，头颈猛然向上一仰，瞬间触及了一下35.47元的价格。上午10点，没有任何征兆，格力电器股价突然一路狂泻，还没有等人反应过来，10分钟内就砸在了32.45元的跌停板位置上，随即，千万股的抛单像山一样压在了上面。那情景就像一块巨大的石头，从高空坠落，重重地砸在大地上，没有丝毫的动静。

史明木然地看着屏幕，脑子一片空白，整个世界仿佛一下子凝固了。过了许久，他的思绪才回到现实之中。他扫了一眼账户，看见资产只有175.23万元了。史明毕竟是在商海里折腾了10多年的人，20多万元的损失并没有让他太慌张，只是觉得很心疼。

没有想到股市如此的惨烈和变幻莫测，他需要好好思考和慢慢适应一下。

有了前日经历，史明似乎精神上多少有了些准备，他没有像一般股民那样急切地盼望股价马上涨上去，而是静观事态的变化。格力电器的股价下跌并没有结束，只是没有先前那样凶残了。以后的20多个交易日里，股价有涨有跌，但重心一直在下移，没有一点向好的迹象。

就在1997年2月18日这一天，格力电器股价又重复了上次的情景，33.8元开盘，稍微向上到33.9元的价格后，转头向下，又是一路狂泻。眼看就要跌停板了，史明马上将手中的54000股以跌停板的价格挂出卖单，但还是迟了，不断涌出的抛单又将股价砸在了 30.56 元的跌停板上。看着零零星星一手、两手的买单，他急切地等待着自己的卖单能够成交，一直等到下午收盘，他的卖单最终没有成交。

那一天，史明觉得时间过得特别慢，心里一直忐忑不安。他希望明天早点到来，决定无论什么价格，都赶紧将手中的股票抛出，实在不想再拿这只让他担惊受怕，受尽煎熬的破股了。

第二天的情况没有他想象的那么坏，格力电器股价比昨天的跌停板价格高了 0.1 元，以 30.66 元的价格开盘。史明没有多想，坚决地将手中的股票全部抛出。最终他的抛单以 30.7 元的价格成交，入市第一笔交易以亏损 34.22 万元结束，账面 200 万元的入市资金剩下 165.78 万元。

格力电器股票投资的失败使史明明白了一个道理，在格力电器业绩大幅增长和"10 送 10"利好题材出来之前，主力和庄家已经将股票价格拉升了很大幅度，他们已经挣得盆满钵满，他们的目的就是借利好和除权的时机抛出自己手中的筹码，报纸上的文章是在为主力出货施放烟幕，诱导小散股民进场以便主力出货，报纸上写文章的人也许就是主力和机构所雇用的枪手。股民必须清醒地认识到，主力和机构最终要的是真金白银，而绝不是股票。

第一次出手就受到了如此重创，史明陷入了沉思之中，海俊杰对他的嘱咐在耳边响起，他意识到了股票市场的变幻莫测和随时随地会出现的风险。他觉得自己需要静下心来好好学学专业知识和研究一下这个新的领域。

第二章 股市百态

紧挨着 206 室的 205 室是个大户室。同在一个楼层，经常见面，彼此打个招呼，时间久了，也就自然熟悉了。205 室有三个人，两男一女，两个男人是大家都称呼朱工和杨总的人，女人名叫方芳。听证券公司工作人员说，这几个人都是老股民了，到他们这里也快有两年时间了。

朱工，很少有人知道他的真实名字。40 多岁的样子，中等身材，稍有点瘦削，圆脸，有些松弛的泡泡眼，稀疏的头发有些卷曲，两鬓已经开始发白，看起来要比实际年龄大得多。他一年四季都穿着一件浅白色的夹克衫，老是一副没有睡好、懒懒散散的样子。其实，这都只是他的表象，隐藏在这一切背后的却是他超乎常人的敏捷和果敢。在股市，他就像一只栖息在大树上的老鹰，随时会对它感兴趣的猎物张开利爪，猛扑过去。

他是一家建筑设计院的工程师，自己有一个专门从事水暖工程的安装队。妻子是一所大学的教授，儿子刚刚办理了到英国留学的手续。朱工的弟弟是中国改革开放前期最早一批国家公派到美国学习金融专业的留学生，学成归来后，在深圳一家证券公司当副总。所以，他经常会有一些关于大盘走势和市场政策方面的消息告诉大家。

据朱工自己讲，他是在弟弟的建议下 1993 年就入市了。刚开始他是在全国各地跑着认购新股和买卖内部职工股。最后他干脆把家里的所有积蓄，还包括父母的存款都拿了出来，又东凑西凑凑齐了 50 万元钱，向单位请假跑到深圳去炒股。结果，不到一年的时间，50 万元就赔掉了一大半。1993 年的 50 万元可不是个小数字，那是多少人辛辛苦苦省吃省穿才能积攒下来的呀！为此，他愁得整夜整夜睡不着，头发掉了一大半。就为这事，他父母现在都不让他弟弟回家。最后，眼看账面上的钱越来越少，迫不得已又回到了银川。回来后，他利用手里仅剩的钱组建了一个水暖工程安装队。利用在单位的工作之便以及和工程建设单位广泛的人脉关系，他的工程队很快承接了许多工程，打开了工作局面，经营状况良好，用了一年多时间就把外债都还清了。1994 年，手头宽裕了，听说西北证券在银川开了股票交易厅，又忍不住凑了 50 万元杀进了股市。现在还好，不到两年时间，账面资金已经翻了一番多。

杨总全名杨跃进，出生在 1958 年，思想激进的父亲给他起了一个具有时代烙印的名字。杨总是本地回民，以前经营着一家羊绒贸易和加工的公司。羊绒素有"软黄金"之称，20 世纪 80 年代价格一吨就超过了 100 万元，所以经营羊绒贸易和加工必须具有很大的资金实力。1989 年的 5 月杨总还是银川屈指可数的几个身价千万级的大佬。当时，他的公司受美国一家老客户公司的委托，为其收购加工 80 吨羊绒。就在他按对方要求将羊绒加工好，准备给美方公司交货时，1989 年下半年，全球市场上的羊绒大战发生了，美国伙同一些西方国家终止了与华贸易。要货的美方公司不见了踪影，加工好的羊绒只得压在了库房。因为当时羊绒主要是出口国外，没有了国际市场，羊绒价格在短短几个月内，从 100 多万元雪崩似地跌到 20 万元，杨总一下子从千万富翁变成了债台高筑的空心大佬。就在他走投无路的时候，从一个朋友的口中得知股市是个可以创造奇迹的地方，每天都有发财的机会。于是，他抱着拼死一搏的想法，低价卖掉了几吨羊绒，拿着 100 万元，抱着试试看的想法进入了股市。

杨总除了他浓浓的眉毛下一对大眼睛里深嵌着的乌黑的眼珠像算盘珠似滚动，能多少显示出点回族男性特有的机警和精明外，几乎看不到回族男人明显的特征。他身躯挺拔，仪表堂堂，一身产自意大利的羊绒面料西装合体、精致，更显得他飘逸倜傥。在他身上一点也感觉不到这是一个曾经在事业上经历过灭顶之灾的人，说话依然是那样气宇轩昂，让人不由得联想到昔日他是何等的心雄胆大。

时间过得飞快，不知不觉就到了 1998 年的冬天。这一段时间，股市就像当时的天气，越来越寒冷，大盘上证指数从 11 月份的 1300 点开始一路阴跌，一直跌到现在的 1150 点左右，并且还没有止跌的迹象，大家账户上的资金亏损比例要比大盘下跌的幅度大得多。

这几天，大户室里没有了往日的说笑声，大家都默默地坐在电脑前看着绿得发暗的屏幕，不愿说一句话。房间不时地响起拍键盘或摔东西的声音，空气变得异常的憋闷，憋闷得几乎让人喘不过气。

一天下午收盘后，看这几天大盘不好，几个人心里都很抑郁，杨总提议晚上大家一起吃饭，也好轻松一下，因为史明现在已经是 205 室的常客，自然也在被邀请之列。

晚上 6 点，史明如约来到银都酒店，酒店前已经是车水马龙，人来人往了。那个时代，正处于改革开放的鼎盛期间，市场一片繁荣，无论是机关工作人员，还是商场上的生意人都处于极度的浮躁和狂热之中。人们除了没命地做生意挣钱以外，仿佛就只有对酒当歌，寻欢作乐。

史明在迎宾小姐的引领下，来到了杨总预订好的银川厅。银都当时是银川最高档的酒店，银川厅又是银都酒店最豪华的房间。

随着迎宾小姐推开雅间厚重的大门，史明仿佛进入了富丽堂皇的宫殿，眼前出现的是一个风格奢华的阔大空间，金色的天花板上华丽精致的水晶吊灯倾泻着梦幻般斑斓的光彩，地上厚厚的枣红色全毛地毯给人一种不忍心踩踏的感觉，这一切都显示出宾客的尊贵。

这时，雅间响起了美妙的钢琴声，悠悠扬扬，一种情韵令人回肠荡气。琴声如泣，年少时光的追忆，青春时期的惆怅，经历挫折和失意后的哀怨都缓缓流淌起来。琴声如诉，是在过尽千帆之后，看岁月把心迹澄清，是在身隔沧海之时，沉淀所有的波澜壮阔。听得出，每一个音符下都埋藏弹奏者那一颗平静而柔韧的心灵。

史明驻足望去，只见宽敞的落地窗前，方芳正在全神贯注，优雅地弹着钢琴。

她像个华丽极致的芭比娃娃，让人惊艳无比。褐色的发丝像瀑布一般缕缕滑过她的脸庞，双目微闭，修眉端鼻，颊边微现梨窝，真是秀美无比。窗户玻璃上反射过来的灯光照在她的脸上，更显得她肤色晶莹、柔美如玉。金色的灯光洒在她身上，在她周围有一圈金色的轮廓。

一曲结束后，她稍作停顿又弹起了一支曲子。随着她细长的手指在琴键上轻快的跳跃，人的思绪不由自主地跟着琴声来到了茫茫大海上。她的手指从低音滑到高音，展现在人面前的是一个雷电交加、恶浪翻滚的景象；又从高音徐徐降落，像风浪过后的海面，恢复了它的宁静和美丽。她闭着眼，沉浸在琴声中，仿佛置身在那一望无际的大海上。

一旁的朱工和杨总被方芳的琴声触动了，他们端坐在沙发上，一直怀着崇敬的心情凝视着方芳，情思也随着琴声跌宕起伏着，连史明进来也没有发觉。

还是方芳先看见了史明，一曲结束后，她连忙站起来，双手合掌，有些羞涩地说："献丑了！"

许久，大家的思绪才回到现实中，不约而同地起身鼓起掌来。

杨总激动地说道："方芳人美，琴弹得更美，今天我们才真正见识了美女加才女的风采。"

方芳不好意思地说："杨哥过誉了，我哪算美女和才女呀！"

史明发自内心地说："杨总对方芳的夸奖一点都不为过，方芳的琴声荡人肺腑，撼人心魄，我仿佛看到了波涛翻滚的大海，嗅到了海水的气味。也让我忽然感觉到钢琴那高贵不凡、气质优雅的独特魅力，难怪大家都称钢琴为乐器之王！"

谈笑间，大家开始落座用餐，经过一番谦让，朱工居首，杨总和方芳坐在一边，史明坐在朱工一侧。四个人坐在硕大的餐桌前，反衬得有些单薄和冷落。

酒菜是杨总让餐厅领班安排的，四凉四热，很简单，除了当时很难看见的一道龙虾三吃能显现酒宴的奢华外，没有什么特别的地方，酒是本地干红。从领班对杨总口味和喜好的熟悉程度，不难看出他是这里的常客。

酒菜上齐后，杨总率先举杯，用他那浑厚的声音调侃道："滚滚黄河东逝水，浪花淹没多少英雄。今天我们几个志同道合的朋友能坐在一起，听完美妙的音乐后小酌几杯，也算是人生之幸事。人生无常、股市凄凉，不要让眼前股市的低迷影响了我们的心情。假如，人世间的一切事情都那么容易，还要我们这些人干什么？来，为我们自己干杯！"大家都被杨总诙谐又富有鼓动性的话语和豁达乐观的性情感染了，阴云密布的脸上出现了久违的笑容，清脆的碰杯声响成了一片。

酒过三巡，大家都兴奋到了极点，彼此的身心都彻底舒展开了。史明不胜酒力，几杯酒下去早已面红耳赤，但思维仍然十分清晰。他从来不放过任何一个向他人学习的机会，便提议说："古人喜欢对酒当歌、吟诗作画，今天我们也来点雅的，你们在股市都是我的老师，是否各自说说对股市的认识。"

听到史明这个提议，杨总马上反对说："我们今天不谈股市，免得又扫了大家的兴致。"

史明还是坚持自己的提议，笑着对杨总说："军人难道还怕提起战场，以你杨总的英雄气概，怎么可能谈股色变呢！"杨总听史明这样说了，不好再反对什么。史明接着提议说："朱工是老前辈，朱工先讲。"

也许也是酒精的作用吧，朱工有些亢奋，平时很少饮酒的他竟将酒杯里的酒一口喝下，然后说道："依我看，股市对于大多数股民来说就像潘多拉魔盒里放出来的妖魔，它附体在人身上，夺取了人生活中最美好的东西，让你恐惧，让你贪婪，让你疯狂，让你痴迷。我是 1992 年深圳证券交易所刚刚成立就开始关注股票市场的。那时，我和杨总现在的年纪差不多，也是个热血青年，就想到股市里闯荡一下。"

讲到这，朱工有些兴奋了，竟拿起酒瓶将自己的酒杯斟满，一扬脖子喝了下去。他顿了一下后说道："你们知道四川成都有个叫'红庙子'的街道吗？那是自发形成的一个买卖还未上市的内部职工股的市场，被称为'红庙子市场'。当时，来自深圳等地的大户们在此大笔收购四川省内公司发行的尚未到证券交易所正式上市的股票，使这些股票的价格纷纷上涨。有人形容说在红庙子市场这头买了股票，刚走了 200 米，你的股票就翻番了。1993 年 3 月初，每天有数万人在这里交易，几乎所有四川境内的公司所发行的股票、内部股权证，都陆续进入自发交易市场。甚至债券、股票认购收据都在市场上'炒',交易品种最多时达七八十种。我听到这个消息后心血来潮,1993 年年初拿着多年来积攒的两万块钱跑到了成都红庙子市场,在那待了半年时间,一直到 1993 年 6 月政府取缔了那个市场,一共挣了 8 万元钱。应该说我进入股市就是从那开始的。"

他扫了一眼大家,看见都在认真地听他说话,便抿了一口茶接着说:"作为兄长,在股市沉沉浮浮这么多年,我还是劝你们早日离开股市,越早越好。干什么都比干这个好。我要不是进入股市,好好经营我的工程队,挣的钱肯定要比炒股多得多。自从我进了股市对什么都失去了兴趣,现在谁再找我谈生意,我听都懒得听,更不要说去干。不怕你们见笑,我现在连过夫妻生活的兴趣都没有了。为这个,我们夫妻关系一直不冷不热。"

大家听到朱工这样说,没有惊异,知道朱工说的全是实话。

史明问朱工:"既然这样,股市并不能给你带来乐趣,你为什么还要待在股市呢?"

朱工看了一眼史明后说:"你刚进入股市感受还不深,时间久了你就会觉得炒股就像以前的人吸鸦片一样,一旦沾上了就离不开了,除非身无分文。"

杨总插话说道:"以前都说羊绒是'软黄金',玩羊绒很过瘾、刺激,可我觉得和玩股票比起来差远了,玩股票才叫玩的是心跳。"

朱工继续说:"你们都还没有来的时候,我们大户室里有很多大户,大家每天在一起特热闹。渐渐,人越来越少。那些再也看不着的人到哪儿去了?还不是让市场吞没了。"

杨总见朱工又提起股市里的辛酸往事,怕影响了大家的兴致,便指着方芳笑着说:"下面该女士了,我们在一起这么长时间,还很少听方芳说过什么,今天我们倒想听听方芳有什么高见。"听杨总这样说,史明也只好附和说好。

史明这是第一次这么近距离地面对方芳。这是一个优雅、自信的女人,任何对漂亮女人的描写似乎对她都不贴切。在一群美女中间,也许她不是最漂亮的一个,但肯定是最出色的那个。她那青春性感的身材,优雅迷人的风度,尤其是她那自信略显一丝妖媚的表情,有一种难以言喻的魅力。

史明曾听证券公司客户经理说起过，方芳，三十岁稍过。以前是一家旅游公司的翻译，工作中认识了一位德国大学教授，两年后嫁给了他，定居在德国一座小城萨尔茨堡。时间久了，不习惯那里的生活方式，便经常回国居住，因为回国没事可做，便用母亲的股票账户进行交易，靠炒股打发时间。

"我在股市待的时间不长，感受也不是太深。我觉得股市像个男人，既让人爱，更让人恨，还让人离不开。"方芳一语惊人，三个男人都用惊奇的目光注视着她。方芳此刻托腮凝眸，若有所思。她的话与其说是说给大家的，还不如说是说给她自己的，看得出这是一个有故事的女人。

过了许久，她从沉思中缓过神来，稍带勉强地笑了一下："抱歉，有点失态。"未等大家表示什么，她接着说："我想，你们早已知道我是从德国回来的。是的，我嫁给了一个德国人。那时，我还很单纯、浪漫，就像很多大都市女孩那样，希望能找一个外国老公。一个偶然的机会，我遇见了我的老公，一个大我15岁的德国男人。他是德国一所大学讲授历史的教授。客观地讲，他是一个很好的男人，对工作极度地认真负责。他对他的学生很好，他对我也很好，几乎满足了我的全部要求。"

说到这，方芳有些动情，在眼眶里打转的眼泪，在灯光的折射下，泛出五颜六色的光环，她用纸巾沾了一下眼睛后接着说："他别的方面都很好，我就是不能容忍他对中国人的歧视。德国人为了合理避税，会资助一些贫困地区和国家的青少年。他资助着几个已经20多岁的非洲国家的青年。我多次跟他说过，我的家乡也有一些贫穷的地区，那里有许多小孩连小学、中学都上不起，你为什么不能资助一下他们呢？你资助的那些人都那么大年龄了，完全可以自立了，比起你资助的那些人，我们那儿的孩子们更需要帮助。但无论我怎么劝说，他就是不听。有时家里来了我的朋友，要是日本和韩国人，他会很礼貌地打个招呼，当他看到是中国人，就会拉下脸来，连最起码的礼节都不讲，径直上楼到他的房间。到这个时候，我才感觉出，他从骨子里面就歧视中国人，并且这种观念根深蒂固，根本改变不了。就为这个，我们经常发生冲突。我什么都能容忍，但是既然你娶了我，决不能看不起中国人，我有自己做人的尊严！就这样，我们分开了。"

　　方芳抿了一口茶，用手梳理了一下头发又接着说："回来后，我也没有合适的事做，因为在德国的时候接触过证券投资，所以，便把自己积攒的 10 多万美元兑换成人民币投进了股市。一方面想了解和学习一下证券投资方面的知识和经验，另一方面也是让自己有事可做，不觉得空虚。没有想到中国股市和国外的根本不一样，我进来不到半年就赔了一大半。这些年，我经历了感情上的挫折和经济上的损失，一个是男人给予我的，一个是股市给予我的。应该说我要比你们更悲惨，但是，我绝不服输。股市绝不是赌场，既然巴菲特能通过股市成为世界首富；既然有那么多人能在股市挣钱，我们为什么不能呢？我们赔钱说明肯定是哪里错了，这需要静下心来好好反思一下，只有找到了错在哪里，我们才能在市场中生存下去。我曾后悔远渡重洋嫁给了一个德国男人，但我绝不后悔进入股市！"

　　听到一个女人能这么说，3 个男人内心涌起了阵阵的羞愧，羞愧自己这么长时间以来因为股市的波动，在这样一位女性面前表现出的懦弱和浅薄，同时他们又被她强烈地震撼了。方芳今晚的表现完全颠覆了 3 个男人以前对她的认识，甚至是颠覆了对所有女人的认识。

　　看得出方芳不只是一个坚强、自信、自尊的女人，更是一个有品位、有民族情结的女人。一个这样智慧、坚韧、自信、从容的女人，也是最有魅力的女人，她可以让男人从狂热变得冷静、软弱变得坚强，从迷茫转化成清醒，使挫折转化成动力。这样一个女人所放射出的是理性和感性的光辉，在这样一个女人的面前，任何一个男人对漂亮女人先天具有的不纯动机和杂念都会荡然无存，让一个男人变得更加纯粹和高尚。

　　房间出现片刻的寂静，大家不知道如何再继续下面的话题。见此情景，史明站起身来，举起酒杯动容地说："这是我参加的最有意义的一次聚会。方芳今晚的见解令我们男人汗颜。自古就有巾帼不让须眉之说，古有花木兰替父从军，感天动地；今有方芳独闯股市，心高志远。我提议为股市花木兰方芳干一杯！"随着酒杯声响起，房间又恢复了先前的愉悦气氛。

就在中国股市跌宕起伏、风起云涌的时候，西北证券一楼交易大厅的一角有两个年轻的身影经常出现。在熙熙攘攘的人群中，这是两个平凡得不能再平凡的男人，唯一有别于其他股民的是这两个年轻人眉宇之间显露出不同于常人的精明和深刻。谁也不会想到，就是这两个男人在二十多年后，创造了当地股市的神话，当初入市的资金翻了上万倍。

这两个男人，因为经常在交易大厅相遇，加上年龄相近、志向相投的缘故，自然成了朋友。

两个男人中，年纪稍大一点的叫柳亦农，30多岁，稳健、果敢而富有思想，正处于一个男人最有魅力的阶段。他那光洁白皙的脸庞，透露出一个知识男性的灵动和睿智。运动员般修长而又矫健的身体充满着无限的生机，蕴藏着巨大的能量。

柳亦农像大多数中国知识分子那样，精神世界经历着人格自由追求和社会价值实现的矛盾给予的痛苦，不同于他人的是他不会因此而懈怠、消沉。同时，他也是一个理想主义者，他厌恶整天待在单位无所事事、消磨时光的日子，更不屑于在机关钻营投机、玩弄权术的仕途生涯。在他身上不仅流露出知识分子的传统精神底色，也闪烁着探索新领域的现代智慧之光。他一直在积极寻找适合自己并能证明自己能力的领域。当他得知当地有了证券交易大厅的时候，便毅然地拿着自己仅有的七八千元存款，进入了股市这个未知而又崭新的世界。

年龄小的叫柏青，也就20岁出头。他出生在宁夏西部的中卫市，滔滔浊浪、浩浩荡荡的黄河水从他家后面翻滚而过。多少年来，奔腾不息的黄河水并没有带走这个小村庄的贫瘠和孤凉。所以，他自小内心就萌动着一种强烈的不安于现状，追逐光鲜生活的欲望和冲动。

柏青，细高瘦削的身材，肤色有点发青，一头乌黑的长发下露出一双让女孩着迷的沉思的眼睛。他有时显得羞涩、腼腆，有时又有些轻佻、热情。他外表看起来好像随随便便，但脸上不经意间流露出的深邃让人不可轻视。

柏青好像天生就是为股市而生的。大学毕业后他被分配到一家企业工作，没有上几天班，就很快厌倦了那呆板、毫无前景的工作，怀揣着和亲朋好友借来的两万块钱，没有一点犹豫和胆怯，甚至连想都没有多想，就一头扎进股市。

他们每天在交易大厅相聚，一起挤在人群中注视着大厅屏幕上的股市行情，时而指着屏幕互相交流几句，时而各自走到大厅设置的柜机前进行着买进卖出的交易。

高仁谦是史明在一天股市收市后在证券公司门口遇见的，自大学毕业后他们再也没有见过面。10多年不见，他有些发福，脸更圆更白，眼睛也更小了，让人觉得更加地和蔼、亲善。老同学相见自然是特别的高兴和激动，何况，他们在学校关系比其他同学更亲近，他们相拥来到了证券公司右侧的一个酒店前厅的茶吧。

"老同学，听说你早就下海经商了，现在情况怎样，是不是发大财了？"高仁谦刚坐定，便迫不及待地问史明。

"哪里呀，看别人一个个都下海当了弄潮儿，自己也想下去试试，岂不知下海经商也是一半海水，一半眼泪，现在打理个小公司，惨淡经营而已。"史明把服务生送来的茶放到高仁谦跟前，点燃了一支烟，他不想再谈自己的事，趁机把话题转到了过去，"听说你留校当老师。大学老师，一个让人尊重和羡慕的职业，应该很舒心吧？"

"还好吧，大学老师，尤其是我们这样的大学，我教的又是金属工艺学，一周就4节课，我们又不坐班，一天闲得无聊呀。"听高仁谦这样说，史明明白了，今天在证券公司门口遇见他绝不是偶然，看样子高仁谦也在炒股。他惊诧地问："你也炒股？"

高仁谦听史明这样问他，有点不好意思，他听出了史明语气所显现的大学老师炒股有点不务正业的味道，忙解释说："我们学校有许多老师都在炒股，我也就凑凑热闹，学习学习。你知道吗，我们班的黄凯这几年炒股炒发了。他毕业后分到了保险公司上班，干了不到两年就辞职了，先是跟着烟贩子倒了几年烟，挣了点钱后开始炒股了。听说几年下来挣了几百万，手下还有两个操盘手。最近嫌银川信息不发达，跑到上海专门炒股去了。"

黄凯在上大学的时候就是个不甘寂寞、思维活跃的人。经常装病逃课，在同学和老师眼里就是个不爱学习、不求上进的学生。每学期考试都有两三门不及格，开学后再补考，不管咋样每次他都能蒙混过关。到大三的时候，他经常从外面搞点稀奇古怪的东西卖给同学，那时候就显示出了经商做生意的天赋和才能。

"当然做任何事都有成功和失败的人，不要光听别人在股市挣了多少钱，可你听说过股市风险很大，多折磨人吗？在股市经常有人倾家荡产，连我这样在商场闯荡了多少年的人都不敢涉足，你竟然也敢炒股。不是什么人都可以炒股的！你不像我们，你有一份受人尊重和羡慕的职业，还是好好安心教书育人的好，不要因为炒股影响了你的心情，也影响到你的工作，误人子弟呀！"史明诚恳地说道。

史明太了解眼前自己的这位同学了，他就是一个标准的老好人，从来不和人争论什么，你说什么他都会附和说好。他胆小怕事，连打个喷嚏都怕惹着什么人。也许他最适合大学校园那世外桃源般的生活。股市的血雨腥风根本不适合他，甚至会毁坏他的一切。他刻意隐瞒了自己也在炒股的事，只是严肃地提醒了一下他。

史明见他连忙点头说好，也不便再多说什么。也是，大家都是成年人了，任何人也没有权力将自己的主观愿望强加在别人身上，从而限制别人的自由。说什么或者做什么都点到为止，这是史明历来的习惯。

史明很自然地又将话题引到同学之间，他们聊起了其他同学现在的工作和生活状况，不时地提起在上学期间一些难以忘怀的趣事。

和多年不见的同学、故友一起回忆过去，是一件令人愉悦的事情。

第三章　股市惊魂

　　1999 年 10 月 28 日，对于大多数股民来说是普通的一天，但对于中国股市来说，是值得浓墨重彩的一天。这一天，湘证基金上市，创造了当日涨幅 520%、最高涨幅 900%、振幅超过 300%、换手率超过 90% 等多项中国股市纪录。

　　这一天，对于史明来说更是记忆犹新、惊心动魄。

　　进入 1999 年下半年以来，由于股市新股发行节奏加快，一些游资纷纷撤离，连主力机构也都在逐渐减少仓位。不少股民也都忍痛割肉，离开了曾让他们充满了热情和幻想的股市，市场失血越发的严重。到了 10 月底，大盘指数击破了半年以来箱体整理的箱底，随即又击破大家都坚信牢不可破、坚不可摧的政策底。交易大厅里已没有了以往的喧闹，一些铁杆股民在压抑和失望中苦熬着、坚持着。

　　就在这样一个背景下，中国股市上第一只专门从事证券投资的基金——湘证基金上市了。股民们都热切期望这只专门从事证券投资的基金上市能有一个好的表现，对市场有些积极的作用。最近的股市太沉寂、压抑了，太需要一个亮点出现，给股市带来一点光亮和生机。

　　股市素来有熊市炒新股之说，加上股市最近的表现，史明有一种预感：这只有别于以往的基金上市一定会发生点什么。所以，史明对这只基金特别重视，并根据预想出现的情况，就如何操作做了精心的准备。

　　计划赶不上变化，无论史明做过多少种预测，他也没有想到，湘证基金上市当日，便以 2.45 元开盘，这个价格对于基金来说已经是天价了。基金不同于股票，正常开盘价格应该在基金净值的 ±20% 左右，湘证基金当时净值是 1.09 元。面对出现的情况，史明有些惊奇，感觉有些出乎意料。他再次仔细看了一遍湘证基金的资料，确定基金份额为 2 亿份时，看着价格一直在开盘价以上震荡，似乎是主力在吸筹，内心一阵窃喜，心想机会来了。

当湘证基金价格突破 2.6 元时，史明以 2.61 元的价格挂出了 20 万份的买单，买单当即成交。买单堆积得越来越多，价格还在攀升，马上就要冲击 2.65 元了，他又以 2.65 元的价格买进了 10 万份。这时，盘面出现了一会儿盘整，整个过程不到 10 分钟，随后，价格再次昂头向上蹿去。史明当即以 2.68 元的价格再次买入 9.5 万份，将账面资金全部用完，总计买入 39.5 万份，占用资金 103.7 万元，持仓均价近 2.63 元。

等史明结束操作，情绪稳定下来，距中午休市不到 20 分钟时间了。在之后的 20 分钟，盘面没有太大的变化，价格一直在 2.7 元左右震荡。

好不容易等到了下午开盘。刚开盘，价格还在缓缓上升，到后面，成交量越来越小，价格上涨越来越快。史明心想，看盘面庄家吸筹结束，已经完全控制了盘面，好戏应该开始了。

他点燃一支烟吸了起来。1 点 40 分整，戏剧性的一幕出现了，湘证基金的价格被不断涌出的巨额买单迅速抬起，开始狂飙了。价格的上涨不是以分而是以角，3 元、3.5 元、4 元、4.5 元……并且，没用多长时间就迅速冲过了 5 元的价位。这时，盘面的卖单已是稀稀拉拉，溃不成军，凶猛的买单就像杀红了眼的战士听到冲锋号一般，不顾生死地横扫一切卖单。6 元、7 元、8 元、9 元，直至 10 元，情景就像腾空而起的火箭，整个过程用了不到 10 分钟。

面对着梦幻般变化着的屏幕，史明心跳加速，简直是目瞪口呆，稍稍恢复意识，他马上想到是不是电脑或者系统出了问题，随即他查看了资金账户，账户上清清楚楚显示湘证基金持仓市值是 395 万元。天哪，短短几个小时，自己用 100 来万挣了将近 300 万呀。

片刻的激动过后，史明冷静了下来，他在心底告诫自己：股市风云突变、变幻莫测，不要高兴得太早，谁知道后面等着自己的是什么。他再次坐在电脑前，看着屏幕，静观事态的发展。

果然，卖方大量的抛单涌了出来，不到 20 分钟，价格从 10 元砸到 5 元以下，盘面买卖双方的实力出现了短暂的平衡。买卖双方你进我退、我攻你守开始了一个多小时艰难的拉锯战。临近尾市，买方再次发起攻击，只是力量不再像先前那样强大，收盘价最终定格在 6.2 元。

收盘后，史明看到自己股票账户上以均价 2.63 元买的 39.5 万份额湘证基金当天盈利 141 万元。投入不到 104 万元，一天就挣了 141 万元，这简直太神奇和刺激了！他特别得意今天敏锐地发现了这个机会，并果敢出手把握了这个机会。自己在市场特别低迷的时候，只一天的时间做到了盈利 135% 的事传到市场上，也可谓是个奇迹。他欣喜若狂，有点飘飘然了。尽管他在极力地抑制着自己的情绪，但还是情不自禁地哼起小曲。

然而，史明实在是高兴得有点太早了，他万万没有想到的是，湘证基金上市首日的表现，只是个表象，在这一切的背后有着鲜为人知的内幕。当然，他也是事后才知道这些的。

湘证基金的前身是湖南证券投资收益基金，发起人是湖南证券，起初只有 1750 万份。1997 年，在南方证券交易中心柜台交易，上市前的净资产是 1.175 元，所以基金价格一直在净资产值以下运行。只是到摘牌前，突然交易活跃起来，价格在不断上涨，到 1999 年 9 月 10 日摘牌时，价格上涨到 1.35 元。显然，这是有内幕消息的先知们大量吃进的结果。

湘证基金在上市前以 1.01 元的价格又增发了 1.825 亿份，可以想象这些筹码又进入了具有内幕消息的机构和主力口袋里。正是这些原因，湘证基金上市首日才上演了这么一场让人啼笑皆非的闹剧。

当然，这只是开始，随着事态的发展更是让人大跌眼镜，尤其是上市首日，鼓着勇气以 3 元以上价格全仓追进的小散股民们捶胸顿足、欲哭无泪。

当操盘湘证基金的机构、主力和作手们端着酒杯、谈笑风生庆贺胜利的时候，一些手持湘证基金的小散、草根股民心里却是喜忧参半、惶恐不安，他们急切地盼望早点开市，早点把手里这烫手的山芋抛出，把这天上掉下的利润牢牢地装进口袋，千万不要让它丢了。

史明倒是淡定，在股市待了这么长时间，凡事他都做最坏的打算，没有想太多，他明白物极必反、乐极生悲的道理。他只是决定，等一开盘，以跌停板的价格在集合竞价的时候率先报单，不管它再涨多少，他都不玩了，见好就收。

湘证基金的疯狂炒作，很快引起了市场监管层的高度警觉。湘证基金管理人博时基金管理公司次日便发布风险提示公告，提醒投资者注意投资风险，同时，公司申请湘证基金 29 日停牌一天。为打击机构主力等投机者的嚣张气焰，博时基金管理公司做出了大规模扩募决定。

难挨的双休日终于过去了。11 月 1 日，史明忐忑不安地坐在电脑前，在第一时间以 5.58 元的当日跌停板价格全仓挂出了 39.5 万份的卖单。开盘了，一切都像史明所担心的那样，盘面上一张高达 1.45 亿份的卖单，沉重地将湘证基金压在跌停板的价格上，像一座难以撼动的大山。见此情景，他明白今天卖出是不可能的了，除非奇迹出现。股市对于小散股民来说，永远都是想买买不到，想卖卖不出。机构和主力有绿色通道、优先报单权，小散却什么也没有，只能任人宰割。

那天，湘证基金的盘面仿佛凝固了一般，偶尔出现的小得可怜的买单，像萤火虫一样，一闪而过。开盘价、最高价、最低价、收盘价，都定格在 5.85 元。无论是机构主力还是小散股民，没有一个人能从这精心编制的圈套里逃出去。

第二天，悲剧重演，这一天博时基金管理公司发布了"湘证基金扩募配股的提示性公告"。公告明确规定，权益登记日是 1999 年 11 月 3 日，除权基准日是 11 月 4 日，缴款截止日是 11 月 9 日。

这一天史明重复了上日的操作，湘证基金的盘面也再现了上日的情景。唯一不同的是，他的报单价格和盘面的开盘价、最高价、最低价、收盘价都变成了 5.02 元。同样，没有一个人从这精心编制的圈套里逃出去。

第三天，也就是 11 月 3 日。更可怕的事情发生了。中国三大证券报同时发布了让人匪夷所思的消息：中国证监会批准了湘证基金 1∶6.5 的配售方案。天呀，这是什么逻辑，10 配 65，如此的配售比例是中国证券史上闻所未闻的。史明当时还有点怀疑，当多次证实了它真实性的时候，心一下子沉到了无底深渊。10 配 65，他拿计算器按了几下，当他算出 39.5 万份要配 256.75 万份的时候，心想：必须马上解决 260 万元的配售资金，否则，损失就大了。

股市开盘了，湘证基金除了继续以新的跌停价 4.52 元开盘，一张 1.4 亿多份的卖单继续重重地压在跌停板的价格 4.52 元上外，一切都如昨日。尽管，史明仍然在第一时间挂出了卖单，但他明白，逃出已经是无望了。一种从未有过的无奈和悲凉涌上了他的心头。

第 4 天，11 月 4 日，也就是除权日。湘证基金一开盘就从 4.52 元的价格断崖式地摔在 1.33 元的除权后的价格上。价格已经跌到了这个份上，大多数持有湘证基金的庄家和散户们放弃了逃走的愿望，压在盘面上的卖单比先前少了许多。

湘证基金的盘面沉寂了片刻之后，在持有湘证基金的股民们的痛惜和悲愤声中开始蠕动了。先是出现了零星的买单，慢慢买单越来越多，买单的手数也越来越大。终于，盘面上压在 1.33 元的卖单消失了，价格开始变化了。

但是，人们企盼的奇迹并没有出现，整个交易日，湘证基金的盘面上没有掀起大的风浪。一阵蠕动过后，眼看没有大的买单跟进，买单渐渐稀少了起来。盘面又像一个垂死的人一样，奄奄一息，给人一种悲哀和恐惧的感觉。

由于史明已经做了测算，以湘证基金现在 15 个亿的盘子，1.03 元左右的净值，也就 1.3 元左右的价格。看到湘证基金的盘面又恢复了沉寂，他没有犹豫，按 1.33 元的价格，立即将手里的 39.5 万份全部清仓，账面现金 52.53 万元，接着他又卖掉了手中的其他股票，账面上有了 130 多万元的现金。就这样要认购配售的 256.75 万份，按 1.01 元的配售价格算，还需要将近 130 万元，史明只好再动用公司的资金了。

11 月 8 日，史明按照规定，以 1.01 元的价格，认购了配售的 256.75 万份湘证基金，所用认购资金是 259.3175 万元。

11 月 9 日，配售缴款截止日。由于持有湘证基金的人都急于认购缴款，大量的卖单又涌了出来，湘证基金的价格被压在了 1.28 元。

11 月 10 日，配售基金上市流通日，汹涌的卖单将价格砸到了 1.22 元的收盘价。史明是在 1.25 元的时候，分三单将 256.75 万份的湘证基金全部卖出的。十多日过山车似的惊险情形，最后的结果是，竟然盈余了 10 多万元。

事后听经常到 205 房间来找朱工的一个中户室的股民讲：他们房间有一个叫王旭的股民，也是在湘证基金上市当天分批全仓买入的，买入价格平均 3.8 元，共投入资金 10 万元，买了 263 手，也就是 26300 份额。当天收盘，看着湘证基金 6.2 元的收盘价，他激动得手舞足蹈，逢人便说："我发财了，一天赚了 6 万多！"当晚，他彻夜未眠，老婆还劝他第二天开市便抛，切莫恋战，乐极生悲。可是能抛出去吗？也是"连吞三弹"！到 11 月 8 日，他打得电话发烫，到处借贷，可所需要的配售款还差 10 多万元。到了 11 月 9 日，证券公司工作人员提醒他交配售款时，他痛苦又无奈地说："大家听说我是借钱炒股，没有一个人愿意借钱给我，无论我怎样解释他们都不相信。我只能卖掉手里的湘证基金，用这个钱来缴配售的认购款了，能认购多少算多少，剩余的没有钱，也只能放弃配售权了。"到了 11 月 10 日，他以 1.26 元的价格卖掉了配售的湘证基金，他的 10 万元资金仅剩 4.1 万元了。整整一天，他都在咬牙切齿地重复着一句话："湘证基金公司是流氓，是吃人不吐骨头的狼。"证券公司的工作人员看着他的账户资金只剩下了几万元钱，加上他们房间的人经常反映他脾气暴躁，喜欢骂人，便将他从中户室清了出去。现在他又回到了散户的行列，整天站在交易大厅里，让人看着心里特不舒服。

史明听来人说到这里，内心充满了同情和悲愤，如果他当时知道王旭认购配售的基金借不到钱，他肯定会把钱借给他，这样他也能把损失降下来。

王旭这个人，史明曾在证券公司举办的新年联欢会上见过，并且给他留下了很深的印象。40 来岁，形象和气质都不错，人也显得很开朗和精干，尤其是歌唱得不错，当时他唱的一首电视剧《三国演义》片头曲《滚滚长江东逝水》赢得了许多与会人员的好评和掌声，史明也因此对他刮目相看。

史明从别人的介绍中得知他是河北人，在银川做兽药生意许多年了，生意一直做得不错。1997 年把生意交给妻子，自己拿着 50 万元进入股市做了一个全职股民，证券公司工作人员把他安排在中户室。他是中户室有名的快枪手，整日快进快出，从不闲着。他 50 万元的资金每个月能打出近 1000 万元的交易额。他选股票很有眼光，就是拿不住股票，喜欢追涨杀跌。他们房间的人都开玩笑说，只要是王旭卖掉的股票你买上 80% 都能挣钱。就这样一年多的时间，50 万元的资金赔得还剩 10 万元了，人的性格也变得越来越糟，经常是喜怒无常、怨天尤人，以前挺招人喜欢的一个人现在变成了谁见谁烦。

王旭的遭遇让他心里难受了好几天，他还特意到交易大厅看过这个人。

史明事后对湘证基金的交易做了分析，此次交易，如果参加了配售，并且操作得当，那么，平衡点应该是 2.7 元，也就是说，上市当天，如果是 2.7 元以上买入湘证基金的全部赔钱，那些 5 元以上追进的损失都在 50% 左右，更不要说那些 8 元、9 元、10 元买入，又无资金参加配售的人损失是多么惨重。

湘证基金事件给机构、主力和所有的股民上了一堂生动的风险教育课，无论什么人，如果过分地无视价值规律，恶意操作或盲目跟风炒作，终将会被市场惩罚，付出惨痛的代价。

因为湘证基金折腾，史明有好几天没有到 205 房间了。当他再次走进 205 房间的时候，大家都起身鼓掌，笑声响成了一片，杨总率先欢呼道："热烈欢迎从太空旅行归来的英雄！"史明见此，真是哭笑不得，调侃说："太空上什么也没有，所以也没法给大家带礼物，请原谅，遗憾的是没有带上你们一起，难免旅途有些孤单。"

方芳忙笑着摆手说："免了，我心脏不好，受不了那份刺激！"

朱工眯着眼，开玩笑道："此次旅行感觉如何？给大家分享一下。"

"真是一言难尽呀，整个一个科幻片的经历，你们也不好好安慰一下，竟然还看热闹，再这样，以后不和你们玩了。"史明打趣地说。

"好，我给大家讲个牛顿炒股的故事，就算安慰一下史明哥了。"方芳收起了笑容，喝了一口茶，学起了刘兰芳说评书的样子。

"话说大名鼎鼎的牛顿也曾是一个疯狂的股民。1711 年的时候，有着英国政府背景的英国南海公司为了更快地掠夺蕴藏在南美东部海岸的巨大财富，发行了当时英国最早的股票。当时，人们都很看好这个具有政府背景的股票，股票涨幅也很大。到 1720 年 1 月的时候，股票价格已经涨到了 128 英镑，人们传言南海公司业绩很好，公司股票会有很大的涨幅。这时候，牛顿正好有了一笔收入，加上他个人的一些积蓄，就在当年 4 月投入 7000 英镑，买进了南海公司的股票。很快，南海公司的股票就疯涨起来，仅仅两个月的时间股价就翻了一番，谨慎的牛顿卖掉了手中的股票，拿着赚来的 7000 英镑，得意极了。但是刚刚卖掉股票，牛顿就后悔了。到了 7 月，南海公司的股票价格就涨到 1000 英镑，几乎又翻了一番。牛顿经过认真的考虑，决定加大投入重新买入南海公司股票。然而，就在这个时候，南海公司的经营已经出现了问题，公司的股票价格和真实价值严重脱钩。加上 6 月份英国国会通过了《反泡沫公司法》，对南海公司等同类性质的公司进行了监管。没过多久，南海公司股票价格一落千丈，到 12 月份，股价从1000 英镑跌到了 124 英镑，南海公司的市值也像泡沫破灭一样回到了原点。许多投资人都血本无归。牛顿也未幸免，亏了 2 万英镑，2 万英镑对于当时的牛顿也是一笔巨款。牛顿在英格兰皇家造币厂厂长的高薪职务上时，年薪也只有 2000英镑，2 万英镑相当于他 10 年的年薪。事后，牛顿感到自己枉为世界科学界泰斗，竟然算不准股市的走向，感慨地说自己能计算出天体运行的轨迹，却难以预计人们的疯狂。"

听方芳讲到这儿，杨总也来了兴致，说："刚才，方芳讲了一个科学家炒股的故事，下面我给你们讲个首相炒股的段子。"看着大家对他的话题表现出极大的兴趣，他便侃侃而谈起来。

"1929 年，丘吉尔卸去了英国财政大臣的职务，有了短暂的闲暇，便和几位好友相约来到了美国。听说丘吉尔来到美国，丘吉尔的昔日好友巴鲁克在自己庄园设宴盛情款待。巴鲁克当时在美国是一位杰出的金融家，也是一位善于捕捉先机的股票投资者，被人们誉为投机大师。酒足饭饱后，丘吉尔硬是要巴鲁克带他到纽约股票交易所参观一下。在交易所，紧张热烈的气氛顿时深深地吸引了丘吉尔，虽然，那时丘吉尔已经年过 50，但好斗之心使他决定也试试身手。丘吉尔心想，我能当大英帝国的财政大臣，炒股应该是小菜一碟。然而不幸的是，1929

年，改变世界经济乃至世界政治格局的美国股灾爆发了。更具有讽刺意义和巧合的是，丘吉尔投资美国股市的时间和华尔街股票市场崩溃的开始时间惊人的一致。结果，仅 10 月 24 日一天，他就几乎损失了投入股市的折合 50 万英镑的美元。那天晚上，巴鲁克邀请几十位财团巨头一起用餐，席间，他向丘吉尔祝酒时戏称丘吉尔为我们的朋友和前百万富翁。不仅如此，丘吉尔还目睹了纽约股票市场暴跌后，有人从他住的楼房 15 层纵身跳下去后，摔得粉身碎骨的样子。这次残酷的事件，让丘吉尔感到，炒股绝非儿戏。不过返回英国后，丘吉尔又恢复了以前的乐观，他认为这场金融灾难，尽管对无数人是残忍的，但也仅仅是一个插曲，最终会过去的。而且他还充满想象力地声称：在这个时代，成为一个投机大师该是多么奇妙的一种生活呀。这就是丘吉尔初试炒股遇上股市大崩盘，到了晚上被调侃为前百万富翁的段子。"

"好好听听，连牛顿和丘吉尔炒股都赔得一塌糊涂，你比他们幸运多了。买上湘证基金这样的票，你能全身而退、毫发未损，已经是万幸了，你就偷着乐吧！"朱工听出大家说笑都是在安慰史明，也就跟着说了几句。

大家后面又说了些什么，史明已经全然没有了知觉。其实，他无须谁来劝解和安慰，但方芳和杨总讲的故事和段子却给他了很深的启示。两个诙谐的故事和段子，初听起来感觉有点搞笑，但仔细品味，其中包含着很深很深的哲理和警示。一个能成为科学家、成为总统的人，不一定能成为一个合格的股票投资者。炒作湘证基金的经历警醒了自己：任何一种无视价值规律的跟风炒作最终都将会把自己置于万劫不复、粉身碎骨的境地。

第四章　千禧之年

时代的巨轮风驰电掣，永不停息，不知不觉地将人们带入了崭新的 21 世纪。2000 年，一个新世纪的元年，一个新的千禧之年。

时间曾见证了多少股民的酸甜苦辣，覆盖了多少股市的惊涛骇浪，时过境迁，一切早已成为过去。转眼间，中国股市已经走过了 10 年的历程。

经过 10 年的发展，到 2000 年，中国证券市场的市场化进程不断加快，规范化程度得以迅速提高。2000 年作为世纪交替之年，也是中国完成"九五"规划和开启第三个战略目标的一年，在国民经济快速增长的推动下，2000 年的中国股市可谓是波澜壮阔，各大板块轮番上涨，大盘沪市指数以 1368 点开盘，之后屡创新高，成为全球上涨速度最快的证券市场。

2000 年股市真正的启动是春节过后。此前管理层出台了"保险资金入市"和"向二级市场投资者配售新股"等一系列利好政策，直接引发了市场行情的爆发。首先是以亿安科技和清华紫光为代表的网络科技股率先飙涨，带动了大盘的震荡上升走势。随后在实现国有企业脱困目标政策的感召下，以马钢股份、首钢股份为首的国企大盘股更是不甘落后，十分活跃，涨幅巨大。

最近一段时间柳亦农和柏青的股票账户的资金每天都在成百上千元地增长，所以他们的心就像沐浴在冬天的阳光里，感到格外的温暖。

他们不同于一般的股民，几年的股市沉浮使他们有了自己的交易风格和操作技巧。他们对于大盘以及个股的各项技术指标和走势图形进行刻苦的学习和认真的研究，他们善于分析和总结问题，较高的文化素质使得他们很容易学习和接受这些知识。同时他们又是勤奋的人，他们经常会彻夜不眠坐在灯下，学习国内外关于股票投资方面的专业书籍。他们面对众多上市公司进行筛选，并对感兴趣的上市公司资讯中各项内容进行认真研究，以求发现他们希望的东西，对于一些感兴趣的公司的基本资料，他们几乎是熟记在心，当这些股票有异动时，会毫不犹豫采取相应的操作。

柳亦农和柏青不像有些股民一天到晚打探消息，跟风操作。他们决不盲动，对每一次买卖，都根据个股的技术指标和图形，并结合大盘的走势，力求做到精益求精。他们不贪求太高的盈利，只要达到希望的盈利目标就平仓保住胜利成果，积小胜为大胜。他们很少追逐有了一定涨幅的热门股，以免股价回调，深套其中。他们更希望捕捉一些回调到位的前期强势股，面对这样的股票，他们的眼睛会发出绿光，精神会亢奋，他们会像下山的饿虎，猛扑上去，狠狠地撕咬一口。他们很少失手，成功率极高，账面资金一直在慢慢增长。这也形成了日后他们独特的技术型操作风格和方法。

2000 年 1 月 4 日，新年元旦过后，第一个交易日，二人便发现了亿安科技股票的异动，他们商量了一下，以 42.5 元左右的价格全仓买入了亿安科技。柳亦农这时的股票账户已经有了两万多元的资金，他买了 5 手，也就是 500 股。柏青的账户上资金是 5 万元，他买了 10 手，也就是 1000 股。

从 1 月 4 日到 24 日的十几个交易日内，亿安科技的股价一路震荡上行，没有做过一次深幅的回调，用不着整天提心吊胆。每天看着股价不断攀升，他们心情十分地轻松、愉悦。24 日股价站在了 80.88 元上。

到了 1 月 25 日，股价以 80 元跌幅 1.09% 开盘，最低跌至 75.6 元。其间，他们内心忐忑不安，几次想平仓，但终究还是挺了过去。股价很快反弹了，看着亿安科技股价，最终以 78.92 元，跌幅 2.42% 收盘，他们终于松了一口气，悬在半空的心落了下来。

1 月 26 日，亿安科技股价重复了前日的震荡，不过振幅小多了，他们没有像前日那样紧张和不安，只是目不转睛地盯着盘面，他们已经做好了如果跌破前日低点就平仓走人的准备。结果股价跌到 77.8 元便止跌反弹了，尾盘收在了 78.53 元。

1 月 27 日，亿安科技股价高开 3 分钱以 78.56 元开盘后，头也不回一路攀升，最终以最高价 85.49 元收盘，涨幅 8.86%。此后的五个交易日内，股价一路高歌。17 日股价最高上涨到 126.31 元后回落，尾盘收在 115.63 元。

18 日、21 日两天亿安科技股价连续在高位震荡，换手率也明显增大，他们不敢有丝毫的懈怠，专心致志地静观着盘面的变化。

到了 2 月 22 日，他们发现亿安科技破天荒地连续两天下跌，意识到后面的走势不容乐观，便在下午一开盘，以 103 元的价格全部抛出。他们刚刚抛出不到 20 分钟，一个 100 万股的抛单将亿安科技砸在了 99.03 元的跌停板上，他们庆幸自己躲过了一劫，他们账户上的资金都翻了一番多，提前收获了新的一年带给他们的果实。

看着柳亦农和柏青数年来每天都准时来到大厅，一直待到下午收市，证券公司的工作人员被他们对股票投资的执着精神感动了，特意把他们安排到了大厅两侧的中小户操作间。他们终于有了自己独立操作和看盘的空间，再也不用忍受大厅的拥挤、喧闹和不便了。

股票投资的大获全胜和有了自己的操作间两件喜事让柳亦农和柏青喜出望外，两颗年轻的心久久不能平静，这更让他们热爱股票投资这个职业了。离开证券公司，走在春天温暖的阳光下，他们感到了一种从未有过的愉悦，他们对自己现在从事的行业、对未来的前景充满了信心和展望。

在股市，对于股民来说，牛市挣不到钱的痛苦要远远大于熊市赔钱的痛苦。如果说熊市赔钱是一种煎熬和折磨的话，那么牛市挣不到钱是对一个人自信心的无情摧残和颠覆。熊市中赔钱，人们就像黑夜中期盼着光明，至少有一种希望在心里；可牛市挣不到钱，给予人的是一种极度的无奈和深深的绝望。无奈和绝望对于一个人，尤其是对于一个一直很自信、事业上很顺利的人的打击和伤害是无法用语言来表述的。

然而，即便是牛市，如果不能正确把握市场脉搏，跟不上市场热点板块，拿不到强势龙头股，也有许多人挣不上钱，甚至亏损。2000 年的时候股票交易的税金和手续费高得吓人，买进卖出股票一次，税金和手续费接近交易额的 2%。也就是说，无论你有多少资金，如果每次交易都不盈利，全仓交易 50 次，你就破产了，更不要说交易中有亏损。

史明就是 2000 年牛市中没有挣上钱，直至亏损的人。因为，他从入市到 2000 年，股市一直都是在震荡下跌的过程中，没有经历股市的大幅上涨，对上涨股市的盘面没有一个全面、正确的认识，也就是说既没有经验又没有盘感。

到了 3 月份的时候，看着那么多的股票都翻了番，自己手里的股票却是像死尸般地挺在那里，急躁和懊恼像乱麻一样塞满了史明的大脑。

一天下午开盘后，史明来到 205 室，看见朱工和杨总、方芳都坐在自己的电脑前，专心致志地看着盘面。他拉了一把椅子，坐在了朱工旁边。

"朱工，我的股票怎么一点也不涨，烦死人啦。"史明小声地对朱工说，怕影响了别人。

"你都拿什么股票？"朱工一边看着盘面，一边问，史明告诉了自己持仓的股票。

"无论牛市还是熊市买股票一定要买强势股，强者恒强，资金都涌进了强势股，所以不涨的弱势股票就是不涨。"朱工随手敲出了几只强势股对史明解释说。

"那我现在手里的股票都不涨，怎么办？"史明虚心地请教。

"可以从你持仓的股票中退出一部分资金，买进一些最近刚刚轮动的板块里的股票，买也要买板块里最活跃的，成交量最大、换手率最高的龙头股。"朱工随手敲出首钢股份股票和其他几只钢铁股，指着盘面比较说，"真正的一波行情来了的时候，龙头股的涨幅要比跟风股大得多。龙头股不仅涨幅大，而且，回调起来幅度也小，不像跟风股，涨的时候涨得少，跌起来比龙头股跌得更多。"

听朱工这样说，杨总说话了："其实，选股票就是找庄，强势股就是庄家持股仓位多，基本上控盘的股票，上涨和回调都是随着庄家的意愿。没有庄家，或者说庄家不动的股票就像没有头羊的羊群，散户就像羊群里的羊，你东我西，根本不会向一个方向走的。这样的股票不会有什么表现。"

"这一波行情我也没有做好，到现在几乎没有盈利。有些道理说起来容易，做起来却很难。有些龙头股开始没有注意到它，等发现了看它涨多了，又不敢追，眼看着它越涨越高，没有一点滞涨的迹象，只好买了一只和它同一板块的涨幅不大的股票，结果刚进去，龙头股就开始回调，自己买的股票掉头向下，一路狂泻，又让套住了。所以，还是不能着急，股市机会永远都会有。"方芳听大家都说话了，也不好意思再沉默了，她的话有些安慰史明的意思。

听方芳这样说了，朱工语气温和地对史明说："不得不承认，做股票运气的成分也比较大。同时看好了同类的两只股票，买了的不涨，没有买的偏偏涨了很多。最后卖掉了不涨的股票去追涨的，刚追进去，结果，追进去的股票又开始回调，卖掉的股票却开始涨了。所以千万不要急躁，也许你手里的股票会补涨的。现在强势股都涨了这么多，谁知道追进去是爷呢还是奶奶。"

史明听他们说了这么多，云里雾里的越听越找不到他所希望的答案。最后，他暗暗想：还是不能这么死挨着，一定要寻找机会买进强势股，要不这么好的行情自己一无所获。

春天来了，凤城银川的春天虽然没有江南小城的娇媚婀娜，却有着西北独特的风光。大街两旁，经历了风雪磨砺的树枝，脱去了呆板僵硬的冬装，仪态轻柔洒脱，吐露出青春的气息；草坪上的小草抖去了身上的冰雪，像个小姑娘一样悄悄地换上了翠绿的新装，在春风的吹拂下自由地舞动着。街上的行人，佝偻了整整一个冬季的腰板舒展了，个个脸上洋溢着欢快的笑容。城市里到处是热闹的人群，勾肩搭背相拥而过的俊男靓女，牵着小狗漫步踏青的老人，放着风筝嬉笑玩闹的孩子，一个个陶醉在春天的怀抱之中。

看着股市大盘天天飘红，上证和深证指数节节高升，身边的同事都因在股市挣了钱而兴高采烈的样子，高仁谦终于按捺不住内心的骚动，决定入市了。

入市之前，他做了大量的功课，仔细查阅了个股的相关资料，确定了自己的投资思路：绝不追高，选择没有涨的、业绩优良的股票，资金的安全第一。选来选去，他选中了深发展和浦发银行两只股票。他和妻子商量了一晚上后，决定取出家里的存款 5 万元，两只股票各买 25000 元。他以学者的口气告诉妻子："鸡蛋绝不能放在一个篮子里。"

4 月 5 日，高仁谦正好这一天没有课，早上不到 9 点，就早早来到了交易大厅。他找了一台电脑，又反复把浦发银行、深发展的资料和走势图形看了几遍，确定没有疑问后决定，等股市开盘后，大盘没有异动便买入。

9 点 45 分。高仁谦见股市开盘 15 分钟后，大盘和往日一样，没有任何异动，指数的分时线像蚯蚓一样慢慢向上蠕动时，便放心地以 24.9 元的价格买入了 1000 股浦发银行股票，紧接着又以 18.15 元的价格买入了 1400 股深发展股票。一切就绪后，他又仔细检查了一遍股票账户，确定无疑，才放心离开了操作的电脑。

上午一直到中午休市，他买的两只股票没有多大的动静。中午他也没有回家，在外面随便吃了一碗刀削面后，回到交易大厅，等待着下午开盘。

下午开盘后，他买的两只股票还是像上午一样。临到 3 点收市的时候，两只股票的价格才颤颤巍巍地向上挣扎了几下。浦发银行收盘价 25.15 元，深发展收盘价 18.35 元。

走在回家的路上，高仁谦很得意，心想，第一天入市就略有盈余，交易的手续费和税金快挣回来了。

接下来的 7 个交易日，高仁谦持仓的两只股票的表现着实地让他兴奋了一阵。深发展和浦发银行股价天天都在上涨，尽管上涨幅度不是太大。到了 4 月 14 日，深发展收盘价达到了 19.49 元，浦发银行收盘价涨到了 25.83 元。他用随身带的计算器算了一下，7 天时间，盈利 2806 元，减去交易费用，净挣 1800 多元。

然而，未等高仁谦收起脸上的笑容，4 月 17 日，深发展和浦发银行两只股票像是事先商量好了一般，双双同时一头栽了下来。收盘时，深发展跌了 1.44%，浦发银行跌了 2.05%。紧接着，两只股票就是几天的震荡下行。到了 5 月 15 日，深发展的收盘价是 17.5 元，浦发银行的收盘价是 23.06 元。他又拿出计算器算了算，连同交易费用一共赔了 3750 元。

他看着计算器上显示的赔钱数字，一阵五味杂陈涌上了心头，短短几天冰火两重天，真是让人哭笑不得。这害人的股市，给自己平添了多少担忧和烦恼，它彻底扰乱了自己原本平静、祥和的生活。

到了 7 月份，史明看着自己手里的股票还是那样半死不活，终于忍受不了了。他一直盯着自己以前做过的一只强势股，深南玻股票。这时，深南玻股价从前期高位 24 元经过半个月的回调股价跌到 18 元。到了 7 月 25 日开始止跌企稳，又经过几天的整理，有了卷土重来的迹象。

7 月 31 日，看着深南玻日 KDJ 和 RSI 指标同时发生金叉后，史明便以 19.1 元的价格买入 30000 股。结果，股价又调整了一个星期，一直在他的买入价之上，所以他也没有太多的担心。

到 8 月 8 日，深南玻股票突然成交量放大，股价开始上涨。史明立即以 20 元的价格，又加仓了 30000 股。当天股价以 20.8 元收盘，涨幅为 5.1%。

第二天，深南玻股票仍然是放量上涨。收盘时，上涨了 5.9%，价格是 21.98 元。

这天，史明一扫心头密布多日的阴霾，眼前豁然明亮起来。此刻，他走在大街上，猛然发现天竟是这么蓝，周围的一切都显得格外美丽和可爱。

之后的几天，深南玻股票又横盘整理了 7 个交易日。到了 8 月 21 日，深南玻股票重新开始放量上涨，史明在第一时间卖掉了手中仅存的其他不涨的股票，再次以 22.1 元的价格买了 20000 股深南玻股票，至此，他全仓持有 80000 股深南玻股票。最后，深南玻以 23.19 元的最高价收盘，涨幅 5.55%。

到了 9 月 12 日，深南玻股价创下了 28.5 元的新高后，当即开始回落，直到股市收市，股价跌到 27.62 元，跌幅 1.46%。

9 月 13 日，深南玻股价依然是上下波动，最高价一度又涨到 28.48 元，到股市收盘，股价回落到 27.61 元。史明开始后悔没有在股价冲高到 28 元以上时平仓。后悔没有用，他决定明天开盘后，如果继续下跌，那么就先平仓出局，保住胜利果实再说。

果然，14 日，深南玻股价以 27.64 元开盘，上冲到 27.85 元后开始回落，等跌破 27.64 元的开盘价时，史明报出了 27.59 元，80000 股的卖单。

卖单全部成交，成交均价 27.61 元。账面市值 217 万元，盈余 54.4 万元，盈利 32%。这是史明入市几年来，市值第一次超过 200 万元，账面出现了 17 万元的盈余。

股市似乎有一个奇怪的现象：如果你做一只股票赔钱了，那么无论什么时候或者什么价格，再次买入都可能赔钱，在这只股票上很难挣到钱；相反，如果你做一只股票盈利了，那么无论什么时候或者什么价格，再次买入都可能盈利，做以往让你盈利的股票挣钱的概率要高得多。史明曾做过多次试验，几乎都验证了这种现象，也许这就是《易经》上所讲的相生相克的道理吧。由此，史明特别留意深南玻的走势，他在寻找机会，想继续在它上面获利。

9 月 19 日，深南玻股票价格在触及 23.9 元的低点后开始反弹，盘面的技术图形上 KDJ 指标也开始拐头向上。史明眼前一亮，没有多想，就以 24.1 元买入了 20000 股。股价涨过 24.2 元的时候，继续买入了 20000 股，成交价格 24.21 元。当股价继续上涨快要接近 24.5 元的时候，他将股票账户上的资金全部用完，以 24.48 元的价格买入 48000 股，共计持仓 88000 股。收市时，深南玻股价是 24.75 元。

接下来的日子，除了中间有过几天的回调外，深南玻股价仍然是震荡攀升。到了 10 月 20 日，股价再次上了 28 元，到收市时，以 28.29 元的当日最高价收盘。

然而，到了 21 日，深南玻股价以 28.11 元低开后，勉强爬升到 28.38 元后拐头向下滑去。这时，史明对深南玻的盘面做出了迅速的研判：这次如果不能突破 9 月 13 日的 28.48 元的最高价，那么，21 日的最高价 28.29 元和 9 月 13 日的最高价 28.48 元，形成了一个标准的 M 顶，预示着上涨行情结束。史明当即想好，如果股价仍然下滑，先出局再说。

深南玻股价很快便跌破当天 28.11 元的开盘价，并且，股价下跌有加速迹象。他立即以 27.99 元的价格，将 88000 股报单全部卖出，成交均价是 28.06 元。

史明一旦想好要卖出一只股票时，他的报单价格会比当时的成交价格低一些，他绝不会因为计较几分钱的价格，而让自己的卖单无法成交，不得不撤单，再卖出，结果失去了最好的卖出机会和价格，尤其是股票急跌的时候。

即使这样，他的 88000 股的卖单也只成交了 30000 股，还有 50000 股没有成交。这时，只见他的卖单下面出现了两个价格更低的卖单，紧接着盘面上又出现了一个价格更低的卖单，他的卖单从盘面上消失了。股价继续在下跌，陆续又涌出了一些卖单。他只得将自己的卖单撤销，再重新卖出。这样重复了两次后，史明才将自己持有的深南玻股票全部卖出了。

这个过程用了不到 5 分钟的时间，但对史明来说仿佛做了一件很艰难的事情，他觉得自己有点紧张，甚至还有点疲惫。看见卖出股票的资金回到了股票账户上后，他才松了一口气，点燃一支烟吸了起来，使自己的身心舒缓下来。许久，他才想到看看账户上的盈利情况，账户上清晰地显示资金 243 万元，也就是这次又盈利 26 万元。

深南玻股票当日的收盘价是 27.75 元，4 个交易日后，10 月 27 日的收盘价是 24.82 元。

同一只股票，两次近乎完美的操作，似乎有点毛主席他老人家"四渡赤水"神奇战例的味道，这种感觉着实让史明得意了好久。

千禧之年正在迈向终点，这一年，205 室的杨总因为抓住了两只强势股，收益最高，有 150% 盈利；朱工一直持有马钢股份，也有超过 100% 的收益；方芳差点，后期跟着朱工买入了马钢股份也有了近 70% 的收益。总之都有不错的收益。

时光飞逝，四季轮回，西北严酷的寒冬来临了。

第五章　潮水退后

史明是两天后从朋友那里得知，2000 年 2 月 14 日，广夏公司董事局主席陈元在北京自己的办公室里突发心肌梗塞去世，终年 61 岁。真是天妒英才，为此，他心里还难受了几天。他和陈元只见过两面，但这位第一个把本土企业带到中国资本市场的人给他留下了深刻的印象。陈元尽管是文人出身，但身上没有文人的那种谦恭和低调。他博古通今，才华横溢，对艺术、文化、科学、经济和政治方面都有自己独特的见解，尤其是在企业经营和管理以及企业如何运用资本市场加速发展方面的思想更是令人耳目一新。他思维敏捷，逻辑性很强，语言犀利，讲话富有鼓动性，举手投足之间洋溢着领袖的风范，是一个极具人格魅力的人。

陈元的去世，并未使广夏的生产和经营工作受到丝毫影响。看着广夏的股价从 2 月 14 日陈元去世之日的 21 元左右，到 4 月 19 日冲上了 36 元。史明终于沉不住气了，在 4 月 20 日，也就是广夏分红送股除权日，以 18.68 元的股价，买入了两万股银广夏股票。

从此，广夏股价的走势一直牵动着史明的心。他本想先是以 18.68 元的价格买入两万股，等股价能回调到 18 元以下后择机再加点仓，可股价一直在 20 元左右盘整着，所以他在等待着机会。

广夏是宁夏第一家上市公司，作为当地人，他对广夏股票有着特殊的情结。尤其一年来，广夏公司的经营业绩和股票在市场上的表现更让他瞠目结舌，广夏股价的走向几乎成了大盘的风向标。

2000 年 7 月中旬的一天晚上，史明和朋友吃完饭，刚走出饭店大门的时候，听见身后有人喊他，他回头望去，只见大学同学王兵正对着自己笑呢，他连忙迎了上去，紧握着他的手，惊喜地说道："王兵，听说你去深圳了，多会儿回来的？怎么也不告诉我一声？"

"我今天中午才回来，刚和家里人在这里吃了个饭，本想明天找你，一起约上几个同学坐坐，这就碰见你了，还是我们哥俩有缘呀！"王兵还是和在大学里一样神采奕奕，笑容满面，只是比以前胖了一些，一身时尚的着装彰显着他的生活状态。

"几年不见了，真有点想你，时间还早，我们找个地方好好聊聊。"史明看了一眼手表，激动地说道。

"好啊，我在深圳一个人的时候经常想起咱哥俩在一起的情景，还有你帮我写情书，让我给你买烟的事。说真的，你写的情书还真帮我大忙了，我当时的女朋友看了，激动得流了好几天眼泪呢，最后女友才变成老婆了。我老婆知道这件事后揪着我的耳朵骂我，大呼上当，还要找你算账呢！"王兵笑着提起了陈年旧事。

王兵的话把史明带入了大学期间那美好的时光，同学们在一起的一幕幕情景又浮现他的眼前。稍许，他把思绪拉回了现实，定了定神后开玩笑说道："告诉你老婆，我不找她算账已经便宜她了，那封情书我写了 5 张信纸，好几千字呢，算稿费绝不止一盒烟钱，再说又成就了一个妻唱夫随的绝配姻缘，你们还得奖励我呢，现在你们分给我一半的财产都不算多。"

"你这个说法听起来好像也有道理，只是要我们一半的财产，未免有点狮子大开口。再说我们现在的财产可不是个小数了，我可不敢做主，还是你自己给她说吧。只要她同意，我没有问题，立马给你打款。"王兵佯装出难为情的样子说。

不知不觉，他们来到了史明居住的小区旁边的香渔酒店。他们在一楼的茶吧找了个僻静的座位坐下，要了两杯茶后继续着他们的聊天。"在深圳生活感觉怎么样？主要做些什么？"史明点上一支烟，吸了一口后问道。

"生活方面比银川好点，就是太寂寞。你知道我喜欢热闹，深圳人都各忙各的，不像我们在银川整天大家在一起。至于做什么嘛，怎么说呢，你也知道，我老婆是自治区计算机技术研究所委派到广夏公司的，有点钦差大臣的意思，大家都还给她点面子，所以我呢，就给广夏公司供点耗材，做点小生意，一年有个十多万的收入，比我以前在厂里强多了，老婆的工资也可以，一年有个七八万吧。我们现在在深圳算个小康生活。"王兵喝了一口茶后接着说道："本来我们打算在深圳买套房，可老婆是科委的人，一纸调令就得回银川，所以一直下不了决心。我年初的时候听说广夏现在经营业绩很好，有"10 送 10"的分红方案，我就拿出全部的家底，以 13 元的价格买了 5 万股广夏的股票。4 月份分红后我现在持有 10 万股广夏股票，这几天广夏的股价是 20 元左右。"

听王兵说到这，史明由衷地为老同学高兴，他举起茶杯说道："那不错呀，半年时间挣了一百多万，本金几乎翻了三番！来，我们以茶代酒碰一杯，庆贺一下！"

碰完杯，放下手中的茶杯，王兵问道："你不是也做股票吗，做得咋样？"

"我可没有你那么好的运气，从进入股市那一天开始，一直在赔钱。买鸡猪贵，买猪了牛又贵，好在做股票不是我的主业，要不早饿死了。"史明自嘲地说。

"你可以关注一下广夏，听说广夏在天津的分公司和德国一家公司做出口生意，情况特别好，他们公司的人说 2001 年广夏的业绩肯定会上 2 元，这样就成了中国股市第一绩优股，那样股价就远远不止这个价格。当然这也只是我听他们公司的人说的，不一定真实，仅供你参考。我打算把广夏股票持到 2002 年初，2001 年的业绩报告出来之前。"王兵说得似乎有理有据。"和你比起来，我都有点不好意思说出口。在今年 4 月份广夏的除权日买了两万股，感觉复权后股价有点太高，就没有多买。本想加点仓，可是感觉现在股价上涨的幅度有点大了。"史明说出了实情和自己的顾虑。

"自然界的法则就是强者恒强，连良禽都知道择木而栖，何况人呢？不好的东西再贱也没有人要，股市的人们更是喜欢追涨杀跌。不过话说回来，投资买股票的事，还是要你自己拿主意。你以现在的价格买入毕竟和我当初不一样，想到风险是应该的。"王兵说道。

"也许你讲的有道理。看吧,有机会我再买点。"史明附和着王兵的话说道。

"听说高仁谦也进入股市做起投资来了?"王兵突然问道,语气里明显带着嘲弄的口味。

"怎么,只许州官放火,不许百姓点灯。不光高仁谦,我们同学中进入股市的人多了,这个时代,大家都想融入经济活动中,进入股市也许是最直接的途径。"说着,史明又点起一支烟吸了一口,一个圆圆的烟圈从他嘴里吐出,在空中飘动着。

"你抽烟还是那么多,少抽点,对身体不好。"王兵关切地说。

"戒了一次也没有戒掉,你知道,我也没有其他嗜好,随他去吧。"史明轻描淡写地说。

"你现在还写点东西吗?你要是在大学学习文学专业,提高一下文学理论方面的修养,肯定会成为一个知名作家,也许会获个什么国际上的文学大奖呢。"王兵问道。

"那都是学生时代的梦想,现在人在江湖,身不由己呀,再说,早已心如止水,才思枯竭,更没有那个灵感和激情了。也许等到老了,哪天来了兴致像卢梭一样写个《忏悔录》之类的东西。"史明调侃道。

就这样,他们一直聊到午夜茶吧打烊的时候才意犹未尽地分手了。

就在史明和王兵见过面的几天后,7月20日,广夏股票结束了3个月的震荡和盘整再次选择了强势上涨,到收盘,股价涨到了22.47元,涨幅6.04%,史明后悔自己错失了一个很好的赚钱机会,想想从12元左右的起步股价,到现在"10送10"复权后45元的价格,巨大的涨幅,他再也没有胆量加仓了。他决定就拿着现有的两万股,看广夏股价到底能涨到多少。9月13日,广夏股票的股价冲上34元的新高,史明再次感到了后悔,依他喜欢重仓一只股票的习惯,如果当初买上10万股,现在资金几乎翻了一番。看着广夏股价这么长时间只涨不跌,他心里膨胀着追涨加仓的冲动。就在这时,一个念头在脑海闪现,自己何不给广夏公司投资部的总经理海俊杰打个电话,听听他的意见,他的意见应该是最具权威性的。

　　海俊杰还是去年回来他们见了一面，算起来，也有一年半没有见面了，今年得知陈元去世的消息后他们通了一次电话，当时，从电话里听出他对陈元的感情很深，心情也很悲痛，史明安慰了一下他后也就没有再多说什么。

　　拨通电话不一会儿，话筒里就传来了海俊杰那熟悉的声音："史明你好，看见你的号码很亲切！"

　　"听到你的声音我也很高兴。最近好吗？"史明问道。"还没有来得及告诉你，我从广夏辞职了，到了一家新的投资公司，等我安顿好了，你过来看看。"听得出海俊杰的语气很平静，没有什么异样。

　　"广夏现在情况这么好，你又在那么重要的职位上，怎么就辞职了呀？"史明不解地问。

　　"好也是天津公司他们自己说的，一些事我也搞不懂，正好老板换了，我也到该另谋生路的时候了。"也许是他感觉到史明找他有什么事，便直接问道："史明，今天打电话有事吗？"

　　"也没有什么事，本想问问你广夏的情况，看广夏股票天天涨，我想买点广夏的股票，想听听你的意见。"史明支支吾吾地说着，有点语无伦次。

　　"广夏的股价都涨了这么高了，千万不要碰，不要说广夏一旦有事，就是没事，也没有只涨不跌的股票。现在广夏的股价都是庄家和机构的恶意炒作，他们只是对公司公告的一些题材借题发挥罢了，公司真实的情况可能他们也不清楚。"海俊杰说话的语气渐渐严厉起来了。

　　"机构和庄家投入那么大资金操作一只股票，难道对公司的真实情况也不清楚吗？"史明问道。

　　"怎么说呢，别的股票我不好说，广夏的情况也许庄家和机构真不一定清楚，再说有些庄家和机构都是短期行为，恶炒一把就跑了，管你公司的情况是真是假呢。记住，庄家和机构永远都是只要真金白银，绝不会要股票的。"

　　"好吧，我知道了。"史明说完正准备挂断电话，电话里又传来了海俊杰不放心的话语："史明，千万不要心存侥幸，如果你现在有广夏的股票立即卖掉，卖掉后再也不要看它，不管它涨到多少，和你都没有关系。你记得以前的蓝田股份，那就是教训。我觉得广夏迟早要出事。"

"放心吧，我知道了，你也要保重啊！"史明说完挂掉了电话。他放下电话后，考虑了再三，最后他决定听海俊杰的话，不再加仓，就拿着现在的两万股，能进能退，看看广夏到底怎样表演。再说两万股也就不到38万元的成本，现在68万元的市值，就是跌也不会赔钱。一旦像王兵预计的那样股价涨到60元以上，自己也会有点意外的收获。考虑到保住一定的盈利，他为自己设定了28.68元的心理止损价格。

做出这样的决定后，感觉一下子轻松了不少，他把电脑屏幕上广夏股票的盘面切换到其他股票上，不愿让自己的情绪再受它股价上涨的诱惑。他点燃一支烟，悠闲地吸了起来。

这时，他又想到了王兵，是不是应该把海俊杰的话也告诉他呢？他怕自己的话会影响王兵的判断，如果情况不像海俊杰说的那样，广夏的股价继续飞涨，就会给王兵造成很大的损失。可是不说吧，他又于心不忍，一旦广夏出事，那么王兵的损失更大了，他现在可是把多年的心血都押在广夏股票上了。犹豫了许久后，他还是拨通了王兵的电话。

一阵寒暄之后，他进入了正题："王兵，我刚和一个以前在广夏投资部当老总的朋友通了个电话，他告诉我一些与广夏公司公告上讲的经营状况不一样的信息，我觉得有必要告诉一下你。"说着他把海俊杰的关键意思告诉了王兵。

未等史明把话说完，王兵就打断他的话，说道："现在市场上消息满天飞，谁也不知道哪个是真，哪个是假。上半年的时候说广夏董事局主席陈元去世以后，公司上层为抢班夺权闹得不可开交，连陈元家里的人也都搅进来了，核心技术人员都辞职不干了，公司的生产和经营都受到了严重的影响。结果呢，公司的股价从不到20元涨到了现在的30多元……"

史明不想听他再发表长篇阔论，不高兴地说："别人也是好意，你为什么就不能听一听呢？"

王兵感觉到史明生气了，连忙说："老同学，不是我不听你的，银川还好，在深圳每天关于股市的消息比苍蝇都多，如果听别人的话，根本就做不了股票。

其实，听谁的都没有用，股票盘面的变化才是最可靠的。"

听他这样说，史明不知道再说什么了，最后悻悻地说："不管咋样你还是谨慎一点，见好就收也不一定不对。"

"广夏明年每股收益上2元已经不存在悬念，股价涨到60元应该问题不大，你要不信我们走着瞧。"王兵底气十足地说道。

"你就做你的春秋大梦吧，我看你抱着广夏股票过一辈子！"说着他气哼哼地挂掉了电话。

时光的流逝总是让人难以觉察，不知不觉一年过去了。2011年8月的一天，股市一开盘，史明就来到了朱工他们的房间。

他还没有打开电脑，就听见方芳大声叫了起来："广夏股价走得好好的，怎么今天一开盘就跌停了！"

杨跃进一边看着盘面一边应声说道："我忘了给你们说，昨天《财经》杂志发表了一篇《广夏陷阱》的文章，揭露了广夏天津公司造假虚构财务报表的事件，并且指出，广夏利润猛增、股价离谱上涨是一场彻头彻尾的骗局。"

朱工发着牢骚说："股市的监管者早干什么去了，什么事老是媒体先发现。等着事情发生了再处罚，不痛不痒的，这种坑害股民的行为多会儿能制止住。这次，不知道又有多少小股民血本无归了。"

史明这时的注意力没有放在他们的谈话上，脑子里交替闪现着王兵和海俊杰的影子。他飞快地打开广夏的盘面，只见盘面上显示的时间是2001年8月2日，股票跌停板的价格是27.71元，跌停板的价格上压着1个多亿股的抛单，几乎没有买单。他没有再将自己的两万股挂出卖单，因为他知道除非跌停板打开，否则，散户股民的卖单根本成交不了。

看着广夏股票的盘面像一个绿色的冰面，没有一点动静，史明的心里一阵一阵地发冷。

看着史明紧张地看着盘面，方芳担心地问道："史明，你是不是还拿着广夏的股票呢？""是啊，我有两万股，本想跌破29元就平仓，结果股价一直在29元以上，就没有舍得卖。我倒不要紧，只有两万股，赔也赔不到哪儿。可我的同学拿着 10 万股，不知道卖了没有，我给他提醒过，可他就是不听，他认为广夏的股价可以涨到 60 元。不过他买入的时间早，持仓成本比较低，可能问题不大吧。"史明担忧地说。

"现在造假的这些上市公司太可恶了，简直无法无天。广夏公司公告里说的生产和经营情况都是假的。前一段时间就有一个基金经理说，广夏的业绩好虽好，但不符合常识。还有一位著名证券公司行业领域的研究员很久以来都不把广夏列入观察范围，证券公司老总问他广夏业绩和股价表现都这么好，你为什么不研究一下呢？研究员反问老总说，有研究的必要吗？当时把老总气了个半死。看样子还是有能发现问题的人呀。"杨跃进忿忿不平地说着。

朱工这时瓮声瓮气地说道："最近还有专家推荐广夏说是有着骄人的业绩和诱人的前景，被称为'中国第一蓝筹股'呢。现在谁的话敢相信？中国的股票真是没法做了，地雷和陷阱太多，运气不好踩上了，小股民一点养命钱就没了。"

房间里的人后面还说了什么，史明已经不感兴趣，他想的是王兵的广夏股票现在卖了没有，是已经减仓了还是全仓呢，不知道广夏股票还能跌到何时？

广夏股票出现第五个跌停板的时候，史明持有的广夏股票就开始亏损了，然而，依旧是抛单巨大，没有丝毫的松动，买单还是稀稀拉拉几手几手的小单，在巨大的抛单面前显得是那样的渺小和孤单。

2001 年 9 月 26 日，当广夏股票依旧以 8.7 元的跌停价开盘后，瞬间巨大的买单就把跌停板打开了，并且股价迅速向上冲去，不到 3 分钟就冲到了 9.52 元的价格，随后股价便急转而下。这时，史明将鼠标一点，发出了早已准备好的以 8.7 元跌停板价格卖出两万股的指令，账户上显示当即成交，成交价 9.43 元。看着资金已经回到股票账户上，他算了一下，广夏股票的亏损是 185000 元，不管咋样总算是卖掉了，这他才舒了一口气。

就在史明卖掉股票的 10 分钟后，广夏股票又被汹涌而出的抛单压到了 9 元以下，下午一点二十五分的时候广夏股票像垂死的鱼一样，颤动了一下身躯后，重重地摔在地板上，这是广夏股票的第 12 个跌停板。

　　紧接着又是同样的 3 个跌停板，最后一个跌停板的价格是 6.35 元，就这样广夏股票创造了中国股市上连续 15 个跌停板的历史纪录，也许这个纪录永远也不会被打破。

　　然而，这只是盘面的情况，这背后是怎样一幅血淋淋的景象呢！广夏股票自 8 月 2 日起连续 15 个跌停板，股票价格从 30.78 元一头栽下来，到 10 月 8 日最后一个跌停板的股票价格是 6.33 元，跌幅达 79.43%。多少持有广夏股票的股民真是叫天天不应，哭地地不灵，一些重仓广夏的投资者，一夜之间倾家荡产，连死的心都有了。

　　2001 年 10 月 9 日，广夏第 16 个跌停板终于被打开，股价从 5.81 元上升到 6.59 元收盘，可相对停牌前 30.78 元以上的股价，整整斩去了 24 元多。一些大机构终于看到了接盘的力量，大肆不惜血本地疯狂斩仓，盘面上一片血雨腥风。一些机构和股民虽然割肉成功，恐怕割的不是"肉"，而是自己的"命"。自然其中有许多是被迫强行平仓的。

　　噩梦还远远没有结束，那些不愿割肉，幻想着广夏股价能再反弹一下，减少一点损失的股民再次遭受了惨重的损失。一些跌停板打开后买入广夏股票企图刀口舔血的投机者则是"偷鸡不成白蚀一把米"。广夏股价在 6 元上下震荡了一段时间后，再次选择了下行，11 月 16 日、19 日又是两个跌停板，19 日的跌停价是 4.24 元。据说，广西有一位老股民，在 30 元上方用 150 万元买了广夏，在 12 个跌停板被打开后，用从亲戚朋友那里借来的 150 万元再次以 9 元左右的价格买入广夏，企图摊低成本，挽回一点损失，结果再次被封入跌停，等到 11 月 20 日股价跌到 4 元的时候，不要说自己的钱，借来的 150 万元也被斩去了一大半。

　　2002 年 1 月 11 日起到 21 日，9 个交易日里几乎又是 5 个跌停板，银广夏股票跌到了 2.11 元的低价。到 2005 年 7 月 20 日广夏股价跌到了 0.74 元，创下了中国证券市场历史上的最低股价。

　　广夏的"恐怖袭击"造成了一些机构资金链的断裂，情急之下不得不平仓其他股票，采取"拆东墙补西墙"的方法保全自己。这样造成了许多无辜的上市公司股票股价的狂泻，从而引发了整个股市的动荡和股民的恐慌。面对像"不设防城市"一样的中国股市，看着"恐怖事件"屡屡发生，股市投资者们担心自己陷入新的"恐怖事件"中，纷纷抛出了手中的股票，使得本已步履蹒跚的中国股市再次选择了忍辱负重，不得不屈辱地低下了头。

"何处是尽头，长阴更短阴。"广夏事件犹如压倒骆驼的最后一根稻草，使得中国股市从2001年7月的上证指数2230点左右开始，到2002年1月29日的最低点1339.3点，跌去了将近900点。

许多股民在凄风苦雨中不得不含泪腰斩，看着仅剩零头的辛苦钱和救命钱，发誓宁愿过"朝餐是草根，暮食仍木皮"的日子，也要远离股市。不仅自己与股市老死不相往来，而且，要求子子孙孙永远不能涉足股市半步。

面对眼前几乎趴在地板的股价，谁愿意去想，曾经过去的两年间，广夏公司是如何创造了令人瞠目的业绩和股价神话。

就这样，一个骗局结束了，一个神话破灭了，广夏就像一个被剥去华丽外衣，卸了妆的老妇，露出来她的本来面目。对于绝大多数投资者来说，广夏事件只是一个闹剧，一段笑谈，但对于那些经历过广夏事件的股民来说，却成了心中永远的痛，至今仍然心有余悸。

广夏事件后，史明一直想给王兵打个电话，问问他的情况，可几次按下他的电话号码，都没有勇气按下接通键。他太了解自己的这位老同学了，自小一帆风顺的生活养成了他自以为是、我行我素的性格，他自尊心极强，尤其是在心情不好的时候根本听不进去别人的话。最后他决定不去打扰他，等他主动和自己联系。

史明最终没有等来王兵的电话。也许，他这一生都不可能再接到王兵的电话了。半年后的一个晚上，史明接到了高仁谦的电话，一切都让他始料不及。

"王兵得了精神病，在精神病院治疗呢！"电话里传来的高仁谦没头没脑的话语，就像一个晴天霹雳，在史明耳边炸响，一下子把他击懵了。

过了半晌，史明才恢复了思维。上次见面时，王兵那生动、鲜活的面容随即浮现在他眼前，耳边响起了王兵踌躇满志的声音："我坚定地看好广夏公司的未来，这次，我把自己打拼这么多年挣来的全部家底都押在广夏身上了。自古富贵险中求，我要让老婆和孩子过上一种光鲜、荣耀的生活，让他们以我为荣。"

广夏事件后，史明心里一直在牵挂着王兵。他想到了王兵持有的 10 万股广夏股票这次损失肯定会不小，这个打击对于心高气傲的王兵是难以承受的，他需要好好静养一段时间，舔舐自己的创伤。但无论如何他也没有想到事情会变成这样。

也许事情并不像自己想象的那样简单。史明再次拨通了高仁谦的电话："我们见个面吧，半个小时后，我在你们大学大门口等你。"

半个小时后，他们坐在了大学附近的一个小茶馆里。

高仁谦刚坐下，史明便急切地问道："你是怎么知道王兵的事情的呢？"他本想问高仁谦是怎么知道王兵得了精神病的，可在感情上怎么也接受不了把王兵和精神病联系起来。

"何必呢，事情都发生了，你再着急都没有用了。要知道你这样，我就不告诉你了。"高仁谦看了一眼史明说。

史明白了一眼高仁谦，追问道："你的消息准确吗？"

高仁谦辩解道："没有问题，是我同事告诉我的，他媳妇和王兵的媳妇在一起工作。事情的起因是广夏股票，他不光是精神出了问题，而且还离婚了。"

"不就是股票赔钱了嘛，即便是倾家荡产也不至于又是离婚又是得病的。"史明点燃一支烟，狠劲吸了一口。

"人与人不一样的，不可能所有的人都像你这样理性和刚强。每个人的承受力都是有限度的。听同事说，王兵不光把自己的钱赔光了，还欠了许多外债。"

高仁谦的话让史明大吃一惊，连忙问道："那是怎么回事？"

"我也是听同事说的。广夏股票连续跌停板打开后，股价从 30 多元跌到了 6 元多。王兵的媳妇就让他赶紧把手中的股票抛了，可他看着账户上 10 万股广夏股票，原来 300 多万的资产只剩下 60 来万，心里不服，就是不抛。说广夏股票跌了这么多，肯定会反弹的。结果是股价跌了又跌。他媳妇就为这个和他大闹起来，当时两个人都在气头上，就提出了离婚。最后，两个人一赌气，当天就办了离婚手续。"

高仁谦喝了一口茶水后，接着说："王兵离了婚，心态更加失衡。看着广夏股价跌到了 3 元左右，认为这个股价已经到了跌无可跌的地步，就想补仓摊低一下成本，以便股价反弹起来后多挽回一点损失。于是，东挪西借凑了 30 万元，又加仓了 10 万股广夏股票。后来广夏股价不仅没有反弹，最低跌破了 1 元钱。当借钱给他的人都知道他借钱炒股，并且炒的是广夏股票，都纷纷上门讨债。无奈他只得把股票卖了还债。就这样不仅 300 多万血本无归，又欠了 10 多万元外债。"

也是，十多年的心血转瞬间付之东流，常人确实难以面对这样的现实。况且，王兵是个自尊心极强的人，又深爱着自己的家人。现在，他的家庭和财富什么都没有了，他的自信心和自尊心也被无情地撕碎了，他的世界和梦想都全部坍塌了。

史明难以想象王兵那些日子是怎样在痛苦和绝望中挣扎的。他为没有给予王兵及时的安慰和帮助，而陷入了深深的悔恨和自责之中。

第六章　北京之行

史明好长时间没有过问公司的情况了，他现在对公司的事务越来越没有兴趣。就在他沉迷于股市的时候，2003 年市场上热销了数年的羊绒、牦牛绒服装出现了滞销，资金不能正常回笼，公司的经营出现了严重的困难。问题最严重的是北京市场，北京几个著名商场的销售量只有公司省外销量的二分之一。由于市场变化，这些商家乘机提高扣率，提出各种各样的理由，长期拒付货款。更可怕的是，今年是否可以继续上柜销售都成了问题。

9 月中旬的一个早晨，史明刚到证券公司自己的房间，打开电脑坐下。北京销售公司的经理就给史明打来电话催促说："老板，马上进入销售旺季了，北京几个商场都在推辞我们的产品上柜销售，您快来帮着解决一下，我实在没招了！"公司经营的事要比炒股重要多了，无奈，史明只好把股票账户委托给朱工，请他帮忙照看一下，并授予他临机决断权。

史明一行 3 人飞到了北京，下榻在一家机关的内部招待所。史明的一个叫张冉的发小在这个机关工作，所以每次他来京，张冉都为他提前预留好房间。住在这里，无论是和好友聊天还是办事、逛街都十分方便，尤其在这里宴请客人更能获得意想不到的效果。

张冉是史明儿时的伙伴，他们自小在一个县铁厂的家属院里玩耍。张冉的父亲是他们当地驻军部队的团参谋长，一位英武威严的军人。他母亲家在上海，从上海一家医护学校毕业后，响应国家号召支边来到这里，被分配到铁厂当了一名厂医，是一个很热情、开朗的人。

史明和张冉他们在一起度过了美好的童年时光。他们一起带领厂子里的小伙伴和附近工厂的孩子打了好几年的仗。和这个工厂的孩子打完再和那个工厂的打，打打停停，一直打到上初中。他们用自行车链条改装火药枪，用偷来的电石自制手榴弹，没有经费了就到厂子里偷些废铁卖。他们带领出了一个"特别能战斗的队伍"，打得附近工厂的孩子再也不敢跟他们应战了。为此，他们两个没有少挨父母的打骂。

可惜，好景不长，快乐的日子总是显得那么短暂。新中国成立前，张冉的外祖父在上海经营着一家不小的航运公司。"文革"结束后，国家落实政策，返还了一些他外祖父的资产。他外祖父就他母亲一个独生女，高中一年级的时候，张冉随父母回了上海。

分别的那天，两个小伙伴紧紧地抱在一起，久久不愿分开。连他们的父母都不忍心再看，侧过脸，擦拭着眼泪。

张冉毕业于国内一所著名大学。在大学学习期间入了党，当了两年系学生会主席。在毕业的时候，正好遇上国家一些部门到学校选拔工作人员。就自然而然地进入了国家一个重要部门工作。他可谓仕途一帆风顺，不到40岁，已是副局级，可谓级别不高，职务特别。

张冉，一个标准机关干部的形象，一副黑色的宽边眼镜遮掩住了他的精明和深刻，挂在脸上的多是恭敬和谦和。也许是在宁夏长大的缘故吧，他的性格底层仍然有着西北人的特点。当他和至亲故友在一起时，便恢复他的天性，豪爽、重情、讲义。他也喜欢大碗喝酒、大块吃肉，有时还冷不丁冒出几句脏话。

当然，他是个纪律性很强的人，在任何时候和任何人在一起都从来不提和他工作有关的事情。时间久了，大家都了解他的习惯，从来不向他打听红墙内的事情。

史明他们住的招待所，坐落在北京西城区府右街灵境胡同口，和中南海西墙隔着一条马路，沿着府右街向南走不到10分钟便到了天安门广场。走在不宽的街道上，看着眼前红墙里的中南海，总能给人一种神秘、庄严的感觉。

府右街的西边依然有一些封闭式的四合院，四周被茂密的树木、花草包括一些不知名的植物包裹着，对外只有一个街门，关起门来自成天地，具有很强的私密性，有些知情的北京人会神秘地告诉你，这是某某大人物的住所。

走在天安门前宽敞的长安街上，史明感到了自己是那么的渺小。看着那川流不息的人群，他想到了很多很多。

北京曾是多少人神往的地方，无论是官场达人还是商界精英，当然，更多的是演艺界人物，他们哪个不想在北京能找到一处栖身之所呀！北京曾迎来了多少怀揣梦想的人，又有多少人因生计所迫，不得不放弃曾经的梦想，落魄而去。

北京从不拒绝任何一个外来的寻梦人，但它同时又用一种居高临下的气势俯视着你，使得你的身体和灵魂一直在飘荡、流浪，无处着陆和安放。在外地人的心里，北京永远也不是自己的北京，它只是北京人的北京。

由于事情很紧急，史明到北京的当天，就让张冉在招待所安排了一个晚宴，并让公司在北京的销售经理请北京几个商场的有关负责人赴宴。

宴会设在餐厅一个宽敞的包间。几个商场的负责人听说是在这个招待所请他们吃饭，都按时来了。他们都是北京人，知道这个招待所不是一般人请客的地方。

宴会七点开始，史明居中而坐，张冉陪在旁边，其他人谦让了一番后都各自坐定。北京销售经理逐个做了介绍，大家都互相打了招呼。

听说张冉用餐，餐厅经理赶紧带着两个领班走了进来。见到张冉忙说："首长好，您用餐怎么也不给我打个招呼，我好安排一下！"

张冉客气地说："都是家里人，吃顿便饭，没有什么，不麻烦你了。"

说着，张冉起身拍着餐厅经理的肩膀，对大家说："经理和我是本家，也姓张，张经理以前是我们一个部门的副团职军官，转业后安排到这当经理了，很能干的！"

听张冉这样介绍自己，张经理很激动，忙说："谢谢首长褒奖，做得不好，还请批评！"

"没事了，你忙吧。"餐厅张经理听张冉这样说了，便让一个领班留下，嘱咐了一番后退出了包间。

来的客人也不知道张冉到底是什么角色，但从昔日副团级的餐厅经理称"首长"和表现出的殷勤，以及他的做派来看，肯定在北京不是一般的人。尤其是张冉对餐厅经理说他们是家里人时，他们更是心头一热，有了受宠若惊的感觉。

只有史明明白：自己的发小，是为了帮自己，有意在这些商场经理面前显示点什么，但这绝不是他的风格。

张冉，在重要机关待了多少年了，什么场面没有见过，他明白今天宴会的目的。他首先站起，举起酒杯说："今天我用从'海里'带出的特供酒，盛情款待我的兄长从银川远道而来，也代表我的兄长衷心感谢诸位领导对他的支持和帮助。来，大家举杯，为我们的相聚干杯！"

几杯酒下去，大家都随便起来。史明端着酒杯走到请来的客人面前敬酒说："一直都想早点和诸位朋友见面，无奈，烦事太多。今天，我特别感谢诸位多年来对我们公司的支持和帮助。来，我先敬朋友们三杯！"客人中，一个中年男子马上呼应道："请老总放心，从今往后，您的事就是我们大家的事。"

一口气三杯酒下肚，客人中几个已经龇牙咧嘴了。其实，史明根本就不胜酒力，他之所以提议三杯，也是为了在几个北京客人面前，显示一下西北人的豪爽和大气。

张冉，看史明今天破例一口气喝下三杯酒，已是心知肚明，他起身对几位客人说："虽然我们几个住在皇城根下，如果不是我的兄长来了，大家也难得一见，今天见面了就说明我们有缘。我也敬大家每人三杯，加深一下感情，我们今夜不醉不归。"几个人见状，赶紧起身，双手捧杯，连连说道："谢谢领导，谢谢领导！"

不到两个小时，晚宴结束了，张冉安排司机送客人回家，公司驻北京的销售经理给每个客人送了一方史明特意从银川带来的贺兰砚，大家都皆大欢喜。

送走客人，张冉对史明说："今天晚上我有个材料要准备，你也累了，早点休息吧。明天我陪你到密云水库去散散心，既然出来了就什么也不要想，彻底放松一下。"

"明天是周三，你不上班吗？我们经常见面，犯不着你专门陪我。"史明推辞着。

"我已经安排好了，明天早上我们一起吃完早餐就开路。"张冉说完就上了车。

第二天上午 10 点的时候，张冉驾车载着史明离开了喧闹、拥挤的北京城区。

深秋的北京郊外是一个美丽如画的天地，翠绿、金黄、火红的树叶交织在一起，色彩斑斓，耀眼迷人。在这收获的季节，成熟的绚丽尽显丰收的喜悦，让人不得不带着欣喜的心情享受一番秋的韵味。

张冉驾车穿行在多姿多彩的风景里，一路上他们两个笑声、歌声不断，史明坐在副驾驶座上，点燃一支烟后塞到张冉嘴里，自己也点燃一支吸了起来。他们仿佛穿越了时空，又回到了童年时代。小时候两个人偷家里的烟，一起躲在没人处学着吸烟的情景在他们眼前浮现。

两个小时后，他们来到密云水库岸边的度假中心。他们停下车，举目向水库的方向眺望，但见天空碧蓝纯净，郁郁葱葱的森林散发出勃勃生机，苍松翠柏簇拥的度假中心恰似一座天然氧吧。

张冉引领着史明来到了度假中心的生态走廊观光园。一个梦幻般奇妙的世界展现在他们面前。这里汇集着各种热带植物，形态各异的碧绿叶子在生态园中伸展着。这里繁花似锦，流水潺潺，缠绕的藤萝和绿叶交织成一座绿色迷宫。山石错落有致，台阶旋转，扑朔迷离、迷幻景致让人们仿佛置身于仙境之中。

他们在度假中心餐厅吃完饭后，来到了张冉预定的客房，从房间的阳台望去，那就是一幅画，近山翠滴，远山碧蓝，密云水库风光尽收眼底，让人心旷神怡、流连忘返。

让史明感到意外的是，聊天时，张冉突然提起了他们童年时的伙伴于可心。于可心比他们小两岁，离开这个世界 6 年了，可她的音容笑貌经常出现在他们面前。那时候，他们都住在铁厂家属院的平房里，张冉和于可心两家相连，一墙之隔。张冉找于可心有事，只要一敲墙，她就知道了。那时候于可心就像个小尾巴一样整天跟在张冉后面。张冉对她也很好，谁要是欺负了她，他会和对方玩命。每次张冉干了坏事，父亲打他的时候，于可心都央求自己的母亲去解救。史明知道他们感情很深，所以从来不在张冉面前提起她。

"史明，每当我们两个人单独在一起的时候，就不由自主地想起可心，想起我们儿时一起度过的时光，我一直忘不了她，我这一生最悔恨的事就是没有娶可心。本来我们是可以在一起的，都怪我！"他情绪有些失控，眼泪从双颊流下，语无伦次地说着。

史明从来没有见过他这样，知道以他的身份和性格，不可能将这些话告诉别人，在这个世界上，他也只有把这个痛告诉自己。这个痛把他折磨得太久了，他也是个人，需要释放和宣泄。史明想张冉今天把他带到这里，就是想告诉他这些。他感觉到张冉把他的痛也传递给了自己，心里也痛了起来，他没有说什么，静静地注视着张冉。

于可心大学毕业后分配到当地工商局工作。她是个上进心很强的人，工作特别努力，三年后就担任了科室的负责人。史明事业刚起步的时候，还曾找她帮过忙。也许是曾经沧海的缘故吧，于可心三十岁的时候才听从父母的安排，不情愿地嫁给了一个政府工作人员。可是，没过几年就传出她自杀去世的消息。关于她的死有许多种说法。最可信的是她结婚以后，夫妻感情一直不好，她最终用极端的方式终结了自己的一切。这些，史明也是事后才知道的，他为于可心的死，心里内疚和难过了很长时间。

"史明，你知道吗，回到上海以后，我们一直保持着联系。可心上大学时，好几个假期我们都在一起。我的婚姻是父母布局好的，当他们知道我和可心有联系的时候，怕出现他们不愿看到的局面，便将他们的布局告诉了她。你知道的，我父母的权威我是不敢挑战的，就这样我妥协了。"张冉的语气中带有深深的痛惜和自责。

张冉很少提起他的妻子，史明只知道张冉的父亲曾是她父亲的警卫员。他们的婚姻是两个老人在棋盘上厮杀时敲定的。

史明埋怨道："你当初为什么不告诉我这些呢，也许我能为你们做些什么。"

张冉用手擦掉脸上的泪痕，抬头望着远方的天空喃喃说道："如果可心一直生活得幸福，那么我也没有什么，当我突然得知她去世的消息，就感觉心如刀割一般地疼，我连乞求她原谅的机会都没有了。"他的眼泪再次流了下来，许久后，他说了一句:"说这些都晚了,但愿可心在那个世界过得还好。"

史明起身走到他身边,用手拍了拍他的肩膀,说:"人在一起是讲缘分的,也许你们真是有缘无分,这也是天意,不要太自责了。如果可心地下有知,看见你这样,她也不会安宁的。走,我们出去走走。"说着,史明拉起张冉走出了房间。

当天傍晚时分,史明驾车拉着张冉回到了驻地。

第三天下午,北京的销售经理就给史明打来电话说:"三家商场每家都给回款 300 万元,都答应马上安排今年上柜销售的事。一切事宜还是按往年的标准执行。900 万货款我已全部打回公司。"电话里传来销售经理抑制不住的激动和街道上行人和车辆的嘈杂声。

没有想到问题解决得如此顺利,史明心头的一块石头终于落地了。他心里高兴,便来了兴致,想晚上找个地方去放松一下。他拿起电话,看了一下时间已是下午 4 点了,便给好友郝天佑拨了电话。

郝天佑比史明小几岁,出生在宁夏南部山区的西吉县。因为父母都在县剧团工作,艺校毕业后便被安排到县剧团学唱秦腔。一次,宁夏歌舞团在各市县选拔演员,他因各方面条件都很出色,便被调进了省级歌舞团,做了一名歌唱演员,学唱通俗歌曲。

2001 年的时候,因为宁夏歌舞团一年没有几场演出,在家无聊,郝天佑就报名参加了中国歌手大奖赛。经过几轮的比拼,他以一首自创歌曲《流浪》,获得了大奖赛优秀奖。第一次参赛,就有了如此的成绩,这鼓舞了他的斗志。他决定留在北京,开创艺术事业的新天地。就这样,他在北京六里桥地铁站附近租了一套房子,把妻子和孩子都接到北京,加入了北漂一族。

一家人在北京漂着,经济负担可想而知,房租、孩子入托等生活费用,每个月至少得五六千元。为了在北京待下去,郝天佑背着演出服,一个晚上跑三四个场子唱歌。每天凌晨三四点,他才能拖着沉重的身躯回家。

回到家里,他洗把脸,吃点东西,还得伏在桌子上写歌,搞点创作什么的。只有早晨,妻子和孩子都走了的时候,他才能好好睡上一觉。所以,他一般下午三四点才起床。

"是明哥吗？你在哪儿？"半天，电话那头传来郝天佑还带睡意的声音。

"我在北京，前天到的。我的电话吵醒你了吧？"

"哪里，没事儿的！你现在在哪儿？我去找你！"郝天佑兴奋、急切地问。

"老地方，207房间。不多说了，一会儿见面再说。"说完，史明挂掉了电话。

一个小时后，郝天佑出现在史明面前。一年多不见了，郝天佑反而看起来更年轻了。一头浓密的短发，领口微微张开着的白底蓝格衬衫，袖子卷到了手臂中间，谈笑间露出一排整齐洁白的牙齿，高挺的鼻梁配上那深邃有神的眼睛，这一切都彰显着他的青春和积极乐观的心态。在他身上看不出一丝北漂一族的窘迫和失意。

"明哥，好想你呀！"郝天佑像个在外多年见到亲人的孩子一样，扑到史明跟前，将他紧紧抱住。

"兄弟，我也想你，你看，我忙完手头的事就赶紧给你打电话了。"史明拍着郝天佑的后背说。

"现在怎么样，情况还好吗？"史明让郝天佑坐到沙发上后，关切地问道。

"比刚来好多了，现在圈内也都熟悉了，几个腕儿对自己也很关照。孩子也上学了，媳妇在一家不错的公司上班。我最近打算出个专辑，都准备得差不多了。明哥，你来北京有事吗？需要兄弟做什么？"

"就是公司在北京销售的事，都已经处理好了。我看你连行头也没有带，怎么没有演出吗？"

"我给他们打了招呼，今天休息一天，好好陪陪你。明哥，我有个朋友在三里屯新开了个酒吧，挺有特色，我带你去放松一下。"

"好，我也正有此意，吃完饭我们就去。"

吃完饭，史明给公司随行的人打了个招呼，便和郝天佑两个人打车来到了三里屯。

三里屯号称北京酒吧的发源地，这里聚集了北京一半以上的酒吧，是京城夜生活的标志。整条街灯红酒绿，热闹非凡。数量众多的各种规模的酒吧门面气派别致，内部装饰豪华辉煌，从里面不时传出叮咚叮咚的摇滚乐声。街上挤满了金发碧眼的外国人和大腹便便的客商、老板，还有青春靓丽、衣着前卫的女性。

郝天佑带着史明来到街巷深处一个名叫"黄玫瑰"的酒吧。

这就是酒吧？灰暗的灯光下坐满了形形色色举着酒杯、高呼大叫的人，本就稀薄的空气中弥漫着烟酒和各种香水的味道，疯狂、强劲的迪斯科乐曲恨不得要把人们的耳膜震裂。舞池里，多是些年纪偏大、肥胖的男人，发疯般张牙舞爪地晃动着臃肿的身躯；各种各样打扮娇艳裸露的妙龄女子，疯狂地扭动着自己的腰肢和臀部，穿插在男人中间，轻佻地挑逗着那些垂涎欲滴、早已把持不住自己的男子。她们长长的头发上下左右来回摆动着，白皙、性感的身体在摇曳的灯光下格外动人心魄，给男人们无限遐想，也使得整个酒吧被暧昧的气氛笼罩着。

他们好容易在酒吧的角落处找到了一个位置坐下。史明原本是想找个地方好好听听郝天佑唱歌，可坐在这里，看着眼前这些狂欢着的红男绿女，突然觉得自己和这个世界格格不入。他放下刚刚端起的酒杯，叫上郝天佑起身离开了酒吧。

离开三里屯，史明内心才慢慢平静了下来，他们漫步在街道上，尽情欣赏着北京的夜景。

"天佑，你打算就这样在北京漂着吗？实在不行就不要硬撑着。"史明一边走一边关切地问。

"不漂怎么办，北京的机会总会比银川多点儿。再说除了音乐，我什么也不会。刚来北京的那一年，那真是难，我躲避所有熟悉自己的人，包括父母，我不愿让他们知道我的困境和落魄。在那苦不堪言的日子里，陪伴我的只有手中的一把吉他，每当我想家的时候，只能找个没人的地方弹唱着自己写的思乡的歌，经常是歌还没有唱完，我早已是泪流满面……在北京，除了一把吉他，我一无所有。每当极度无助和绝望的时候，我也想回去，但内心稍一平复，我就想到，这么回去，怎么有脸见自己的父母和同事、朋友。就这样硬是把眼泪咽到肚子里，咬着牙坚持下来了。"

说到这儿，郝天佑侧过脸去。史明明白他是不愿让别人看见他流泪。他没有多说什么，只是紧紧地搂住了郝天佑。

过了许久，郝天佑又语气中带着激动和不平，说道："我有时也特别用心地听有些时下当红的腕儿的歌，和他们比比，无论是音质还是唱功，我一点也不比他们逊色，可我多会才能登上他们那样的舞台呢！我知道自己现在只缺一个机会，所以，我在等待着、寻找着。"

听他这样说了，史明也不知道说什么才好，他明白此时语言上的安慰和鼓励是多么的苍白无力。他随手从裤子口袋里掏出来一个存折塞到郝天佑手里，未等他拒绝和说什么便忙说道："拿上，什么也别说，谁让我们是兄弟呢。这是我昨天特意安排人给你存的，里面有 50000 元，密码是你手机号的后六位。"

听史明这样说了，郝天佑有些手足无措，过了一会，他语无伦次地说了一句："明哥，我一定会努力的，我就不相信在北京找不到我的一块容身之地！"

他们向前走了一阵，史明犹豫了一会说："天佑，我有个建议，你把这些钱投入股市，以你的聪明才智我想你知道该怎么做。北京好在干什么机会都比咱们省多。留意找个在股市上有能力的人，跟上好好学学，给自己再开辟一条路不是坏事。好的是，干这个不影响你现在的事业。"

郝天佑思索了一会说："好，哥，我听你的，我知道你是为我考虑。"

史明没有再说什么，只是搭着郝天佑的肩膀向前走着。不知不觉他们走到了工人体育场北路。

北京的夜色是迷人的，放眼望去，一座座高楼大厦被霓虹灯那五光十色不断变换着的线条和图形装扮着，通体闪烁着迷人的光彩，无数的彩灯就像从天而降的一颗颗星星，撒在玻璃幕墙上，璀璨夺目，分外美丽。马路上，一行行亮起车灯的汽车像萤火虫一般划过，把整条马路照得通明。街道上人流不断，许多商店都敞开着大门，里面布满了各种各样的商品。不知从哪传出了才旦卓玛那《北京的金山上》醉人的歌声：

> 北京的金山上光芒照四方，
> 毛主席就是那金色的太阳。
> 多么温暖，
> 多么慈祥，

把我们农奴的心儿照亮。

我们迈步走在

社会主义幸福的大道上。

哎，巴扎嘿！

北京的金山上光芒照四方，

毛泽东思想哺育我们成长。

翻身农奴斗志昂扬，

建设社会主义的新西藏。

颂歌献给毛主席，

颂歌献给中国共产党。

……

婉转动人的歌声犹如天籁飘来，让人觉得是那样亲切，内心不由泛起了对北京、对毛主席的缕缕情思。如若不是天上闪烁着的星星提醒，史明不会意识到自己是漫步在夜晚的北京。

第七章　大江东去

1996 年一直到 2004 年，中国股市上一直徘徊着一个幽灵，一个德隆系的幽灵。这个幽灵从弱到强，直至灭亡的整个过程，或多或少地影响了中国股市的波动和走向。

德隆公司创造了中国股市上许许多多的神奇。他们在极短的时间里，迅速打造了一个金碧辉煌的德隆资本帝国，在当时的证券市场上开始了一个波澜壮阔的德隆时代。

有多少股民因为选择了德隆，搭上了德隆旗下的"三驾马车"，或其他德隆系染指股票的顺风车，摆脱了困窘走上了富裕之路；又有多少股民因为这些股票的崩盘而倾家荡产、妻离子散，陷入了万劫不复之地。

因此，那个时候的大多数中国股民都牢牢地记住了德隆，知道了那个从中国西部的乌鲁木齐市规划设计院的家属院里走向了中国股市神坛的德隆创始人，唐氏兄弟，唐万里和唐万新。

史明是 2003 年 10 月 11 日见到唐万新的。当时德隆为了维持旗下上市公司股票高高在上的股价，在全国范围内以高额回报为由，通过信托、证券、保险公司等渠道以委托理财的方式进行融资。

宁夏一家知名的信托投资公司以委托理财的形式，已经和德隆合作了一段时间了。这次公司李总又带着 3 亿元的汇票到德隆公司，希望继续以委托理财的形式和唐万新合作。至此，李总他们信托投资公司委托德隆公司理财的资金已超过

20 亿元。史明和信托公司李总是朋友，他正好也想见识一下德隆这个市场大鳄，便跟着李总来了。

李总在来的路上告诉史明，唐万新可不是一般人能见着的。全国拿着钱到德隆寻求合作的人多了，没有 1 个亿，连唐万新的面都见不到。

唐万新，40 岁上下，偏分的头发梳理得十分整齐，一身黑色的西装，配上暗红图案的领带，显得衣冠楚楚。一张国字脸上透露着刚毅和果敢。在他身后的墙上高悬着的精致牌匾上写着"唯我独尊"四个苍劲有力的大字，让人感到他不可一世的霸气。只是宽阔的办公桌两旁各竖着中国和美国两面国旗，不伦不类，让人觉得不太舒服。

办公室的沙发上坐着几个看起来很有身份的人，看样子也是寻求合作的。唐万新看见李总带着史明进来，并没有起身，只是笑着点了一下头，客气地让了座。

他没有回避其他客人，直接笑着问李总："老李，从银川这么远过来有事吗？"

"唐总，我又带了 3 个亿，想继续和贵公司合作，您看行吗？"李总的语气几乎带着谦卑，这是史明第一次看见李总这个样子。

"老李好财迷，尝着甜头了呀？上次 2000 万的红利收到了没有？"唐万新开着玩笑。

"收到了，收到了。"李总忙点头，满脸堆笑地回答。

"好吧，你来了，我还能说什么呢，老朋友了嘛，我叫财务主管带你去办手续。噢，老李，最近公司几件大事需要我处理，我就不陪你们了，请包涵，你们就自己在这儿玩玩吧。"唐万新把他们送到门口说。

"不用了，哪敢劳您大驾，再说办完事我们也就回去了。您留步，谢谢唐总！"李总一边打着招呼，一边退出了唐万新的办公室。

就这样，一顿饭也没有吃上，3 个亿就进了德隆公司的账上。

令李总和史明万万没有想到的是，这个时候给德隆送去的 3 个亿，对唐万新来说正是雪中送炭，而对李总他们公司来说是肉包子打狗，一去不回。其实这个时候唐万新的德隆帝国正面临着巨大的危机。

资本让唐万新私欲膨胀，实现了他建造德隆资本帝国的梦想。但无限扩张加上在股市上违背市场规律的过度投机和炒作，最终还是将德隆推到了悬崖边上。

2001 年前后，一些前期疯涨的科技龙头股中科创业、亿安科技，先后跳水崩盘，让持有德隆系股票的机构和小散股民相继感到了风险，广夏财务造假案的曝光使得许多相信德隆产业整合梦幻的股民开始清醒。

恢复理性的德隆系股票持仓者开始纷纷抛出手中的股票，一度稳步上升的中国第一庄股开始出现大量抛单。德隆每月用于护盘以及其他的费用已经超过亿元，德隆正在经受着巨大的压力和恐惧。

从唐万新的办公室出来，史明的脑海里一直闪现着在唐万新办公室的一幕，总觉得哪里不对劲，可又说不出到底是哪里出了问题，他几次想对李总说些什么，可看着李总得意、兴奋的样子，话到嘴边，又咽了回去。

回银川的途中，列车的软卧车厢里就只有他们两位旅客，两个人躺在铺上各怀心事。最后，还是李总抑制不住内心的激动，给史明讲起了唐万新的发迹史。

唐万新，自小刚毅、直率和重情重义的性格赢得了周围亲朋好友的信任和尊重，他具有很强的鼓动性和感召力，他最初的梦想是当一名科学家或者发明家。但唐万新又是一个天性不安分的人，他很快丢掉了曾经的梦想，两次考上大学，两次退学，他对经商的兴趣最终超过了当科学家的热情。

1986 年，唐氏兄弟从国有单位下海，开始了他们的创业活动。他们先是经商，开彩色照片冲印店，后来搞过科研开发，办过许多工厂、宾馆，经历了许多挫折和失败。

1990 年，他和徐春萍结婚了，他曾在朋友面前自嘲说："和徐春萍组成家庭，这是我这么多年来唯一干成功的一件事。"

结婚后，唐万新携新婚的娇妻，带领着多年来和他患难与共，一起拼杀的兄弟来到首都北京。他先开了一家迪厅，经过 3 年的苦心经营，1993 年，他们的迪厅在北京有了很大的名气，给他们积累了 3000 多万元的资本。

中国的改革开放，点燃了他们心中的希望之火。置身在首都北京，使得他们获得了更为广泛的信息和机会，开阔了眼界和思路，他们的智慧和才华得到了充分施展。事业上的起步使得他们勾画出了宏伟蓝图，建造事业帝国的第一笔原始积累，也使他们的欲望开始膨胀。

1993 年下半年，中国新兴的股票市场和市场上杨百万、孙百万快速暴富的传闻吸引了唐万新。他凭着敏锐的洞察力和多年来在社会上摸爬滚打的嗅觉，意识到中国的证券市场又给他们提供了一个更为宏大的舞台。他们开始启动原始积累的几千万元资金，进入了中国新兴的股票市场。

刚进入股市，他们先是组织人力和利用人脉关系购买股票认购证和原始股，后来参加二级市场的股票炒作。到他们的资金快速增长到一定数额时，他们不再满足这种小打小闹，他们开始寻找机会，谋划着更大的举措。

很快，公司地处湖南、股价 2 元多一点、流通盘只有 5000 万股、市值只有一亿多元的"湘火炬"进入了他们的视线。他们和熟悉的几个作手经过精心策划和缜密组织，开始了在二级市场建仓"湘火炬"。

1996 年年中，唐万新和他的合作伙伴已经持有"湘火炬"70% 的流通股，股价也涨到了 4 元，上涨了近 70%。就在这个时候，大比例送股的深沪市场上的两只龙头股，深发展和四川长虹股价都狂涨了 400%。对此，唐万新和他的伙伴们感到了股票市场巨大的利润空间，同时又让他们认识到只持有流通股无法获得公司的决策权，这样也实现不了通过大比例送股的利好题材来提升股票价格的愿望。

经过认真筹划，1997 年，唐氏兄弟做出了一个重大决策，在新疆注册"德隆投资公司"。随即，他们借助强大的人脉资源和手里的资金，开出优厚的条件完成了"湘火炬"的收购，并获得了控股权。很快，他们就实施了 1997 年 10 股送 2 股、1998 年 10 股送 9 股优厚的分红方案。"湘火炬"的股价 1997 年涨到 10 元，1998 年飙涨到 20 多元，唐氏兄弟及合作伙伴们的账面盈利达到了 10 个亿。

"湘火炬"模式的成功，极大地振奋了唐万新和他的合作伙伴们的精神，他们仿佛找到了开启巨大金库的钥匙。从此，唐万新和他的伙伴们一发不可收拾，通过银行贷款、控股公司拆借资金和联合更多合作者等方法控股了"合金股份""新疆屯河"。

至此，德隆系正式形成，旗下的"湘火炬""合金股份""新疆屯河"三驾马车开始齐头并进。唐万新和他的伙伴们通过大比例持有流通股控制盘面和推出高送配方案，使得这三只股票的股价都狂涨了20多倍。

自1997年到2003年，唐万新等人利用自有资金和部分委托理财资金，使用24705个股东账号，集中资金优势、持股优势，采取连续买卖、自买自卖等手法，长期大量买卖"老三股"，造成三只股票价格异常波动，严重扰乱了证券市场秩序。

即使是2001年7月后，中国股市大盘上证指数从2250点一直狂泻到2003年11月的1300点左右，其他股票都跌得面目全非的时候，德隆系的"三驾马车"股价依然逆市上涨，尽显王者风范，实现着唐万新在股市打造德隆形象的愿望。

最高峰时，德隆系持仓的股票市值超过了200亿元。唐万新统帅的德隆集团因在股市中骁勇善战和资本市场上精湛的运作，成为中国股市作手和庄家们的霸主，从而声名赫赫，一呼百应。股市曾出现只要德隆染指哪只股票，哪只股票价格就立即直线上涨。一些股民们不再看公司的基本面，不再考量股票内在的价值，而是到处打探消息，都想知道德隆最近进了哪只股票。那时，关于德隆的传闻满天飞。

2000年后，在中国股市积累了巨大财富的德隆集团勾画了更为宏大的蓝图，制定了产业整合和搭建金融平台的两翼并举战略方案。唐万新决心要把德隆打造成一个庞大的资本帝国。

在产业整合方面，德隆相继控股了上百家公司，涉及各个行业。唐万新想通过企业并购、产业整合的方式来改造这些传统企业，为这些企业引进新的技术和产品，提高企业的竞争力和经济效益。

在搭建金融平台上，德隆将新疆金融租赁、新世纪金融租赁、金新信托、厦门联合信托、重庆证券等全部收编到旗下。其目的就是通过这些金融平台为他们打造资本帝国募集资金，输送血液。

随着证券公司、信托投资公司、城市商业银行不断纳入囊中，执着于做"大事"的唐万新更形成了金融混业经营并迈向金融产品综合服务的战略构想，其途径则是整合德隆旗下金融资产为金融控股公司。在很短的时间内，唐万新便摇身一变，成为"先进金融理念"的传播者和实践者。

列车在夜色中疾驰，车轮碾压着钢轨接缝的铿锵声不时地传入车厢。李总讲得兴致正浓，但史明的思绪已经乱了。他知道，整合一个企业容易，但改造一个企业却是一个漫长、复杂、艰难的过程。一百多家企业的改造，那将是一个多么艰巨的工程，光凭热情和金钱是不行的。他想尽快找个合适的机会和李总谈谈，让他们公司尽快把资金撤回来，他已经预感到有什么事情要发生。

那个夜晚，史明睡得极不踏实，几次在梦境里出现了希特勒进攻苏联和山本五十六轰炸珍珠港的情景。

2004 年 4 月 14 日，史明像往常一样来到 205 房间，坐在了朱工身边的电脑前。他还没有来得及打开电脑，坐在窗边的方芳就惊呼了一句："德隆系的'三驾马车'全部跌停了！"

史明随口说了一句："不可能，你看错了吧。"但当他打开电脑，调出这 3 只股票时，惊诧的一幕出现了：湘火炬、合金股份、新疆屯河被巨大的抛单压在了跌停板的位置上。

尽管在这之前，德隆系的许多股票都有一定跌幅，但"三驾马车"同时跌停，在德隆系操盘的股票里是破天荒的。这似乎验证了最近市场上传闻德隆资金链已经断裂的真实性。股市里，铁杆跟随德隆的股民也对他们的统帅失去了信心。"三驾马车"的盘面真实显示了德隆的意图：跳水卖出股票，套现。

史明第一时间给信托投资公司李总拨了电话，整整一天李总的电话都在关机状态，一种不祥的感觉涌上了他的心头。几天后，整个银川金融界就传出了：信托投资公司通过向投资者承诺保底和固定收益率，向机构与个人变相吸收的约 30 亿元资金，交由德隆系的德恒证券投入股市和债市，现在血本无归。相关责任人已经被司法部门收容审查。

其实，唐万新统帅的德隆帝国早在 2003 年就已经危机四伏了。证监会和一些地方政府面对德隆在股市中的疯狂作为，开始意识到德隆系股票在市场上严重脱离本身价值的天价背后蕴藏着的巨大金融风险，并采取了相关措施限制德隆进入某些行业，同时加大了限制违规资金进入股市的力度。

这个时候，唐万新等德隆的核心人物开始认识到问题的严重性，原来一直我行我素的德隆，开始拨开神秘面纱站出来树立公众形象。希望通过政府的谅解和支持渡过难关。但是这一措施太迟了，德隆的摊子已经大到连政府都无法收拾的地步。

盲目无限的扩张不只是资金的短缺，人才的紧缺更是德隆的一个短板。在德隆扩张中，经常是唐万新一个人在冲锋陷阵，夺营拔寨，后续队伍不能跟进，许多事情虎头蛇尾，半途而废。

就在唐万新最辉煌的时候，有人送了唐万新三句话——

"你做的'惊天动地'的大事，你和你的团队是否有能力驾驭？"

虽然唐万新在 2001 年以后引入多家国际一流管理咨询公司为德隆产业整合出谋划策，但唐万新对自己这个团队毕竟心中有数。"我们这个团队，虽然是大老板不少，但连个过去当过基层干警这个级别的干部都没有。"他曾自嘲。

唐万新虽然智力过人，但纯然是自生自长的领导模式和语言模式，并未经过系统训练。他虽然以战略自负，但"恰恰失败在战略上"。"一个很好的连排长放到了司令的位置上。"一个他的生意伙伴这样说。

"你想做事还是想发财？想发财，那就闷声发财；想做事，就要按规则做。上市公司和金融机构牵涉到公众利益，行走于两者之间，必须要考虑公众公司的游戏规则。"

"你想做企业家还是金融家？企业家和银行家是两回事，你自己没想清楚。"

事后，唐万新告诉身边人，这三句话，他"终生难忘"。然而，危局时刻已经不可避免地到来了。

2003 年的冬天对唐氏兄弟来说，格外冰冷。原来合作很好的银行、民间金融资金不但不再借钱给他们，还加大对资产抵押贷款的追缴力度，而再次大规模的扩张又受到政府的限制。真是前无去路，后有追兵。

2003 年 12 月 16 日，德隆将所持有的湘火炬 10020 万股法人股质押，这一数量庞大的质押马上引起了市场的普遍怀疑。紧接着，德隆又用一连串的密集股票质押行为，强化了市场的怀疑预期。湘火炬、新疆屯河、合金投资的部分股权陆续被质押，更加重了市场的怀疑，而其股价的飞流直下也似乎在无言地讲述着些什么。尽管德隆一再出面强调其资金链的安全，甚至搬出了国际投资者，然而，随着旗下股票价格的全面崩盘，唐万新终于低下了高昂的头，承认德隆遇到了阶段性的困难。

如果仅仅是股票价格暴跌所造成的打击，德隆也许可以承受，但接下来的德隆帝国中各诸侯的反叛和独立使德隆着力打造的产业链开始彻底瓦解了。特别是德隆左臂右膀的"三驾马车"的反戈一击，各人自扫门前雪，积极寻求脱离德隆的控制，更使德隆帝国神秘的资金面纱被层层撕开，使得德隆的资金危情赤裸裸地显露在公众面前，成为了压倒德隆这个资本帝国的最后一根稻草。

2004 年 5 月 28 日，唐万新失踪，后来证实出走海外一个岛国。

在城市的一角，德隆公司曾经宾客如云、车水马龙的办公楼被空前的孤独包围着。夜色越来越黑，华灯初上，在四周楼群的光亮之中，一个城市以突然停电的方式，斩断了它和这个曾经光芒万丈的帝国的最后一点联系。

就在唐万新无力回天，德隆岌岌可危的情况下，为避免事态继续恶化，政府出面了，人民银行委托华融资产管理公司拯救德隆。华融资产管理公司先是对德隆进行了整体托管，开始审核德隆的财务账目，设计重组方案，寻求重组途径。

到华融资产公司整体托管，德隆集团的真实情况是：德隆总负债 570 亿元，其中实业负债 230 亿元，金融领域负债 340 亿元。德隆控股、参股企业 200 家左右，其中上市公司 5 家。德隆控制和关联的金融机构中有 7 家证券公司、3 家信托投资公司、4 家城市商业银行、两家保险公司。

当然，无论唐万新还是他的资本帝国德隆最终的结果如何，唐万新仍然不失为一个悲情英雄。他就像众多倒在中国改革之路上的企业家一样，也曾经怀抱着改良中国传统工业的远大志向。

造成唐万新悲剧的原因主要是其自身的问题，那就是他过高估计了自己的能力而轻视了市场的力量。在股票操作上更是没有敬畏市场，无视价值规律的存在，一厢情愿地拉抬股价，最终成了曲高和寡的股东。当然，也有社会的原因，如果政府和证券监管部门在德隆系刚刚形成的时候，对唐万新及德隆集团进行必要的风险警示和教育，限制他们的违规行为，那么，唐万新和他的德隆集团也不会这么快走向覆灭。

怎么说呢，在当时的环境下，即便是没有唐万新，也会出现张万新、王万新。德隆事件在中国证券市场的发展进程中，也许是一个不可避免的插曲。德隆事件沉痛教训的积极作用在于给以后股票市场上的作手们深刻的教育和警示，使他们不敢再在股票市场上胡作非为，从而净化了股票市场。

胜者英雄败者寇，这就是历史。

第八章 跌入深渊

2000 年启动的牛市行情一直持续到 2001 年 6 月底，上证指数从 1341 点最高涨到了 2245 点。大盘指数在高位没有停留几天，从 2001 年 7 月开始从高位掉头向下，一路狂泻。到 2004 年 9 月份上证指数跌破了行情启动前的 1341 点，中间虽然有过几次反弹，但都没有改变大盘的下跌走势。

这个时候，除了个别强庄股，剩下的股票都跌得稀里哗啦、面目全非，绝大多数人的账户上都亏得惨不忍睹，股民们都沉浸在一片哀怨和绝望的气氛中。

这一段时间，史明心里十分烦躁。他的股票账户上的资金在天天减少，多的时候一天赔十多万元，少的时候也赔一两万元。为了维持机构操作的最低资金额 200 万元，继续享受交易佣金的优惠，他已经七八次从公司转账补充账户资金了。

做股票，最怕心态做坏了，一旦心态坏了，急躁、恐惧和贪婪就时刻控制着你的情绪，使你失去了基本的理性和判断力。史明就是在这样的一个状态中，每天不停地买卖着股票。看这只股票涨了，就赶紧卖掉手中的股票，追入涨的股票，刚刚追进去，手中的股票又开始回调，卖掉的股票却开始涨了，那心里的滋味可想而知。

本来，自己看好的一只股票，从各个方面分析都有上涨的理由，买入、持仓了几天，看没有丝毫的动静，就开始怀疑自己的判断，结果刚卖掉这只股票，第二天就跳空高开，并且，后面有一段不错的表现。

越是这样，史明的心态越坏，他不停地买进卖出，不停地追涨杀跌，每天都重复着同样的错误。

一天，朱工实在看不下去了，语气有点严厉地说："史明，不管你挣钱有多么容易，也不能这样糟蹋呀。你每天这样进进出出，光手续费一天要赔多少？现在买卖一次光手续费就将近2%，像你这样的操作，不要说买进去后再赔钱，就是每次不赔钱，你进出50次以上，光手续费就让你破产了！"

"我有时看着手里的股票不涨就着急。"史明不好意思地说道。

"买股票的时候一定要看好了再买，既然是你自己看好的股票，就要相信自己，要能拿得住股票。即便是一只要涨的股票，涨之前，主力打压股价吸吸筹码或者震震仓、洗洗盘也很正常。不要买入一只股票，几天不涨或者稍一震荡回调就抛了，除非这只股票基本面发生变化了，或者出现了意外的问题。如果你一直持仓一只股票，即使它跌了，跌到一定限度就跌不动了，一旦行情好了，不仅不赔钱，还能挣钱。如果像你现在这样，有多少钱都会赔光，等行情来了，手里既无股票又无资金，你靠什么翻本挣钱呢！"说到这里，朱工掏出烟来，递给史明一支，自己点了一支吸了一大口。

看样子，朱工对史明确实生气了。他过了一会又说："我给你个建议，不要来股市了，安心到公司当你的老总去，先把心态调整一下，等你心能静下来了再说。"

看着朱工都替自己着急了，史明想到了几年来赔掉至少200万元，这些钱都是自己的工人辛辛苦苦一针一线挣来的，一种惭愧和自责的情感涌上了他的心头。

但是，史明并没有严格地按照朱工的建议去做，只是不像以前那样随意买进卖出了。现在，他已经完全迷失了自己。多年的商海经历养成他心高气傲的秉性，他决不承认自己的失败，更不甘心赔了那么多钱。就在这个时候，公司的账上又回笼了700多万元的货款。史明让公司财务人员干脆一次性给他的账户上转了600万元，这样他的股票账户上就有了800多万元的资金。他决定要增大资金，尽快地把赔了的钱挣回来。

到了2004年9月14日，大盘突然止跌大幅反弹，到收盘，上证指数上涨了3.18%，收在了1300点以上，紧接着第二天上证指数又狂涨了4.22%，冲到了

1355.23 点。大盘明显给出了翻转向上的信号。

9 月 17 日开盘后，大盘经过 16 日一天的盘整后，延续前几日的走势，继续强劲上涨。史明调出了早已看好的深科技股票。

深科技是深交所最早上市的公司之一，主要从事计算机、通信和电子设备制造，是深市著名的绩优股。总股本 7.3 亿股，流通股不到 2.6 亿股。深科技股票的股价从前期高点 42.8 元一直跌到现在的 10 元左右，跌幅巨大，远远超过了大盘的跌幅，公司的基本面没有发生变化，当年业绩仍然很好。史明觉得全仓买入这只股票，应该风险不会太大，一旦股价上涨，会有不错的盈利。

这天，深科技以前一天收盘价 10.15 元开盘，回调到 10.03 元后开始上攻。当股价超过 10.15 元后，史明分次共买入了 30 万股。当股价上了 10.2 元，他又以 10.21 元的价格先后买入了 20 万股。当股价继续上涨到 10.3 元的时候，他以 10.3 元以上不等的价格分批将账户上的资金全部买入了深科技股票。总计买入深科技股票 77.8 万股，持仓均价 10.3 元，股票市值 799 万元。

史明一贯的风格就是全仓买入一只股票，除非是 ST 之类的亏损股和基本面不好的股票。他不愿买上好几只股票，有涨有跌，这只赚，那只赔，账面资金不上不下，没有意思。他喜欢买一只股票，赔就赔，赚就赚，干脆。

当天股市收市，深科技的收盘价是 10.53 元，上涨了 3.74%。

9 月 20 日，星期一。深科技股票以 10.6 元价格高开后，慢慢回调到 10.52 元。10 点 30 分稍过，就拐头向上，一路上涨。下午两点后，盘面上下震荡了半个小时，尾盘又急速拉起，最终，股价收在了 11.18 元，涨幅 6.17%。史明的账户上有了 70.8 万元的盈利。

9 月 21 日，深科技股价冲高回落，当天最高价 11.48 元，最低价 10.83 元，收盘价 10.98 元。

9 月 22 日，深科技股价一度上涨到 11.10 元后开始回落，最后股价收在了 10.68 元。

9 月 23 日，深科技股价以 10.7 元高开，稍作盘整后，一路上涨，到收市，收盘价也是当天最高价 11.10 元。

9月24日，深科技股价以11.15元高开，最高上冲到11.5元。当时，史明的账户上的盈利达到了94万多元。下午2点55分临近收市的时候，3个巨大的抛单连续将股价砸在了10.72元的价位上。史明还没有反应过来，股市就收盘了。

股市刚刚收市，史明接到了公司杨经理的电话："老板，青海绒业集团的梁总来了。"

"来了几个人？梁总讲究，你找个最好的酒店把住宿安排一下，顺便把晚上的饭局也安排好。给六合绒业公司的高总、名士服饰公司的于总打个招呼，还有通达制衣公司的马总也通知一下，请他们晚上一起为梁总接风。"史明迅速做了安排。

梁总是史明刚进入羊绒业时认识的，他们公司是青海最大的羊绒、牦牛绒加工和制衣生产企业，企业有两千多员工，是青海省的利税大户。他和史明同龄，是一个精明能干又重情重义的人，瘦削、精明、潇洒三个词用在他身上再合适不过，是对他精神风貌最贴切的概括。这么多年来，他给予了史明的公司原料供应、技术协作和资金方面极大的支持，尤其是他俩经历相近、志趣相投，使得他俩多了一种一见如故、相见恨晚的感觉。梁总的公司是银川多家绒制品企业的原料商，所以他和这些企业的经理、老板都是很好的朋友。

接风宴会设在市区新开的一家叫王朝的酒店，这是一家外面看起来很普通，但里面装潢很高档的地方。尤其是它的雅间足有200平方米，集用餐、娱乐、棋牌、休息于一体，显得格外奢华和便捷。

不到6点，大家都相继来了。先到的是六合绒业公司的高总，人还未到，爽朗的笑声已经传到了房间，他是宁夏绒界的领军人物，性格豪爽、仗义。1989年的羊绒大战曾让他倾家荡产、负债累累，经过十多年的奋斗，他又重振雄风，现在仍然不失英雄本色。

和高总一起进来的是通达制衣公司的马总，这是一个纨绔子弟，他父亲刚刚卸任政府副主席。他身着一件亮色的羊绒T恤，笔挺的裤子配着锃亮的皮鞋，身后跟着省电视台一个小有名气的女主持人，更显得风流倜傥。他听说羊绒界都是些有钱人，好玩，便办了一个绒制品公司凑凑热闹。

随后，名士服饰公司的于总来了。她披着一件鲜红的羊绒披肩，紧束着腰带，显得那么的轻盈、矫健。她清丽、秀雅的脸上那双又大又亮的眼睛闪烁着热烈和聪颖。于总，全名于嫣，毕业于国内一所著名大学纺织系。后来又到意大利学习服装设计，学成后回国创业。现在她的名士牌羊绒服饰在市场上很有名气。

6 点整，梁总在史明公司杨经理的引领下走了进来，跟在他后面一男一女两个人。男的史明认识，叫苏德清，是梁总公司的办公室主任，女的，史明第一次见。

有朋友自远方来，自然免不了一番亲热寒暄。随即，大家入座，一番谦让后，史明居中而坐，梁总及随行人员坐在他的左侧，高总及当地朋友坐在他的右侧。

看大家坐定后，史明提议欢迎宴会开始，起身致辞道："今天我们几个银川绒界同仁，略备薄宴欢迎梁总一行来到我们银川，有好友自远方来，不亦乐乎？为我们的友谊干杯！"大家起身，纷纷碰杯祝好，碰杯声响成一片。

接着，梁总起身答谢说："感谢银川朋友们的热情款待，能和你们精诚合作这么多年，也是我们的荣幸，衷心地感谢你们！"说着，他和大家逐个碰杯致谢，他看着大家酒都下肚后接着说："这次来银川不光是叙旧喝酒的，我准备在上海成立一个投资公司，主要从事股权投资，我想拉上大家一起干，看大家有没有兴趣，当然，没有勉强的意思。我们这个行业干了这么多年，现在明显有日落西山的感觉，如果我们现在不早做准备，必然深受其害。俗话说，人无远虑，必有近忧呀！"

其实，梁总所说的，正是大家一直在考虑的问题，只是没有找到更好的出路。听梁总这样提议，大家都十分兴奋，表示赞成。看见大家热情很高，梁总指着随他来的女性介绍说："这就是我聘请的投资公司的掌门人程丽瑶女士。程经理曾在国内一家闻名的证券公司多年负责投资业务工作，可谓职场丽人，希望大家多多支持！"

听梁总这样介绍自己，程丽瑶有点不好意思，两片薄薄的嘴唇露出了笑意，双颊有些泛红。随即，她起身说道："多蒙梁总错爱，给了我一个为大家尽绵薄之力的机会，希望我们能合作成功，共同建功立业，以后还请多多关照。我借花献佛，敬诸位一杯！"

这时，一直没有多言的马总终于按捺不住，站起身来举着酒杯，脸上露出了难以遮掩的轻佻说："梁总何时多了这么一员良将呀，到底是职场才女，好一口伶牙俐齿，字字如珠，就冲程女士，不，是程总，这个资我也投定了，哎哟！"马总话未说完，他的大腿就被身边女主持人狠狠掐了一下，不由得失声叫了出来，惹得在场的人都笑了出来。

但见程经理坐在那儿，像一尊玉雕的塑像，瀑布一般的长发下冷艳端庄的脸上显露出不怒自威的气质，大家都不由得止住了笑声。

还是名士的于总打着圆场说："马总也是急于企业转型找不到合适的项目和合作伙伴，今天看梁总带来这么好的项目和优秀的操盘人，情不自禁嘛。马总的朋友我也是老在电视上见，现实中的你比电视上更漂亮。听说，马总的朋友歌唱得不错，今天可否一展歌喉呢？"

女主持人听有人夸她，脸上露出了灿烂的笑容，正在得意呢，谁知马总冒出了这样一句："什么歌唱得好，在我听来都是小猫叫春。"惹得所有的人都笑了起来。女主持人更是不依不饶，用手打着马总连着声说："你才老猫叫春，你才老猫叫春……"大家更是笑得东倒西歪，连程经理也抿着嘴笑了起来。

看着大家都吃了主食，史明笑着说："时间也不早了，梁总一行也车马劳顿，用餐就到此吧，下面我们把合作的事商定一下。"

就这样，几个人开始商定起合作的事来。

两个小时后，新公司的资金数额及合作各方投资的数额、比例，董事会的组成等重大的事项商定了下来。大家一致同意：新公司注册资金为 2000 万元；梁总公司及梁总股金 900 万元；史明、高总、马总、于总各入股金 250 万元；程丽瑶入股金 100 万元；梁总担任新公司董事长；高总担任监事长；史明、马总、于总为董事；程丽瑶担任新公司总经理，全权负责新公司的筹办和日后的经营工作。其他未尽事宜由程丽瑶牵头大家商议决定。

等大家走出酒店的时候已经是子夜时分。这是一个阴沉的夜晚，天空像一个无形的蒙古包，严严实实地罩着大地，让人感觉到十分的憋闷和压抑。身边的高楼大厦都隐没在浓重的夜色中，只有稀稀拉拉灰暗的灯光像是随时都会熄灭似的。远处马路上的黄色的交通指示灯急切地闪烁着，仿佛是想要告诉人们什么。史明走在街道上没有一点轻松的感觉。

送走青海梁总已是 9 月 26 日，这两天，史明陪他们去了沙湖、影视城和西夏王陵。大家都是搞企业的，难得有这样的机会忘却工作中的烦心事，身心完全融合在大自然中。梁总和随行的人都玩得很开心，有点意犹未尽的感觉。

送走梁总以后，史明把公司的事完全委托给杨经理打理，自己一门心思做起股票了。

杨经理全名杨杰，回民，复员军人，比史明大 7 岁，浓眉大眼，机警干练。他是史明最得力的助手，整天就像一台机器一样，不停地运转着。公司哪里出现问题，他就出现在哪里。无论是生产经营还是设备维修，就连员工生活方面的事，他都能处理得很好。如果他哪天不在公司，肯定会有麻烦出现，甚至会乱成一锅粥。他跟随史明已经十多年了，尽管比史明年长，但他很尊重史明。也许是在一起共事久了的缘故，史明有个什么意图，他都心领神会。所以只要他在公司，史明用不着担心什么。

让史明寄予厚望的股市再次把他推入了烦躁和忧虑之中。

自 9 月 14 日开始，大盘上证指数从 1260 点上涨到 9 月 27 日的高点 1496 点后迅速回落，当天收在了 1435 点。后面的交易日，大盘继续下跌。尤其是"十一"长假后，大盘只是在开市的第一天 10 月 8 日反弹了一下后，又延续了节前的下跌走势。大盘的走势否定了史明对后市看好的判断。

深科技股票的走势几乎是大盘的翻版。到了 10 月 20 日的时候，深科技股价以 10.34 元开盘，上冲到 10.44 元后，掉头向下，一直跌到 9.78 元，最后在快要收市的时候，勉强向上挣扎到 9.97 元收盘。史明的账户再次出现了亏损，当天亏损 23 万元。

面对出现的局面，最艰难的是如何决策。犹豫、恐惧蹂躏着史明的心。平仓吧，大盘现在是这么低的指数，随时有可能反弹，甚至会启动一波行情，如果踩空了怎么办？再说大盘跌了这么多，也不是割肉平仓的时候，再说自己以前多少只股票都是刚卖出就大涨了；不卖吧，一旦大盘继续下跌，深科技股价一直下跌，损失不是更大了吗。谁知道大盘跌到何时才到底，谁知道深科技股价还会不会跌呢？再说卖了深科技股票还买不买股票？如果在这个指数位空仓，也不是明智之举，买股票又买什么呢？

就这样，史明思考着、犹豫着、纠结着，最后他决定以静制动，看看再说。就是这一决定将他推入了更深的泥潭之中，难以脱身。

从 2004 年 9 月中旬开始到 2004 年年底，大盘上证指数从 1435 点一路下跌到 1242 点，将近跌了 200 个点。可是，深科技股票表现了极强的抗跌性，股价一直在 9 元上方盘整，史明股票账户上的亏损在 100 万元左右徘徊。

2005 年 1 月 4 日，新年的第一个交易日，深科技的股价以 9.24 元开盘后，艰难地向上蠕动，最终股价收在了 9.36 元。

就在这个时候公司又出事了，五六个原材料供应商因为几个月没有拿到货款，联合起来跑到了公司闹事。史明知道后，赶紧回到公司，将公司账户上仅剩的 50 万元资金，按所欠每个供货商款项的数额，按比例支付了一点，算是把这些人安抚了一下，平息了事件。

自进入 2004 年 11 月的销售季节以来，羊绒和牦牛绒服装的销售额直线下降，几乎到了无人问津的地步。眼看几个月过去了，公司的账户上没有回来一笔外地的销售款，公司每天还要承担数额巨大的销售费用。史明想到自己把维持公司运转的资金转到股市炒股，全然没有发现公司到了如此的境地，内心不由得生出了阵阵内疚和自责。

史明连忙给同行厂家的几个老板打了电话，问问他们的情况，看问题到底出在哪儿。得到的回答是他们的情况也和他们公司一样，有几家工厂都已停产，工人都放假回家了。

见此状况，史明似乎意识到问题的严重性。他马上把公司几个主要管理人员叫来部署工作，主要的意思是生产上不再下新的任务，把在产的半成品加工好了就停产，不要再造成更大的积压。组织其他管理人员补充到销售一线去，帮助销售。同时，史明寄希望于股市情况能够好转，帮公司渡过难关。

到 1 月 19 日，十几个交易日，深科技的股价一直在 9.24 元和 9.84 元之间震荡。

1 月 20 日，深科技的股价走势验证了股市中的一个说法：久盘必涨或者久盘必跌。让史明万万没有想到的是深科技的股价没有久盘必涨，而是选择了向下跳水的方向。深科技股价以 9.29 元开盘后，一路溃逃，竟连一次像样的抵抗都没有，不到半个小时——上午 10 点未到，巨大的抛单就把股价压在了 8.36 元的跌停板价上。整个过程，史明就像看一只和自己毫无关系的股票的精彩表演，没有思想，也没有感觉，谈不到恐惧和痛苦，更不要说采取什么措施。一直到中午休市以后，他才反应过来，明白了发生在自己身上的事情。

中午，他没有心情吃饭，也不愿下楼。窝在房间的沙发上，木然地看着天花板。他多么希望上午发生的一切是一场梦，等自己一觉醒来一切都云消雾散。当他下意识地看了一眼屏幕，只见屏幕上清晰地显示着深科技股票跌停板的盘面。这时，他又想，这也许是控盘的主力拉升股价前一次凶残、剽悍的洗盘，等下午收市前，主力会把股价拉起来。

好不容易等到下午开盘，深科技股票的盘面上没有出现意外的情况，整个盘面是绿色的，没有一星一点的红色出现。抛单越来越多，越压越重，零散的买单数量越来越少，时间间隔越来越长。一直到收市，奇迹没有出现，史明绝望了。

接下来的几天，情况并没有好转，相反越来越糟了。到了 1 月 31 日，深科技股价跌到了 7.62 元。在这个价位上下震荡了十多个交易日后，深科技股价又出现了连续几日的下跌，股价最后跌到了 6.85 元。

那天，史明的股票账户上股票市值 543 万元，亏损 257 万元。收市后，史明面对着电脑屏幕呆呆地坐在那儿，一种从未有过的无奈和凄凉的感觉涌上了心头：这种跌法，多会才能结束呀，到这个时候还能有什么选择呢，只有听天由命了。

第九章 股市残局

2005 年的春节，对史明来说是平生一个最难过的春节。

到春节临近时，公司外销部只回款不到 200 万元，给工人发完工资和支付了部分原材料款后，公司的账户上只有不到 5 万元钱。

史明的酒店也是惨淡经营，每况愈下，整整一年下来，支付完员工工资和其他费用，连 100 万元房租也没有挣回，这更加让他闹心。

整个春节，除了几个重要的聚会外，史明几乎在家没有出门。他需要静静坐下来，好好考虑一下春节过后怎么办，他不能让事态继续恶化下去。他思前想后，经过几天的反复考虑最后决定：春节过后一上班就将酒店立即转让掉，这样不再承担今后的房租，还能收回点转让金；通知公司的工人继续在家休息，公司先停止生产；组织所有管理人员处理库存服装和收讨外欠货款，将库存降到最低限度。

再说上海投资公司的程经理几次来电话催缴投资款，无奈，史明只得实话实说，将自己公司遇到的困难告诉了她，说现在实在拿不出投资款，决定退出合作，请他们谅解，入股上海投资公司的事就这么夭折了。

就这样，史明茶饭不思、夜不能寐地挨过了春节的几天。

春节过后，第一天上班，史明就将公司相关人员召集到他的办公室做了安排——

杨经理负责公司的全面工作和本地库存服装的处理甩卖，安排大量人力在宁夏各县市设立摊点进行削价处理甩卖，争取在其他厂家反应过来时，及早收到好的效果。

负责省外销售的经理组织销售人员在各大商场进行大力降价促销活动，进行最后一搏。

酒店经理抓紧酒店的转让，史明私下告诉了最低转让价。

财务经理对公司的库存服装进行彻底盘点，搞清楚品种数量，清算一下公司所有债权债务，督促各销售人员抓紧销售款的回笼。

最后，史明希望大家齐心协力，共渡难关。与会人员都表示全力以赴，绝不辜负他的希望。

史明安排好公司的工作后，他来到股市，希望股市能好起来，帮他摆脱眼前的困窘，为公司今后转型和发展奠定一些资金基础。

2005 年 2 月 16 日，春节过后的第一个交易日。

一开盘，深科技股价以 8.22 元跳空高开，涨幅达 8.16%，随后，股价向下回调到 8.1 元的位置上稍作停顿后，便拐头向上直线上升。10 点 10 分的时候，股价直接向涨停板 8.45 元的价格冲去，当股价一到涨停板的价格上，就被不断抛出的卖单打开，并把股价砸下来。当股价被砸到 8.20 元价位的时候，多方发起攻击，再次将股价拉抬到 8.4 元附近时，又遭到空方的反击，股价再次被打压到 8.2 元以下。

就这样一个交易日内，多空双方你攻我守、你退我进、来来回回、反反复复进行着厮杀，深科技股票的盘面呈现出一幅惨烈的拉锯战场景。最后到股市收盘，深科技的股价收在了 8.19 元，涨幅 7.76%。

深科技股票这天的表现着实让史明心花怒放，兴奋了一阵。是啊，这么长时间史明所遇见的都是坏事情和坏消息，他太需要一个好的事情来鼓舞一下了，哪怕就是个很小很小的好事或者好的消息对他来说也是一个安慰呀。

就在 2005 年 1 月 31 日，大盘上证指数跌破了 1200 点，收在 1191.82 点后的第二天，所有的媒体都发表观点说上证指数 1200 点的政策底绝不可能长期破的。市场上更是传言保险资金将直接入市，政府要救市了。

果然，2005 年 2 月 2 日，大盘上证指数狂涨了 5.35%，收市时，上证指数收在了 1250.5 点，几乎是当天的最高点。

根据大盘和深科技股票的表现，史明对后市不再有太多的担忧和悲观，他坚定地认为大盘上涨只是个时间问题，现在自己能做的就是静下心来，坚持下去。于是，他决定不再计较深科技股票价格的波动和自己账户上股票市值盈亏的变化，免得让这些影响了自己的持仓信心。

2 月 18 日，也就是春节过后的第三个交易日，史明正坐在电脑前，注视着盘面，听见有人敲门，便起身打开了房门，只见证券公司一个姓李的男工作人员领着两个男人走了进来。姓李的证券公司工作人员指着两个人中一个年长一点儿的介绍道："这是银川金鑫投资公司的王经理，他们想找些优质客户有些业务可以合作一下，你如果有兴趣不妨和他们谈谈，也许有合作的可能。好，你们谈，我先忙去了。"说完他走出了房间。

这时，房间只剩下史明和金鑫投资公司的两个人，史明把他们让到沙发上坐下后说："我不清楚你们找我的目的，你们可以把你们的意思说得更明了一点儿吗？"

金鑫投资公司那个姓王的经理连忙掏出烟来，起身双手递给史明并为他点着后，自己也点着一支烟，吸了一口后说："我们公司现在的业务主要是为一些股票市场上做得好的大户和机构做融资业务。也就是说，你可以把你股票账户上的股票和资金质押给我们公司，我们公司可以提供给你股票账户资产的一到三倍的借款，借款利率是月息 2.5%。你们可以用我们的资金加大在股市上的投入，挣得更多的钱，我们公司也可以跟着你们挣点利息，大家互惠互利。"

史明听他说到这，消除了先前的反感和警觉。他心里想，这也是一个不错的合作方式呀，只是利息有点太高——如果股票挣钱了，这些利息也不算什么，如果赔钱或不挣钱，这个利息就太高了。他故作漫不经心地问道："合作的时间有什么特别的限制吗？做股票的资金最怕时间限制，再说你们公司的利息太高了，是不是可以优惠一下呢？如果条件合适我倒是愿意和你们合作。"

王经理看见史明有合作的愿望，便不失时机地说："你说的这些问题我们都好商量，你放心，我们公司的借款时间没有任何限制，除非你股票账户的股票市值或者资金数额接近我们给你借款的数额时，如果你不能追加资金的话，那么我们有权让你强行平仓，收回我们的借款。至于利息我们可以回公司给老总汇报以后，争取给你最大的优惠。"

"那好，你们回去和公司老总商量一下，看利息能给我降到多少。再则，我现在股票账户上有近 500 万元的股票市值，如果你们的借款低于 1000 万元，那我也就没有兴趣了。你们这样的借款一点风险也没有，所以条件也不能太苛刻。"

金鑫投资公司的两个人满脸堆笑说："好，我们回去就给公司老总汇报，争取给你最优惠的条件。"史明听他们这样说，便相互留了电话后，起身把他们送出房间。

两天后，星期一的上午，金鑫投资公司的王经理打来电话说，他们给公司老总汇报了史明的情况，公司老总很感兴趣，想请他来公司面谈。史明答应他们下午收盘后到他们公司去。

金鑫投资公司设在银川市文化街和湖滨街之间一条南北走向巷子里的一个大院里，院子里有一幢五层的旧办公楼，金鑫投资公司设在二楼。当史明刚上到二楼楼梯口就看见了已经等在那儿的金鑫投资公司的那位王经理，王经理便引领他来到了总经理的办公室。

这是一个宽敞、装饰讲究的办公室，宽大、厚重的办公桌，一圈高档入时的牛皮沙发和外面陈旧的大楼形成了鲜明的反差。坐在办公桌后面的人，见他们进来，连忙起身迎了过来。王经理指着来人对史明介绍说："这是我们公司的刘总。"随着他又将史明介绍给他们老总说："这就是我们给您汇报过的咱市股票市场上的闻名人物史总。"

投资公司刘总和史明握手问好后，两个人一起坐在沙发上，王经理给史明倒了一杯茶放在茶几上后，坐在了侧面的沙发上。

"听我们王经理说，史总可是股票市场上一个骁勇善战的作手呀，今日得见，果然是仪表不凡、大将风度呀。"刘总笑着说。

"王经理所说都是误传，刘总更是过誉。我也就是早进股市几年而已，毫无建树和收益，要不怎么能到贵公司呢。"史明也是不卑不亢，实话实说。

"我请史总来，也不光是为了你我合作的事，我也是对股票投资很感兴趣，想和你了解和学习一下股票投资方面的知识和经验，开辟一个新的投资渠道。"刘总真心实意地说。

史明听他这样说，共同的兴趣似乎让他对刘总有了一丝好感，他仔细地打量了一下刘总。这是一个和自己年龄差不多的男人，身材伟岸、相貌堂堂，脸上少了些精明和奸诈，多了些沉稳和谦和。看起来这个刘总似乎是个可以交往、值得信任的人。

史明点燃一支烟后，笑着对刘总说："股票投资方面的知识和经验，我真的谈不到，只是我觉得大盘从2000多点跌到现在，几乎跌去了一半，机会要比风险大一点，这也就是我敢和你们合作的理由。社会经济在发展，股市大盘指数总的趋势是要向上的，尤其中国的证券市场正处于一个起步和发展阶段。再说没有只涨不跌的股市，也没有只跌不涨的股市。有跌有涨，总的趋势向上应该是股市运行的规律。"

"我也是基于这样一个观点，才决定尝试向股市配资的。如果股市大盘指数一直在高位，我还真不敢这样做呢，那样也是对借款人的不负责。我希望出现大家共赢的局面。你的情况和要求，王经理回来给我说了，我打算给你借款1500万元；借款期限原则上按你的具体情况定，只要你盈利，这个款你一直可以用；利率按月息2%，也请你能理解我们也是股份制公司，我们有5个股东，我的最大权力也就是这样了。我们几个股东之间拆借资金也是按这个利率算的。我也是希望通过和你合作，尝试一个新的投资方向。"

史明也耳闻现在民间资金借贷利率最低也就这样了，通常都在月息5%左右。看刘总说得很实在，史明说："那就谢谢刘总了，我也希望我们的合作能成功、长久，那我明天就安排公司财务上的人来办手续了。"

刘总说："好，明天你们公司的人来了，直接找王经理，具体操作由王经理负责。"事情定下来后，史明离开了金鑫投资公司。

史明从金鑫公司出来，走在回家的路上，内心十分矛盾和纠结。他无法预料自己这个行为给自己带来的是灾祸还是机会，无论如何，压力是巨大的，他仿佛感觉一座大山压在了自己的身上，步履沉重起来。尽管这样，他还是没有改变自己融资加大股票投入的想法，他决心要抓住这个机会搏一次。他期望这是上苍赐予自己一个改变现状、重振雄风的机会。

第二天股市开市后，史明开始选择买入的股票。要在 1000 多只股票里选择一只合适的股票其实很难，不仅要考虑到股本和流通盘的大小、业绩的好坏和业绩是否增长，还要考虑到板块、题材和最近的走势。选来选去，经过反复斟酌，他决定买入天山纺织股票。

天山纺织股票属新疆板块，主要从事纺织和原材料的生产和销售。总股本 3.6 亿股，流通股 1.5 亿股，公司传闻，预计 2005 年上半年业绩大幅增长，公司扭亏为盈。最关键的是公司正在筹划资产重组。天山纺织股价从 2000 年 3 月份的 22.65 元，一直下跌到现在的 3.5 元左右，跌幅巨大，现在的股价已经很低了，应该说处于一个相对安全区域。再者，根据证监会要求，散户买入股票持仓不能超过股票流通股的 5%。如果 1500 万元以 3.5 元的价格应该可以买入 430 万股，也不违反证监会规定。就这样史明决定全仓买入天山纺织股票。

2005 年 2 月 25 日，金鑫投资公司的款到了史明的银行账户上，史明随即将钱转入了自己的股票账户，准备在合适的时机买入天山纺织股票。

这一天，天山纺织股票价格以 3.55 元平开后，最高上涨到 3.6 元后开始回落，一直回落到 3.47 元时盘面才稳定了下来。到下午两点的时候，史明看到股价没有再下跌的迹象时，打算开始买入。

当史明打开买入操作界面进行买入操作时，不知道是因为压力太大过于紧张的缘故，还是意识到是拿别人的钱在买股票，竟然感觉双手有点不听使唤了。无奈，他只好停了下来，点燃一支烟吸了起来，他想稳定一下自己的情绪后再说。

到下午两点半的时候，他一改以往买入时不在乎几分钱的差价的风格，开始在 3.48 元的买入价上挂上了 5 万股的买单，等候着成交。等了大约 10 分钟后，他看见 3.49 元的卖价上出现了超过 10 万股的卖单，便以 3.49 元的价格买入了 10 万股。随即渐渐在 3.49 元的价位上又堆积了超过 10 万股的卖单，他再次以 3.49 元的价格全部买进。就这样一直到收盘的时候，他一共买入 50 万股。天山纺织最后以 3.5 元的价格收盘，跌幅 1.41%。

2 月 28 日，新的一周的第一个交易日。天山纺织股价以 3.48 元开盘，低开 0.57%，整个上午，股价一直在 3.48 元上下震荡。史明没有急于操作，他想等到下午开盘后盘面没有变化时再看。

下午开盘后，股价慢慢下跌到 3.45 元后开始止跌，到两点十五分的时候，股价回到 3.47 元，史明先是以 3.46 元的价格挂入了 8 万股的买单，不到 10 分钟，8 万股全部买进，他又以相同的价格挂上了 9 万股，过了一会又全部成交。看见买入不难，史明以 3.45 元的价格报入了 30 万股，他在等待慢慢成交。看见盘面上有了大额的买单，便有不少几万股的卖单出现，不到 10 分钟，他的买单剩下不到 5 万股，于是，他又在刚才的买单上加了 30 万股。后面的买单成交了不到 25 万股，天山纺织的股价开始慢慢上涨了，最后以 3.48 元收盘。

两天时间，史明共买入 122 万股，加上交易费用，平均成本价 3.5 元。

3 月 1 日，天山纺织股价高开 1.15%，以 3.52 元高开。史明担心股价涨起来，便以 3.51 元报入了 10 万股的买单，等都成交后又以 3.51 元报入了 10 万股的买单，买单很快成交。就这样，他反复操作共买入 90 万股。这时，股价开始向下回落，史明没有再敢轻举妄动，只是目不转睛地盯着盘面。到上午休市的时候，股价回落到 3.44 元，他的股票账户上显示天山纺织亏损 23 万元。

下午开市后，天山纺织的盘面在 3.44 元的买价上出现了大额的买单，渐渐将股价向上抬高。当股价触及 3.48 元后，史明报入了买价 3.47 元，10 万股的买单，买单很快成交了。接着，史明用同样的方法，以同样的价格又买入了 100 万股。当天，天山纺织的收盘价是 3.49 元，微涨 0.29%。

3 月 2 日，天山纺织以 3.4 元，跳空低开 2.58%，这个情景着实让史明的神经绷紧了，尤其是后面的走势更是让他脊背发凉。开盘后不到半个小时，天山纺织的股价已经下跌到 3.3 元，跌幅达 5.44%。这时，史明的股票账户上，天山纺织的亏损达到 60.3 万元。

庆幸这只是虚惊一场，下午开盘后，天山纺织股价开始强势反弹，不到两点钟，股价就上了 3.51 元，盘面由绿转红。等史明反应过来，股价已经涨到 3.55

元，他开始后悔没有在 3.3 元的最低价买入，更怕在没有满仓时股价开始飙升。于是，他在 3.55 元上下的价格，将账面资金全部买入，共计买入 110 万股。这时他看见账面上还剩将近 30 多万元资金，便又买入了 8 万股，总持仓天山纺织股票 430 万股，每股持仓成本 3.53 元。

全部买入，建仓完毕后，史明开始专心致志地关注盘面了。天山纺织股价到两点半的时候上涨到 3.75 元，盘整了一会开始回落了，最后以 3.65 元收盘，账面盈余 51 万多元。

以后的几个交易日，到 3 月 15 日，天山纺织的股价一直在 3.41 元到 3.73元之间波动，没有出现太大的变化。

3 月 16 日，天山纺织股价以 3.5 元跳空低开，跌幅达 2.51%，开盘后向上挣扎了一下，触及 3.53 元后便一路向下，中间没有一次反弹，最后以 3.4 元的价格收盘，账面出现 56 万多元的亏损。

接下来的几个交易日，天山纺织股价延续了跌势。到 3 月 22 日天山纺织股价最低跌到了 2.9 元，最终收盘在 3.01 元的价格。这时史明的账面亏损已经接近了 223 万元。看着不到 20 天时间账面上出现了这么多的亏损，史明的脑袋一下子蒙了，到现在这个境地真是进退两难、骑虎难下呀。平仓吧，损失就形成了，如果一旦股价上涨，那真是哭都没有眼泪；继续持仓吧，继续下跌怎么办。

收市后，史明没有起身，木然地看着屏幕，脑子里乱七八糟，矛盾、纠结、恐惧塞满了他的大脑，他感到了一种从未有过的痛苦。两个小时后，就在起身离开房间时，他做出了一个决定：设定 2.8 元为止损平仓线，在后面的交易日内，如果哪天的收盘价跌破 2.8 元，第二天就坚决平仓。

然而，就是这个决定将他推入了万劫不复之地。

天山纺织的股价在此后十多个交易日内有涨有跌，但收盘价都没有低到 2.8 元。

只有 3 月 31 日那一天，天山纺织股价以 2.88 元开盘后，股价一路走低，临近中午休市的时候，股价触及 2.8 元，就在史明考虑是否平仓的时候，瞬间，股价就急转而上，到休市时，股价停在了 2.83 元。下午开盘后，天山纺织股价又节节攀升，最后以 2.93 元的价格收盘。股市收市后，看着当天的盘面，史明庆幸自己在股价跌到 2.8 元时没有平仓。

最让史明迷惑不解的是 4 月 8 日，也就是天山纺织即将停牌的前一天，天山纺织股价以 2.97 元开盘后，回落到 2.93 元，在这个价位上稍作整固便开始上攻。到下午两点的时候，股价上涨到 3.15 元，涨幅竟超过了 5%。临近收盘时，股价开始回落，最终以 3.04 元收盘，涨幅 2.01%。

4 月 11 日，星期一，天山纺织股票停牌公告消息，然而，这个消息绝不是史明一直期盼的市场上传闻天山纺织重组的利好消息，而是一个足以把所有持有天山纺织股票的股民击晕的消息：天山纺织股票连续 3 年亏损，被特别处理，股票被冠以 ST。

怎么会这样？前些日子公司不是还发布公告说公司 2005 年业绩大幅增长，已经扭亏了吗？怎么就突然来了个特别处理呢？一种被愚弄和欺骗的感觉撕扯着史明的心。他想不通这么多股票，自己为什么单单就买了这么一只破股呢？难道是命运在和自己作对？

极度的痛苦之余，他又安慰自己：股价都从 22 元跌到现在的 3 元了，也许市场已经提前消化了这个利空消息，要不，停牌的前一天，股价怎么还涨呢？难道所有的主力和机构都不知道天山纺织的这个消息吗？

这样的股票，史明实在没有持股信心，他计划开盘后坚决抛出，无论什么价格，无论赔多少钱他都要平仓卖出。

但是，天山纺织股票根本没有给他这个机会。

4 月 12 日，ST 特别处理后的天山纺织股票复牌后，股价一字跌停，跌停价 2.89 元，跌幅 4.93%，总成交 8.36 万股。

4 月 15 日，连续第 3 个跌停板，股价跌到 2.61 元的时候，金鑫投资公司的人也沉不住气了，上午 10 点，他们公司的王经理带着一个人来到了史明的操盘房间。不用他们说什么，史明已经明白了意思，他告诉王经理："你们不要着急，现在唯一的办法是我先卖掉手里的深科技股票，用这个钱先弥补你们的资金亏损，其余的也只能等天山纺织卖出后再说。至于你们资金的不足部分，我会给你们补上的，到了这一步，我会愿赌服输，不会让你们受损失的。"

当即，史明开始卖出深科技股票。那天，深科技以 8 元开盘，10 点的时候，股价一直在 7.98 元左右波动，史明不敢以大单卖出，怕自己把股价砸下去，只能以小单卖出，就这样到上午收市，卖出了 40 万股，这时股价下滑到 7.91 元。

下午开盘后，史明没有急于卖出，看到股价慢慢接近 7.95 元的时候才开始卖出，就这样一直到两点半，他才将手中的深科技股票全部卖出，账面回来现金 612 万元。看见史明的账面上有了 612 万元现金，王经理他们才放心走了。

4 月 21 日，第 8 个跌停板，这时，天山纺织的股价已经跌到了 2.02 元，也就是说，此刻史明手里 430 万股天山纺织股票的市值只有 868.6 万元，亏损了 631.4 万元。这时的史明对出现的结果做了最坏的精神准备，加上经过了几天的煎熬和折腾，已经感觉不到痛苦了，事情到了这个地步，只能面对现实了。

4 月 22 日，就在史明准备承受第 9 个跌停板时，天山纺织股价出乎预料竟高开 2.97%，以 2.08 元的价格开盘，史明当即卖出了 190 万股。几分钟后，股价以 2.12 元涨停。史明怕后市再出意外，以 2.12 元的价格分两次又卖出了 140 万股。留的 100 万股，根据明天的情况再说，争取把损失降到最低限度。

4 月 25 日，星期一，天山纺织以 2.23 元涨停板的价格开盘，随后，大量的抛单涌出，史明见状以 2.2 元的价格抛出了剩下的 100 万股，这时他的股票账户上回来现金 892 万元，加上卖了深科技股票的 612 万元现金，账面现金共有 1504 万元，归还了金鑫投资公司的 1500 万元借款后只剩下 4 万元。还要支付金鑫投资公司两个月的利息 60 万元。也就是说买入深科技和天山纺织两只股票，加上应付金鑫投资公司的利息总共亏损 856 万元，再加上这几年的连续亏损，自己自从进了股市至少赔了 1300 多万元，这可是史明这么多年的心血呀！

金鑫投资公司的借款进入股市加速了史明股市残局的到来，并彻底击碎了他挽回损失、突出重围的梦想。从 2 月 25 日金鑫投资公司的资金入账到今天，刚刚两个月时间，一天也不差，是巧合还是天意？难道这就是人们通常所说的有一种结局叫命中注定？

事到如今，史明不愿再去想这些，他关掉电脑，艰难地站起身来，看着这待了八九年的房间，想到这是最后一天在这个房间，以后自己没有资格再待在这个房间，并且就要被赶出股市了，心里不由得酸楚起来，双眼湿润了。

他恨自己的贪婪造成了今天的残局，如若不是自己借钱加大股市投入，也不会到今天倾家荡产的地步。自己经历了多少艰难和挫折，辛辛苦苦奋斗 20 年创造的财富，不到两个月的时间全部清零了；自己 20 年的创业之行，用了短短的两个月又回到了原点。

史明不停地提醒自己应该像个真正的男人，应该坚强一点，但他的思绪还是不能从眼前的境遇中摆脱出来。他抽搐在沙发上，任由着巨大的疼痛撕扯着自己，这疼痛是那样的痛彻心扉，让他欲哭无泪，就像五脏六腑被掏空了一样，没有了感觉。

许久许久之后，史明才缓过神来，窗外依旧在淅淅沥沥地下着雨，夜幕降临了，外面和房间内一样地灰暗。史明离开了证券公司，一个人木然地走在孤独的街头，任凭冰冷的雨点打在自己的脸上。

其实，比破产更可怕的是一个人的绝望，哀莫大于心死。史明感觉自己累了、倦了，再也没有心力去做什么了，他觉得自己就像一只折了翅膀的鹰，再也飞不到天堂。

第十章　舔舐伤口

俗话说：福无双至，祸不单行。一个人一旦走起背运来，所有的坏事都会扎堆扑来。史明在家休息了两天后，强打精神来到了公司，召集公司相关人员到他的办公室。从他们的眼神和表情他明白公司的人已经多少知道了一些股市发生的事情。他没有提其他的事，直接让他们汇报一下眼前的情况。

主管销售的经理首先发言："今年公司服装的销售下滑到了冰点，省外市场的销售已经停止，留下的人都在和各商场结算清欠；本省当地市场销售额不足往年的20%，现在已经到了无人问津的地步。组织了几次降价甩卖也是收效不大，卖了不到300万元服装。现在库存5万套服装，也就是说还有2000万元库存完全没有了销路，这还不包括从外地市场即将退回的没有销售完的服装。"

听销售经理说完，史明示意财务主管说。

财务主管叫王娟，四十岁刚过，一头齐耳的短发，给人精明、能干的印象。她把一张纸递给史明后说："现在账面反应我们库存服装的产值是2250万元，陆续从各地销售点退回的服装，我初步了解大概有700万元。这两个月销售收入，包括降价甩卖的300万元，共计回款860万元，加上转让酒店的150万元，总共收入1010万元，按你要求的支付了其他原材料商的款项850万元，现在公司账面上还有160万元现金。现在公司的应收款账面反映是416万余元，主要债务就是原材料款，共计1500多万元和75万元半年的生产车间和场地的租赁费，另外还有200多万元的销售、税收等其他费用，这是债权债务明细表。"

史明明白从算术的方法来看，公司的资产远远大于债务，但是近 1600 万元的债务是定数，可除了公司 400 万元的应收款外，近 3000 万元的积压服装到底能变现多少却是个未知数。经过一阵思索后，史明给他们安排说："先用公司账上的资金把所欠的税款、生产车间和场地的租赁费全部付了。至于原材料欠款，立即和供货商联系尽快用服装顶账，并给他们放出风去，现在要服装还有，如果等到以后连像样的服装都没有了，如果实在不要那么就通过法院来解决吧。至于销售人员还是要抓紧最后的机会，采取什么促销方法都行，降价一半，甚至更多都无所谓，能销多少算多少，要不库房里那么多积压的服装会更麻烦。"

说到这，史明犹豫了一会又说："我最近感觉身体特不舒服，朋友给我联系了一家外地的医院，我想去治疗一段时间，公司的事由杨经理全权负责，请大家支持配合好杨经理的工作。"

史明安排好后，留下了财务主管，看大家都走了，对财务主管说："你今天先从公司的账上给金鑫投资公司支付 60 万元的利息，我个人的账户上有 1500 万，用这个钱把他们的借款给还了，把手续都做好。这件事就你知道就行，不要再让其他人知道了，至于原因以后我再告诉你。"

财务主管听他这么说了，也不便再说什么，说："好，我这就去办。"

财务主管走了以后，史明又把杨经理叫到办公室，关上门后，将他最近发生的一切全部如实地告诉了杨经理。杨经理听后先是大吃一惊，似乎有点不相信，他想说什么，但当他看到史明沉重的表情后，把话又咽回了肚子，只是喃喃地自语："怎么会这样，怎么会这样……"过了一会，史明看他情绪稳定后说："发生这样的事，我很痛苦和自责，我对不起大家，更对不起你这么多年和我一起的打拼，你想骂想打都由你了……"史明说到这有点哽咽，说不下去了。

在杨经理眼里史明一直都是一个敢想敢干，乐观、刚强的人，这么多年一路走来，经历了多少艰难挫折，他从来没有示弱服输过。看见他今天这个样子，杨经理心里隐隐作痛，他还能再说什么呢，憋了许久说道："钱赔了，只要人好着就没有什么，我们吸取教训，大不了从头再来。既然刚才你已经做了安排，那你就出去休息一下，散散心，公司的事有我在，你就放心，我一定会把这些善后的事处理好。"

都是多年患难与共的兄弟，长期的共事配合又彼此心领神会，所以再多说什么都是多余的。见史明不再说什么了，杨经理便要离开办公室，当他走到门口时，回过头来说道："晚上到我家吃饭，我给你做家乡的揪面"。史明没有吱声，只是点了一下头。

股市的遭遇对史明的打击是惨痛和致命的。股市残局发生后的这段日子，他无数次地提醒自己应该坚强一点，像个真正的男人那样敢于接受失败，面对现实，但他还是觉得自己有点挺不过去了。安排好公司的事后，他整日一个人待在家里，窗帘拉得严严的，他怕阳光，怕外面小孩的嬉闹声。他不开电脑、不看电视、关了手机，断绝了和外面的一切联系。他就想不受外界任何干扰，让自己的身心停泊下来，他在舔舐着自己的伤口。

可是，无论他怎样努力，都管不住自己的心，管不住自己的思想，他的脑海里浮现出无数画面，交织、重叠在一起——

有他随父母从兰州城下放到农村时背着粪筐捡粪的情景；

有他上小学时到父亲工作的工厂玩时，无缘无故被一个南方籍的工人骂自己土包子的情景；

有他在煤矿上班时，午休的时候躺在山洼里闭着眼睛晒太阳的情景；

有父母为了给他调工作，做了一桌饭菜苦苦等待厂里领导的情景；

有黄河发洪水时，轮船停渡，自己工作的煤矿和家有黄河相隔，因为家中有急事不得已横渡黄河，差点让波涛翻滚的黄河水冲走的情景；

有他为了离开工作的煤矿，半夜起来迷迷糊糊复习考大学的情景；

有他找对象时，因为他家庭和个人条件太差，女朋友家人坚决不同意的情景；

有他上大学期间，利用实习的机会倒卖服装和电视机的情景；

有他大学毕业后，回到父母工作的工厂上班，推销产品时，为了省出差补助的几元钱，窝在车厢座位下睡觉的情景；

有他好不容易经过努力，24 岁当上千人企业副厂长的两个月后，自己的岳父为了社会影响，逼迫自己辞去职务的情景；

有他去参加县工商局公开招聘服务公司经理的招聘会时，在众多应聘者中得分第一，结果出来了以后，工商局局长违规地投了一票，否决了招聘结果，自己被愚弄的情景；

有他被迫辞职后，揣着一万元银行贷款，东奔西跑，小心翼翼做生意的情景；

有他领着20多个农村孩子第一次从县城到省府到处承揽吊顶工程时，自己和工人们缺吃少住，吃了上顿没下顿的情景；

有他办汽车修理厂时，因为参加年度车辆审验的大型车辆都要在厂里喷漆喷号，几百辆卡车围在厂子内外，自己和工人们几天几夜不睡觉，加班加点赶活的情景；

有他办小型炼钢厂时，因为设备经常出故障，一听到有异常动静就心惊肉跳，夜里噩梦不断的情景；

有他离婚后，自己背井离乡，只身孤影到省城重新创业时，遇到同行的老板操纵社会地痞到公司闹事骚扰时的情景；

有他开酒店时，一个税务局领导领着一帮人喝了5瓶五粮液后说是假酒不结账；省城住厦门办事处主任请客用餐不买单；负责环保排污的干部住在桑拿房赖着不走；一群劳改释放人员跑到歌厅闹事、殴打客人，自己独自一人和他们拼命时的情景……

这一幕幕画面无论他怎样努力，都挥之不去。是啊，这些怎么能忘怀呢！正是当初自己经历了这些歧视和生活中不公正的待遇，才在内心形成了一个坚硬的心结，也成了他要通过自己的努力来改变自己命运的无穷动力。不为别的，就为自己的儿子长大以后不再像自己那样遭受歧视和不公正待遇；不会因为自己的社会地位低下，在儿子找对象或结婚后遭受女方家的轻视……他决不能让自己的儿子再一次遭受像自己一样的耻辱，他要让自己的儿子自信、快乐、有尊严地工作和生活。

正是基于这种目标，这么多年来，史明一步一个脚印艰难地向前摸索和跋涉着。他通过上大学离开偏远落后的小煤矿，第一次改变了自己的命运。他在大学期间就尝试做生意，学习、了解生意场上一些粗浅的知识和经验。在学校毕业再次工作后，从车间副主任、车队队长、办公室主任、供销科长……到 1987 年，24 岁的时候成为了一个千人工厂的副厂长。就在他要大展宏图、实现抱负的时候，他被迫辞职，命运再一次把他摔入深渊。他成了别人政治权益的殉葬品，像一块烂抹布一样扔在了角落，无人问津，更没有人安慰一下。就在他感到自己仕途完全被别人断绝之后，痛定思痛，无奈选择了当时连自己都不齿的个体户之路。他从内心感激邓小平改革开放的胆魄和政策，以至于自己没有沦落到无家无业的地步，经过了多年的努力，他也能像常人那样有尊严地活着了。

史明深知自己不会得到任何人的帮助，包括自己的家人，一切只能靠自己。除了对自己的父母和儿子，他没有任何亲情，他也从未享受过所谓的亲情。他只有在施舍那些所谓的亲戚时，才能感觉到一丝快意。他深知自己的感情世界是昏暗的，心理是病态的。在他的感情世界里，什么夫妻之情，什么别的亲情，早都死了，他从来没有感受过真正的欢乐和幸福。在他身上只有责任和义务，他在极力承担着一个儿子对父母的责任、一个父亲对儿子的责任、一个人对社会的责任。

这么多年，他从不花天酒地，从不进歌厅舞场，甚至连一般生意人打打麻将、玩玩扑克这类带有赌博色彩的娱乐他都很少参与。不是他思想传统，多么正派，他也不排斥和反感这些，只是他对这些根本没有兴趣，他不能像正常人那样从中感受到快乐，哪怕是片刻的，他早已厌倦了这些。他闲暇之余，就是喜欢关了手机，尽量躲避应酬和打扰，一个人待在家里，看看电视、看看书。

他看电视剧，不喜欢看什么言情和胡编乱造的科幻、武侠之类的片子，他只愿意看些具有真实素材的纪实、历史、战争片，有些片子他百看不厌。他看历史题材的片子，从商鞅变法秦国强盛开始，追溯历史，沿着历史的进程，一直看到邓小平改革开放。他最喜欢看唐国强、古月饰演的毛泽东，在历史人物中，他最敬仰毛主席，他觉得毛主席就像自己的家人，就像自己的父亲。毛主席就是他心目中活生生的神，他有时甚至想假如自己死了，会不会在另外一个世界见到毛主席、周恩来这些人呢？如果真能见到，他倒希望早点死去，也好早点见到他们。

他喜欢看二月河写的历史题材如《康熙大帝》《雍正皇帝》等小说，喜欢看路遥写的描写草根奋斗史的小说《人生》《平凡的世界》，他也喜欢看柯云路以前写的《新星》《夜与昼》《衰与荣》改革三部曲。他喜欢那些严肃的充满正能量的作品，给读者正面的积极向上的启示和鼓舞的作品。

他实在想不通，自己这么多年小心翼翼、踏踏实实地做事，又没有做什么伤天害理的事，上苍怎么会在自己步入中年的时候给了自己这样的惩罚。难道自己真的摆脱不了一生一事无成、碌碌无为的命运吗？如若真的这样，还不如早点离开这个让人早已厌倦的世界。其实他不止一次想到过离开这个世界，他不是没有勇气结束自己的生命，只是一想到年迈的父母，还有未成年的儿子因为自己的死将要承受巨大的痛苦和无尽的伤痛，他就下不了决心。当一个人连选择死的权利都没有的时候是何等的无奈和悲哀呀！

就这样，他越想脑子越乱，越想心越痛，他感觉自己就要崩溃了。瞬间，一个意念提醒了他，不能再让自己的思绪乱撞了，他挣扎着起身，找了一瓶酒打开，一口气喝下了半瓶后爬上了床。他不是借酒消愁，他知道自己不胜酒力，他只是想让酒使自己失去意识，失去行动的能力。

不知过了多久，史明苏醒了，除了有些隐隐的头疼口干外，大脑清晰多了，窗帘缝隙里透进的亮光让他明白现在是白天。他起身把窗帘完全打开，阳光一下子射进了房间，他感到有些刺眼眩晕，连忙闭住了眼睛，等适应了一会儿后又慢慢睁开了双眼。他提醒自己不能再这样浑浑噩噩下去，日子还得继续。这时，他感觉肚子空空，他已经记不清多长时间没有吃饭了，于是，他洗了一把脸，走出了家门。

这是一个塞外凤城的四月天，阳光和蔼明媚，洒遍了大地，留下了款款温情，大地上万物复苏，树木吐绿，焕发着生机。尤其是年轻人脱掉了厚重的衣装，都换上了新颖的春装，焕发着青春、张扬着奔放、呈现着缤纷。置身于这样的天地之间，让人有一种心灵和大自然和谐交流，情景与灵魂的通感，艰辛人生有一种生命还乡的欣慰。

史明沐浴在阳光里，感觉心里敞亮了一些。他在附近的街上找了一家餐厅，随便吃了一顿饭后向北塔寺走去。史明有个习惯，每当心情不好的时候喜欢到北塔的寺院内坐坐。他知道佛祖无法保佑每一个人，他只是喜欢那里幽静、肃穆的氛围，只有在那里，自己飘荡、浮躁的灵魂才能安静下来。

北塔是银川最古老的佛教建筑，坐落在市区北边的海宝塔寺内。大佛殿和韦驮殿之间，是寺内的主体建筑。北塔是一座方形九层十一级楼阁式砖塔。塔建在一处宽阔的方形台基地上，台上四周有青砖砌花墙，东面正中有石阶可以登临塔座门。塔身平面呈方形，四壁出轩，每层四面设券门，均向外略有突出，构成鲜明的十二角形。塔身内为上下相通的方形空间，各层之间以木板相隔，沿木梯可登至顶层。塔身四面转角处均悬有风铃，风吹铃响，更觉宁静、悠扬。塔上端为砖砌四角攒尖顶，顶上置方体桃形绿色琉璃塔刹。海宝塔建筑风格独特，方形的塔身，四面的券门，众多的棱角，四角的尖顶。站在塔顶上，放眼四望，可一览凤城银川风貌。

踏入寺院的那一瞬间，史明清楚自己不是与佛有缘的人，他心里装着太多太多的杂念，却想在尘世的纷杂中寻得一丝超脱。他明白佛的眼睛能洞察到自己的灵魂，他在内心祈祷万能的佛拯救自己的灵魂。大殿内，他虔诚地烧了一炷香、捐了一些香油钱后退了出来。他在寺院一个角落的凉台上坐了下来，慢慢地体味着寺院里的一切。

坐在那，史明不由得想起已经仙逝的老方丈多年前曾对自己说过的那些话："小施主心事太沉，欲念太累。岂不知，向往巅峰、向往辉煌，结果巅峰只是一道刚能立足的狭地，不能横行、不能直走，只享一时俯视之乐，怎可长久驻足安坐……如果你悟不透纷扰的世俗，就在思想里种植一株菩提吧，它无须开花，也无须结果，只是在精神的境界中永远留有一颗淡定的禅心。这样你就能击退灵魂的浮躁，清洗出人的无欲本性来；能抵抗世俗的浮躁，清洗出心灵的净地……"

难道是老方丈在十多年前就已经知道了他现在的结果吗？史明百思不得其解，他在心里呼唤："老主持，您在哪里，请您为我指点迷津！"

不知不觉到了傍晚，烧香拜佛的人渐渐散去，四周都暗了下来，寺院恢复了肃穆和寂静。这时寺院里钟楼上的钟声再次响起。听铁杵一下一下撞击巨大厚重的大钟，钟声悠远而肃穆，像是来自苍穹，又像是走向远方，渐行渐远。铿锵的钟声与一波未平一波又起的嗡嗡余韵互为映衬，这钟声里，启示着人的前世、今生和未来。史明多日来的焦灼、悲愤与绝望，随着这悠扬的钟声而化解、而飞去。

冥冥之中，史明仿佛又听到了老方丈从天外传来的声音：

燃一炷香，看香烟缭绕，别红尘，归自然，悟本性，一生一世静守这一份安然。

也许不能大彻大悟，但可无烦无恼；也许不能清净解脱，但可安于平淡；也许不能普度众生，但可孤自修身。

经卷、青灯、古佛、木鱼，不是隔世的寂寥，而是心灵的旅程，无尘世的喧嚣，清风明月，足以洗净红尘的铅华。

平淡、清静、安然，回归心灵深处，无欲无求，湛寂清明，自在幽远。

人生何求？转瞬即逝，如露亦如电，何必徒增烦恼，逆境会过去，如意会过去，得到的终将失去，失去的不再拥有。

得失荣辱，百年后谁将深记，一切如云烟。

放下身心，听一曲梵音，给心灵洒下一阵甘霖，让尘世不再苦涩，让生活归于平淡。

用一颗真心去迎接每个日出日落，让生命绽放一朵莲花，清静幽远、圣洁无染……

从北塔寺回来的日子里，史明感觉自己的内心平静了许多，他开始按时吃饭、睡觉，有时也看看电视或者到小区里转转，只是股市里发生的事还时常浮现在脑海里，使他一下子很难从酸楚和忧虑中解脱出来，他明白伤口愈合需要一个过程，需要一段时间。

一天下午，有人按响了他家的门铃，他开门后，肖莉提着大包小包的东西，气喘吁吁地走了进来。

"你怎么来了？"史明和肖莉已经有很久没有见面了，他心里想，她是不是听说了什么，便词不达意地问道。

"我来看看你呀，怎么我不能来吗？"肖莉脸上勉强地挤出了一点笑容说，随后她就开始收拾带来的一大堆东西。史明扫了一眼，都是些生活日用品和食品。

　　肖莉在史明心里的角色很复杂，既像是个患难与共、同舟共济的亲密挚友，又像个永远看他脸色行事，欣赏他、崇拜他的小妹妹。在这个世界上，肖莉是唯一一个为了他甘心舍去一切、无怨无悔的人，也是他唯一信赖的人，有时他觉得相信肖莉胜过相信自己。他对肖莉有着太多太多的亏欠和负心，以至于他都无颜面对她，极力地回避他。

　　史明是在 1990 年的时候遇见肖莉的，那时候，自己刚刚辞职，第一次从家里来到省城银川从事石膏板吊顶，他发明的"石膏板无龙骨吊顶新技术"，参加了第五届中国发明展览会，并以施工简单、造价低廉受到了市场的追捧。史明是在他组织的一次有省建设厅和科委、电视台及一些大公司领导参加的技术观摩会上第一次遇见肖莉的。肖莉是史明的朋友请来帮助搞观摩会接待和服务工作的。

　　那时候的肖莉刚刚 20 岁的样子，她有一双晶亮的眸子，明净清澈，灿若繁星。当他们第一次四目相遇时，她对着史明浅浅地一笑，眼睛弯得像月牙儿一样，仿佛那灵韵也溢了出来。一颦一笑之间，清雅的神色自然流露，让史明不得不惊叹于她清雅、灵秀的光芒。整个一场观摩会，她像一片轻柔的云彩在会场上飘来飘去，脸上荡漾着春天般灿烂的笑容，成为了观摩会上一道亮丽的风景。于是，他们自然而然地走到了一起。那时候史明带着 20 多个农村孩子，经常是吃了上顿没下顿，有时一碗两块钱的拉面都吃不起。肖莉知道情况后，每个月发了工资舍不得多花一分钱，把钱都攒着，随时准备接应史明一时不便之需。每次史明找她，她第一件事就是带上自己的钱包，生怕他或者他的工人又断炊了。自史明遇见肖莉后，他和工人们再也没有出现过饿肚子的情况。

　　在他们相识的十多年里，肖莉就像天边的那一弯月亮。每当史明的心境出现黑暗的时候，她就显现了，给他力所能及的慰藉和光亮，帮他度过黑暗。当他生活和事业上阳光灿烂的时候，她无声无息地消失了。她总是默默地关注着他，做着她应该做的一切，毫无怨言，更无一点的要求，哪怕是想让他陪着看一场电影。她每次和他见面都是小心翼翼，绝不会因为说错一句话或做错一件事让他不开心，每次都是满脸充满着欣喜和仰慕地听他说起工作上的事。有时，史明感觉她不是凡人，她是这个世界上最纯粹的女人、最完美的女人，她就像个神，她就是自己生命中的观音娘娘。反而是自己浑蛋，经常会对她所做的一切熟视无睹，尤其是在他事业上一帆风顺，生活多姿多彩的时候，就完全忽略了她的存在，他们会经常半年、一年，甚至更长时间见不上一面，在这种情况下，她也绝不会主动去找他……

想到这，极度的自责和羞愧涌上了史明的心头。他走到正在给电视机擦灰的肖莉跟前，但见她秀美的娥眉淡淡地锁着，脸蛋上现出浅浅的忧虑，让她原本可人的容貌更添了一分人见犹怜的心动。他不敢直视她，只是将她紧紧地裹入自己的怀中，他刚要说点什么，她便急忙用手按住了他的双唇。这时候，他感觉时间静止了，整个世界不存在了，他悲凉的心开始温暖起来，眼睛渐渐湿润了……

这是史明几个月来睡得最熟的一觉，当他醒来的时候一看手表，已是晚上八点多了。他喊了一声肖莉，见没有回应，就知道她已走了。他来到客厅见茶几上摆着一荤一素两个菜、一碗稀饭和一盘切成片的馒头。当他吃完饭收拾餐具的时候，发现盘子下面压着一封信，他打开信，肖莉那熟悉的字迹映入他的眼帘：

明哥：

公司杨经理告诉了我你的事情，他还让我好好劝劝你。尽管我有一肚子话想对你说，我想了好久不知怎么开口，只好用写信的方式。

明哥，你在我心目中一直是一个强者，所以我爱慕你、崇拜你，始终不渝。只有强者才会去和命运抗争，而弱者甚至连失败的资格都没有。我心里明白这么多年你是怎么过来的，所以我深深理解这件事对你的打击有多重，我也十分地心痛。但是，我觉得这件事本身你没有做错，如果你非要自责的话，那也只能说，你是在错误的时间选择了错误的方法，造化弄人而已。我知道无论任何人说什么或者做什么都不可能一下子把你从痛苦中拉出来。有些人的伤口会在时间中慢慢痊愈，有些人的伤口会在时间中慢慢腐烂，我坚信你是前者。有本事任性的人，也会有本事坚强，你绝不会因为一次的挫败，就忘记了原先决定想达到的远方。

明哥，你现在的一切选择不能只是出于你自己的情感，你不仅要对自己的父母、儿子负责，还要对这么多年一直跟随你的患难与共的兄弟负责。我知道你是个责任心极强的人，一切痛苦在责任面前，你都会义无反顾地承担起自己的责任来。你现在失去的只是金钱，而不是你的资本，你的资本是你的知识和经验、你的胆略和气魄、你的敏锐和才智、你的敢想敢干。有了这次挫折，你的资本更雄厚了。打击和挫折是有限的，而希望则是无限的，我坚信，只要你不放弃希望，你仍然会东山再起，再创辉煌。

明哥，不要急于做出什么选择和行动，好好休息一段时间，调理一下自己的身心，你不仅要能拿得起来，也要学会放得下去。有些事必须学会放弃，你才能有精力面对现在。你要相信世界上一定有爱你的人！无论你此刻正被光环环绕、被掌声淹没，还是孤独地走在寒冷的街道上被大雨淋湿；无论是飘着小雪的清晨，还是被热浪灼烤的黄昏，他们都会默默地关注着你。

明哥，在你身上寄托着我们的希望，求你了，千万不要让我们失望。

肖莉

2005 年 5 月 5 日

史明读完信的时候整个身体都在颤抖，眼泪不由自主地夺眶而出。他没有想到，这个世界上还有人如此地关爱着自己！他在心底发誓：一定要好好活着，决不能再这样颓废下去了。

第十一章　朋友聚会

2005 年底的时候，史明的公司清算停业了，债权债务处理完后，公司仍然有 120 万元的债务，因债权方不愿接受服装顶账，无法处理，史明不愿再为这件事烦心，经双方协商同意，只得用自己的座驾奔驰 S500 偿还了最后一笔债务。至此，史明除了剩下几万件品种、规格参差不齐的服装和一大堆机器设备外，什么值钱的东西都没有了。

等一切都安排妥当后，史明和公司的十几位管理人员最后一次坐在了他的办公室。想到这些和他朝夕相处了 5 年多的兄弟姐妹从今以后就要各奔东西，他心里有一种难以言喻的酸楚。他从办公桌后站了起来，沉痛地说："我对不起大家，我辜负了你们，谢谢你们这么多年来的辛勤工作和无私的奉献，以及对我的支持和帮助。我让公司财务提前留了 60 万元钱，作为你们的安置费，4 位公司高管每人 5 万元，其余的中层管理人员和我的司机小张每人 3 万元，也算是对大家的一点补偿吧。"听史明这样说了，大家的脸上都露出悲伤的神情，几位女性管理人员抱成一团，哭泣起来。

一位年龄稍大的叫王宁香的质检员哭着说："老板，杨经理跟我们说了，你把钱都在股市赔光了，我们不要安置费，你就拿这些钱做本钱，再带领我们一起干吧，干什么都行，我们在原单位已经下岗一次了，我们不想再下岗了……"话未说完，她竟泣不成声了。大家听她这样说，都异口同声地说："老板，我们不要钱，我们都想还跟着你干！"

见大家都这样，史明心里更难受了，他强忍着眼泪说："大家都听我的安排吧，等我找到合适的事后，一定会请大家回来和我一起干。杨经理和财务主管按我说的，请你们给大家把钱发一下吧。我身体不舒服，先走一步了，大家再见！"说完，他头也不回地离开了办公室。

关闭公司让史明心中充满了伤感和不舍，但同时也让他感到了从未有过的轻松，就像从身上卸下了一个无形的包袱。没有了公司烦琐事务的纷扰，没有了市场竞争的压力，现在又回到了自己赤条条一个人的生活，落寞、失意的同时多了一份淡定和从容。他慢慢开始习惯甚至开始喜欢这种平常人的生活了。好心情的时候和朋友们一起喝茶、聊天、吃饭；喜欢清静的时候一个人在家看看书，看看电视；感到太无聊的时候参加熟人、朋友的牌局，怡情一下。日子就这样不知不觉地过去了。

2006 年初夏的一天，史明接到了好友高博从无锡打来的电话："史明，听说你把公司关了，那正好你也没事，来我这儿玩玩，也好陪陪我呀，方总和小伟老念叨你呢。"高博已经是很多次约史明到无锡他的纱厂去看看，他一直犯懒没有去。这次听他这样说了，史明也不好再推辞，便说："好，你等着，我马上到。"

银川没有到无锡的直航航班，史明嫌中转麻烦，正好银川到上海的火车途经无锡，他便给铁路银川客运段当段长的朋友打了个招呼，请他安排一下他到无锡的行程。当晚，他的段长朋友就把他送上了银川到上海的列车，把他安排在软卧车厢的 5 号包厢，并嘱咐列车长照顾好史明。5 号包厢就只有他和另外一个 30 来岁的年轻女性两个人，显得清净和舒服。过了一会，女列车员便送来了茶水、水果等一些零食，并热情地对史明说他们领导打了招呼，如果旅途中有什么需要请随时找她。

列车在欢快的乐曲声中离开了人群鼎沸、灯火通明的银川站，驶进了茫茫的夜幕中。

包厢里就两个人反而觉得有些拘谨和尴尬，史明不想一路就这样难受，便主动和坐在对面的年轻女性搭起了话："请问您怎么称呼？到哪儿去呢？"

"我叫杨洁，木易杨，清洁的洁，我在大学教书，您可以称我杨老师，我到上海参加母校的一个学术活动。请问您呢?"看起来,这位杨老师性格开朗,十分随和,没有一点做作的样子。

"我叫史明,历史的史,清明的明,无职无业,到无锡会个朋友。"史明笑着调侃道。

"史先生说笑了,怎么可能无职无业。看刚才列车长他们领导亲自送你上车,列车员又是倒茶又是送水果的,怎么?怕别人看到你的庐山真面目吗?"

"你真高估我了,你看到的只是表面现象。秦桧也有两个朋友呢,认识个领导就是高人了?我真是无职无业,一天游山玩水,会会朋友而已。"

"那你更是个高人了。今天的社会,有几个人能像你这样游山玩水、会朋访友呢,大家不都是为了生活在忙碌、奔波吗?"

"我们不探讨人生的话题,太沉重了。我更想了解一下你们大学教师的生活和工作。大学校园,世外桃源般的环境,与世无争的氛围;大学老师,教书育人,一个令人羡慕和尊重的职业。杨老师你教什么课?"史明怕杨老师的话题触及自己的伤痛,便马上将话题转到了她的身上。

"大学里也不像你想象的那样是世外桃源,只是相对于社会来说简单一些。我在大学是学政治的,现在讲授政治经济学课程。"

"那正好,我今天遇见先生了。我一直有些疑问,为什么我们所见到的政治经济学方面的书本中很少提到企业家、实业家在近代社会发展中发挥的作用呢?当然,我这里说的企业家、实业家都是非公有制经济性质的。大家只看到了他们剥削的一面,却无视他们在社会进步,人类精神文明和物质文明建设中所做的贡献。我觉得这不符合我们一直信奉的马克思主义的哲学思想。"

史明看了一眼杨洁,见她正在认真地听,便接着说道:"在我们的政治经济学书本里,这些人就是罪恶和贪婪的化身。试问,在发达的资本主义国家,如果没有他们,这些资本主义国家能有今天强大的经济、军事、科技实力吗?在资本主义社会发展的几百年的历史中,正是这些人推动和主宰着这些国家的发展和进步,发挥了无人替代的作用。"

杨洁听到史明提出了这样的观点,顿时露出了惊诧,甚至是警觉的表情,仿佛是一个特务、间谍出现在了她的面前。自她懂事以后，就对教科书里的东西尊崇有加，她认为教科书所讲的都是正确的，可以说是真理。她努力用教科书里的观点、理论去认识事物、认识世界，指导自己的思想和行为。她今天是第一次听到这么偏激的言论，难免有些紧张。

她声音有些发颤地问道："你能告诉我，你到底是做什么工作的？你为什么会有这样奇怪的想法？"

史明没有想到自己随便一个疑问竟引起了对方这样的反应，真是啼笑皆非，本想打住话题，结束交流，可当看到她还紧张地注视着自己等着回答时，他笑着说道："你放心，我不是反革命，也不是敌特分子，我只是个刚刚破产的小私营业主，没有任何政治背景。我刚才的疑问，你全当是一个学生向老师求教，没有任何政治色彩，你大可不必如临大敌的样子，你都吓着我了。"

杨洁听史明这样说，也感觉到了自己的失态，忙笑着说："你刚才的观点涉及的问题太大了，也太尖刻了，我们当老师的就是胆小、认真，请你不要见怪。刚才听你说自己是个私营业主，难怪你有这样的观点，任何人都会站在自己的立场去考虑问题。不过，我倒是对你的观点很感兴趣，很想听听你的高见。你也是言过其实，敢提出这样问题的人什么大风大浪没有见过，我能吓着你？我先给你加点水，你也压压惊，润润嗓子。"

看见杨洁恢复了先前的样子，还忙着起身给自己倒水，表现出了活泼、可爱的一面，史明刚才的不快一扫而过。就她起身倒水的时间，史明才发现这是一个全身流淌着女性之美的人间尤物，一头飘逸的长发披在肩上，画得刚好的眼影更显现了双眼皮眼睛里的清澈明亮，乳白色的衣服将她原本白皙的皮肤衬托得更加白嫩，窈窕玲珑、凹凸分明的身段和柔软纤细的腰肢，让她的臀部显得坚挺浑圆。

任何一个身心健康的男人在一个漂亮、性感的女人面前，身心都会涌动一种原始的欲望和冲动。史明也不例外，只是他明白眼前这个女人因为自身学历和职业的原因，无论她表面如何随和热情，但在骨子里却是自信、骄傲的，一般人在她眼里不过都是凡夫俗子，如果要想得到她的青睐，你必须有过人之处。既然她是学这个专业的，那么还是就刚才的话题和她辩论，这样也显得公平一点，即便是自己输了也不丢人，赢了会让她心服口服。

想到这儿，史明喜欢和高手过招的斗志又焕发起来了，他习惯性地从小桌上的烟盒里抽出一支烟来，刚要点燃，便意识到什么，问道："杨老师，我可以吸烟吗？""你吸吧，我的父亲就是个烟民，我自小在他的怀抱中长大，习惯了他身上的烟草味。有时，我看见吸烟神态和父亲相仿的人，不仅不讨厌，反而会有一种亲切感。其实，我已经发觉你有几次想吸烟的举动了，你都克制了，你是个很自律的人。"令史明没有想到的是她会这样说话，不由得加深了对她的好感。

史明点燃一支烟，吸了几口后说道："其实也没有什么，我只是觉得有些教科书里关于资本的理论阶级性太强，太片面，只阐述了企业家、实业家和工人的剥削关系而忽视了他们和工人相互依存的关系，把他们和工人完全对立了起来；只揭露了资本罪恶剥削的一面，而无视资本在人类社会进步、物质文明建设和科学技术发展中所发挥的作用。"

"你是在为他们叫屈伸冤呀，不过，没有想到你一个私企老板能有如此深刻的认识和见解，倒是让人耳目一新，不得不刮目相看呀。"

"我不是在为他们鸣冤叫屈，我只是在说一个事实。就拿我们这次的行程来说，如果没有火车，没有钢轨，我们能在 20 多个小时里，完成从银川到无锡、上海的两千多公里的行程吗？那么钢铁公司、铁路公司最早又是谁成立的呢，不还是企业家和实业家吗？如果没有用于扩大再生产的资本积累，社会的物质文明和科学技术进步能有这么快吗？我们能享受这种文明和进步吗？如果他们把所有的利润当工资全发给工人，没有了资本积累，拿什么扩大再生产、搞科技研发，人类社会又怎么发展呢？再则，如果没有他们的公司或者工厂给无数人提供就业机会和条件，那么这些人的生活靠什么保障呢？如果没有他们的公司或者工厂上缴税收，这个国家的庞大机器又怎么运转呢？"

史明的话听起来有理有据，杨洁一时不知怎么反驳，她从教的这么多年，听过多少专家学者和理论权威的高谈阔论，没有想到从一个小私营业主嘴里说出这么惊世骇俗的观点，并且入情合理。自己是科班出身，专门从事教学研究、教书育人工作的人，怎么从来没有从这些角度去考虑过问题呢？在史明最先提出剩余价值这个词汇时，杨洁心里对他充满了不屑，心想这个人有些不知天高地厚，竟敢班门弄斧。然而到这个时候，她不敢再轻视眼前的这个人了，他不仅具备一个优秀男人的仪表，更有着一个深刻、独特的精神世界，他不是那种照本宣科，凭借着看过几本书，故弄玄虚，炫耀自己，招惹女性的人，一种从未有过的情愫油然而生。

她思索了一会说："你说的问题都是事实，听起来也合乎情理，只是我从来没有思考过这些问题，容我好好想想，我不敢妄加评判。我想知道你怎样看待苏联和中国这样的社会主义国家经济照样高速发展的。"

"其实，社会主义到底是一种什么形态，谁也说不清楚。列宁领导俄国无产阶级发动十月革命，建立世界上第一个社会主义政权苏维埃政权。1922 年又联合其他几个社会主义国家，建立了苏联，这时苏联的社会性质是社会主义。判断一个国家的社会性质，主要是依据其占主导地位的生产关系及政治关系。苏联的全部生产资料是归社会主义国家所有。革命初期，实行战时共产主义。工商企业的经营及管理，由企业劳动者选举的委员会执行。劳动者真正成为企业的主人。但由于资金、技术缺乏，加上管理经验不足，经济发展遇到困难。列宁大胆进行探索，实行新经济政策，即将企业承包给外国资本家，企业所有权依然在无产阶级国家手里，此外还允许私人经济和个体经济发展。列宁称之为国家资本主义，并指出国家资本主义是通往社会主义的唯一出口。列宁在世时，只是奠定了社会主义政治经济体制的基础，但他去世后，斯大林取得了党和国家最高权力，并创建了一套高度集权的体制，即斯大林主义。斯大林主义创建了一套比以往的集权专制权力更集中的体制，所以能发挥更大的效益，迅速将苏联由一个落后的农业国转变成一个现代化工业国。它的特点是国家政权掌握全部政治、经济资源，即国家政权与垄断资本结合。中国自 1949 年建立社会主义国家后，国家经济和实力有了飞速的发展，但到了后期经济出现了停滞，这也就迫使国家做出了改革开放的政策，允许国外资本进入中国市场，允许发展非公有制性质的各种经济，建立中国特色的社会主义经济体系，这才有了 20 年中国经济的高速发展。现在股份制经济和民营经济在国家经济建设和发展过程中，发挥着越来越重要的作用，中国证券市场上近两千家上市的股份制公司就是中国经济的基础，也是经济发展的推动者。"

杨洁听着史明侃侃而谈，不由得被他不凡的学识和独特、精辟的见解折服了。在这之前，在她眼里，社会上的经理、老板都是些整日花天酒地，做起事来胆大妄为、不计后果的土豪而已，此刻，她才意识到自己应该重新认识一下这个群体了。

夜深了，列车在不知疲倦地行驶着，窗外什么也看不见，包厢成了一个私密、温馨的世界，史明和杨洁由起先的争执和辩论渐渐变成了倾心的交谈。他们谈起了自己的人生，谈到了自己的理想，甚至触及自己的感情，他们不再设防，彼此敞开了心扉，尽情地享受着心灵融合带给自己的愉悦和快感。

第二天，史明一觉醒来的时候，看见杨洁已经洗漱完毕，坐在车窗边，侧首欣赏着窗外的景物。"早上好！"史明愉快地打了个招呼。

"还早上好呢，都快 10 点了，懒虫。快去洗漱吧，这是列车员给你送来的早餐，看你睡得正香，没有叫你。"杨洁像老朋友一样招呼他。

史明很快洗漱完毕，坐在了小桌前，把早餐往杨老师面前推了一下，说："一起吃吧。"

"那是你的御膳，我哪敢享用？我已经在餐车吃过了。"杨洁调侃说，脸上露出了调皮的神情。

史明吃完早餐不一会，列车驶进了西安站，他们一起下了车，来到了站台上。站台上紧张而且喧闹。上车的、下车的、送亲友的、长途旅客下车活动一下筋骨的、买东西的，简直像个闹市。酱黑的茶叶蛋、鲜红的卤猪蹄、焦黄的洋面包、净白的热包子，发散着勾人食欲的香味。

当他们回到包厢的时候，发现多了两个旅客，看样子，他们是刚从西安站上车的。一下子，包厢变得拥挤起来，列车很快驶离了西安站。

中午的时候，列车长到包厢来请史明到餐车用餐，史明也没有推辞，硬是拉着杨洁一起随列车长到了餐车。餐车还没有正式开饭，里面的旅客不多，显得很整洁，列车长给史明安排的饭菜不算丰盛但也经典，四菜一汤。"你和铁路有生意上的往来吗？"杨洁吃着饭，低声问道。"那倒没有，我和铁路的渊源深了，很小的时候我就喜欢坐火车，经常是从这趟车上去坐上几站下车，再坐反向的车回来。所以自然就有了许多铁路上工作的朋友。"史明轻描淡写地说着。

"那你朋友很多吧？"

"朋友不敢说很多，熟人确实不少，一分钱不带，走遍全国没有问题，当然，不会沿路乞讨。"

"我算熟人还是朋友？"

"你希望呢？"

"你不是天使就是魔鬼，对我来说，你是一个魔鬼的可能性更大一点儿。"

"你怎么会对我有这样的感觉呢？"

"我也说不清，女人的直觉吧。"

"我既不是天使，也不是魔鬼。我也许不会给予你什么，但我绝不会给你增添麻烦或者伤害你，这一点请你放心。"

餐车上用餐的旅客渐渐多了起来，史明他们再没有多说什么，匆忙吃完了饭。吃完饭后，史明向列车长表示了感谢，并坚持把 200 元钱塞到列车长手里，说是餐费，必须收了。列车长怎么也不肯收钱，忙说领导知道了会不高兴的。史明语气严厉地说："我知道你们餐车也是承包了的，哪有吃饭不掏钱的道理，这已经够麻烦你们的了，你们领导不高兴让他找我。"说完，他们离开了餐车。

午睡起来，史明看见杨洁躺在铺上看书呢，想到包厢里还有别的旅客，他也没多说什么，便侧首看着车窗外的景物。列车已经驶入了中原大地，那些田地、沟壑、树木、村庄都随着列车的疾驰在眼前一晃而过，来不及再看清楚。史明不禁想到，在自己的人生中，是不是有许多东西、许多人，也是这样来不及分辨清楚，就匆匆而过了呢……

因为有了美丽的邂逅，旅途不再显得枯燥和漫长，尽管史明和杨洁十分地不情愿，但还是到了他们分别的时候。凌晨 4 点的时候，列车员到包厢低声告诉史明，马上就到无锡站了，请他准备下车。列车员刚一离开，杨洁就坐了起来。

"我要下车了，到了该说再见的时候了，很高兴遇见了你，使我有了一个难以忘怀的旅途。"史明故作洒脱地笑着对杨洁说。

"就这么走了？我知道你就是个魔鬼！"杨洁的语气里充满着伤感和哀怨。

"放心，一回到银川我就去学校找你。一个女马列主义者还这么容易激动。"史明调侃道。

"这是我在上车前买的一本司汤达的《红与黑》，本来想在车上解闷看呢，结果遇见了你，也没有看成，送给你，就当是赠别礼物吧。"史明接过书，轻轻地拥抱了一下杨洁，说了一句保重后，毅然下了车。

到了出站口，史明就看见高博在不远处冲着他笑着。

"这么早，你还亲自来接呀。"史明走上前，握着高博的手说。

"听说你要来，我激动得一夜都没有睡好，索性自己开车早早来接你了。"

是啊，以前高博在银川的时候，他们几乎每天都见面。高博是个大气、豪爽的人，特别喜欢热闹，每当到中午或者晚上吃饭的时候，他的朋友、同学都涌到他的办公室，他便招呼大家找个餐厅一起吃饭。史明也是其中之一。自从高博到无锡办厂以来，他们有好久没见了，确实大家都彼此十分想念。

史明和高博是技校的同学，高博比史明大3岁，又有上山下乡的经历，所以，众望所归，理所应当地成为学生领袖。那时的高博一表人才，玉树临风，身边有不少的跟随者，好让史明羡慕。

"五点多了，我带你先吃早餐吧。前面有个餐厅，我已经看过了，早餐有无锡的特色小吃，你去尝尝。"说着高博把史明带到了车站广场边的一家餐厅。进店点单，他们坐下不久，服务员就把饭菜端了上来。高博介绍道："这是无锡酱排骨，那是无锡银丝面，你吃，看习惯吗？"

史明吃了两块排骨和几口面后赞叹道："好吃，真好吃，难怪是无锡名吃。酱排骨，肉质酥烂，味香浓郁，肥而不腻，甜咸适口，色泽紫红，香气扑鼻；银丝面面细如丝，色白似银，柔软滑爽，筋道有味，越吃越香。真是佳肴在小吃呀！"

"你现在成了美食家了，几句话把这两个无锡小吃的特点都概括了。我吃了这么长时间，你让我说还真说不出来。"高博称赞道。

吃完早餐，他们驾车来到了江南大学。江南大学坐落在无锡市区的太湖边上，校园内绿树成荫，流水潺潺，风景优美，是一个生态校园。

五年前，高博和一个叫方兵的无锡朋友一起承包了江南大学的纺纱厂。纺纱厂建在江南大学校区后面的一个山脚下，规模不大，有100多个工人。纺纱车间里机器声嘈杂，纺纱女工们都戴着雪白的帽子，胸前挂着雪白的围巾，坐在小车上巡回在纺纱机旁，灵巧的小手在纱锭间翻动，像春燕在白云中飞舞。

高博他们的纺纱厂规模比史明想象的要小得多，厂房和设备都显得陈旧和落后。史明触景生情，不由得想起改革开放初期，高博他们哥几个在银川创建了最早的专门从事羊绒纺纱的宁夏通惠羊绒纱公司。他们的羊绒高支纱纺纱技术曾获得中国发明博览会银奖。那时，他们公司客商云集，车水马龙，是何等的风光，没有想到，今天竟沦落到背井离乡，到这合伙承包这么个小厂的地步。真是商海无情，风云突变，三年河东，三年河西呀！

高博租住在江南大学附近小区的一套二居室住宅里，陈设十分简单，除了墙上挂着的空调和桌子上的电视机外没有什么值钱的东西。

下午3点的时候，高博就开始准备饭菜了。让史明佩服的是他在任何环境中都没有改变喜欢热闹、好客的性格和对生活的热情。菜都是他拿手的，有辣子炒鸡、红烧鱼块、糖醋丸子、红烧肉大烩菜等，摆了满满一桌子。

高博刚把饭菜准备好，点了一支烟，董伟、岳敏就进屋了，他们是从上海赶来的；不一会，方兵也到了，他是从无锡附近的周庄过来的。

老朋友相见自然是免不了寒暄煽情一番，他们都是昨天从高博的电话里得知史明今天到无锡，特意赶过来的。

董伟和史明同龄，他们曾是职工大学的校友。他，瘦高的身材，长着一双聚光的小眼睛，显得精干利索，现在在上海一家仪表公司负责销售工作。

岳敏，一个多才多艺、多愁善感的未婚女性，相貌平平，却气质不凡。她曾在史明的制衣公司当了3年的首席设计师，现在在上海一家服装公司搞设计，最近自己又成立了一个服装设计工作室。

方兵是高博的合作伙伴，复退军人，小平头，国字脸，五官端正，体格健壮，一个具有北方男人性情的无锡人，精明，讲情义，这么多年给予了高博无私的帮助。

多年后的朋友相聚，看到熟悉亲切的面孔，自然会想起一些记忆深处的画面，让大家都沉浸在过去的岁月里。在那纯真的年代里，不但有青春成长的喜悦，也伴随着痛苦的历程，相聚不纯粹是喜悦，也有伤感、往事不堪回首的一面。人的一生可能会有许多朋友，但感情最亲密、相处最轻松的还是上学期间的同学和年少时期的伙伴。

朋友聚会，重要的是气氛。二三杯酒、四五个菜，重要的是有共同的经历和话题。回想起昔日的情景，是那么的温馨感人，一切的一切，都变得那么遥远了。但今天提起确似在眼前，那些在当时根本无足轻重的小事，如今说起竟然变得如此美好，竟然是这般充满情趣、这么让大家难以忘怀。有了话题，即便是吆五喝六，甚至不拘粗口，互相揭短、互相攻击，此刻都成了人世间最惬意、最美好的事情了。

史明不胜酒力，酣畅淋漓中，不知不觉间，长久以来积聚在心里的烦恼、抑郁、忧虑都烟消云散了。他曾做了多大努力想改变一下自己糟糕的心情，都没有如愿，没有想到老朋友一场聚会，一切都解决了。他心里渐渐变得热乎乎的。嘿，有朋友真好！

晚上，方兵一定要请史明和大家一起 K 歌，史明本不喜欢到歌厅，可他一来不想让大家扫兴，二来也想迫使自己适应一次，也就欣然同意了。大家唱的歌全是怀旧歌，都是很熟悉的曲调，一曲接一曲，不管唱得怎么样，大家都很投入地去唱。

董伟唱的一首《涛声依旧》又将大家带回到那个时代，时过境迁永远不变的是我们深厚的友情。这场面是那样地让人陶醉、让人忘怀。

岳敏的一首《泉水叮咚响》更是把大家的思绪拉回到了那个青春的岁月，一切是那么美好、那么亲切，这是人生的一种记忆，也是人生的一种财富，值得大家一生去珍惜。

　　方兵唱的《送战友》情真意切、荡气回肠，让大家感到，多年前的欢声笑语还荡漾于耳，多年前的惜惜离别恍然还在记忆深处，不知不觉中又走过了多少岁月。

　　高博永远都是那样豪情万丈，他充满激情地说："流水不因石而阻，友谊不因远而疏。同窗共读的朝夕相处和走向社会后一起拼搏的日子，让大家结下了永不可变的友谊。就让我们把握这难得的相聚，重叙往日的友情，畅叙非凡的经历，倾诉生活的苦乐，尽情享受重逢的喜悦吧！"最后，K 歌在大家意犹未尽中结束了。

　　接下来的两天时间里，他们陪史明去了三国城、徐霞客文化博览园和华西村等景点。这次聚会让史明从高博身上汲取了积极乐观、不服输的能量，他振作了精神，周身的热血又开始沸腾起来，也成了他这么多年来最有意义、最难以忘怀的一次聚会。

第十二章　二次创业

从无锡回来后，史明渐渐从破产的阴影中挣脱了出来，他决定振作精神，重新做点什么。但一直没有遇到合适的机会和合适的项目。他也没有着急，在等待着合适的时机。奋斗了这么多年，难得能享受一下这样宁静清闲、与世无争的生活，倒也是乐在其中。他看到许多人用 QQ 聊天，自己也注册了一个 QQ 号，学会了在网上聊天，于是在网上认识了许多形形色色的人。通过聊天，他很快提高了自己的打字速度。很快他对网上聊天失去了兴趣，便又学会了在腾讯游戏室玩"斗地主""升级"之类的游戏。日子过得很快，一年时间不知不觉就过去了。

2006 年 8 月初的一天，史明的一个叫王晓东的朋友找到他说："最近铁路包兰线改造，在银川至西滩之间修建许多铁路涵洞，我找人承接了一个，只是我没有资金，如果你有兴趣，我们合作一起干。"

王晓东和史明是多年的朋友了，他以前是铁路工程部门负责工程监理的工程师，现在辞职自己承包工程。王晓东不到五十岁，中等个，胖乎乎的，为人随和，脸上老是带着和善的笑容，一副老好人的样子。

"我没有接触过建筑工程，更不要说是铁路工程，心里真是没底。"史明有些犹豫。

"工程技术和施工方面的事我负责，你只负责筹集资金、人员管理和协调关系。"听王晓东这样说，史明也觉得可行。再说最近他一直想着找个合适的项目，开始第二次创业。现在既然有了现成的事，自己为什么不能试试呢。

史明一旦决定要干，便雷厉风行，说干就干。当天下午，他们就驱车到距银川四十公里的现场实地勘察情况。到了现场，史明才真正明白了铁路涵洞是怎么一回事，以及工程施工的过程和要领。

铁路涵洞就是现成的铁路下面用来车辆和行人通过的通道。承建涵洞工程难度在于不影响火车正常通行的前提下施工。当然，这对于专业施工单位来讲不是多大的问题，但对于一个刚刚成立既没有施工经验，又没有专业设备的个人施工队来讲，是很艰难、危险的一件事。史明没有想太多，多年养成的胆大敢为、现学现干的习惯使他做出了承接铁路涵洞工程的决定。

和甲方签完合同，在计划资金的时候，王晓东才告诉史明，他的钱都压在以前干的工程里，现在手里一点钱也拿不出来，也就是说前期所有的资金都要史明解决。按合同条款，史明至少要垫资二百万元后，根据工程进度，甲方才开始付款。到了这个时候，合同已经签了，想不干也不行了，史明没有责怪王晓东，他说道："已经到了这一步，什么也不说了，你把技术和施工的事负责好，必须保证施工安全和质量，资金的事，我想办法解决，我们各司其职，一定要把这个工程干好。"

他们修建涵洞的地方，四周都是农田和池塘，地下水位很高。修建涵洞的前期准备工作首先是打井排水，降低地下水位。经测算光排水至少需要一个月的时间，这个费用不是太多，当时史明身上有近三十万元的现金。于是，他们经过商量后，决定正式开工了。

开工后的第三天，肖莉给史明打来电话，约他晚上一起吃饭。吃饭时她把一个存折递到史明手中，说道："听说你和王工最近承包了一个工程，我知道你手里的钱不多，就找经理把我在公司的集资款退了。这个存折里有二十万元，你先拿着用。我也就这点钱，能帮多少算多少。"

史明知道肖莉所在的医药公司为了解决流动资金不足，从公司职工手里吸收了一部分集资款，每年由公司支付百分之十八的利息，也算是公司为职工变相搞的福利。她当初只入了十万元，四年下来，现在滚到了二十万元，这些钱可是她工作这些年的全部积蓄。想到这些，他感觉到手里的存折越发地沉重，他把存折放到餐桌上，推到她面前，用责备的口气说道："你怎么能把给公司的集资款退了呢？公司每年给你们那么高的利息，你明天再交回公司吧，这个钱我不能用。"

肖莉把存折又推回他面前，淡淡地笑着说："我退钱的时候，经理就给我打招呼了，既然退了，以后就不能再入了，许多职工等着入呢。钱已经退回来了，你就先拿着应急吧！"

史明埋怨道："那你退钱的时候应该给我打个招呼。"

肖莉看他不领情的样子，委屈地说："我听王晓东的媳妇说，你们承包了个工程，资金不足，你正在筹集资金，我一着急，就到公司找领导把集资款退了。如果不是你急着用钱，我也不忍心退，二十万元一年的利息相当我一年的工资呢！"

史明听她这样说，不知道说什么好，点了一支烟狠劲地吸了起来。这时，服务员将饭菜端了上来。

肖莉拉了一下他的衣袖，像做错了什么事一样，低声说道："好了，快吃饭吧，不就是二十万块钱嘛，等你挣钱了，连本带息还给我就行了。"

史明再也没有说什么，低头吃起饭来。这是他这么多年吃得最艰难的一顿饭。他在心里暗暗下决心，一定要重整旗鼓，干出一番事业。

用了四十天的时间，他们将地下水位降到了可以施工的程度。就在这时，史明先前和生意上的一个朋友借的八十万元也到账了，这样工程的资金问题算是解决了。

工程的第一阶段就是在铁道北边，挖一个十多米深、二十米宽、五十米长的大坑，作为预制涵洞体的工作现场。由于地下水位的关系，施工难度十分大，一边挖掘，一边塌方，尤其是接近铁道路基的时候更是紧张、危险。每当火车通过的时候，大坑四周的塌方更加严重，一旦塌方伤及铁道路基，肯定会造成车毁人亡的事故。那时，不只是经济上的损失，更严重的是要承担刑事上的责任。所以史明整日提心吊胆，精神一直处于高度紧张状态，如果当初知道是这样的情况，他绝不会干这个工程。

工程的第二阶段是在挖好的大坑里预制一个七米宽，五米高，三十米长的钢筋混凝土涵洞体。为了保证涵洞的强度，施工必须是连续的。他们除了混凝土搅拌机外，没有任何设备，完全是靠手推车在极短的时间里，要将几千吨混凝土推到涵洞体上，浇筑成型。三天两夜，史明站在涵洞体上，和民工同吃同干，没有休息片刻。

工程的第三个阶段，也是最艰巨、最危险的，那就是把浇筑好的上千吨的混凝土涵洞体用许多个千斤顶推顶到铁道下，其间，火车还不停运。天哪，史明一听头就大了，他认为这种工作应该有专业施工队伍完成，他们这种小施工队根本无法安全地完成这样高难度的工作。做什么不能光凭胆量和勇气，应该尊重科学，量力而行。如果自己胆大妄为、一意孤行，一旦出现意外，肯定会造成车毁人亡和铁路运输中断的重大事故，不光给国家造成巨大的经济损失，自己还要承担法律责任。

想到这，他没有再犹豫，立即让人把王晓东叫到跟前，对他说："王工，我们不能再这样蛮干下去了，我们一个小小的施工队根本无法完成这样专业、高难度的工作。如果我们继续干下去，一旦发生车毁人亡的事故，这个责任我们谁也承担不了，我想和你商量我们退出的事宜。"

王晓东听史明这样说，一下子就急了，一向心平气和的他大声叫了起来："你为什么老把事情往坏处想呢！我们辛辛苦苦干了这么长时间，眼看就要大功告成了，你却要退出。这样，我们不光挣不到钱，还不知要赔多少钱。"

他耐心地说道："现在洞体还没有推到铁路底下，你怎么能说是马上大功告成了？现在恰恰是最有可能发生危险的时候。我们不能光想着挣钱，更多的是要想到风险，因为这种风险我们根本就无法承担。"

王晓东根本听不进去他的话，气哼哼地说："你的担心是多余的，绝对不会出现什么事故，即便是出了事故，我负责！"

史明看他这样不可理喻，也来气了，厉声说道："你说得轻巧，你负责，真出事了，你能负得起这个责任吗？没有钱，我们以后还可以挣。但这个工程一旦要出事，我们就得蹲监狱，到时候后悔也来不及了！"

王晓东固执地说："反正我不同意退出。"

史明见和他商量不通，便斩钉截铁地说："我是投资方，主要责任在我，不管你同意不同意，我都决定退出，赔多少钱，我一个人承担。"

当即，史明找到甲方领导，说明了自己的情况，坚持要甲方将下面的工程转交给专业施工队伍。甲方领导提醒他，这样不仅挣不到钱，甚至会赔钱的。他坚持赔钱也不干了。最后，经过甲方协调，一家施工单位支付了他们百分之八十的前期工程款后，接管了全部工程。而史明在此工程已投入了一百五十多万元，接管工程的施工单位按约定只支付了他们一百二十万元工程费用。

就这样，史明第二次创业出师不利，第一个项目就以赔了三十多万元而告终。

几个月后，王晓东再次找到史明说："铁路建设集团公司下属的房地产开发公司，在中卫市开发十几栋住宅楼马上进入外墙保温施工阶段，外墙保温是省里新推出的节能项目，施工难度不大，利润也比较高。你和他们公司领导熟悉，看能把这个项目接过来不？"

"这次再不敢像上次那样了，真的施工难度不大吗？"史明这次吸取了上次的教训，没有轻易表态。

"你放心，我在好多地方都已经干过这个工程，有现成的施工队伍。"王晓东说着，把施工的方法做了介绍，并领着史明到他以前施工过的住宅小区实地考察了一下。经过实地考察，史明对外墙保温工程的施工过程有了大概了解，对承接这个工程不再担心。

铁路建设集团公司的董事长江汉和史明都是多年的朋友，所以他对这家公司比较了解，他们公司隶属铁路局，是一家很有实力的公司，具有良好的信誉和企业形象，在业内口碑很好。

第二天早晨八点，史明拨通了铁路建设集团董事长江汉办公室的电话："江总，你今天方便吗？我有事想当面和你谈一下。"尽管江汉是集团公司的董事长，他还是习惯性地称呼他江总。

电话里传来了江汉熟悉的声音："史明呀？好久不见了，还这么客气，有事你就过来吧，我在办公室等你。"。

一个小时后，他来到了江汉的办公室。江汉正伏在办公桌上批阅材料，看他进来，连忙起身笑着迎了上来，说道："史明，你可是稀客，第一次到我的办公室。"

他一边和江汉握着手，一边说道："我也是无事不登三宝殿，平时知道你日理万机也不敢打扰。"

江汉和他握完手，将他让到单人沙发上坐下，自己陪着坐在了旁边的沙发上。这时，他的助理端着一杯茶放在了他们中间的茶几上靠他的一边，史明礼貌地对助理说了一声："谢谢！"秘书又把江汉的茶杯加满水后，放在了他的跟前，然后，轻轻将张开的房门关上一大半，留了个缝隙，退了出去。

江汉，从一个火车司机，经过十多年的学习和奋斗，现在掌管着一家集房地产、工业制造、宾馆旅游等多个企业为一体，资产数十亿的集团公司。他是一个具有典型的儒商形象和气质的人，四十七八岁，戴着一副黑边近视镜，中等身材，两肩很宽。他脸上有微微的胡茬，麦色的面庞透着谦和、友善的神情。

和他在一起是一种享受，让你感受到一个知识渊博和思想深刻的人所具有的魅力，并且能从他身上不自觉地学到许多东西。

江汉看助理出去了，对他说道："史明，你在电话里说找我有事，快说说什么事。"

听江汉这样说，最不愿求人的他有些局促，竟不知怎么开口。江汉看到他为难的样子，真诚地说："你我多年的朋友，有什么事只管说，能办我责无旁贷。"

他终于不好意思地说："听说你们集团公司下面的房地产公司开发的住宅小区有些外墙保温工程，如果不为难的话，你是不是可以让他们交给我来干？"

"你多会儿干起工程来了？干工程可是辛苦的事，你养尊处优惯了，能受得了这个苦吗？"江汉笑着问道。

史明苦笑了一下说："今非昔比，落毛的凤凰不如鸡。不瞒你说，这些年我的情况不好，要不也不会给你添麻烦。"

"没什么，人都有个起起伏伏，打起精神来，不要灰心，没有过不去的河。你说的事我回头问问，应该问题不大。我知道你爱面子，以后有什么困难随时来找我，千万不要客气！"江汉说着，一脸的情真意切。

"谢谢你,都是朋友,我也不多说什么。那你忙吧,我先走了。"说着,他站起身来。

"马上就中午了,我们一起吃个饭,也好好聊聊。"江汉连忙拉住他说。

"不了,改天吧,中午我还有个安排。"他推辞说。

江汉见他态度坚决,也没有再勉强,笑着说:"那好,随你的便。"说着,把他送到了楼层电梯口。

下午五点多的时候,史明接到了江汉的电话。江汉在电话里告诉他,事情都说好了,具体的事情让他派人去找房地产公司的薛经理洽谈。

事情出乎史明的预料,给了他更大的惊喜。房地产公司不仅把外墙保温工程给了他,还把整个小区楼房的外部装饰工程也交给了他。为了保证工程质量和安全,房地产公司还专门委派了一个技术人员协助他。他心里明白,这都是江汉的主意。

工程定下来了,接下来就是资金的问题。整个工程前期费用至少得三百万元。现在史明手头只有上次朋友借给他的八十万元了,还有二百多万的资金缺口。史明找到了银川最大的生产保温材料的厂家的老总,拿出了工程合同,说明了困难。当厂家老总看了合同,知道是和铁路的房地产公司合作时,爽快地答应先不用付款,就为史明他们提供全部材料,等甲方付款后再付给他们。外墙保温工程需用资金最多的就是购买材料,材料问题解决了,资金问题也就解决了。接下来就是怎么干的事了。

史明让王晓东从专门从事外墙保温施工的队伍中选择了五个实力最强的,一个施工队负责四栋楼,规定了严格的质量要求和施工时间,支付给施工队的费用比市场上的要高一些,这样也调动了施工队的积极性。

工程管理和质量监督由王晓东负责,史明负责材料供应,和甲方的协调工作。就这样史明又进入了一个完全陌生的保温和装饰工程行业。人不是生下来什么事都会干,许多人都是环境逼出来的。史明这么多年来从事过许多行业,领导的科学就是用人的科学,领导不一定什么都会,但领导要会用人。所以,一般的事,只要他用心干了,不用多长时间就驾轻就熟了。

史明明白现在市场越来越规范了，挣钱的机会越来越少了，自己是二次创业，不能再眼高手低了。所以他很珍惜这次机会，如果没有其他事，他一直坚持在工地上。二十栋楼，他一栋一栋地检查，随时发现问题随时解决。许多找他的朋友看见都笑他说："昔日的大老板何等风光，今天的包工头满身灰浆。"史明笑着自嘲道："能高能低，方显英雄本色。"

就在工程进行到一半的时候，一天早晨，史明在银川办事，王晓东从工地打来电话说："甲方工程部的一个姓黄的经理，要求我们停工。"

史明问："你给他好好说说，如果不是质量问题，有问题可以解决，为什么要停工呢。"

"我给他说了半天好话，他理都不理。明摆着就是找碴儿，我们进场这么长时间了，你也不懂规矩，还没有请人家吃顿饭呢。"王晓东发着牢骚说。

史明不到中午就从银川赶到中卫工地，看见工地还停着，工人们都在院子里等他。他在王晓东的引领下找到了姓黄的经理的办公室。办公室当时有许多人，有他们公司的管理和技术人员，也有施工方的人员。姓黄的经理看起来有三十岁的样子，小矮个，有点秃顶，戴着个眼镜，看起来很猥琐的样子。

史明客气地说："黄经理，我是这个工程的承包人，你们天天要求我们赶工期，眼看工期都超了，你为什么要让停工呢？"

"你好牛呀，不停工还见不到你呢。为什么停工，你问你的工人去，你们的材料堆在路上，我让他们搬一下，他们竟没人理我。"姓黄的经理一脸的不屑，阴阳怪气地说。

"工人不认识你是领导，你大人不见小人怪，我回头批评他们，现在我给你赔情了，你先让开工，工期实在来不及了。"史明压着火气，赔着笑脸说。

"开工，有那么容易？等你们神气够了再开！"姓黄的经理讥讽完，转过头去，理也不再理他。

史明本身在这个工地上整天和一些包工头在一起，想想自己这个年纪了，混到这个地步，心里就很不是滋味。再说长了这么大，哪受过这个气，让这么个小经理埋汰自己。他心里的火终于憋不住了，他用手指着姓黄的脸骂道："姓黄的，你是我在你们系统遇见的地位最低贱，人品最卑劣的人，给脸不要脸，你还真把你爹当成包工头了，想怎么折腾就怎么折腾。你们董事长见了我也不会这样对我说话。大家都听清楚了你为什么让我们停工，那好，你现在给你们领导汇报，老子不干了，龟孙子。"这时，只见那个姓黄的经理悻悻地坐在那儿，满脸通红，一副不知所措的样子。

史明转过头对王晓东说："让工人都回家，不干了。"说着他摔门而去。

下午四点的时候，中卫的几个朋友正陪史明在逸兴酒店二楼的茶座喝茶、聊天，史明接到房地产公司薛经理打来的电话："史老板，不好意思，手下的人不懂事，惹你生气了，我已经批评他了，在这里我代他给你赔不是了。我给他们打招呼了，他们不会再随便给你找麻烦了，你马上安排工人开工吧。"

听他们经理这样说了，史明也就见好就收地说道："不好意思，给你添麻烦了，十分感谢，我会安排开工的。"停工事件就这样平息了，从此以后那个姓黄的经理再也没有找过史明他们的麻烦，一见着他就躲开了，一直到工程结束，他们都相安无事。

外墙保温施工用了三个月时间全部结束了，接下来就是墙体粘贴面砖和喷刷涂料。史明同样找了几个专门从事墙体面砖粘贴和喷刷涂料的队伍，把二十栋楼分包给他们，自己只负责材料供应。到了这个时候，他已经干得轻车熟路、得心应手了。

人世间经常是这样，无论做什么事都不会一帆风顺，总会出现这样那样的麻烦。有些事，你怎么想也想不到。就在史明他们的工程几乎结束、临近验收交工的时候，一天晚上，史明接到了王晓东的电话，说甲方的一个工程管理人员借他们工地上一个施工队队长的尼桑轿车，在回银川的路上把车开到了泄洪沟，现在人正在医院抢救，车也几乎报废了。史明一听，头就懵了，工程一开始他最担心的就是人身伤亡事故，所以他要求所有人员把安全放在首要位置。没有想到工程没有出事，却出了这么一件事。现在干工程，别的事都好说，唯独人身伤亡事故最麻烦。听起来，这件事没有史明他们承包方的责任，但车毕竟是施工队队长的车，他不想因为这些给江汉带来麻烦。那样他就对不起帮助自己的人了。

　　幸好，史明来到医院的时候，房地产公司肇事的那个人已经从抢救室转到病房。医生说病人已经没有生命危险，并且没有什么严重伤残。只要人没有问题，什么事都好办，他悬着的心终于落了下来。接下来就是车的问题了，肇事的人当初是说给公司办事，车主考虑到和他们的关系，才同意将车借给他的。现在车已严重毁损，肇事者没有驾驶证，保险公司不赔，损失应该自己承担。肇事者要给车主赔钱，可肇事者是个刚学校毕业工作不久的人，哪有能力赔一辆车呀。车主不依不饶非得找房地产公司赔车，史明怕这样下去引起事端，给房地产公司带来麻烦，便同车主商量，车的损失由他来赔偿，不要再找房地产公司的麻烦了，这样史明无缘无故地损失了二十万元，才将事态平息了下去。这件事，自始至终史明没有告诉房地产公司领导。

　　工程终于按期保质保量地交工了，房地产公司支付的工程款付完原材料款和人工费用、税收加上毁损车辆的赔偿后，有二百万元的盈利。

　　2008 年 3 月，史明成立了自己的装饰工程公司，取名仕明装饰工程公司，专门从事保温和装饰工程。他把全部的精力都投入到了新公司的运作和发展中，彻底从股市破产的阴影中走了出来。

　　当史明从过去的阴影中走出来后，想到前一段时间自己的软弱不堪和颓废，内心感到了极度的羞愧。生活中有许多人的经历要远远比自己悲惨得多，有些人做生意失败后倾家荡产，负债累累仍然能振作精神，重整旗鼓再创辉煌。更可贵的是，有些人不仅没有财富，也没有健全的身体，他们依然对生活充满了热情和希望。有的人艰难地用脚弹着钢琴，弹奏着悲壮的命运交响乐；有的人用嘴咬着笔写着小说，书写着自己不屈的人生。自己不就是在股市赔了点钱吗？股市赔钱的人多了，不至于都像自己那样一蹶不振，自暴自弃，蹉跎了几年干事业的大好时光。自己一直崇尚英雄，敬仰伟人，但哪个英雄和伟人没有经历过艰辛和挫折。没有经历过艰辛和挫折的人也成不了英雄和伟人。他意识到自己还不够坚强和勇敢，不够积极和乐观。再说，自己在股市把十多年的血汗钱都赔光了，可到现在还是稀里糊涂，还没有真正搞明白到底错在哪里，交了两千万的学费，却什么也没有学到，难道就这么认输了，心甘情愿地承认自己的无能和失败？这可不是自己的风格，自己一定要从哪里跌倒，就要从那里爬起来。自己还没有到七老八十认命的时候，现在认真地反省昔日的过失，总结一下失败的教训，通过实体积累一点资金，再次进入股市，找回失去的一切。

一个人一旦从噩梦中醒来，精神从沼泽地里挣脱，那么他的身心就像获得了新生，展现在眼前的是一个充满阳光的新世界。

仕明装饰工程公司开业后的一天，好友周和平来到了他的办公室。自从史明第二次创业，从事保温工程施工后，周和平为了帮助史明，便将他们建筑公司承接的建筑工程中的外墙保温项目全部交给史明他们。

他们是二十多年的朋友，感情一直很好。周和平比史明大两岁，一个标准的西北男人形象，军人出身，他大智若愚，为人处世心善意长，从不急功近利。他出身农村，身上极具农民的吃苦耐劳和极富忍耐力的品格，同时，在生意场上他表现出了对权力及有权势的人过分的敬畏和顺从。

数年的军旅生活和在部队当图书管理员的经历，开阔了周和平的视野，使他有了极为丰富的内心世界，在精神层面上有了更高的追求。这一点使得他在周围的生意人中显得鹤立鸡群。他儒雅的风度和渊博的学识、独特的思想深得史明的欣赏。

周和平读过很多书，通晓中国历史，尤其对中国的现状，有他深刻的见解。他喜欢研究中国宗教，在全国各地有许多道教、佛教方面的朋友，每年拿出大量的钱财捐献给一些有困难的道观、寺庙。他最惬意的事就是坐在寺庙道观里和主持、道长喝着茶，谈经说法。他仗义疏财，慈悲胸怀。多年来，每年都资助着十来个家庭贫寒的大学生。他还和当地的一家重点中学协商成了一个"鸿志班"，每年拿出一笔不小的资金，奖励那些思想品质和学习成绩优良的学生，重奖那些在高考中成绩优异的学生。

其实，这些年来，周和平的事业一直干得很艰难。二十世纪八十年代末，他当兵复员后，从父亲手里接过了十几个人的农村建筑队，从事些小型建筑工程的施工。经过多年的努力和奋斗，建筑队发展成了一个颇具规模的建筑公司，但也是惨淡经营，勉强维持。每年到春节之前，有时还得靠借高利贷给工人发工资，渡过难关。为此史明和他开玩笑说："你是我见过的唯一一个没有让高利贷压倒的人。"

自从 2007 年，周和平接手了一个市里改制的公路工程公司，又和朋友合作创办了贷款公司后，局面才有了彻底的改观，公司进入了高速发展阶段。

周和平坐下后，笑着对史明说："我跟你说个好事，我自己开发的东方花园住宅区的土建工程基本完工了，关于外墙保温和装饰方面的工程全部交给你干。具体的事宜你安排公司的人和我们公司的项目经理接洽商定去，你我也不是管这些琐事的。"

史明感动地说："谢谢和平，这些日子净让你为我操心了！"

他感慨地说："看着你能从失败的阴影中走出来，重整旗鼓再次创业，我心里也高兴。我们是兄弟，谢谢之类的话也不要说了。"

他接过史明递给自己的茶喝了一口后继续说道："我这些年来是怎么过来的，你也清楚，我的经历比起你来更为艰难。你只是把以前挣得钱都赔光了，那也是一时的痛苦，我这些年可是温水煮青蛙，天天都在困难和煎熬之中呀。你是这些年养尊处优惯了，有点挫折和打击就受不了了。一个男人，一定要有坚定的信念和坚强的意志，这样你才能成就一番事业。"

史明发自内心地说："就吃苦精神和毅力方面，我确实无法和你相比。你现在的状况也确实是你苦苦奋斗的结果。记得我跟你说过，天道酬勤，你周和平要不成功真是天理不容。这一点我还真要好好向你学习。"

周和平说道："你能这样想我也放心了，世上没有过不去的火焰山。你有这么多的朋友和人脉资源，只要你想干，就一定会东山再起的。"

那一天，史明完全被老朋友的真诚感动了，心里感到了无比的温暖。

史明是个自尊心特别强的人，每当朋友们关心和帮助他的时候，他的心却在颤动，他宁愿是自己帮助朋友，而不是朋友帮助自己，不管是这种关心和帮助来自朋友们对自己的关爱还是同情，他都不愿意接受。他不愿意在别人眼里自己是一个需要关心和帮助的人。看着一个个曾经自己眼里的小毛孩，现在都已经是身价千万、上亿的老板，他想到了两句诗"沉舟侧畔千帆过，病树前头万木春"，心里产生了被时代抛弃的失落感。

　　每当夜深人静的时候，他扪心自问：是自己不够勤奋和努力，还是文化素养太低，聪明才智不够，自己为什么越混越差？他回想自己所走过的路，深刻地反省着自己的得失。最后他得出的结论是，除了运气的成分，自己曾搞过那么多项目，可对于自己的事业没有一个长远、系统的规划，以至于自己所做的事都没有生命力。为了迎合市场，自己在不断改行，最终没有一个真正的事业。如果有了一个靠得住的事业，股市的遭遇也不至于让自己倒下。俗话说"男怕入错行，女怕嫁错郎"，自己最大的失误在于没有选对一个真正有生命力、有市场前景的行业。

　　经过反复思考，史明还是觉得随着国家经济的发展，资本市场仍然是最具有生命力和发展空间的，机会也最多。而进入资本市场，最容易和门槛最低的是股票市场。股票投资不仅值得自己投入毕生的精力，而且值得两代，甚至几代人去努力奋斗。自己在哪里跌倒，一定要从哪里爬起来。当务之急就是积累重新入市的资金。目标明确了，思路清晰了，史明一下子感觉身心都轻松了。

第十三章 股海扬帆

就在史明退出股市，二次创业的时候，柳亦农和柏青两个人正在股海里畅游着。由于他们当初的入市资金都很少，加上入市以后股市就进入了一个漫长的熊市。尽管他们付出了很大的努力，也显露出股票投资方面的天赋，但他们支付完维持家庭生活的费用和一些必要的开支外，股票账户上的资金刚刚突破 20 万元，资本在逐步的积累过程中。

客观地讲，他们的收益已经相当惊人。只是因为资金太少，成绩不太明显。比这更重要的是，他们经过了 10 年的历练，无论是在心理素质，还是对行情的研判以及技术分析方面都有了极大的提高，尤其是他们形成了具有自己独特风格的操作方法和盈利模式。

南京证券是 2005 年左右进入宁夏市场的。当时南京证券托管了总部设在银川的西北证券，接管了西北证券的所有客户，在宁夏区域内设立了许多家分支机构和营业网点，成为当时宁夏唯一一家进行股票交易的证券公司。柳亦农和柏青自然成了南京证券银川凤凰北街营业部的客户。

股市经过长达 4 年的下跌，到了 2005 年 6 月 6 日，大盘上证指数创下了998.23 的新低。大盘上证指数从 2001 年 6 月 14 日的高点 2245.43 到此时整整跌去了 1247.2 点。深市的龙头股深发展，股价跌到了 5 元过一点；沪市的龙头股四川长虹，股价也跌到了 3 元左右，其他股票股价更是惨不忍睹，都像死尸一样躺在地板上，股市哀鸿一片。南京证券银川凤凰北街的营业厅更是门可罗雀，大厅里偶尔进出的三四个铁杆股民也是满脸的愁容，显出痛不欲生的样子。

就在许多人无法忍受股市下跌的折磨，纷纷割肉离开股市的时候，凭着在股市多年沉浮的经验和感觉，柳亦农和柏青两个人意识到股市一个从未有过的机会即将来临。他们尽管说不清大盘到底跌到何时，大的行情什么时候启动，但他们感觉到此时股市的机会要远远大于风险了。

一天收盘后，柏青叫上柳亦农一起来到了一家茶馆，要了两杯最便宜的茶后，靠窗坐下。

"柳哥，你看大盘上证指数在 6 月 6 日瞬间击破 1000 点大关，又迅速拉起，上证指数竟上涨了 2.05%，我感觉 1000 点是这次大跌的最低点。我有一种预感，股市即将会出现一个挣大钱的机会。"柏青还没有坐定就迫不及待地说，脸上露出了兴奋的神情。

"你为什么会有这样的感觉？从大盘各项指标分析，仍然会有一段时间的调整。"柳亦农喝了一口茶后说道。

"我不否认你对大盘技术指标的分析，但从股市运行的周期性规律来分析，无论是时间还是大盘指数下跌的幅度，似乎大盘的下跌都到了末期，股市的风险几乎已经释放完了，也就是说机会要大于风险了。"柏青说出自己的观点，有理有据。

"也是，我们必须学会用哲学的观点辩证地认识股市。不破不立，生死相依；乐极生悲，否极泰来。中国的股市就像一个蹒跚学步的新生儿，栽跟头、摔跤都是正常的事情，但最终它会长大。再说股票是有价证券，跌破它的真实价值毕竟不是一个正常现象，价值回归是必然的。这一段时间，看到中国股市这个样子，我也很困惑、迷茫，为此，我研究了美国股市一百多年的发展史。美国道指从 1896 年 5 月 26 日的 40.94 点起步到今天的一万多点，其间也是有几次大的股灾，尤其是 1929 年到 1933 年的美国经济大萧条，道指从 400 多点跌回到 43 点，回到了原点。但此后，尽管有过几次大的反复，道指毕竟是涨到了现在的一万多点，这是不争的事实。历史不会简单地重复，但以史为鉴可以知兴替，从已经发生的事件去寻找规律，可以总结出一些对我们有用的东西。"柳亦农不像柏青那样感性，他更喜欢理性地看问题。

"一个卓越的投资者可以预计到市场上将来可能会发生什么，但不一定知道何时会发生。那么你必须把精力放在将会发生什么上，而不是纠结何时发生。假如我们对市场将来出现的机会判断是正确的，那么对何时出现这个机会大可不必过虑。"柏青情绪有些激动，继续阐述着自己的观点。

"巴菲特说过别人贪婪的时候我恐惧，别人恐惧的时候我贪婪。从现在股市的氛围来看，股市的下跌已经到了强弩之末，现在到了我们应该做点什么的时候了。"说到这儿，柳亦农的眼睛里露出了一丝光亮。这种光亮正是柏青期盼和等待的，凭多年的相处，他知道柳亦农已经认可了自己的观点，也意识到了一个重大机会的来临。

"我今天想和你谈的话题，是我有个想法，我们两个先成立个股票投资工作室，等条件成熟的时候再成立投资公司。"柏青说出自己蓄谋已久的计划。

"你的意思，我们先通过股票投资工作室代客理财，借助别人的资金从事股票投资，利用我们操作上的优势，达到共赢的目的。好，我们干！这也是我想了好久的事，只是感觉时机不太成熟，没有和你说。"柏青的想法和自己不谋而合，柳亦农由衷地感到高兴。

"我们先自己筹措点资金，加大股市的投入，这样让客户也有信任感，我打算拿家里给我买的房子贷点款。"柏青有了破釜沉舟，在股市大干一场的决心。

看柏青决心这么大，柳亦农受到了感染，周身的血液开始沸腾了，他急切地说："我们明天就找营业部的高经理，请他帮忙给我们的工作室提供一个办公的地方。"

"好，我们说干就干！来，我们以茶当酒，为我们的合作成功干杯！"说着，柏青举起茶杯和柳亦农的茶杯碰到了一起，两个茶杯旋即发出了清脆、灵透的声音。

一个下午的时间，他们都在策划和商量成立股票投资工作室的有关事宜，其间有过几次意见不同时的争执，更多的都是达成共识后的愉悦。最后，经商议，他们决定给自己的工作室取名"双丰股票投资工作室"，这才神采飞扬地离开了茶馆，各自回家了。

当柏青和柳亦农把成立双丰股票投资工作室，并希望得到南京证券银川凤凰北街营业部提供方便的想法告诉尤艳的时候，尤艳表示了极大的兴趣，她似乎意识到了，这两个人将是南京证券公司在银川市场潜在的最大客户。

尤艳是南京证券银川凤凰北街营业部最年轻的管理人员，一个标准年轻职业女性的形象，一头秀美的短发配着一张白皙的杏仁脸，精致的五官犹如洋娃娃般楚楚动人，轻盈、矫健的身材，活泼、积极向上的性情……总之，周身彰显着她的精明能干、卓尔不群。

经过尤艳不懈的努力，凤凰北街营业部破例给柏青和柳亦农的工作室安排了一间七八十平方米的办公室，在他们两个人的办公桌上各配备了两台用于交易和观看行情的电脑。在他们的对面，摆了两排带有隔断的办公桌，都配备了电脑，用于操盘手操作，成了当时最现代化的股票交易场所。

坐在宽敞、明亮的办公室里，一种从未有过的满足感涌上了他们的心头。这将是他们事业的起点，他们勾画远景、憧憬未来，更加坚定了在股市开辟一片天地的决心。

一切准备就绪，接下来就是寻找可以合作的客户了。

范玉红是柏青的第一个客户。范玉红兄弟四个，他排行老四，所以他身边的人都尊称他四哥。范氏家族在当地也是赫赫有名的，范玉红的父亲，刚改革开放就在县城的中心鼓楼东南角开办了一家相当规模的餐厅，生意一直十分兴隆。也许是他们兄弟几个都遗传了父亲身上做生意的基因吧，兄弟几人尽管性格不同，但都精明能干。他们成了当地最早自己做生意的人，并且都把各自的生意做得风生水起。尤其是老大，他是当地最早搞商业地产开发的人，他拥有自己的酒店，开发建设了当时当地最大的商业购物中心。

范玉红在兄弟四个中为人处世最好，仗义豪爽，喜欢帮助身边的朋友。他做生意没有定式，市场上走俏什么他做什么。他做过煤炭生意，做过水泥生意，搞过民间借贷，搞过企业兼并，从事过房地产开发。

柏青和范玉红是中卫同乡，很早就熟悉，柏青比范玉红小 4 岁。柏青从银川来到中卫找到范玉红，说明了来意，范玉红没有丝毫的迟疑，当即表示可以商量。当柏青把自己对市场的看法和彼此合作的思路、方案告诉了范玉红后，引起了范玉红极大的热情。聪明的人都这样，对于一个新的行业和领域，也许他不懂其中的专业知识和操作方法，但从别人的介绍中，他能感觉到机会。

就这样，柏青没有费太大的气力就找到了自己的第一个合作人，范玉红答应先投入 200 万元作为他们合作的开始，如果效果好，他还可以追加资金。

柳亦农的第一个客户是他在西南石油大学的同学高飞，与其说高飞是他的第一个客户，还不如说高飞是他从事股票投资以来第一个支持和帮助他的人。柳亦农和高飞在大学期间不仅是同学，也是最好的朋友。

柳亦农和高飞大学毕业后的再次相见，是在 20 年后组织的同学聚会上。年年岁岁花相似，岁岁年年人不同。高飞不再是大学期间那个面庞光洁、白皙，神情文雅、稍带腼腆的大男孩样子，20 年的历练让他的体魄更加健壮，举手投足之间显示着一个成熟男人巨大的张力，多年的打拼和事业上的成功在他的脸上雕刻着自信和儒雅。虽然他们校园一别已过 20 个年头了，但 4 年朝夕相处的深情厚谊却让他们没有了时空的感觉，他们紧紧地拥抱在一起，感受着对方那颗热切、激动的心。

傍晚的时候，柳亦农黯然失色地离开了热闹、煽情的同学聚会的大厅，来到了一个僻静的角落。看着一个个同学在宴会上眉飞色舞、欢声笑语地炫耀着在自己的工作岗位怎样身居要职、如何大展宏图，想到自己却放弃了所学的专业，离开了待遇优厚的前途不可限量的机关工作，选择了一条在世人眼里是不务正业，甚至是投机、赌博的股票投资行业。10 年时间过去了，自己依然在黑暗中摸索着，没有点滴可以让自己感到安慰的收获，更不要说可以自豪地拿到桌面上，让别人分享的东西。假如，自己当初不是一意孤行选择股票投资这个职业，而是继续在机关工作，凭着自己的资历，加上努力，现在自己肯定也和同学们一样，而绝不会是今天落魄的境地。他第一次对自己当初的选择产生了怀疑，甚至有些后悔。一种强烈的失落感撕扯着他的心。

柳亦农聚会席间的表现和悄然离开宴会的举动没有逃过高飞的眼睛，看着老同学抑郁、失意的神情和离开时孤独的身影，他感到了阵阵心痛，这还是那个在大学里意气风发、志高气豪的同学吗？他也悄悄离开了宴席，来到柳亦农身边，搭着他的肩膀离开了聚会的酒店，走向了一条幽静的小道。

20 年的分别，他们都有很多很多的事要告诉对方。他们忘不了 20 年前那个七月流火的日子，依稀还记得离校的前夜他俩喝得酩酊大醉、抱头相拥的情景，依稀还记得宿舍楼前那些整装待发的行李，还有那分别时久久的拥抱和夺眶而出的泪水，带着年轻的梦想，带着和同学离别的伤感离别了学校，踏上了社会，谁知这一别就是 20 载。

20 年后的今天，当他们用自己的智慧和汗水，在创造生活和实现自我价值的过程中体味了人生的成功与失败，品尝人生的苦、辣、酸、甜之后才发觉，让自己最难以忘怀和割舍不掉的依旧是那份同学之情。这份情谊如同一首深情的歌，悠远而回味无穷。多少欢笑、多少故事、多少校园里的往事又浮现在他们的眼前。这时，他们才深刻地体会到，四年同学情就像陈年的美酒，愈久愈醇香、愈久愈珍贵；四年的同学情，就像人生情感世界里最绚丽的一道风景。一生的情感世界因它们而精彩，因它们而丰富！

高飞怕触及柳亦农的伤痛，没有问他的情况，而是对柳亦农讲述了他大学毕业后生活和情感上的伤痛，讲了他定居加拿大的经过，也讲了他在加拿大创业的艰难历程和现在在加拿大经营石油设备公司的情况。

说完了自己，他对柳亦农说道："怎么这样一点刺激都受不了了？英雄都是诞生在艰难和挫折中的，笑到最后的人才是真正的强者。"

高飞的话对自己有责备，也有安慰，更多的是鼓励。柳亦农内心有点潮湿，身上感到了一丝暖意，他喃喃地说道："里面太闹，我只是想出来透透气。"

"你决定要在股票投资上做下去了吗？"高飞问。

"我喜欢这个职业，我感觉这是个相对干净的职业，尽管危机四伏、风险难测。这个职业不掺杂当今社会一些丑陋的东西，赚了赔了都清清楚楚，少了人与人之间的钩心斗角和尔虞我诈，你知道，我不擅长这些。"

"有什么进一步的计划吗？你肯定不甘心就这样单打独斗。"

"最近我和一个多年的伙伴合作创立了一个专门从事股票投资的工作室，打算把代客投资这个业务也拓展一下，增加一下我们的资金实力。"

"这倒是个不错的方法，在国外成熟的证券市场，普通的投资者都是通过专业的投资公司进行股票投资，哪像国内全民炒股，老头、老太太都上阵。"

"是的，在银川，我们算是先行一步，可是在深圳、上海这样的公司多了，当然更多的是以私募基金的形式出现，我想中国的投资者迟早也会像国外那样，通过专业投资者来投资股票市场。"

"需要我做点什么吗？"

"谢谢，真的不需要。"

"我还不了解你，你就是个性太强，太爱面子，这么多年一点也没有改变。要不我请你做我在国内的投资理财师，我看好你，你一定会给我丰厚的回报。怎么样，答应吗？"高飞说完，停下了脚步，等待着柳亦农的回答。

"老同学见面竟谈起生意，我们不那么庸俗不行吗？"柳亦农不置可否地调侃说。

"你别忘了，我可是资本主义国家来的'资本家'，追逐利润是我的第一需求。说个数，你愿意帮我理多少？"

"看在老同学的分上，就接受你50万元，说清楚了，是人民币，不是加拿大元。"柳亦农笑着说。

"你也太不够意思了，50万元太少了。100万元人民币说定了，明天我就给你转款。说好了，我这个投资没有期限，也不用每年给我分红，等你给我挣到1个亿的时候连本带利还给我。"说完，高飞发出了爽朗的笑声。

听高飞这样说，柳亦农心头一热，竟不知道说什么好了。他明白自己的老同学在用这么一个不伤他自尊的方式帮他。他是个自尊心极强的人，他不愿让任何人感觉到自己的困窘。然而，此刻他无法拒绝来自亲密同学的帮助，因为他刚刚起步的事业正迫切需要这笔资金。大恩不言谢，柳亦农没有再多说什么，因为他们有着4年同窗共读的同学情，有着4年同甘共苦的朋友义，彼此之间又是那么地相互理解、心领神会。他知道，此刻任何语言上的表达都是那么地多余和苍白。这也是这么多年以来，他第一次得到了这么大的帮助。他在心里默默发誓，一定要把股票投资这个事业做好，绝不辜负老同学的一番深情厚谊。

入夜，四周华灯初上，整个城市在各色灯光的映衬下如同刚刚出浴，梳妆完毕的新娘，到处袒露着无与伦比的魅力，显得更加娇艳诱人。柳亦农和高飞仿佛又回到母校那醉人的校园，久久不愿离去。

2005年底的时候，柳亦农和柏青的工作室已经大大小小有了十多个客户，每天开盘后，既要查看股票、研判行情，又要对十几个账户买进卖出进行交易，两个人明显感觉精力不够，忙不过来，他们商量后决定招聘两个工作人员做操盘手，按照他们的指令对分管的账户实施交易。于是，两个女性加入了他们的工作室，使得他们的工作室多了一份生机。

新来的两个女性中，年龄稍大一点的叫岳桐，是尤艳的朋友，老公有自己的公司，家庭条件优越。以前在一家企业工作，喜欢无拘无束的她，硬是办理了停薪留职做起了全职太太。她做了一段时间的全职太太后，又不甘寂寞，听人说炒股好玩，便拿着几十万元进了股市。初入股市什么也不懂，便到处打探消息，找人指点，总是多赔少赚。她听尤艳说柏青、柳亦农的工作室招聘操盘手，便硬是让尤艳介绍她到他们工作室做起了义务操盘手。岳桐，成熟妩媚、充满热情，魔鬼般惹火的身材，大波浪长发随意地披在肩头，浓密的睫毛、魅惑的眼神、性感丰厚的双唇，无时无刻不透露出万种风情。她讲话清脆悦耳、神态娇媚，加之明眸皓齿，肤色白腻，是一个活脱脱的美人。

年轻一点的叫李芳，是柏青的熟人，刚好关张了自己的小生意，闲暇在家。听说柏青他们成立股票投资工作室，便欣然加入了。她，娇美的身材充溢青春的风采，品貌端庄，温文尔雅，清丽秀雅的脸上荡漾着春天般美丽的笑容，特别是她那双又大又亮的眼睛里总能让人感觉到她的宁静和聪颖，她没有其他女性那样夸张的惊艳，却显得那么恬淡、清雅，就像一片轻柔的云朵。

就在柏青和柳亦农的工作室干得有声有色的时候，中国股市的一个牛市已经开始了，只是人们还没有彻底从长达5年的熊市中缓过神来，都没有意识到行情的展开。

自从 2005 年 6 月 6 日，大盘上证指数创下 998.23 的低点后随即反弹，到 6 月 9 日上证指数又到了 1100 点以上。可是，大盘没有在这个位置停留多久，又一个跟头栽回到 1000 点附近，只是再也没有跌破 1000 点大关。到了 7 月 20 日，大盘再次上攻；到了 9 月 20 日，上证指数冲上了 1220 点。接着又是一个多月的下跌，到 2005 年 10 月底的时候，上证指数再次回到 1070 点左右。到了 12 月 6 日，大盘开始上涨，严格意义上讲，此后中国股市的大牛市行情是从这一天开始的。

2006 年 1 月 4 日，新年的第一个交易日，股市大盘上证指数以大涨 1.71% 的幅度，稳稳地站在了 1180.96 点上，形成了一个鼓舞人心的开门红，预示着新的一年股市会有一个新气象，给沉闷、消极的市场打了一剂强心针。

形成中国股市行情反转的背景有几个方面：

一是股权分置改革。中国资本市场建立之初，上市主要对象是国有企业，国有股和法人股不能像普通股一样上市流通，国有股、法人股、普通股"同股不同权，同股不同利"，从而造成恶性圈钱、市盈率过高、不能有效与国际接轨等问题，股权分置一直困扰股市发展多年。股改就是要让国有股和法人股全部像普通股一样，参与市场流通，通过全流通实现同股同权、同股同利，使得两者的利益趋于一致。大股东也可以通过股权等激励方式吸引优秀人才，稳定管理团队，这有利于公司的规范发展，有利于上市公司利用资本市场实现超常规发展。股权分置改革从根本上重建了股市制度，而非"头疼医头，脚疼医脚"式的"缝缝补补"，从而重建了投资者的信心。

二是社保、QFII、保险资金入市。股市走好的基础是资金关注。从 2003 年开始，主力资金便开始大踏步进入股市，其中包括社保基金、QFII、保险资金等超级主力。这些超级资金的进场给 A 股市场注入了大量的新鲜血液。2005 年 3 月 7 日，保险资金正式启动 A 股二级市场的直接投资。泰康人寿顺利完成直接投资国内 A 股市场的第一单，包括中兴通讯、盐田港 A、长江电力在内的 5 只股票成为泰康人寿进军国内 A 股市场的首批交易对象，从此，保险资金直接进入 A 股的二级市场。因为股改，产业资本也受到极大的鼓舞，做多热情明显加大，和社保基金、QFII、保险资金等超级主力资金一道，为中国股市提供了海量的资金支持。

三是人民币升值。对照欧美日韩等发达国家，本币升值必然导致一轮大型的资源型牛市开启，这也是股市上涨最强的动力源。

第二天，柏青早早来到工作室，昨天大盘的强势上涨让他兴奋。他泡了一杯茶后，坐在电脑前，打开股票行情系统，把他昨晚做了一夜功课研究好的股票，都设到了自选股板块里。他要等柳亦农来了商量一下后，再给客户买入股票，开始建仓。

9点的时候，柳亦农和李芳、岳桐相继来到了工作室。

"柳哥，从昨天新年第一个交易日大盘的强劲上涨，我感觉今年股市应该有一个不错的行情，所以我们应该为客户建仓了。这是我选的一些股票，你看一下，如果没有异议，加上你看好的股票，就让李芳和岳姐今天建仓。"柏青见柳亦农坐定，便把写着看好的股票单子递给了他说道。

柳亦农对着单子，逐个股票对照电脑上的股票行情看了一遍后说："我看这些股票不错，都是昨天的强势股。这么多年，你选的股票表现都不错。你就先下指令吧，我看的股票，今天我再斟酌一下，如果有合适的我们下一步再说。"

柏青见柳亦农同意了自己的意见，看马上开盘了，便下达了指令："李芳，你的5个客户账户买入单子上前5只股票，岳姐的5个客户账户买入单子上后面的5只股票。买入方法原则上是每个账户按三三四的比例分三次建仓，如果有下跌的股票，可以等一等，争取以最低的价格买入；如果强势上涨的股票就一次买入，不要分三次了。你们见机行事吧。"

九点二十五分，集合竞价出来了，柏青看见自己选好的10只股票开盘价除了两只平开外，其余8只都高开了不少，便果断重新下达了买入指令："岳姐、李芳你们先一次性全仓买入高开的股票，不必再等，越快越好，平开的股票见机行事。"

九点三十分，开盘了，工作室里瞬间电脑键盘的敲击声噼里啪啦响成了一片，清脆而明快。

此刻的柏青就像一个面对着地图指挥作战的年轻将军，一脸的威严、专注，一扫平时给人随性、平和的印象。柳亦农则不停地查看着 10 只股票的行情，准备发现异动后随时调整他们的方案。

十点三十分的时候，李芳最后一个报告建仓全部完毕。

就在他们建仓完毕刚过 10 分钟的时候，十点四十分刚过，大盘上证指数上涨到 1190 点后开始拐头向下，一路下滑；到了 11 点 30 分休市的时候仍然没有止住，上证指数收在了 1183 点。在此过程中，许多股票出现了大量恐慌性抛单，他们刚建仓的 10 只股票有 8 只出现了亏损。亏损最大的一只超过了 5%。这是新的一年第一次给客户操作竟出现了这样的局面。其实，给客户操作压力和难度要比自己的大得多。柏青和柳亦农的面部表情开始凝重起来，整个一个中午，他们没有吃饭，一直焦虑地等待着下午开盘，他们担心下午行情继续恶化。

幸好，下午开盘后，大盘没有再向下跌，渐渐企稳了，个股的抛单也慢慢减小了，电脑屏幕上个股行情里红色的数字越来越多，柏青和柳亦农悬着的心平复了下来。

到了下午一点半的时候，大盘开始强力反攻，逐步收复失地；两点刚过，竟超过了上午的高点，继续向上冲去。下午收盘时，大盘上证指数稳稳地站在了 1197 点上。

收盘后，给客户买入的 10 只股票全部盈利，盈利幅度最大的达到 5% 以上。新年第一次出击便大获全胜，工作室里响起了压抑已久的欢笑声，大家的心情一下子愉悦起来了。

"老板，新年开门红！今天是不是你们请客，我们庆贺一下。"岳桐大声提议说。

"好啊，没有问题，确实我们今天应该庆贺一下，只是老板我今天只有股票，没有现金呀。"柏青笑着调侃说。

"那好办，今天我代老板请客，你们选地方，叫上尤艳一起去。"岳桐大气地笑着说。

他们争议了半天后，确定到香渔酒店。

第十四章　行情展开

在柏青和柳亦农的工作室待了几个月后，岳桐对柏青的印象更深刻了。这个乍看上去清清瘦瘦的年轻人，居然在股市里做得一帆风顺，那种心态和镇定自若的气度不是什么人都能学到的。首先是他选股。有时他选的股票在常人眼里没有任何亮点，表现也很一般，可一经他买入，股票就像吃了药的病人很快活泛起来，不知不觉几个点，甚至更多的盈利就进了他的账户。他买卖股票，节奏拿捏得异常准确，虽说没有把股票卖在最高价的时候，基本也是赚得心满意足了，他不贪婪，盈利达到自己的目标就放手了。

岳桐尽管进入股市时间不长，但还是听过或见过许多痴迷于股票投资的人，他们无法摆脱那种与生俱来的贪婪和恐惧，在股票跌到不能再跌时，不敢动手买股票，生怕还会一跌再跌。而在涨得疯狂的时候，却总想着哪怕是多赚几分钱也好，以致一拖再拖，错过了卖出的时机。而残酷的是，股票市场的不确定性，使人类贪婪和恐惧的心理被成倍地放大，以致无数的投资者深陷其中无法自拔。然而，眼前的这个年轻人的沉浮股市近 10 年，人性却没有被惨烈的股市所改变，依然是那么取舍淡定，笑对得失。

人无法摆脱命运，一旦选择了股票投资这个职业，其实就是选择了一种人生，只要走上这条道路，就很少再有人能够回头的。岳桐有一种感觉，柏青就是为股市而生的，他一定会在股市里铸就他的辉煌。她知道柏青现在缺少的就是资金，她愿意尽自己的力量，找一个合适的方式帮助一下这个年轻人。

岳桐和老公商量后，拿出 100 万元，打入了自己的股票账户。

岳桐第二天早早来到工作室，看见柏青已经坐在了电脑前，她笑着打了个招呼："老板早！"

"岳姐，你不要糟蹋我了，我算什么老板呀！"柏青有点不好意思地说。

"那我怎么称呼你呢？"岳桐笑着问道。

"你叫我柏青我最自在。"柏青说。

"好吧，听你的。柏青，我和老公商量了，我们家想请你代理股票投资。"岳桐佯装认真地说。

"好啊，愿意效劳。岳姐你放心吗？"柏青问道。

"至少你肯定比我做得好。放心，这是姐姐的私房钱，赔了不要你负责，赚了我们各一半。"岳桐见柏青答应了，便笑着宽慰他。

"那怎么行呢，给你做，我不分成。"柏青急忙说。

"不分成，就不让你做了。"岳桐佯装生气地说。

见岳桐这个样子，柏青再也不好争辩了，他想了一下说："那好，岳姐，你的账户还是你自己操作，我让你怎么操作，你就怎么操作。"

"好，没问题，保证坚决服从。"岳桐一本正经地答应道。

一天收市后，大家都离开了，柏青正准备回家，张星走进了工作室。他在工作室转了一圈，观赏完了后说道："好漂亮的工作室，柏青，你终于如愿以偿了，有了自己的股票投资工作室，真为你高兴！"

张星的妻子是柏青夫妇的大学同班同学，所以他们之间一直交往密切，时间久了，他们自然也成了彼此信任的朋友。人与人相识，无论男人还是女人，都很在乎第一印象。柏青和张星留给彼此的第一印象都很好，这也就是人们所说的缘分吧，所以他们日后也成了很好的合作伙伴。

张星是一个平凡得不能再平凡的人，中等身材，清瘦、微黑的面庞，眼睛有点近视。高中毕业后到银川新市区一家化工厂当了一名普通工人。他的最大特点就是做人真诚，做事执着。

柏青把张星让着坐下后说："你知道股票投资需要资金，靠原始积累过程太漫长了，我们只能通过代客投资，与客户共赢的方法来增加自己的资金实力。成立股票投资工作室这只是个开始，前途漫漫呀。"

"不着急，慢慢来，我相信你一定会干出个样子来。柏青，今天我来找你就是想把我的股票账户交给你，我把全部的家底都凑到账户上了，差不多有8万元，本想凑个整数，硬是没有凑齐，你不要嫌少。"

"你的情况我还不知道，凑齐这些钱费了不少事吧？张星，谢谢你的信任和支持，我一定不会让你失望的。"

当张星把这个没有凑齐8万元整数的股票账户交给柏青的时候，他们两个谁也没有想到，8万元钱在柏青的操作下，10年后，竟变成了三千万，整整增长了近400倍。10年，资产增值400倍，这不能不说是股票投资中的一个奇迹。也正是这次投资，张星日后实现了由一个普通工人向职业投资者的华丽转身，从而开始了新的人生。

当然，知道了结果后看以前的选择和过程，似乎很简单，但未知结果的选择和过程却是艰难和痛苦的。10年时间，几万元变成几千万元绝不是一个简单的数字的变化，其间也经历了无数次资金巨大缩水的折磨和考验，但他从来没有动摇过对柏青的信心。

生活中的张星没有显赫的家庭背景，甚至连一般人具备的大学学历都没有，从外表看起来他并不比常人精明、睿智。他的过人之处就是把一个正确的选择坚持下来了，没有被自己人性中的贪婪和恐惧所击倒。其实，把一件简单的事情一直坚持做下来这也是一种伟大，张星就是这样用了一个极为平凡的方式，成了自己的英雄。

2006年4月14日上午11点的时候，柏青突然给岳桐的个人账户下达了买入中金黄金股票的指令。岳桐飞快地打开中金黄金的走势图，当她看到中金黄金的股价从3月份的10元，到现在已经涨了70%，并且，昨天刚刚跌停。毕竟是用自己的账户买入，她有些迟疑地问道："中金黄金涨了这么多，昨天又刚刚跌停，现在又跌了3%，能买吗？"

"先执行指令，买入一半仓位，完了我再给你解释。"柏青语气严厉地说，没有丝毫的犹豫。

"好吧。"岳桐见柏青的表情,不好再说什么,心想他让买肯定有他自己的道理,就以15.8元买入了30000股。买入后,她告诉柏青:"买入30000股,价格15.8元。"就在岳桐提心吊胆看着中金黄金盘面的时候,只见股价在几个大笔买单的推动下,10分钟不到竟冲到了16.1元;接着是一阵激烈的抛单,把股价又压在了15.9元左右。

这时,柏青又对岳桐发出了指令:"把剩下的资金全部买入中金黄金。"

此时的岳桐,尽管内心有极度的不情愿,但是他们有言在先,她只得执行指令。她的30000股买单15.9元刚刚成交,到了中午休市的时间盘面静止了。

下午开盘的20分钟内,中金黄金的盘面没有什么变化,股价一直在15.9元左右来回波动着。时间刚过一点二十分,但见盘面上,中金黄金股价像一条红色的火龙摆了两下头后,腾空而起。就在这时,岳桐想到自己账户上还剩30000多元钱,她便不计价格抢着买入了2000股。到了两点,股价冲到了16.84元。后来在这个股价,买卖双方进行了长达1个小时的争夺,最终到收盘,买卖双方在16.72元的股价上偃旗息鼓。

收盘后,岳桐的股票账户盈利5.3万元,100万元本金,当天盈利5.3%。看见大家都闲了下来,岳桐对着柏青说道:"老板,你给我们说说今天买入中金黄金股票的理由,也好让我们学点东西。"

李芳见状也急忙说道:"是啊,老板你也教教我们呀,我们总不能干了这么久,连个股票也不会选。"

"怎么说呢,这就叫盘感。盘感是日积月累,时间久了自然而然获得的一种说不清道不明的东西。就像开车一样,时间越久就越熟练,遇见人多或者障碍自然减速或者刹车。所以,你们每次操作都要多用心想一想,我为什么要你们买入,时间久了自然就会买卖股票了。"柏青认真地说。

"老板,你讲的盘感,我们也听不懂,你就具体说说今天买中金黄金股票的理由。"岳桐坚持自己的意见。

"今天我让你们买入中金黄金绝不是突然来的灵感,即兴而为。其实,我一直在注意中金黄金的走势。中金黄金是近期的强势上涨股票，涨幅将近 80%。昨天突然跌停，但成交量不大，似乎没有主力出货的迹象。今天低开，到了十点半的时候止跌，跌幅达 3.57%。随后开始反弹，反弹一会儿后又开始下跌，但这次下跌不到上次低点随即又开始反弹。所以我认为昨天跌停和今天上午的下跌只是主力凌厉的震仓、洗盘，而不是主力出货，主力志在长远，此股后面应该还有不错的表现。为了慎重起见，我先让你开了半仓，等后面的走势完全验证了我的判断后，我让你加满仓买入。这就是买入中金黄金股票的理由，你们听清楚了吗？"

看见大家都不吱声、若有所思的样子，柏青又说："其实，我下指令让你们买入的每只股票，我都是事先已经把功课做足了，公司的基本面和走势的技术图形都几乎印在我的脑子里了，绝不是信口开河，乱点鸳鸯谱。你们要想在股票投资方面有自己的一技之长，必须要用心、用功。"

听柏青这样说了，岳桐和李芳终于明白了，为什么柏青每次下指令买入的股票，盈利都八九不离十，原来，不光取决于他的聪慧和独到的见解，更多的是来自他辛勤的劳动。

中金黄金股票第二天的走势可谓是惊天地、吓鬼神，让岳桐更是魂飞魄散。

早晨，中金黄金以 16.8 元，高开 0.66% 开盘后，连续几个上千手的巨大抛单，在不到 10 分钟的时间内，将中金黄金的股价从 16.8 元砸到了 16.4 元。岳桐惊慌失措地嚷了起来："老板，坏了，主力出货了。"

柏青看了一眼中金黄金的盘面后说："稳住，等跌破 16 元后再说。"

柏青话音未落，中金黄金的股价在几个巨量买单的吃进下，同样用了不到 10 分钟时间，将股价猛推到 17 元的价位上。接着，又是巨量的抛单黑云压顶般地将股价再次向下压去，一些恐慌盘争先恐后地以更低的价格抛了出来，中金黄金的股价又跌到 16.5 元左右，这时，多空双方势均力敌，盘面出现了胶着状态。

"老板，看样子今天情况不妙，要不我们先出来再说，反正我们现在还盈利呢。"岳桐终于忍不住了，说出了自己的想法。

这样凶残、变幻莫测的盘面，柏青也是第一次见到，他也看不懂主力真实的意图，但他还是定了定神，语气严厉地说："股价不跌破 16 元，不要再乱叫了。"

十点四十五分，多方再次开始反攻，将股价一分一分地向上推，稍一松懈，几个大的抛单又将股价砸回原地。多空双方来来回回反复争夺着，中午休市前，多方发力将股价推到了 16.78 元上。

下午开盘后，多方竭尽全力将股价推到 16.88 元，于是又出现了巨量的抛单黑云压顶般地将股价再次向下压去，一些恐慌盘争先恐后地以更低的价格抛了出来。经过几个小小的反复后，股价再次被打压到 16.5 元以下。

下午两点过后，多方又开始将股价一分一分地向上推；到了两点四十五分的时候，好不容易将股价推到 16.7 元，显示价格的数字刚由绿变白，刹那间，股价再次被打压下去；最后到收盘，股价收在了 16.6 元，跌幅 0.54%。

"天哪，我实在受不了了，太折磨人了，明天我的账户李芳你操作，我不管了。"看着盘面静止了，岳桐长长地出了一口气说道。

其实，看着中金黄金今天的盘面变化，不光是岳桐，连李芳也捏了一把汗。看着大家这个样子，柏青淡淡地笑了一下说："你们光看热闹了，最关键的东西没有注意，所以你们那么紧张。"

"我们没有看什么？"李芳和岳桐面面相觑，不解地喃喃自语。

"你们光看价格了，没有看成交量。今天的成交量是几个月来最小的，这个股票后面应该有好戏可看。"柳亦农实在忍不住了，一语道破天机。

"那你也不早说，看把岳姐吓得浑身直冒冷汗。"李芳开着玩笑说。

"不让你们受点刺激，你们多会儿能用心呢？"柳亦农笑着说。

接下来的 3 天正如柳亦农说的有好戏可看。

4 月 18 日，中金黄金股价以 17.1 元，高开 3.01%，随后一路高歌猛进，尾盘涨停，股价报收 18.26 元。

4 月 19 日，中金黄金股价以 18.7 元，高开 2.41%，随后股价上涨到 19.17 元后开始回落，当回落到 18 元时股价企稳。十一点十分过后开始一路上涨，中间虽有点小小的反复，但不足以让人担心。到了下午两点半，股价封在了涨停板上，股价 20.09 元。

4月20日，中金黄金股价以20.5元，高开2.04%。当日的开盘价成了当日的最低价，之后强力上涨，到十点十五分，股价涨停。中间出现了多次打开涨停，最终还是以涨停收盘，当日股价22.1元。

连续3个涨停板，着实地让岳桐兴奋了一阵，工作室的人更是对柏青的眼光和胆识敬佩有加。

4月21日，中金黄金股价以22元开盘，股价一路下跌。十点三十分的时候，股价跌到了21元，随后在大量买单的推动下，十一点十分，股价快速上涨到22.79元。随即，盘面涌出了巨大的恐慌性抛单，将股价再次砸到了21元附近。尾盘的时候，股价勉强拉到了21.73元。

接下来中金黄金股票出现的情况让柏青在内所有的人都没有想到。

4月24日，星期一，中金黄金公司发布公司因筹划重大事项停盘的公告。

终于等到了5月17日开盘，连续3个一字涨停板，没有任何悬念。只是到5月19日这一天，中金黄金股票在涨停板的价格上，成交量突然放大起来，盘面有些异动。柏青给岳桐下达了全部平仓的指令。岳桐终于等来了平仓的指令，便毫不犹豫地以28.92元的价格，卖掉了全部中金黄金股票。岳桐随即查看了账户，账户上清清楚楚显示资金178.63万元，即盈余78.63万元。

这是岳桐进入股市以来，在这么短的时间里挣了这么多钱，她噌地从椅子上蹦了起来，张开双臂欢呼道："天哪，我一个月挣了78万，太神奇，就像做梦一样！"说着，拉起李芳在房间旋转起来。那高兴的样子真是难以言表。

第二天，岳桐早早来到工作室，见只有柏青一人，便将一张银行卡递给柏青说："这是你的分红，卡里有40万元，密码是中金黄金的股票代码600489。"

"不行，我怎么能拿你的分红呢，再说这也太多了。"柏青连忙将岳桐的手推开说。

"这个钱我们是提前说好的，我们都不能失信，要不我们以后就没有办法继续合作了。听姐姐的话，你现在正需要钱成就自己的事业，我的家庭情况你知道，不缺这几个钱。把卡收起来，马上来人了，让别人看见不好。"说着，岳桐把银行卡放在了柏青的办公桌上，便回到了自己的位置上。

见岳桐这样，柏青一时不知道该怎么办好，一股温情涌上了心头。这是他长这么大，第一次收到的这么大金额的获利呀，他明白这个钱不只是分红这么简单，它包含着岳桐对自己的关爱和帮助。

是的，自己进入股市，从事股票投资多年了。但由于自己投入股市的资金只有两万元，加上刚刚入市就遇上了 5 年漫漫的熊市，自己幸运的是不仅没有被市场淹没，反而有了不错的收益。可每个月还要支付养家糊口和零用应酬的费用，到现在为止，自己的股票账户上的资金还不到 20 万元。现在，岳桐给他的这些钱对他来说，真是雪中送炭，这笔资金将帮他驶入实现理想的快车道，向着自己向往的目标冲去。经过反复考虑他决定收下 20 万元，余下的退还给了岳桐。

到了 2006 年 6 月份，悄悄进入夏季的银川，天气渐渐热了起来，和天气相比更热的是股市。看着证券公司营业大厅里熙熙攘攘的人群，柏青和柳亦农仿佛看见了脚下埋藏着的巨大金矿，只要他们轻轻用手一掘，那闪烁着灿烂光芒的财富就会源源不断地冒出来。

根据股市最近的状况和特征，柏青和柳亦农认为中国股市的牛市行情已经展开，他们先前的投资策略已经不合时宜，必须调整了。于是，他们经过反复商量，决定选择在牛市中可能会跑赢大盘指数的股票，采取长线持有的投资策略，以免出现赚了指数不赚钱的局面。

柏青和柳亦农选股的思路和操作策略：一是一旦股市展开牛市行情，那么首先受益和启动的应该是券商类的股票，所以他们决定工作室的所有客户分配账面50%的资金布局建仓券商股；二是分配所有客户账面资金的 20% 用于布局建仓沪深两市的龙头股和绩优股，这些股票在牛市行情中也会有不错的表现；三是客户账户上剩余的 30% 的资金用来根据股市盘面的变化，追逐热点板块和引领行情的龙头股。

选股思路和操作策略确定后就剩下选股了，在 1300 多只股票中寻找几只适合条件的股票也不是一件容易的事。柏青和柳亦农耗用了两个晚上的时间，经过认真研判，选好了标的股票，它们是 5 只券商股：中信证券、海通证券、东北证券、国金证券、长江证券，两只龙头、绩优股是万科和贵州茅台。

柏青和柳亦农他们制定好操作策略和选定了布局建仓的标的股票后，没有急于操作，而是在等待最好的买入时机。大盘上证指数从 6 月 2 日的最高点 1695 点开始回调了 10 个交易日，到了 6 月 14 日，大盘上证指数最低跌到了 1512.52 点，跌幅超过 10% 后，开始反弹。到了 15 日，大盘上证指数的各项技术指标开始筑底向上，柏青和柳亦农商量了一下，下午一点开市后，向李芳和岳桐发出了全部买入的指令。

7 只股票各买入 10% 的资金，李芳和岳桐她们操作起来很简单，用一个小时过一点，她们就将各自分管的账户全部买入建仓完毕。当天收市，上证指数收在了 1533.98 点，微涨了 0.17%。

第二天，也就是 6 月 16 日，星期五，大盘上证指数直接以 1540.19 点，高开 0.4% 开盘，开盘点也成了当天的最低点。然后一路向上，中间虽然有两次迂回，但最终没有影响指数向上的走势，到收盘，上证指数大涨了 2.64%，收在了当天的最高点 1574.47 点。他们买入的 7 只股票当天的平均收益超过了 5%，远远跑赢了大盘的上涨。

2006 年是那些在黑暗和绝望中苦苦挣扎了数年的中国股民难以忘怀的一年，也是他们翻身解放、扬眉吐气的一年。

这一年，中国股市告别了长达 5 年的漫漫熊途，开始了良性发展。大盘上证指数从 1 月 4 日的 1163 点起步，几乎是单边上行、稳步攀升，将 2245 点的历史高点远远地抛在了身后。

这一年，中国股市里的各种力量凝聚在一起，形成了雷霆万钧之力，一路冲关夺隘，势不可挡，用了不到 1 年的时间就完全收复了 5 年时间熊市的失地，让绝大多数投资者欢欣鼓舞。

这一年，中国股市在推进股权分置改革的同时恢复直接融资功能，作为全流通发行的第一家上市公司"中工国际"的股票，6 月 19 日在深圳证券交易所挂牌交易，标志着中国股市全流通时代的开始。

这一年，中国股市有史以来发行规模最大的中国工商银行和中国银行等上市公司股票的成功上市，这两艘超级航母的扬帆起锚，打破了中国金融和资本市场的多项纪录，昭示着市场信心的激发和承接力的迅速增强，更是将中国股市的繁荣景象渲染得淋漓尽致。

这一年，中国股市接纳了当时全球市值最大的保险公司中国人寿，引发了许多蓝筹股海外军团的回归，使得中国上市公司的质量全面提升，投资价值越发凸显，中国股市走向了崭新的价值投资时代。

这一年，中国股市里持续下滑的上市公司业绩出现了大幅增长，净利润同比增长率达21%，全年加权每股收益预期为0.30元。在公司优良业绩的鼓舞下，中国股市的多个行业联合上演了精彩的一幕，证券、银行、机械等行业的股票涨幅超过了100%。

到2006年底的时候，柏青和柳亦农他们的双丰股票投资工作室可谓是收益颇丰，战果辉煌。他们6月15日布局建仓的7只股票更是摸准了市场的脉搏，成了远远跑赢大盘的领涨板块股票，全部客户账户上的资产几乎都翻了两番。客户们都喜出望外，争相宴请柏青和柳亦农他们工作室的人，以示感谢。经过客户和南京证券内部工作人员的宣传，双丰工作室的名声大震。他们的工作室里更是人来人往，欢声笑语不绝，一片喜气洋洋的景色。

然而，柳亦农并没有被眼前取得的成绩所陶醉。一天下午收市后，他不知不觉地来到了证券公司后面的公园。

冬天的公园没有多少人在此逗留和游玩，显得异常安静。柳亦农一个人坐在湖边的椅子上，静静地看着冰面上两三个打陀螺的孩子，想起了自己快乐的童年，想起了自己这么多年的辛酸往事。寒风从冰面上扑面而来，先是吹在了他的脸上，像针扎一般的疼痛，接着又灌进了他的衣领，越发地刺骨。柳亦农没有觉得寒冷，他觉得让寒风吹一吹不是什么坏事，起码能让自己纷乱的思绪找到一些条理，让自己已经发热的大脑能够冷静下来。

回来的路上，柳亦农顶着凌厉的寒风，心渐渐静了下来，他默默自语道："别了，难忘的2006年，我会永远记得你！"

第十五章　疯牛狂舞

凤城银川是以一场多年未曾见过的大雪迎接新的一年到来的。

2007 年注定是不平凡的一年。元旦之前，北风凛冽，银灰色的云块在天空中奔腾驰骋，寒流滚滚，正酝酿着一场大雪。元旦刚过，风越来越大了。一朵朵云块变成了一片无形的浓云，越来越浓，慢慢地压了下来，渐渐遮满了天空。雪终于下了起来，先是天地间飞舞着细小而密集的雪花，接着越下越大，越下越密，渐渐雪花变成了雪片。陡然间，西北风呜呜地吼了起来，鹅毛般的雪片纷纷扬扬地飘落下来。地上铺的是雪，厚厚的，软软的；建筑物上落的是雪，白皑皑的，形状各异，煞是壮观；树上盖的是雪，积雪把树枝压弯了腰。整个银川被大雪拥抱了，变成了洁白的世界。

然而给人启示最深的是，冬天的冰雪默默地给生命以考验。若没有了冰雪的严寒，那么生命将会一帆风顺，生命也会无味而索然，只有强者才有资格傲立在这个世界上。冰雪是位严厉的老师，当你经受不住严寒的考验，它将会毫不犹豫地把你淘汰掉。一个人要想成就一番事业，就必须不畏严寒困苦，经受挫折失败，磨炼出永久的坚强。

2007 年 1 月 4 日，新年第一个交易日的股市行情，可谓是惊涛骇浪，暗流涌动。

上证指数以 2728.19 点，高开 1.97% 开盘后，稍作回调，随即展开了强劲的上攻，不到 10 点，上证指数冲上 2790 点，上涨幅度超过 4%，在这个点位停留了刚刚 5 分钟，空方便将上证指数压回到 2766 点左右，于是又引来了多方更加强劲的反攻。多方一路势如破竹，摧枯拉朽，到了 11 点 25 分的时候，上证指数攻上当日的最高峰 2848 点，涨幅达 6.43%。这时，距中午休市只有短短的 5 分钟时间，然而空方并没有放弃这 5 分钟的时间，当即进行了疯狂的反扑，在中午休市前，将大盘的上攻势头打压了下去。

下午开市后，空方再接再厉将上证指数压回 2786 点，于是多空双方展开了持久的争夺战，到了两点四十分的时候，眼看多方占了上风，将上证指数再次推上 2820 点，就在多方胜利在望的时候，空方以雷霆万钧之力、迅雷不及掩耳之势在 10 分钟的时间内将上证指数打压到当日最低点 2684.82 点，之后，尽管多方进行了殊死的反击，但为时已晚，到收盘只上攻了 30 多点，大盘上证指数最终收在了 2715.72 点，比开盘点下跌了近 13 个点。

这一天，柏青和柳亦农坐在电脑前，不敢有丝毫的懈怠，他们的神经随着大盘的震荡张弛着。尤其是临近尾盘时的大盘断崖式下跌着实地让他们脊背发凉，令他们目瞪口呆，竟不知如何是好。尽管这一天大盘的风云突变给予了人们警示，但他们和绝大多数股民一样一点也没有意识到，新年第一个交易日的行情变化竟是这一年行情变化的浓缩版。

自从南京证券公司托管了西北证券，营业部搬到凤凰北街后，朱工很少到营业部自己的大户室了。现在网络普及了，大家在自己的办公室或家里看行情、交易股票都很方便，所以都很少去证券公司了。

一天收市后，朱工接到了杨跃进的电话："朱工，好久都没有见你了，最近好吗？"

"老样子，没有什么好不好的。你呢，最近忙什么？"朱工永远都是那样懒懒散散漫不经心的样子。

"我除了公司经营上的事外，就是看看股票。朱工，下午收市了，我们到香渔茶餐厅坐坐，我给方芳打电话了，刚好她也在。"

"好呀，我们好久没有见面了，收市我过去。"

　　朱工走进香渔茶餐厅的时候，杨总和方芳已经坐在那儿了，茶几上摆着两杯咖啡和几盘茶点。杨总和方芳见朱工来了，连忙起身招呼朱工坐在对面的沙发座上。他们的座位紧靠着巨幅的落地窗，太阳透过玻璃照在他们身上，暖烘烘的，特别舒服，在严冬里能有这样的享受，真是一种奢侈。

　　"朱工喝茶还是咖啡？"方芳笑着问道。

　　"我还是喝茶吧。几个月不见，方芳更漂亮了。"听朱工这样说，方芳打趣道："朱工，我们认识 10 年多了，你可是第一次夸人漂亮呀，可惜，这个夸奖晚到了 10 年，不过我还是很开心。"

　　"互联网这个东西带给人便捷的同时，也拉开了人与人之间的距离，在一起待了 10 年，现在不经常在一起了，还真怀念我们在一起的那些日子。"杨总说出了大家的心里话。

　　"现在的人越来越懒了，尤其是像我们这样的自由职业者，有一台电视和一部电脑，就构成了自己的世界，其实，想一想我们这种生活也很枯燥和悲哀的。"方芳借题发挥道，刚才脸上的灿烂一下子不见了。

　　"是啊，炒股把人都炒废了，现在除了股票，什么也不想做，什么也不感兴趣，甚至有时连做股票赔钱赚钱都麻木了。人活到这个份儿上，确实真没有意思了。我现在唯一后悔的是干了炒股这一行。"朱工接过服务生送来的茶后有些感叹地说。

　　这时，茶餐厅里响起了萨克斯金曲《归家》，忧伤的乐曲在宽敞的大厅里回荡着，悠悠扬扬，令人回肠荡气，不免让人浮想联翩，仿佛看见晚霞辉映的天空下，在一条带有青草气息和花香的小路上，走着一个身背着行囊回家的人。

　　乐曲如诉，把人们的思绪都带动起来，最初漂泊、挣扎的模样，所有最艰难的时光、最凌厉的风霜，都缓缓流淌起来。乐曲如诉，是在过尽千帆之后，看岁月把心迹澄清；是在身隔沧海之时，沉淀所有的波澜壮阔。在懂得这首乐曲之后，便知道每一个音符下，都埋藏着一颗伤痕累累的心灵。在物欲横流的今天，也许唯有音乐的世界里没有功利和政治色彩。生活太苍白，也许说这样的话有些做作，但生活的确需要补充和点缀，音乐以其自身独特的美感来弥补着世界的不足和空虚。当生活中的你快乐时，音乐随着你的快乐跳跃撒欢；当生活中的你伤感时，音乐则变得忧郁，像一杯忘了加糖的咖啡。投入到音乐的世界里，领略音乐节奏的快慢起伏，在音乐的殿堂里有说不尽的情思和感慨。

过了许久，朱工问了一句："你们谁有史明的消息？"

"我打过几次电话，都在关机状态。我去过他们公司一趟，公司也停业关门了。"方芳忧郁地说道。

杨总对此有着切身体会，他若有所思地说："看样子他受伤不轻，也是一个人辛辛苦苦多少年的心血，一下子什么都没有了，谁都得有个接受和适应的过程。"

听方芳和杨总这样说，朱工对他们说道："我们几个都留意一下，一旦有史明的消息都彼此告知一下。"

"朱工你是前辈，你对现在股市的趋势有什么看法？"杨总不愿让史明的事继续影响大家的情绪，刻意将话题转开。

"从目前的成交量来看，市场的参与热情越来越高，大盘应该还有一个比较大的上涨空间，当然在上涨过程中，可能随时会出现剧烈的震荡和回调。我的观点是持有强势股，以不变应万变。考虑风险现在为时过早。"朱工信心十足地说。

"强势股经常在变化，天天追强势股不仅挣不到钱，还老赔钱。"方芳哭笑不得地说。

"巴菲特有句名言：在股票市场中，唯一能让你被三振出局的是不断地抢高杀低。股票投资的天敌就是不断地追高杀跌，进进出出。牛市行情，成交量放大，最受益的是券商股，选择股价低、流通盘小的、业绩好的券商股，坚定持股信心，肯定会跑赢大盘。"朱工肯定地对方芳说。

"好，谢谢朱工今天给我们传授真经。明天我就按你的建议操作。要不光看着大盘指数涨，自己的账户就是不盈利，真是应验了市场上只赚指数不赚钱的说法。"方芳说着，脸上终于浮现了笑容。

农历的 2007 年是丁亥年，金融界广泛流传的一个说法，猪年股市必然是大起大落的一年。

2007 年 2 月 27 日，春节过后的第二个交易日，农历正月初十。在民间，这一天被称为"石头节"，习俗是这一天忌动石器，也就是不搬石头。但就是这一天，大盘像一个从悬崖上滚落的巨石，沪深股市遭遇 10 年来最大跌幅，沪指跌幅接近 9%，深指几乎跌停，800 多只股票的股价全部趴在了跌停板的位置上，整个大盘绿茵茵一片，A 股市值一日蒸发逾万亿。沉浸在一年多牛市的喜悦中的股民，一下子被这突如其来的暴跌击懵了，看着手里一只只跌停的股票欲哭无泪。

这一天，柏青和柳亦农的双丰股票投资工作室的气氛一直处于紧张和沉闷之中。大盘出现这种突发状况让他们始料未及。先前他们判断可能是大盘震荡洗盘，尾盘会像往日那样拉升起来。等到下午一点半，盘面多方发起了反攻，用了 10 分钟多一点的时间把上证指数从 2876 点拉升到 2916 点，然而未等他们松口气，空方便发动了更为凶悍的反扑，多方此时已经没有一点还手之力，上证指数出现断崖式的下跌，这时他们持仓的股票开始纷纷跌停，采取措施已经晚了，只能干瞪着眼睛看着大盘继续向下跌去。最后上证指数收在了 2771 点，当日跌幅 8.84%。

收盘后，他们惊魂未定，呆坐了许久后才都缓过神来。

"假如明天大盘继续大幅下跌我们怎么办？我们今天必须商量一个对策，有备无患。"柳亦农提出了建议。

"如果明天能出来，我的意思是我们先全部平仓，保住胜利果实，现在我们的盈利都在两倍左右，等大盘稳住了再做打算。留有青山在，不怕没柴烧嘛。"岳桐率先提出了自己的想法。

"我也同意岳姐的意见，先保住我们的盈利再说，如果把到手的利润损失了，给客户也不好交代。"李芳一改过去只干不说的习惯，旗帜鲜明地表明了自己的观点。

"平仓出局不妥，一旦大盘反转我们不是踏空了吗，我们可以根据明天盘面情况，择机减去一半仓位，能进能退。"柳亦农说出了自己的意见。

看大家都在等自己表态，柏青没有着急，他沉默许久后说："我知道这一年多来，大家都付出了辛勤的劳动才有了今天的成绩，可股市就这样，风险和收益并存，怕承担风险就不要干这一行了。我的打算是，假如明天大盘上证指数下跌幅度超过 2%，我们就减仓一半，留一半仓位根据盘面的变化再看。明天开盘之前岳姐和李芳都做好随时平仓的准备工作。"

大家看柏青有了自己成熟的计划，也不便再说什么了。

中国股市的暴跌迅速席卷了全球股市。

香港股市迅速做出反应：当天恒生指数单日最大跌幅超过 465 点。紧接着，欧洲股市出现全线下跌，跌幅最高达 2.64%。

当晚，美国股市开盘后，即开始了触目惊心的暴跌过程，道琼斯指数跌幅为 3.29%，三大股指的下跌幅度均为"9·11"以来的最大跌幅。

全世界股市数十万亿美元的市值随着股指的暴跌而灰飞烟灭。

对于这场新春股灾没有权威人士提出让人信服的理由，市场各方专家在事后评论"2·27"时，几乎均称："大跌是市场本身调整的需求。"

于是，多空双方两种声音出现了，当天晚上，中央电视台新闻频道《360度》栏目编导连线财经评论家水皮时，得到了这样的观点："牛市继续，大跌正是抄底的好时候。"而独立经济学家谢国忠随即在《财经》杂志撰文指出，全球股票市场已达峰值，未来数月将不断波动，但无法创造新高。

第二天大盘的走势并没有像人们担心的那样糟。大盘上证指数以 2734.59 点，低开 1.34% 开盘，回落到 2732.88 点后，多方发起了猛烈的攻势。尽管中间有过几次反复，但到下午开盘，多方的攻势更加强劲了，几个回合过后，多方将大盘上证指数一口气推到了 2888 点，空方的反扑力不从心，到收盘只是将指数打压了几个点，最后大盘上证指数收在了 2881 点，上涨了 3.94%。

看着盘面有惊无险，柏青和柳亦农他们的应对方案没有实施，他们终于松了一口气，庆幸没有乱了阵脚，终于经受住了大盘严厉的考验。

中国股市后期的走势显然超出了空方的预料，后市行情验证了"唱多派"的论调，2 月 27 日这天的暴跌，只不过是中国股市 A 股这头快牛打了个趔趄，2007 年 K 线图上的这根最大的阴线，很快被淹没在后面的簇簇阳线之中。

接下来的 3 个月时间，大盘高歌猛进一路上攻。到了 4 月 29 日，大盘上证指数攻上了 4335.96 点，整整上涨了 1565 点。这 3 个月时间，柏青和柳亦农他们除了每天下午收盘后查看一下当天的盈利情况外，几乎无事可做，在此期间，他们的 7 只股票有大半股价都翻了一番，他们的客户账面上每天都有大量的盈利入账，工作室整天充满了欢声笑语。

俗话说福祸相依，乐极生悲。2007 年 5 月 30 日，是中国证券发展史上一个浓墨重彩的日子，更是中国股民痛心疾首、铭刻在心的日子。这天凌晨两点，一条重磅新闻出现在三大门户网站上：证券交易印花税税率由现行 1‰调整为 3‰。这条对中国股市极具杀伤力的新闻，不仅未首播在 5 月 29 日晚 7 点中央电视台的《新闻联播》中，连直属证监会的三大证券报都没来得及在第一时间作出报道。

上一次印花税调整发生在 2005 年 1 月，从 2‰调整为 1‰。当时，中国股市正在低谷徘徊，1‰的证券交易印花税税率也创下新低。5 月份以来，坊间就有调整印花税的传闻。

"半夜鸡叫"的直接后果是，当天两市哀鸿遍野，共 900 多只个股跌停。

这还仅仅是开始。6 月 1 日，市场恐慌情绪再度加速蔓延，两市近 700 只个股跌停。

6 月 4 日，沪指连续跌破 4000 点、3900 点、3800 点、3700 点的 4 个整数关口，沪深两市创下单日下跌点数历史纪录，800 余只股票跌停。股市开始了两个月的中期调整。

许多投资者半年甚至一年的股市收益在几天内蒸发殆尽。

第二天，《人民日报》第六版同样的位置出现了安抚性文章，文章称"上调印花税税率，短期内对投资者的心理会造成一定影响，但有利于资本市场长期健康发展"。

"当时管理层的意图是好的，也有必要，否则股市泡沫更大之后，危害会更大，但调控的手段有值得商榷的地方。"燕京华侨大学校长华生这么评价"5·30"事件。

实际上，"5·30"直接刺破了垃圾股的泡沫行情，许多股票直接被打上 4 个跌停板，股价直接腰斩。但其调控手段引起民怨沸腾，也让管理层看到了实实在在的风险。

柏青和柳亦农他们也没有逃过这次劫难，只是他们持仓的券商股正是当前的强势、热点板块，下跌幅度不大。和其他损失惨重的股民比起来，他们操作的客户账面上市值回撤不到20%，尤其是贵州茅台股票不仅没有下跌，而且还创了新高，着实让他们庆幸了一阵。

"5·30"事件尽管给狂热的中国股市一次惨痛的教训，但并没有让中国股市引起足够的警觉。随着大盘重新恢复涨势，屡创新高，人们很快就好了伤疤忘了疼。尤其到了八九月份，大盘上证指数冲上5000点时，社会上到处传播着某某股民的财富在股市里实现了几倍甚至十倍的收益，实现了一夜暴富的神话，并且这种神话在不停地传播、发酵、膨胀着，达到了离奇的状态。于是，在中国，股市投资变成了一场声势浩大的股民运动，在城市有1/3的人加入这场运动中。有些人押了房子、车子，借高利贷来炒股；还有些人把养老金、失业救济金拿来炒股；甚至有些人贪赃枉法挪用公款来炒股，中国股市出现了极度疯狂、扭曲的状态。

从9月份开始，大盘蓝筹股挟持着大盘，沪指从5300点一路上攻至6100点，短短9个交易日，沪指上涨超过15%达到800点。市场呈现典型的"二八"现象，工商银行、中国石化、中国神华等大盘蓝筹股多次上演涨停。

大盘自10月16日，创出了6124.04点的高点以后，就开始了这一轮牛市展开以来最复杂也最触目惊心的中期调整行情。

10月底，一些媒体报道，股神巴菲特最近几天，以13.47港元的均价清仓了中国石油股票的H股。

柏青和柳亦农他们工作室是11月2日将包括客户在内的所有账户上的股票全部平仓的。他们之所以做出这样的决定，主要是考虑到受加息政策以及11月5日中国石油股票上市流通将会给市场造成的严重的失血局面，大盘指数可能会以深幅调整来应对市场。

当天晚上，有一些客户看见自己的股票账户上的股票不见了，纷纷给柏青和柳亦农打电话说："现在市场这么好，有些专家预言大盘要上万点，你们怎么把我们账户上的股票都平仓了呀?"语气中带有深深的不解和责备,有几个客户甚至提出了解除合作关系的要求。

11月5日,中国石油股票A股上市,中国石油股票A股上市创造了48.62元的巅峰价格,蓝筹泡沫达到极致。中国股市中出现了一些嘲笑巴菲特"不过如此"的投资者。当天,中国股市上证指数以大跌2.48%,上百只股票跌停来面对中国石油股票上市的。

中国石油股票上市之日的灿烂只是昙花一现,随后便是连滚带爬,落荒而逃,到12月18日股价跌到了29.15元,最大跌幅为40%。所有上市当日买入中国石油股票的投资者都成了最倒霉的股东。中国石油股票被套牢资金接近1000多亿元。那些曾嘲笑巴菲特的投资者,终于自己傻了眼。

中国石油之殇,宣告了中国股市以蓝筹为代表的虚妄估值,不过是空中楼阁,而这些权重股的泡沫破灭,需要整个市场为之付出代价。

11月上旬,上证综指全周大跌8%,创出自1998年8月份以来的最大单周跌幅。

11月27日,大盘跌破半年线,这是进入牛市以来两年内首度失守半年线。

到12月18日再次下探到4812.16点,大盘的调整已经接近两个月,调整幅度为21.97%,超过了"5·30"时21.47%的调整幅度。与股指重挫相比,更具杀伤力的是个股的普跌,其中不少股票累计跌幅巨大,已经跌破了"5·30"的低点,恐慌气氛在市场弥漫。

到了2007年末,房贷新政出台、准备金第10次提高、第6次加息,这些成为压倒银行股和房地产股的最后一根稻草。作为这轮牛市最大基石的两个板块银行股和房地产股的走势,引起市场的巨大分歧。银行股的调整已持续两个多月,而多数地产股的跌幅超过30%,部分股价已经跌去一半。

一天下午,股市还没有收市,张星来到了柏青和柳亦农的工作室。今天的张星,整齐的头发,脸上带着自信的微笑,笔挺合体的西装,擦得锃亮的皮鞋,整个人焕然一新,显得特别精神。

看他这个样子，柳亦农笑着打了招呼："欢迎张老板光临检查工作！"

"我哪是老板呀，你们不要开我的玩笑了。"张星不好意思地说。

"你怎么不是老板，你现在账面上有近 200 万元现金，是货真价实的老板，还那么谦虚。"张星来过几次工作室，大家都成了熟人，所以，岳桐也不怕他不悦，快人快语地说。

也是，张星不到 8 万元投入股市，在柏青和柳亦农他们双丰股票投资工作室的操作下，不到两年的时间，现在他的账面上已经有了近 200 万元的现金，这一点有时连他自己都不敢相信。

还是柏青了解他的老朋友，他笑着说："看张老板今天的样子，肯定是要请我们吃饭，说到哪儿吃，确实我们也应该好好庆贺一下了。"

"是的，我今天请你们吃饭，没有你们也就没有我张星的今天，到今天我都不敢相信这一切都是真的。你们不仅改变了我的经济状况，更重要的是改变了我的人生。说实话，我曾经的梦想就是除了有一套自己的房子外，就是有一辆自己喜欢的越野车。想想自己的处境，一个普通工人，一个月两三千元的工资，还要养家糊口，我知道这个梦想太遥远了，也许根本就不能实现。可是，今天发生在我身上的事实已经完全超越了我的梦想。所以，我真不知道怎么感谢你们才好！"张星说得很动情，也很感人，工作室的人全部被他的话感染了，竟一时不知说什么好了。

最后还是柏青打破了房间的宁静，他诚恳地说："兄弟，你今天的一切首先取决于你的正确选择，我们还要感谢你当初对我们的选择和信任，所以彼此感谢的话都不说了，看你今天这个样子，我们大家和你一样高兴。"

"是啊，在张星身上说明了一个事实，在股市，任何不可能都会变成可能。以前，人们老说，三十年河东，三十年河西。在股市则是三年河东，三年河西，甚至是三个月河东，三个月河西。"柳亦农对张星的话深有感触，他感慨地说道。

岳桐看大家都很高兴，马上提议道："要不我们陪张老板一起买车去，今天就把他的梦想给实现了？"

"也是，反正马上收市了，我们也去凑凑热闹。张老板喜欢越野车，那天我的一个朋友买了一辆本田 CRV 越野车，大家都说不错，也就 20 多万元，性价比很高的。"李芳也提出了自己的建议。

张星听大家这么说，不好意思地笑了笑说："现在我不着急买车了，这是我的资本金，就像农民的种子，我不会轻易动的，我要交给你们，给我创造更大的财富。"此刻的张星不再是以前那个知足常乐、随遇而安的人了，他已经深谋远虑，对自己的人生有了更大的规划。

听张星这样说，大家对眼前这个人有了一个全新的认识，不禁对他生出了一种尊重之情。

2007 年是柏青和柳亦农他们工作室丰收的一年。这一年，他们做出了正确的投资策略，经受了市场严厉的考验，并及时地平仓出局，避免了后来大盘回调带来的损失，使他们操作的客户账户上的资金都有了 10 倍的收益。他们掌管和操作的资金越来越大，收益也就越大，为今后事业的发展奠定了坚实的基础。

第十六章　天祸股灾

2008 年股市的开门红，给严寒中的股民带来了一丝暖意，又点燃了他们心中的梦想。

1 月 2 日，新年的第一个交易日，盘中尽管有反复，但收盘上证指数最终报收 5265 点，微涨 0.21%。此后四连阳，一小阴后三连阳，大盘放量上涨 9 天，到 1 月 14 日，大盘上证指数又站上了 5522 点。这几天股民是兴奋的，仿佛又看到了 2008 年里扑面而来的花花绿绿的钞票。

梦想是美好的，但无论多么美好的梦想，梦想终归是梦想；现实却是残酷的，不管你愿意不愿意面对，现实终归是现实。中国股民刚刚过了几天的好日子即将结束，一个令他们痛彻心扉的噩梦拉开了序幕。

1 月 15 日，受美国花旗银行宣布季度巨亏 90 多亿美元，美国次贷危机的影响，中国股市上证指数单边下跌，到收市报收于 5443.79 点，跌幅 0.98%。

次级抵押贷款是一个高风险、高收益的行业，指一些贷款机构向信用程度较差和收入不高的借款人提供的贷款。值得一提的是，在房价不断走高时，次级抵押贷款生意兴隆。即使贷款人现金流并不足以偿还贷款，他们也可以通过房产增值获得再贷款来填补缺口。但当房价持平或下跌时，就会出现资金缺口而形成坏账。

由于美国次贷危机的爆发引爆了全球金融危机，全球主要金融机构严重亏损，市场流动性压力骤增，美联储和一些西方国家央行联手干预：花旗、美林、瑞银等全球著名金融机构因次级贷款出现巨额亏损，美联储注入资金并加大降息力度。另外，美、欧、英、加、瑞士五大央行联手救市，美联储注入 2000 亿美元。美国股市上演了在过去 77 年历史中第三次的大幅下跌，全球股市全面崩盘。

美国政府向来以不干预市场为宗旨，尤其是美国共和党政府一般推行自由主义的不干预市场政策。但是次贷危机将如此数量众多的知名投行卷入旋涡中，逼迫小布什政府多次出手，避免事态扩大化。

1 月 16 日，中国央行宣布提高存款准备金率 0.50 个百分点，大盘应声而跌，当日收市，上证指数下跌 2.81%。

1 月 21 日，中国平安保险传出欲再融资 1600 亿元，中国平安保险股票跌停，上证指数暴跌 5.14%，跌破 5000 点关口，收在 4914.44 点。

1 月 22 日，中央电视台早新闻节目称，经调查中国股市中有 76% 的股民表示持仓不卖。市场不予理睬，大幅跳空低开，再次出现暴跌，跌幅加剧，当日上证指数跌幅 7.22%，收在 4559.79 点。

1 月 28 日，近期国外一些投行大肆唱空中国股市，中国股民如惊弓之鸟，恐慌心理加剧。市场闻"再融资"色变，且"流行跌停"，只要出再融资消息的股票，复牌即跌停，即便是业绩预增十倍甚至几十倍的股票也未幸免。当日数百只股票跌停。大盘上证指数再次暴跌 7.19%。

春节过后，市场平淡了几天。

2 月 20 日，市场传闻"浦发银行巨额再融资计划"，大盘上证指数连续 5 天阴跌，跌去 500 多点。

3 月 4 日，传闻深发展再融资 500 亿元，深发展股票跌停，上证指数跌幅 2.32%。由此出现了一个传闻满天飞的现象，以至于投资者整天被传闻搞得晕头转向，市场有点利好消息就涨、利空消息就跌。

4 月 22 日，大盘上证指数一度跌破 3000 点，一个多月时间，上证指数跌去近 1000 点。

4 月 23 日，大盘上证指数大涨 4.15%。一些有经验的股民就预言，今天晚上肯定又要出利好消息了。果然，晚上宣布政府降低印花税，从 3‰降到 1‰。

4 月 24 日，大盘上证指数暴涨 9.29%，全部股票几乎都涨停。而后来大盘的走势证明，这只是机构和主力一次借利好拉高出货的举动。

进入 2008 年以来，柏青和柳亦农因为对后市的走势把握不准，他们采取了低仓位、短线、快进快出的操作策略，多半时间是空仓。尽管没有什么收益，但损失也不大。进入 5 月份以后，眼看大盘上证指数跌到了 3600 点左右，跌幅已经巨大，加上政府的救市决心很大、举措也很得力，他们觉得大盘应该会有一个强力反弹的机会。5 月 7 日，大盘上证指数大跌 4.13%，他们觉得机会来了，经过反复研判，他们决定 5 月 8 日所有账户择机全仓买入东方电气。

东方电气股票属四川板块，主要制造和销售火电主机设备、水电主机设备、风电主机设备、核电设备。公司是国内发电设备龙头企业，水电、火电、核电、风电、气电五电并举，是中国三大发电设备生产制造基地之一，具有很强的技术实力和品牌影响力。2007 年业绩为每股 2.44 元，是中国上市公司中为数不多的绩优股。自 2 月 22 日的最高价 97 元，两个多月时间跌到了现在的 40 元，跌幅超过了 50%。

5 月 8 日，大盘低开高走。到了下午，稍作回调后，刚触及均线便开始拐头向上。下午两点的时候，柏青见盘面没有异样，便下达了买入东方电气股票的指令。到两点半的时候，他们操作的账户全部建仓完毕，买入均价在 43 元。当天收市，东方电气的收盘价为 43.8 元。

5 月 9 日，星期五，东方电气股票以 44.1 元开盘后回落到 43.21 元，股价开始反弹，最高上冲到 45.5 元，收盘价为 44.3 元。

5 月 12 日，星期一，东方电气股票以 43.20 元开盘后回落到 42.5 元，股价开始反弹，最高上冲到 46 元，收盘价为 44.80 元。

就在股市即将收市的时候，各种媒体在第一时间争相报道：2008 年 5 月 12 日 14 点 28 分，四川省汶川地区突发 8.0 级特大地震！顿时，举国震惊，灾区的一切牵动着全国人民的心。柏青和柳亦农他们工作室的人再也无心计较股票的涨跌，开始关注起汶川的灾情。

2008 年 5 月 12 日 14 时 28 分，漫漫历史长河中的一个瞬间，注定将凝结成一滴永恒的泪水，载入中华史诗的国殇一章；汶川大地震，960万平方公里土地上的一个圆点，注定将凝铸成一座悲怆的纪念碑，将大自然施虐人类的一个最惨烈的黑色记忆永远铭刻在人类历史上。地震使原本秀美的山川河流瞬间变为废墟，让无数幸福家庭顿失亲人。地震强大的破坏力震惊了世人，更把全中国人民的心都紧紧系在一起。

就在柏青和柳亦农他们同全国人民一样沉浸在对灾区人民的牵挂和悲痛之中的时候，5月13日，受灾情影响，东方电气宣布停牌。当天，摩根士丹利和汇丰（HSBC）就发布了灾情使东方电气损失巨大的资讯。

这时，柏青和柳亦农他们才意识到问题的严重性，他们搜集各种资讯得知，作为四川本地的上市公司东方电气，在本次地震中，其全资子公司东方汽轮机厂生产设施受到严重破坏。地震对东方汽轮机的影响来自三个方面：第一方面，由于工厂生产设施受到严重破坏，生产的恢复需要较长一段时间，减少了当期的营业收入和利润；第二方面，由于地震中损毁的固定资产和存货需要在当期确认为营业外支出，从而减少当期利润；第三方面，重建工厂产生的额外费用。另外，据权威人士分析认为，此次地震将减少东方电气2008年和2009年的收入分别为30亿元、20亿元，净利润分别为11.3亿元和3亿元。

事已至此，只能面对现实。但从这次事件柏青和柳亦农他们深刻地反省到，自己犯了投资的大忌，以后决不能将所有的资金投入到一只股票中，一定要考虑到投资过程中不可预见的突发性事件。

5月19日，东方电气股票复牌后，连续3个跌停板，尽管21日的跌停板最后被打开，但收盘时，还是下跌了9.22%。柏青和柳亦农他们连续3天都以跌停板的价格在第一时间报出了卖单，却是21日跌停板的价位上全部成交的。因此，他们所有账户上资金缩水近30%，可谓是损失惨重。东方电气事件给柏青和柳亦农上了一堂严肃的风险教育课。人算不如天算。他们没有怨天尤人，只是吸取了这次惨痛的教训，此后他们制定了严格的纪律：买入任何一只股票，资金决不能超过全部资金的50%。

汶川地震对脆弱、恐慌的中国股市更是雪上加霜。其间，股市传出了"股票投资者锁仓稳定股市来爱国"这样的童话。股市终归是股市,它不会因人们的美好愿望而改变趋势。到 6 月 30 日,上证指数跌去了 1000 多点,收在了 2700 点。

2008 年 6 月 30 日晚间,新华社以"关于中国股市的通信"为题,针对当时股市的焦点问题发表了一篇社论。这也是时隔 16 年后新华社再以"关于股市的通信"为题,对股市进行的全面点评。

这篇社论本身所描绘的内容是振奋人心的。"缓减速,软着陆。当前,我国经济发展总体向好的基本面没有改变,形势比预料的要好。在这一情况下,股市完全可以实现稳定健康发展"等言辞,似乎预示着 2008 年下半年 A 股将重新站起。

7 月 1 日,上证收盘指数为 2651.60 点;至 7 月 28 日收盘时,上证指数已摸高到 2903.01 点,上涨 251.41 点,虽然涨幅仅有 9.48%,但也足以让很多人相信奥运行情确已到来。

然而,2008 年 8 月 8 日这天,却让所有股民都不堪回首,梦碎了!

8 月 8 日午后,空方露出狰狞的面孔,全力抛售手中筹码,致使上证指数最终以狂泻 122 点、暴跌 4.47% 收场。

后市演绎证明,奥运当天割肉无比正确。8 月 11 日,多头无力回天,绞杀行情继续,上证指数再跌 5.21%,连破 2600 点以及 2500 点两道关口。

再回首奥运行情,出现大跌并不意外,那是一场编织的梦,因此迟早要被现实碾碎。

2008 年 8 月,当月"大小非"解禁数量为 250.065 亿股,为全年最高峰;2008 年 8 月,虽有管理层不断发出社论"维稳",但 4 家公司再融资获得批准,这是 A 股的阿喀琉斯之踵,内忧依旧;2008 年 8 月,大宗商品深幅回调,全球通胀、美联储紧缩政策不改,外患不断。

在内忧外患的夹击下,奥运行情只能胎死腹中。

俗话说,股市是国民经济的晴雨表。2008 年 8 月 8 日,A 股市场重挫预警了全球金融海啸的到来。但归根到底,2008 年大熊市并非仅仅是外因所致,高通胀下中国经济自身面临的一系列问题才是根本。

温家宝总理希望，2008 年 CPI 涨幅控制在 4.8% 以内，他也坦言，达到这个目标对于政府来说并不轻松。而事实上，高通胀的确成为 2008 年中国经济面临的主要问题之一。

通胀之下，管理层不得不选择实施紧缩的货币政策。2008 年 8 月之前又连续 5 次上调准备金，但是仍然未能对通胀进行有效控制。

公司业绩方面，2008 年的高存货所导致的严重后果已经不用细说。即使在 2008 年中期，上市公司还维持较好盈利，但是到 9 月次贷危机爆发后，企业先前囤积的货物出现大面积滞销，收入萎缩；再加上价格暴跌，按照会计准则的要求必须在财报中计提减值准备，最终导致 2008 年众多上市公司全年出现巨额亏损。

8 月 21 日至 9 月 18 日的 20 个交易日内，沪指再跌 24.87%。9 月 18 日晚，管理层接连放出三大利好："将股票交易印花税改为单边征收，汇金公司宣布从即日起在二级市场上买入工、中、建三大银行的股票，国资委宣布鼓励央企回购自己的股票。"但上述利好虽然导致 9 月 10 日上证指数大涨 9.45%、22 日再涨 7.77%，但这一行情如同烟花，虽然绚烂却无法持久，毕竟在经济不景气的情况下，仅仅是"救市"政策无法令行情持续，连续暴涨也只能看作下跌过久的一次反弹。

如果说之前的次贷危机仅仅是金融危机的前奏的话，那么，9 月 15 日，有 158 年历史的美国第四大投资银行雷曼兄弟公司陷入严重财务危机并宣布申请破产保护，不仅全球股市暴跌，全球商品也是一泻千里，金融危机演化成金融海啸，波及全球资本市场。

从盘面信息可以看出，9 月份、10 月份美国标普 500 指数呈现了跳水的走势，短短两个月跌幅高达 25% 左右；美国纳斯达克指数跌幅超过 25%。

其实，美国次贷危机演变成的股灾不仅仅是美股暴跌，在这个寒冷的 2008 年，不管是发达市场还是新兴市场，都遭遇了有史以来最惨烈的跌势，市值都接近甚至远超"腰斩"。冰岛 OMXI15 指数以全年 94.49% 的跌幅荣登全球股市跌幅榜首位，由于国家濒临破产，仅 2008 年 10 月 14 日一天，就狂泻 77.42%，勇夺单日及全年跳水双料冠军。而亚军俄罗斯股市全年最大跌幅为 76%，由于股市波动过大，俄罗斯 2008 年曾临时休市 29 次，闭市 4 天。第三名则是越南，2008 年最深幅度下跳达 74.29%。而"金砖四国"中的另外三国——中国、印度和巴西，股市全年跌幅都超过 40%，甚至高达 60%。英、法、德三大股市 2008 年全年的跌幅都在四成左右。

9 月 26 日开始，A 股再度展开一轮暴跌，沪指 17 个交易日下跌 25%，特别是 10 月 27 日上证指数狂跌 6.32%，近 600 只个股跌停，让人感受到金融危机的影响深不可测。

10 月 28 日，上证指数触及阶段性低点 1664.93 点，可怜的中国股民不得不又一次经受套牢、巨亏的煎熬，沉浸在无边的黑暗中。

11 月上旬的一天下午，柏青和柳亦农他们工作室以前一个叫王福才的客户在一个女人的陪伴下走进他们的工作室。

王福才 40 多岁的样子，中等身材，头发向后背着，油光发亮，一身笔挺的西装，一副事业有成的样子，只是脸上带着一副懊丧表情。女的，比王福才年轻，丰满、娇艳，一身的珠光宝气，眉宇之间透露着平常女人没有的霸气和精明。

王福才和柏青、柳亦农打了个招呼后，对随行的女性介绍道："老婆，这就是柏总和柳总，我们以前的股票账户就是他们股票投资工作室操作的。"随后，他又转过身对柏青和柳亦农说道："这是我老婆，今天我们来是想请求你们原谅，继续帮我们操作股票账户。"

王福才是柏青和柳亦农他们工作室以前的客户，2006 年 5 月开始委托他们进行股票投资，当时他股票账户资金是 60 万元。到 2007 年 11 月份柏青和柳亦农他们把他账户上的股票平仓后，账面现金 480 万元，有了 7 倍的收益。当时就因为平仓的问题和柏青、柳亦农他们发生争执，最后单方面提出终止委托解除合作关系。有了上次的不愉快，柏青对王福才印象不好，认为这个人太急功近利，有些贪婪，不愿再和这样的人打交道，便说道："我们最近人手不够，忙不过来，所以现在不再接受新客户。"

王福才的老婆见柏青冷待的样子，连忙笑着说道："柏总，我和我们家老王来就是给你们赔礼道歉的。我知道这件事是我家老王做得不对，还请你雅人有雅量，多多原谅。不过你刚才说现在不接受新客户，柏总，我们可不算新客户呀，我们应该是老朋友。"王福才的老婆一副能说会道、贤内助的样子。

见柏青一直不理他们，柳亦农觉得有点过分，打着圆场问道："王老板，听说你不是找了个高手帮你操盘吗，怎么又回来找我们了？"

"什么高手，狗屁。你们扣除提成后，我的账户上有400万元让他操作，去年12月11日39.7元买了10万股发展银行，就涨了三四天，最后一路下跌。他天天说要反弹了，一直等到现在，结果股价越跌越低，最近跌破9元了，我天天打电话找他，他现在连我的电话也不接了。我不知道该怎么办了。千错万错都是我的错，错不该从你们手中把账户要回来，现在我肠子都悔青了，所以来找你们了，还是想请你们帮我操作。"王福才懊恼地说。

"你现在明白我们去年11月份全部平仓的原因了吧？像你这样急功近利，天天都想满仓盈利，谁也无法保证给你盈利。股票投资本身就有风险，有赚有赔，赔钱也是常态。"柳亦农趁机教训说。

"以后我绝对听你们的，再不会干涉你们操作了。"王福才点着头保证着。

柳亦农见王福才夫妻这样，便对柏青说："柏总，王老板和夫人把话都说到这个份儿上了，你看是不是商量一下？"

柏青听柳亦农这样说了，明白做生意没有把客户拒之门外的道理，再说现实已经教育了王福才，现在，他第二次找上门，相信以后再也不会生什么事端。于是，柏青态度有些缓和，可他还是正色地说："我们辛辛苦苦地给你忙了一年多，好不容易挣的钱让别人赔光了，我们也心痛。尽管钱是你的，可也包含着我们的心血。股市挣点钱其实很难的，不像你们想象得那么容易。即便是一波大牛市，赔钱的人也大有人在，投资不是天天持仓就能挣钱的。既然我们柳总答应了，就按他的意见办。"

王福才的老婆见柏青这样说了，连忙赔笑，不停地说谢谢，并非要请柏青他们晚上吃饭，被柏青他们推辞了。

股票行情持续低迷，重创了在股票投资领域的新老股民，有不少股民开始大肆割肉平仓。这对于满怀激情创业的投资者来说，无疑是一记最响亮的耳光。面对如此萎靡的投资形势，许多股民选择了撤资，然后乖乖把资金存进了银行，与投资绝缘，股市提前进入了寒冬的季节。

2008 年 10 月下旬，大盘上证指数跌破了 1700 点。柏青和柳亦农他们觉得大盘上证指数从 6000 多点跌到现在，已经跌去了 4400 点，风险应该释放得差不多，机会远远大于风险了，于是，他们决定先投入 50% 的资金，建仓他们看好的有可能率先反弹的股票。

2008 年 10 月 28 日，大盘上证指数创下 1664.93 点的低点后开始止跌企稳。

11 月 10 日，大盘的反攻终于开始了。当日上证指数以 1782.31 点开盘，高开 1.98%，随后大盘头也不回，一路高歌猛进。当看到大盘上证指数上午 11 点回落到均线附近又转头向上的时候，柏青和柳亦农他们工作室立即将所剩的资金全部买入了率先反弹的几只股票。大盘当天的走势应验了他们的判断，到收市，上证指数上涨到 1876 点，涨幅达 7.32%。他们买入的股票都有了 5% 的收益。最关键的是他们又摸准了市场的脉搏，踩准了大盘波动的节奏。

自从和朱工和方芳见过面后，杨跃进的生活变得乱七八糟。

由于市场不好，公司的经营没有一点起色，那些老债主几乎天天有到他的公司或者家里讨债的，无奈他只能住在酒店躲个清静。

2006 年到 2007 年在股市的一波大牛市中，他在朱工的建议下，200 多万元资金以 15 元的价格全仓买入了 15 万股中信证券股票，到 2007 年 11 月份平仓后，账面资金有 1700 万元。他拿出了 1000 万元还了些旧账，剩下的资金打算在股市再搏一把。到 2008 年 5 月份的时候，看着中信证券股价从 117 元的高价跌到了 38 元左右的时候，他再次将账户上的 700 万元资金全部买入中信证券股票。半年过去了，中信证券股价不仅没有涨，反而一直跌到了现在的 18 元上下，账面的资金一下子缩水了一大半。

如果只是这些还好，最让他心乱如麻、割舍不下的是一直和他在生意场上打拼的红颜知己马丽离开他，只身去了意大利。

杨跃进永远也忘不了第一次在公司见到马丽的那一幕。那时的马丽，身材高挑，全身充溢着少女的纯情和青春的风采，深目高鼻，那双湖水般清澈的眸子，以及长长的、一闪一闪的睫毛，像是探询、像是问候，拉着一个硕大的行李箱，满脸期待地望着他。

马丽是1993年从国内一所大学纺织系毕业到他公司的。那时，羊绒制品在国内市场出现了百家争艳的景象。杨跃进他们公司在马丽的牵头下也适时推出了自己的羊绒产品，从纺纱到设计打样，从加工产品到组织销售，马丽都付出了艰辛的努力，表现出了与自己年龄不相符的才华和能力。为此，杨跃进从内心深处喜欢和感激马丽。同甘共苦，相互支持的日子里，他们滋生了超越工作关系的特殊情感。

临走那天，马丽约他见了一面。坐在茶座里，看着和自己多年来同甘共苦的爱人就要远渡重洋、只身孤影去一个陌生的国家，杨跃进的心空落落的，他的鼻子一酸："你就不能不走吗？"

"哥，你不要这样，国内羊绒市场这样，与其在这儿等死，还不如让我出去搏一下。再说，意大利有一些同行一直和我保持着联系，他们会给我一定的帮助。"马丽拉起杨跃进的手，佯装坚强地说。

"你也不年轻了，一个人身处异国，让我怎么能安心？"这么多年了，马丽第一次见杨跃进这么儿女情长、英雄气短。

"你还不了解我，我的生存能力很强的。树挪死，人挪活。你放心，我一定会找到自己的一片天空。"女人一旦下了决心，往往表现得比男人更坚决。

看马丽去意已决，杨跃进不知再说什么，他掏出一张银行卡，递到马丽面前说："这是我以前出国用的一张中国银行的卡，里面我给你存了50万元人民币，密码是你的生日。"

"哥，你现在比我更需要钱。这些年我有些积蓄，你放心。"马丽推开杨跃进的手说。

"你刚出国，一切都会很艰难。穷家富路，钱不多，也许会用得着，我在家，怎么都比你在国外好过，你再拒绝，我心里更难受了。"看杨跃进这个样子，马丽心头一颤，眼泪一下子夺眶而出。

马丽走后，一时间杨跃进像丢了魂似的，整日茶饭不思，不知做什么好。失去了马丽成了他心头的痛，他无法对别人诉说，心里有多么痛苦只有他自己知道，他觉得自己再次跌入了人生的低谷，而这次给他的伤害要比以往大得多。

杨跃进将这种心情和状态带入股票操作中，使他做起股票来，好像是进入了迷宫，怎么走也走不出来，以至于越做越赔，状态也越来越差，眼睁睁地看着账面上的资金越来越少。

时间永远也不会顾及人们的感受而放缓自己的脚步，灾难深重的 2008 年终于走到了终点，它留给人们的惨痛记忆却是刻骨铭心的。

第十七章　价值投资

方芳最近一段时间心情特别好。

2006 年到 2007 年的大牛市行情着实地让她大挣了一把，更让她庆幸的是，大盘上证指数冲上 6000 点后，她感到了潜在的风险，没有像大多数股民那样贪婪，及时地把仓位降到了一半。到了 2007 年 11 月份的时候，她的护照签证到期，必须回德国一趟，她索性将账户上的股票全部平仓，这时账面上的资金已经超过 500 万元。在德国待了几个月，觉得太无聊，她又回到了银川。回来后，看见大盘上证指数已经跌到 2000 点左右，她半年前卖出平仓的股票，股价都跌去了一大半以上。她没有急于杀回股市，她想再等一等，等一个更合适的点位再进入股市。

就在这时，她在健身馆遇到了一个让她心仪的男人，使她孤寂、乏味的生活增添了许多的生机和色彩。这个男人复姓东方，名慧，人如其名。这是一个在当今社会上很少见的男人，他体魄高大、矫健，宽圆的肩膀、高挺的胸脯给人一种山一样的感觉，光洁白皙的皮肤使得他那如刀刻般的五官显得更加俊美和深邃，尤其是他脸上偶尔闪过的一抹坏坏的、放荡不羁的微笑让方芳目眩。

东方慧 35 岁，比方芳小两岁，离异单身，毕业于国内一所体育大学。5 年前，辞去教师工作，在家人的帮助下开办了这家健身馆。他既当老板，闲暇时间又兼教练，现在他的健身馆有固定会员 500 多人，事业仍在上升途中。他志趣高雅，从师于银川一位书法大家，闲暇时间学习书法，是一个具有一定文化品位和理想追求的男人。

方芳以自己的阅历对东方慧观察了好长一段时间，觉得在他身上有着一般男人很难具备的特质，有着一种似乎让所有人不敢轻视的气概，有一种强者的自信和气势，更有一种父兄般的胸怀和情感。经过两个多月的了解和感觉，共同的境遇让他们两人走到了一起，很快建立了恋人关系。

今天是东方慧第一次到自己家，为了表示自己的热情和真诚，她决定亲自为他做一顿午餐，为此，她到超市选购了需要的东西。打扫完家里的卫生，她便开始着装打扮起自己，她不想给东方慧留下一个太随便的印象。

方芳在衣帽间试穿了许多件衣服后，最终选定一套产自意大利的咖啡色套装裙。她从穿衣镜前看见了一个与往日不同的自己，完美的瓜子脸上白里透红，脸蛋上似乎有一层晶莹的光彩在皮肤下流动着。向上微挑的细长浓眉下有着一双如深潭般清澈的凤眼，一排稀稀的刘海微微遮住白皙的前额，一双水汪汪的大眼睛映现出幸福的光彩，红红的嘴唇像一朵含苞的玫瑰娇艳欲滴。她的小嘴微笑着，露出两排洁白的贝壳似的牙齿，真是美极了。从胸前开的 V 字形低胸领口，可以看到自己凸起的优美锁骨和两座高耸的乳峰，小腰盈盈一握，丰满浑圆的臀部高高翘起，腿笔直而修长，浑身上下散发出成熟女性特有的靓丽和妖媚。

不到 10 点方芳家的门铃就响了起来。她打开门，只见东方慧抱着一大束花、提着一个礼品盒进到屋里。眼前的东方慧上身里面穿着一件浅色的小高领羊绒衫，外面是一件深色带格的西装，配着笔挺的藏蓝色裤子和锃亮的皮鞋，比平日里显得更加精神。

东方慧放下礼品盒，双手将花捧到方芳面前说道："宝贝，我实在等不及了，一分钟对于我都是一种折磨，我就想早点儿见到你。"

"我知道，我也是，我也特想早点儿见到你，谢谢，谢谢！"方芳被东方慧的话感动了，她喜极而泣地说。

东方慧把花递给方芳，随即将方芳揽入自己的怀中。方芳沉浸在东方慧的怀抱中，感到了巨大的幸福，她恨不得自己融化在这个温暖的怀抱中。

良久良久以后，他们才相拥着坐在了沙发上。这时，东方慧又看到了方芳从套裙的开衩里露出一双未着丝袜的白皙、光滑的美腿，一双时尚、精致的拖鞋里露出的嫩白脚趾和圆润的像粒粒沾了露水的葡萄珠一样的指甲，他不禁惊叹道："宝贝，你今天真是太美了，我都不知道怎么赞美你了！"

"真的吗？你可不要哄我开心。"方芳拉着东方慧的手，仰着脸看着他的眼睛说。

"我的眼睛已经告诉你我说的是心里话，我希望自己能给你快乐和幸福。"东方慧凝视着方芳的眼睛，真诚地说。

"谢谢你，亲爱的，我相信我们在一起肯定会快乐和幸福的。你坐着喝茶，我给你烧饭去，今天就给你家的感觉。"方芳说着起身，走进了厨房。

方芳其实好多年没有正式做过饭了，平常都是她一个人在家，一般都是在外面吃完饭才回家。即便是偶尔肚子饿了，也就是在家煮点方便面或者熬点粥之类，为今天这顿午餐，她没有少动脑子。本想让餐厅送几道可口一点的菜，可怕让东方慧觉得自己没有诚意。最后还是觉得自己动手好。现在这个季节正是大闸蟹最肥美的时候，她决定蒸几只闸蟹，用上海梅林扣肉罐头加工一道菜，烧个鱼，做一道绿色素菜，再煲个汤，两个人四菜一汤也就差不多了。

鱼，她以前经常做，用油炸一下，放一点佐料加点糖做个汁儿浇到炸好的鱼上就行了。想到这里她开始炸鱼。

她放了半锅油，然后打开了天然气，把鱼从水盆里拿了出来。由于她好久没有做菜了，手有点生了，把火开得很大，不一会油就烧滚了。她把鱼一下就丢进了锅里，因为鱼身上有水，下锅以后，那油就溅了出来，溅出的油一下被点燃了，随即锅里的油也被引燃了，整个灶台都是火。她被眼前的情景吓傻了，大叫了一声，两只手抱着头，呆呆地站在那里，干瞪着灶台上的火越烧越大。

厨房和客厅没有多远，东方慧听见了方芳的惊叫声，接着就有一股浓烟滚了出来，他忙一个箭步冲过去，见方芳还呆呆地站在那里，就一把将她抱在怀里想把她送出去再来救火，但方芳一见东方慧抱着自己，就本能地把他紧紧抱住了，怎么也不松手。东方慧一见方芳吓蒙了，也就只能抱着她救火了，他先把天然气关了，然后拿着锅盖把锅给盖上了。幸亏溅出来的油不多，不一会就被他用湿抹布扑灭了。

直到这时，东方慧才感觉到自己怀中的方芳的身子会这样软，他抱着方芳就像抱着一块磁石，那吸引人的魔力发自天然，躲都躲不掉，避也避不了。方芳是吓得没有要松手的意思，东方慧则也是舍不得撒手。因为方芳的身上有一股莫名的香味，东方慧觉得这是自己这辈子闻到的最迷人的香味，比所有的香水都要好闻。

方芳没有想到油会起火，更没想到自己会吓呆了。她觉得在东方慧的怀里好舒服，好有安全感，自己束手无策的事被他一下就摆平了，她心里不由得很是激动：还是有个肩膀依靠舒服，自己各个方面的条件都不错，但心里的空虚有谁知道！

方芳也不是没有想过要嫁人，追她的人也有不少，其中也不乏英俊的成功人士，但她总是觉得不满意，而眼前的这个男人今天的表现让她彻底折服了，她不想再错过这个机会了。

东方慧抱着怀里的方芳也是恋恋不舍的，他感觉到怀中的方芳变得更软、更滑了，本已柔弱无骨的身子简直都要缩进自己身子里了，好像只要自己一松手她就会掉在地上。怀中的方芳是如此的诱惑！那诱人的香气、柔软的腰肢，特别是顶在自己胸前那两个饱满挺拔的乳房，还有她贴在自己腿上的那双笔直玉腿，他感到自己的身体开始颤抖了。

东方慧不想方芳看到自己的失态，也不想亵渎她，他想把方芳推开一点，但方芳的腰身却不设防地向里贴紧，就好像不想在两人之间留下哪怕一点儿缝隙。东方慧觉得自己要崩溃了，他的激情开始燃烧，方芳的热切也在渐渐沸腾。

时间静止了，整个世界仿佛都不存在了，在他们的心里、眼里只有对方。他们彼此拥有着对方，又彼此给予着对方，尽情地沉醉在爱河之中……

方芳重新进入股市是 2009 年 1 月 12 日。在没有买入前，她就想好了这次进入股市进行中长线投资的操作策略，所以，直接买入了她一直关注的贵州茅台和新大陆两只股票。贵州茅台她是以 105 元的价格买入了 2 万股，剩下的资金，她以 3.6 元的价格买入了 80 万股新大陆，至此，她账户上的 500 万元资金几乎全部投入到了股市。

贵州茅台是中国股市中业绩最优良的公司，每年都有不错的分红，现在股价只有105元左右，是长线投资的最好标的。新大陆是一家从事电子计算机及其外部设备的制造、销售和提供相关服务的公司，公司正处于高速发展期。新大陆是上次牛市中方芳一直操作的股票，尽管没有像那些明星股涨幅巨大，但她两次买入都给了她不错的收益，她一直对这只股票心存感恩，看成朋友一样。看着新大陆从19元多跌到现在的3元过一点，她心头涌起一丝惋惜和不甘的情感。

方芳利用前一段时间空仓的机会，静下心来仔细阅读了许多关于股票投资方面的书。一些技术分析类的专业书籍看起来很累、很枯燥，许多图形和指标很复杂，也看不懂，实在看不下去。最后她还是系统地看了介绍巴菲特投资理念及方法和股票投资案例的书。这些书通俗易懂，又有案例旁证，很具有说服力，对自己启发很大，受益不浅。尤其是巴菲特价值投资理念和长线持股的方法值得自己学习和借鉴。

对长期看好的公司进行长线投资这是股神巴菲特成功的秘诀，看起来很简单，但真正做起来很难。有很多自以为聪明的人对巴菲特平均每年20%左右的收益嗤之以鼻，认为自己能获得比巴菲特高得多的收益，于是，急功近利，天天追涨杀跌，最终被市场淘汰。

很少有人能耐住那份寂寞或忍受股价的大幅波动，长期一直持有一只股票，而事实证明这种方法是获利最高的。那些整日在股市跟风炒作、追逐热点、进进出出的人，能在市场上生存下来，并能获得丰厚利润的毕竟是凤毛麟角。

当然，选择一个业绩优良并能高速增长的公司股票进行长线投资，并能结合大盘运行中周期性高点和低点卖出和买入，那是最理想和完美的境界，可很少有人能做到这一点。没有任何一个人可以准确预测到股市的走向。

投资股市，总听到人说有赢家就有输家，但巴菲特的案例告诉我们，可以全部是赢家，没有输家。当然，股价会有波动，伯克希尔的股票也有下跌的时候，但只要坚持持有，都是赢家。因为股市不是赌场，不是零和游戏。

世界上最贵的股票巴菲特的伯克希尔·哈撒韦公司，其股价自2006年10月

5 日首次突破 10 万美元关口，成为资本市场里程碑的事件。这个世界上最贵的股票，给我们投资者以很大的启示。

如今 10 万美元的股价也是从几元涨起来的。1964 年，巴菲特成为伯克希尔的控股股东，当时伯克希尔股价是 16 美元。1977 年 5 月首次突破 100 美元，1992 年 11 月 16 日首次突破 1 万美元，1998 年 1 月 29 日首次突破 5 万美元，2006 年 10 月 24 日首次收于 10 万美元。40 年，股价从 16 美元上涨到 10 万美元，再加上每年丰厚的分红，可以想象长线持有一只优秀的公司股票将会给你多大的回报，不能不说这是一个神话。

1919 年，可口可乐公司上市，当时的股价是 40 美元左右。一年后，股价下跌了 50%，只有 19 美元。如果你在一开始用 40 美元买了 1 股，然后你把派发的红利继续投资于它，那么现在，当初 40 美元可口可乐公司的股票，已经变成了 500 万美元，资产增加了 12000 倍。

再看中国股市的 A 股，20 多年的历史中，由于上市公司大比例送配股，上市公司股本都扩大了许多倍。如果复权计算也有许多股价在万元以上的股票，其中，方正科技、申华控股等每股股价早就超过了万元。

如果你选择了长线投资方式，并且能选择一个业绩优良且能高速增长的公司，那么坚定持股 10 年、20 年后，得到的收益大得连自己都不相信。

巴菲特之所以会成为世纪股神，不是因为他买了某只股票后连续暴涨，最终成为股市的王者，而是与他对股票长期坚持"长线是金"的投资理念密不可分。有人曾做过统计，巴菲特对每一只股票的投资没有低于 8 年的。当然这么说有点绝对，但说明了巴菲特一贯信奉长线投资理念。巴菲特在 1972 年买入的华盛顿邮报股票是其中一个典型例子。持有了 27 年，股票的价值增长了 86 倍。虽然在这 27 年中，美国股市震荡不断，华盛顿邮报股票更是暴涨、暴跌频繁出现，但最后的事实证明"长线和耐心"为巴菲特带来了可观的收益。

正是巴菲特始终坚持这种投资理念，不迷信华尔街的技术分析，不听信谣言，不计较短期得失，积极跟踪买入那些价值被严重低估的股票，最终建立起了伯克希尔·哈撒韦的资本帝国大厦，在 40 多年的时间里创造了许多神话，成了资本年平均盈利率达到24%、全球股市上价格最高的股票。

时间是最伟大的艺术大师，它能让一切回归自然。从巴菲特1956年合伙成立一个投资公司以来，美国股市处于长期的牛市之中。许多人没有耐性，进进出出，换来换去地买卖股票，可是巴菲特却坚持到底，许多股票买入后就持有十多年，最终这位投资艺术大师战胜了市场，远远跑赢了指数的上涨。

忍耐，对于一个股票投资者来说十分重要，坚定的自信心、坚强的意志力、坚持不懈的努力是一个投资者必不可少的素质。股价的走势绝不是一条笔挺向上的直线，而是十分曲折的波浪线，既有上涨，也有下跌。当看准了股票买入后，就应该能够耐得住股价的曲折变化，在没有确定原先的决定是绝对错误之前，以及在没有发生令股市暴跌的特殊事件的情况下，就要耐心地等待，直到既定的目标出现，因为，股价它总是会走自己要走的路。耐心等待机会的来临，时间一定会给你加倍的回报。

正如巴菲特所说："成功的投资与其说取决于智商，还不如说取决于自律。"自制力是一个投资者必须具备的精神。巴菲特50多年的投资生涯中，正是由于有了超乎常人的自制力，蔑视和回避了众多市场上的诱惑，才躲过了20世纪60年代的"电子风潮"，免受80年代的"生物概念"和"垃圾债券"之害，也没有陷入20世纪末的"网络闹剧"中。

良好的心理素质是取得成功的基础。在情绪上，要排除股市涨跌对自己的影响、排除个人盈亏的干扰。做到不被周围的事态所影响，不能稍有风吹草动就惶惶不可终日。同时要保持自己思维的独立性，学会创造性地思维，运用逆向思维，不能人云亦云。做出一个投资决定之前要有自己的判断和分析，不要听信市场传言。

内心浮躁、贪婪，总想不放过每一个盈利的机会，频繁地买进卖出是一般小散股民造成损失的主要原因。这样，每次交易的税金和手续费会在你没有感觉的情况下悄然地消耗你的资金，长此以往，形成的损失也是巨大的。

巴菲特第一次投资的中国股票就是中国石油H股。2003年在国内和香港股市都低迷的时候，巴菲特在1.1港元至1.67港元之间分多次共买进了中国石油

H 股 23.39 亿股。在 2007 年 7 月至 12 月间，在中国石油 A 股在国内上市之前分 7 次以 14 港元左右的价格全部抛出中国石油 H 股。此后，中国石油 H 股股价在短短的 3 个月内上涨了 35%，有人笑话巴菲特卖早了，感觉股神不过如此。可是从中国石油 A 股上市之日，A 股和 H 股股价一路下跌，到了 2008 年中国石油的 H 股从 2007 年 11 月的最高价 19.5 港元跌到了 6 港元左右，跌去了三分之二还要多。由此可见，巴菲特时刻保持着应有的理性，从不盲目地乐观，他知道自己应该什么时候卖出。

巴菲特认为，股票的内在价值是可以预测的，可是股市本身却是非理性的，是不可预测的，任何人也不能长期准确预测股市的走势。所以，投资者必须具备良好的判断力和控制力，与股票市场保持一定的距离。

巴菲特曾向他的股东讲过一个故事：有个石油勘探者死后准备进天堂，可是天堂的管理者告诉他说，已经没有地方了，只能先到地狱去。死者想了想说："那我跟天堂里面的同伴打声招呼可以吧？"管理者想了想，就同意了。死者来到天堂门口，喊了一声："地狱发现石油了。"话音刚落，住在天堂里面的人纷纷奔向地狱。管理者见此情景，对死者说："天堂有空位了，你又那么聪明，现在可以进天堂了。"谁知死者犹豫了一会儿说："我想我还是到地狱看看吧，也许地狱里真的发现石油了呢。"

从这个故事可以看出，一个人如果没有理性，很容易被忽悠。尤其是在投资市场，一个人贪婪的本性支配着思想和行为，人的神经处于高度敏感的状态，更容易失去理性，被别人忽悠。

复利可以说是促使巴菲特财富持续增长的最大奥秘。绝大多数投资者都没有真正了解复利的价值，或者即使了解但没有毅力和耐性长期坚持下去，这是绝大多数投资者难以获得巨大收益的主要原因之一。如果你想让资金很快地增长，在投资中获得更高的回报，就一定要对复利加以足够的重视。

复利看起来很简单，也很容易理解，但真正了解它在财务上的重要意义、真正理解它的真谛的人却很少。复利力量的源泉来自两个要素，即时间的长短和收益率的高低，两个要素的不同，给复利带来的价值增值也有很大的差异。

收益率的高低对最终资产数量有巨大的杠杆作用，收益率的微小差异将使长期资产产生巨大的差异。同样是 10 万元，同样投资 20 年，如果每年收益率是 10%，那么到期后的资金是 67.28 万元；如果每年的收益率是 20%，到期后的资金是 383.38 万元。差距之大由此可见。

时间的长短将对最终的资产数量产生巨大的影响，时间越长，复利产生的资产增值就越大。同样是 10 万元，按每年 24% 的收益率计算，如果投资 10 年，到期的资产是 85.94 万元；如果投资 20 年，到期的资产是 738.64 万元；如果投资 30 年，到期资产是 6348.2 万元。可见越到后面增值越高。

正因为巴菲特深刻地了解复利的巨大威力，所以他把长期持有作为投资的核心理念，并长期坚持。

针对具有长期竞争优势的公司，投资者需要做的就是长期持有，耐心地等待股价随着公司的发展而上涨。具有持续竞争优势的公司具有超额价值的创造力，其内在价值将持续稳定地增加，相应地，其股价也将逐步上升。最终，复利累进的巨大力量，将会给投资者带来巨大的财富。

方芳通过对巴菲特投资理念、方法的学习和领悟，心里豁然开朗，以前操作股票时的惶恐不安和纠结矛盾的心态减轻了许多。她的内心不再因为每天大盘震荡起伏而饱受煎熬，身心完全放松了，不再感觉股票投资是一种折磨和痛苦的事情，她开始真正喜欢和享受股票投资这个职业了。

每天收盘以后，只要关闭了电脑，她就不再去想股市里发生的一切和自己持有股票的涨跌。她要么自己逛街购物，要么和朋友约上一起喝喝茶，聊聊天，更多的时间是到健身房锻炼一下身体。只要东方慧有空，他们就一起看看电影，或者开车远离城市的喧闹，到野外找一个宁静、风景优美的地方，享受爱情带给自己的欢乐和幸福。

时间过得飞快，眨眼间 1 年过去了。到了 12 月中旬的时候，新大陆股价已经涨到 15 元，比方芳当时的买入价涨了 11 元多，贵州茅台的表现差点，股价涨到 170 元，每股盈利 65 元。这时，账户上的新大陆和贵州茅台股票的市值合计是 1540 万元，增长了 1040 万元，可谓是轻轻松松，盈利颇丰。

2009 年底的时候，沪深股市的 A 股是 1660 多只，年涨幅翻倍的股票数量将近 1000 只，占 A 股总数的 60%。涨幅翻倍股票的数量和 2007 年相当，只是由于股票数量增加，所占比例略有下降。就是说，当年涨幅翻倍股票的数量，与历史上最火爆的 2007 年基本相当。

十年磨一剑。10 月 30 日，万众瞩目的创业板市场正式从幕后走到台前，这标志着中国多层次资本市场的建立又迈进一大步，它的推出将很大程度上解决目前我国中小企业尤其是处于创业期企业融资难的问题。华谊兄弟成了首家获准公开发行股票的娱乐公司。

方芳看着在 2009 年 12 月份，大盘数次上攻都没有超过 8 月份的高点，不得不无功而返，并且每次上攻的最高点越来越低的时候，她对股市后面的走势有一种不好的预感。在这一年的最后一个交易日，方芳选择了平仓，保住胜利果实。这时她股票账户上的资金是 1550 多万元。

东方慧一直不知道方芳在股市投入的资金有多少，他想方芳可能是从国外回来没有合适的事可做，整日无聊，拿点零用钱在股市玩玩，打发一下时光罢了。

一天下午，东方慧给方芳打电话说："方芳，你如果没事，我想带你去我的枸杞体验店看看。"

"你还有个枸杞体验店，你怎么不早告诉我，你说还有什么事没有告诉我？好啊，我正好无聊去看看。"方芳先是惊奇，然后高兴地答应了东方慧。

在东方慧接方芳去体验店的路上，她问道："你是搞体育健身的，怎么对枸杞感兴趣了？"

东方慧笑着说："健身和保健难道不是一对姐弟吗？我有一个高中同学，我们一直关系很好，他在大学是学农的，正好分在我们省农科所专门搞枸杞的产品研制和开发，受他的影响，我开了一个体验店，作为进入这个行业的尝试。"

方芳说道："这可和你的健身馆跨界太大了。"

"说实话，我还是对实业更感兴趣，我开健身馆只是利用我的专业，积累一点资金，为以后从事实业打基础而已，作为一个男人，我还是想做一个企业家。"东方慧一边开着车一边说着。

东方慧的话再次给了方芳一个惊喜，没有想到他有如此之大的抱负。说实话，她对东方慧经营健身馆不太感兴趣，一个男人整天泡在女人堆里，无论从哪一方面她都心里不舒服，只是她没有敢在东方慧面前表示出来。

"方芳，你从国外回来这么久了，尽管可能你有点积蓄，但这么坐吃山空也不行呀，我想请你到我的生物科技公司当经理。"东方慧在一个十字路口看到红色的信号灯亮了，便停下车后侧过身来对方芳说道。

"你是求婚，还是找经理？"方芳开玩笑问道。

"二者兼有，一箭双雕呀！"东方慧拉过方芳的手，笑着说道。

"好啊，我也特想体会一下帮老公打天下的感觉！"方芳说着，一种从未有过的幸福感涌上了她的心头。

东方慧的生物科技公司坐落在市区的解放西街。解放街是银川最主要也是最早的一条街道，它把老城区一分两半。街道两边，高楼耸立，店铺密布。公司在一楼，有五六十平方米，尽管面积不是很大，但给人很明亮、宽敞的感觉。装修简洁、时尚，但极具文化品位。展柜里陈列着各种各样包装精美的枸杞制品，枸杞酒、枸杞罐头、枸杞饮料、枸杞苗茶、枸杞糖、枸杞膏等琳琅满目，让人眼花缭乱；还有像葡萄干一样的黑枸杞；像红珍珠一样鲜艳的鲜枸杞更是叫人惊喜不已、垂涎三尺。

方芳没有想到自己作为一个当地人，对枸杞的了解如此之少，她只知道枸杞能药用、能泡酒，却没有想到枸杞已经形成了一个从田间地头到人们舌尖的产业链，生产出来一系列的衍生产品。不知是自己作为一个当地人的原因，还是爱屋及乌的缘故，她对枸杞这个产业产生了极大的兴趣。她觉得东方慧的眼光和选择是正确的，如果能把这些枸杞的系列制品真正推进千家万户将会有很大的发展前景，宁夏又是种植枸杞的地区，质高价廉，资源丰富。

健康是人类永恒的主题，她意识到枸杞产业必将是一个极具生命力的朝阳行业，她想和东方慧一起投身这个行业，在这里他们会大有作为的。尽管此时进入也许有点晚，但他们会迎头赶上，后来者居上。

第十八章　艰难抉择

年近 30 岁的欧阳君有着一个优越的家庭环境，父亲欧阳建华是当地一个地级市的市长，母亲张妍是当地医科大学附属医院的一名很有权威的主任医师，妻子白鸽在税务局工作。

欧阳君从小就是个不安分的孩子，抽烟、打架，所有男孩干过的令人恼火的事他几乎都干过。他自小就有着很强的领导欲，身边有好几个铁杆追随者，是当之无愧的孩子王。即使后来上了中学，仍然习性不改，三天两头不是打架就是惹事，经常有人上门告状。因此，欧阳建华两口子没少到别人家上门赔礼道歉。欧阳君也经常受到父亲的严厉管教，挨打更是不计其数。母亲张妍也从不袒护儿子。唯一让他们欣慰的是欧阳君的学习成绩一直很好，虽然调皮有点过头，但每次考试，他的成绩在班里都是名列前茅。欧阳建华和张妍面对这样的儿子也是哭笑不得，以至于没有对儿子失去希望，他们只希望儿子早点长大，不要再惹祸事。

欧阳建华作为受党教育多年的一个领导干部，对当今社会上一人得道、鸡犬升天的现象深感忧虑，尤其是对一些干部子女利用父母的权势，狐假虎威到处招摇撞骗、疯狂敛财的行为深恶痛绝。他绝不容许自己出现这种事情。尽管他对儿子一直要求很严，制定了几条不许触及的底线，但作为父亲，对唯一的儿子也有着和平常父亲一样的情感。

欧阳建华和妻子张妍对儿子欧阳君的人生道路是有规划的，他们的希望就是欧阳君大学毕业后到政府机关工作，这样至少对他的行为也是一个制约，绝不允许欧阳君有偏离这条路的想法，免得将来走上歧途，惹来更大的麻烦，在社会上造成极坏的影响。因此，当欧阳君临近毕业时提出自己创办一家投资管理公司的想法时，被欧阳建华一口拒绝了，他义正词严地告诉儿子："在我的家里，绝不容许任何人经商做生意，除非和我断绝关系！"并告诉他已经把他安排到了市财政局，也算是专业对口了，学有所用。对父亲的做法，欧阳君曾有过坚决的反抗，然而，父亲的权威难以撼动，最终还是无奈服从了父亲的安排。

就这样，欧阳君从西南财经大学金融系毕业后，被分配到市财政局工作。在财政局业务处一干就是 6 年，干的全是些项目立项论证、验收和资金使用监督检查之类他觉得不痛不痒、毫无建树的工作。尽管他对这份工作没有丝毫的热情，但父亲的严格要求促使他在工作中认真负责，从未出现过任何差错，加上他友善、低调的为人处世风格很快得到了同事和领导的好评，6 年后被提拔为副处长。事业上称得上是一帆风顺，只要兢兢业业地干下去，前途自然不可限量。单位里不少人都看好欧阳君，有人曾在私底下悄悄地议论过他，用不上几年，他就有可能进入第二梯队，成为局长的候补人选。如果欧阳君按照常人的思维在父亲已经给他规划好的平坦道路上一直走下去的话，也可能他会子承父业，成为当地政坛上一颗璀璨的新星。

然而，正是中国改革开放的局面，为千百万怀揣梦想的年轻人提供了无数实现梦想的机会，他们更看重的是实现自我价值，再不愿像父辈那样被拴在一个战车上，一条道走到头。当然，如果要抛开已经起步的事业，走自己想走的路，也还不是太容易的事情。尤其是欧阳君这种情况，要想舍弃优越的工作和锦绣前程，选择一条未知的人生之路，必然会遭到家人的强烈反对，并因此要付出沉重的代价。

中国股市 2006 年的牛市行情彻底唤醒了欧阳君在心底沉睡了多年的成为投资大师的梦想。作为财经大学金融系毕业生，资本市场就像一个魔方对他有着巨大的诱惑力，欧阳君深知股票投资是一个多么神奇的领域，只有在这里才有可能施展自己的聪明才智，创造出自己辉煌的人生。

欧阳君进入股市并不是为了追逐金钱，他只是想选择一个喜欢的事业，实现自己心中的梦想。在这之前，有几个身价上亿、事业有成的老板都曾找过他，承诺以高薪希望能加入他们的团队，都被他回绝了。他知道这些人也许看重的不是他个人的才华，而是他背后的社会资源。他厌恶身边一些干部子女，利用父母的社会地位和权力通过不正当的方法聚敛财富的行为。他坚持，要实现梦想，必须靠自己的智慧和努力，绝不做政治和经济上的啃老族。正好，发展中的股票市场给了他这种可能。

从此，欧阳君的每一根神经都紧密地注视着股票市场的变化，他觉得自己的细胞只有在股票价格的变动中才能活跃，只要股市开盘时间一到，他的心就飞过去了。这种对股票的痴迷状态，使他对手中的工作深感索然无味，在办公室也是如坐针毡，一颗心急欲投进股市，创造出辉煌的成绩来。

自从在一次同学聚会上遇见郭向阳，得知他从西北轴承厂辞职进入股市，并在股市收获不小，已经成为专业投资者后，经过了好几个不眠之夜，欧阳君终于下定决心：辞职下海进入股票投资领域！他综合各方面的情况，得出结论，目前的中国股票市场正是大有作为的时候，进去越早越有作为。他不能再在机关里蹉跎岁月，消耗自己的生命了，那样的生活是一眼可以看到 60 岁退休的。而风起云涌的股票市场才是和平年代的战场，虽然没有刀光剑影，却也充满智慧和资本的博弈和厮杀。在股市，他这个学习金融的毕业生才有真正展示才华的机会。

欧阳君知道，他的辞职必定会给他的家里带来一场强烈的"地震"，那种情景他可以想象。父亲以一个老共产党员的思想绝不会让他丢掉手中的金饭碗，跳入风险莫测的股市，在他眼里儿子简直是疯子，任何一个正常人都不会做这种自毁前程的事，雷霆震怒之余会斥责他这个不孝之子；母亲肯定先是好言规劝，然后严词责骂，甚至会又哭又闹，以死相逼。对这些他都准备一声不吭地承受下来。毕竟，自己作为儿子违背了父母的意志，况且又是把自己的政治前途葬送了。还有妻子白鸽，他也一下想不到用什么样的理由才能说服她，甚至，这事情可能还会给他们的婚姻带来危机。

可是，如果犹豫不决，要征得所有人的同意，这种事情是无法做成的。反复权衡之后，他决定还是来个先斩后奏。

一天早晨，当欧阳君把辞职报告递到局长的手上时，他见到了局长那顿然惊愕和不知所措的神情。

"干得好好的，你玩的什么个性！"局长抖着那张辞职申请书，用质问的口气说。局长是欧阳建华一手提拔起来的，老领导曾对他说过欧阳君小时候捣蛋的事，希望他替他看管好儿子。欧阳君竟要辞职，他实在没有办法向老领导交代呀！

"局长，请您不要生气，我没有玩个性，我是经过深思熟虑的。"欧阳君淡定地说。

"你这样做，把大好的前程都丢了，真不知你怎么想的。"局长失望地说。

"局长，您也站在我的角度上考虑一下，我在你们安排好的位置上干得再好，也有依靠父母之嫌，这个包袱对于我太沉重了。也请您帮我做做父母的思想工作，让他们放心，我一定不做任何出格的事情，给他们脸上抹黑，更不会像有些干部子女那样利用父母的权势狐假虎威，干什么违法乱纪的事。实话告诉您，我只是想利用自己学金融的特长，从事证券投资。"欧阳君语气诚恳地说。

局长盯着欧阳君看了好一阵子，好像在看一个从来不认识的人。在眼前这个年轻人身上看不到纨绔子弟的自负清高、目中无人的样子，也没有一些年轻人的浮躁和对物质利益、政治权益的贪婪。至于对他辞职的行为，他觉得作为年轻人有个性、有喜好、有追求，完全可以理解。他从内心开始喜欢这个年轻人了。局长知道他去意已决，长叹了一声，说："你可是给我出了一个难题，不过我还是理解你，如果以后遇上什么难事来找老叔，我一定会帮你的。告诉你个实话，我现在才真正喜欢你了！"

"谢谢叔叔这么多年对我的关照，也谢谢叔叔对我的理解，更谢谢叔叔最后这句话。"说着，欧阳君觉得自己的眼睛潮湿了，他恭恭敬敬地给局长鞠了个躬。

局长看他这样，也动了感情，他惋惜地说："真舍不得让你走呀，辞职报告先放在我这儿，我看能不能想个万全之策，也好给你留条后路。"

"局长，不用再为难您了，开弓没有回头箭。"欧阳君坚持说。

局长看他这样，挥了挥手说："你走吧。"

走出财政局大楼，欧阳君不由得停下脚步，回头端详了一阵自己工作多年的地方，一种难以言喻的复杂感情涌上了心头。

他一个人走在街道上。9点多钟行人不多，只有马路上川流不息的各种各样的车辆，不禁让人感觉这个城市正在发生着巨大的变化。此刻他的心情平复了下来，先前在局长办公室的豪情已经熄灭了。

到哪儿去？欧阳君第一次有了这样的迷茫。家是肯定不能回的，不光是现在，至少几天内他也不想回家。他要等局长告诉了父母他辞职的事之后，过一段时间，他们的火气平息些了再说。没有其他选择，他只有打车去郭向阳所在的证券营业部大户室去找他。

进到大户室，只见郭向阳和马富才正坐在电脑前看着行情。

"'行长'，行情怎么样？"欧阳君边问他们，边走向拐角一个空着的座位。看见欧阳君这个时间来了，郭向阳和马富才都有点诧异，马富才问道："怎么'庄主'不放心我们，这么早就检查工作来了？"

"早上平开，成交量很小，还是震荡走势。"郭向阳回答道。

欧阳君打开电脑，熟练地敲开了即时股票行情图表，发现大盘还是一副死气沉沉的模样，这种局面已经维持好长一段时间了，指数不上不下，成交量日益萎缩。

他检索了一遍自己关注的几只股票，发现没有什么异动后，站起身来宣布道："我今天正式辞职了。"

"你终于醒悟，摆脱了枷锁。欢迎'庄主'归队！"马富才鼓掌欢呼道。

"你来了就好了，我们'铁三角'的阵营又形成了，这样就可以实施我们的计划了。"郭向阳兴奋地说。

欧阳君、郭向阳和马富才他们3个同岁，都是西南财经大学的校友，欧阳君和郭向阳同院同班，都是学金融专业的，马富才是学经济学专业的。他们的"铁三角"关系从大学一直持续到现在，并且越来越坚固。

"行长"是他们三个人之间对马富才的戏称。一次，他们在大学期间谈到今后的理想时，马富才说他的最大理想就是能当个银行行长，而欧阳君的梦想是有一个大大的庄园，聚集一帮文人墨客，过那种无拘无束的喝茶饮酒、吟诗作画的生活，从此"行长"和"庄主"是他们三个人之间对马富才和欧阳君的戏称。

马富才，眼睛深邃有神，眼窝深陷，鼻梁高挺，有棱有角，俊美的脸上显露着回族男性特有的精明。他上身穿着一件花格 T 恤，戴着一块劳力士金表，外表看起来有些放荡不拘。他是家里唯一的儿子，上面有两个姐姐。父亲是改革开放以来宁夏最早富起来的人，现在经营着一家集煤矿、炼焦和生产电石为一体的集团企业，是当地民营企业的利税大户。马富才自小父亲就一直在外面闯荡，一年见不到几面，几乎是母亲一手把他养育大的，所以对父亲的感情很平淡。

父亲在他上中学的时候和母亲离了婚，他和母亲与父亲的联系似乎只有每个月 1 万多元的生活费了。尤其是父亲在快 60 岁的时候又娶了一个小自己 40 岁的回族未婚姑娘后，马富才和父亲的关系更是到了冰点。

马富才大学毕业后，父亲多次让他来帮自己打理公司，让他历练几年后准备给他交班，都被他以各种理由推辞了。好在父亲身体健康、精力旺盛，习惯了发号施令的生活，也就没有太强求他。

当他提出要创办一个从事证券投资的公司时，父亲表现出了令他惊奇的大度和开明。父亲把怡园那栋两层 800 多平方米可以办公和住宿的别墅和他新买的一辆奔驰 GL450 越野车交给了他，并给了他一张存有 500 万元的银行卡。父亲第一次动情地对他说了很多话："儿子，虎父无犬子，老爹相信你。我最怕的是你胸无大志，无所事事。自己决定的事就放开胆去干，不要怕失败，失败了从头再来，再说关键时候还有老爹可以扶你。你要是办个厂子或者是开个什么做买卖的公司，老爹还真看不上，那还不如回来跟我干。你说要办个投资证券的公司，尽管老爹不太懂证券投资，但你是财经大学的毕业生，我相信和支持你，做事就是要做一般人不会做和不敢做的事。"

马富才第一次从父亲日渐衰老的脸上发现了慈祥的神情。这时，他才明白无论怎样父亲都是爱他的，毕竟父子情深，血缘关系是最深厚的，是无法割舍的。他为以前自己对父亲的排斥甚至是怨恨感到自责和后悔。他的心头涌起了一种从未有过的幸福感，他的心渐渐潮湿了。

和马富才比起来，郭向阳就简单多了，他出身于一个普通教师家庭，父母自小对他要求就很严。他有一个大他 5 岁的姐姐，也是一位教师，在家里姐姐对他的疼爱要远远超过父母。他自小就很懂事，在老师眼里是个好学生，在父母眼里是个好儿子。郭向阳身高近一米八，微卷的浓发，白净的脸上架着一副黑色的宽边眼镜，衣着讲究，给人一种玉树临风的感觉。

"今天看样子西线无战事，不如我们回怡园把创办公司的事赶紧商定下来，都拖了半年多了，我爸再问，我都不知道怎么搪塞了。"马富才看大盘没有什么表现，三个人又好不容易凑齐了，连忙提议说。

欧阳君知道因为自己工作上的事，三个人创办公司的事一直没有定下来，便大声说："好，我们回怡园定夺公司开张的事。"

怡园商务区坐落在银川市区西部，由许多独栋别墅组成，有一些从事生产和经营活动的公司在此办公。门口有可供住宿的酒店，尤其是这里独栋别墅改造成的餐厅包间，隐秘、方便，场面宏大、奢侈豪华，是一些身份显赫的人聚会用餐的理想场所。

父亲给马富才的别墅就在一进大门停车场对面的西北角上，整个外墙全部是乳白色的大理石，配上高大的玻璃落地窗，显得特别雅致和漂亮。别墅的开户门朝南开着，进去以后就是直上二楼的楼梯间。从一楼的侧门进去就是一个 200 平方米的大厅，大厅的西边是两个独立的房间。上到二楼，穿过一个玻璃隔断组成的多人办公区，里面是一条走廊，走廊的两边是 4 间独立的房间。一楼、二楼的卫生间设在楼梯间，地面全部铺着乳白色的地砖。最后根据欧阳君的提议，将一楼的大厅按照茶吧的形式改造一下，用于圈内人士聚会时交流信息和研判行情。这样一来整个别墅用于一个投资公司办公可谓是功能齐全，再合适不过了。

定完办公室的事，他们 3 个人坐下来开始商讨合办公司的一些具体的事宜。首先是公司的注册资金和每个人的入资问题，他们 3 个人的经济状况大家都心知肚明。现在马富才手里有父亲给的 500 万元现金；郭向阳的股票账户上有他这几年在股市挣的 100 万元；欧阳君手里的钱最少，也就有 50 万元，现在这个情况他也不好和父母张嘴要钱。如果按照入资多少占多大股份的原则，这样下来，对于他们 3 人之间的这种关系，大家的股份实在不成比例。

马富才说出了早已想好的办法："公司的注册资金定为 1000 万元，现在 3 个人手里所有的资金是 650 万元，还差 350 万元，由我回家和父亲借；股份比例 3 个人平均。"

欧阳君听马富才这样说，内心涌起了一股暖流，他看了郭向阳一眼后说："这样不合理，感情是感情，原则是原则。既然是创办公司我们就必须按规矩办事。"

"规矩是死的，人是活的，再说如果按照规矩，这个公司的股份比例对我们之间的感情上是一种伤害。古代兄弟之间同生共死，现在我们既然是兄弟就不要为了钱多钱少为难了，我还是坚持自己的观点。"马富才有些生气地说。

郭向阳看了两个人一眼后说道："既然富才这样坚持，我的建议注册资金就按现在我们实有的 650 万元算，富才不要再向父亲开口了。股份比例按四三三分配，富才按四，欧阳君和我各按三，等欧阳君和我方便了将富才垫付我们的钱还给富才。这样既讲了兄弟感情，又不失公平原则。"

欧阳君想了一会儿说："原则上我同意向阳的建议。这样一来，富才就是公司董事长，我提议公司总经理由向阳担任，我做董事和监事，监督你们就是我的工作。"

"那怎么行呢。"马富才和郭向阳几乎同时叫了出来，郭向阳看马富才着急要说，便把话又咽回。马富才接着说道："这么多年来，你都是我们三个的灵魂和核心人物，你现在把我们两个支到前面，你自己躲到后面算什么事。董事长由你担任，向阳还是总经理，我当监事。"

"你们两个不要争，你们都知道我家老爷子的情况，本来我们办的公司和他一点联系也没有，可一旦我当董事长或者总经理，那么许多事我必须走到前台，这样也就给一些不明真相的人留下了口实，难免他们要把我们公司和老爷子联系起来好恶心我们。再说老爷子特别反对我开公司办企业，影响他的声誉，我辞职已经让他很上火了，不能再公开和他叫板了。你们放心，我已经辞职和你们绑在一条战船上了，无论当什么我都会尽心尽力。"马富才和郭向阳见欧阳君说得合情合理，也不好再说什么。

就这样，一个专门从事证券投资的公司形成了雏形，公司取名"三和投资有限公司"。

欧阳君辞职的第三天，接到了胡月天的电话："欧阳你在哪儿，打电话你关机，到单位找你他们说你请假了，是不是出什么事了？"语气里充满了关切。欧阳君这才想起，从单位辞职的那天下午，给妻子白鸽发了一条短信："我已办理了辞职手续，请你帮我做做爸妈的工作。我暂不回家，等爸妈的情绪稳定了，我即刻回去，请你理解和支持我！欧阳。"然后，他怕父母找他就关了手机。

"我最近不想上班，就请了一段时间的假，怎么有事吗？"欧阳君佯装懒洋洋的样子说道。

"你在哪儿，我去找你，见面再说！"看样子胡月天确实找他有事。

"我在怡园马富才的公司里，你过来吧。"说完，欧阳君挂了电话。

胡月天和欧阳君是同年同月生的，从幼儿园开始一直到上高中都和欧阳君在一起，是欧阳君的铁杆兄弟之一，他的父亲是银川市人大的一位领导，和欧阳君父亲的个人关系也很好，他们是两代人的交情。他因在全市中学奥数比赛中夺得第 7 名，同伴给他起了个"电脑"的雅号。他在大学学的是电子商务，毕业后自主创业，联合几个同学办了一家专门在网上销售宁夏特产枸杞及系列产品的电子商务公司。

不一会儿，胡月天那辆老掉牙的切诺基就停在了别墅前。胡月天进来后看见欧阳君、马富才和郭向阳都坐在一楼大厅的沙发上便大声说道："你们三个人躲在这谋划什么大事呢，难怪欧阳连单位都不去了。"

"你这么风风火火地找我有什么急事？"欧阳君漫不经心地问道。

"我的合伙人前几天和我因为经营上的事闹了点矛盾，现在提出要转让股份，退出公司。如果这个股份我不收购，他就可以转让给别人，现在有好几个同行都愿意接受他的股份，可我不想让他的股份落到别人的手里。我公司的经营情况，你们都知道一些，正在向好的方向发展，正好你们三个都在，可不可以由你们其中一个将这部分股份接手了？"胡月天一口气说出了自己的想法。

"你的合伙人持有多大比例的股份？接手他的股份需要多少钱？"欧阳君问。

"他持有 45% 的股份，现在公司的实有资产是 500 万元，不包括商标等无形资产，所以接手他的股份需要 200 多万元。具体多少，大家可以谈。当然，当初我们创办公司时，我们两个共出资 60 万元，他也就投了 27 万元。"

欧阳君、马富才和郭向阳他们都知道胡月天的公司 5 年前 60 万元起家，现在确实具备了相当的规模，尤其是他们公司的"红衣少女"枸杞注册商标在业内知名度很高，他们公司的枸杞及其系列产品在"天猫"上同类产品的销售中，一直名列前三。

欧阳君看了马富才和郭向阳一眼后，用询问的口气问他们："你们的意见呢？胡月天也不是外人，我们都实话实说。"

"'电脑'有困难，我们责无旁贷，只是我们手里就这点资金，如果收购股份再用去 200 多万元，是不是我们就不方便了？"马富才说出了自己的担心。

"我感觉这是一个机会，一来帮'电脑'渡过了难关，二来我们的新公司也有了一个拿得上台面的电商公司，这样也算是强强联合，对两个公司的发展都会有极大的帮助，也为我们今后进行资本运作埋下伏笔。"郭向阳表现出了极大的热情。

"我同意向阳的观点。事情确实如此，从眼前来看给公司的资金运作上增加了一些困难，但计划没有变化快，抓住这个实实在在的机会，也许比投到股市里收益更高。反正我们是投资公司，哪里有收益、哪里风险小我们就投哪里。当然，富才是董事长，抉择还是由你来做。"欧阳君既亮明了自己的态度，又表示对马富才的尊重。

马富才听了欧阳君和郭向阳的观点，感觉很有道理，于是说："既然欧阳和向阳都认为收购胡月天公司的股份有益，那么我也同意收购。具体的收购事宜由向阳出面和他们洽谈，当然还请胡月天从中斡旋，争取用最少的资金能完成收购。"

和人谈判是郭向阳的强项，加上欧阳君从中指点，郭向阳一上来就指出了他们电子商务公司存在的问题，使得胡月天的合伙人对股份转让价格的预期在心理上打了折扣。经过几轮谈判，最后胡月天的合伙人以200万元的价格将自己45%股份转让给了郭向阳他们的三和投资公司。

办理完股份转让和相关手续后，经马富才提议，电子商务公司也搬到了怡园他们的别墅里。别墅里增加了许多人，顿时增添了不少的生机和人气，一下子有了公司的气象。投资公司的经营主要由郭向阳负责，电商公司的经营仍然由胡月天负责，欧阳君和马富才负责全盘。就这样公司正式开始了运营。

第十九章　英雄流泪

2009 年的冬天对于王东平来说格外寒冷，有一种渗进了骨髓里的感觉。比天气更让人心寒的是他和妻子李玲所在的工厂已经半年多没有发全工资了。工厂的经营情况也是每况愈下，将近年底的时候，厂里传出要裁员下岗的风声，工厂里年龄稍大的职工更是人心惶惶。2010 年的新年初始，他最担心的事情还是发生了，自己被工厂裁员下岗了。

王东平的父母是西北轴承厂的老职工。西北轴承厂是国家三线建设时期，由东北一个大型轴承厂搬迁过来的一部分车间，经过几十年的发展，成为宁夏规模最大的国有企业，也是宁夏为数不多的上市公司。1988 年王东平从部队复员后回到厂子当了一名普通工人。由于从小在厂子长大，对厂子有家一样的感觉，所以，他对厂子有着比别人更深的感情。

王东平从不对亲朋好友和同事谈起自己当兵的经历，即便是父母和家人，以至于有些人怀疑他在部队受过什么处分。了解他的人都只知道他参加过 1986 年的对越自卫反击战，但对他参战的情况却无从知晓。只有他的父亲在儿子负伤后，到前线战地医院探望儿子时，才从儿子的战友那里知道，那是一场什么样的战争，儿子和他的战友们在那场战争中经历了什么，并在内心留下了什么样的伤痛。

1985 年 12 月 12 日，在兰州军区第 S 集团军某团特务连当战士的王东平接到了赴老山前线的命令。那时的王东平只有 17 岁，入伍不到两个月，刚刚学会打枪，总共打了 5 发子弹。下午 5 点多，他和战友们就在连长陈自强的带领下到 30 里外的华县火车站，登上了开赴前线的列车。

1985 年底的时候，中国对越自卫反击战自 1979 年 2 月 17 日开战，已进行了 6 年多，中越双方为了一个山头或说阵地反复厮杀，敌人大多利用高山、密林掩护，钻在地洞和掩体之中，不时地会冒出一团凶猛的火力，地面上到处是地雷，这一切对我参战的解放军都形成了极大的威胁，战争处于严酷的相持状态。

根据中央军委的指示，各大军区都参加轮战，以实战来提高军队的素质和战斗力。王东平所在的部队也在参战之列。

上前线参战意味着什么？所有的人都心知肚明，死亡的阴影笼罩在王东平的心头。王东平没有告诉家人要上前线，他不想让父母为自己担心，和战友们一起，默默收拾好行装，踏上了奔赴战场的征程。

王东平他们开赴前线乘坐的列车是闷罐车，每节车厢内都铺着草帘子，战士们每三个人合用两个草帘子，要挤在一起睡觉。一节车厢里有几十个战士。车厢中间有一个煤火炉，车厢内没有电，只配备两个马灯。车厢里没有厕所，列车在行进中要想方便，只能拉开车门，迎着风进行。军列有 40 多个车厢，前面是拉着士兵的闷罐车，后面拉着汽车、大炮等战争物资。为了保密，列车都经过伪装，行进都是在夜晚。

从陕西华县出发到云南文山前线，1800 公里的行程，军列走了将近 6 天 6 夜。车厢里许多十八九岁的战士仿佛一夜之间苍老了好几岁，失去了本属于他们的好动和活泼，脸上一片木然。车厢里的空气好像凝结了一般，让人喘不过气来，沉重的列车就像不是行驶在大地上，而是轧在心头，车轮碾过钢轨接缝发出的撞击声让人越发地心颤。

1985 年 12 月 19 日下午两点多，王东平所在的部队经过几天的奔波来到了云南省文山壮族苗族自治州，宿营在文山氮肥厂里。氮肥厂一块空旷的场地上排列着整齐的帐篷和板房，对面是一排排罩着伪装网的汽车和大炮，一切显得井井有条和紧张肃穆。

云南省文山壮族苗族自治州南与越南接壤，居住着汉、壮、苗、彝、瑶等

20 多个少数民族，自然资源丰富，属亚热带气候，降水和日照都相当充足，山清水秀，风景十分优美。看惯了荒山戈壁的王东平看见了祖国这么秀美的河山，内心由衷地更加留恋这个世界。

一到驻地，部队就开始了几个月的临战训练。临战训练的艰苦是常人难以想象的，什么军体拳、匍匐、刺杀、擒拿、格斗，这都是最基础的。王东平所在的特务连侦察排为了提高体能，要求背着砖训练。每个战士背着 16 块砖从早上起床一直到晚上睡觉，从不离身，就像长到身上一样，就连上厕所也背着，每天还要长跑、爬山，进行各种各样的训练。面对这样的训练，许多战士都难以忍受，都盼望无论是死是活早些上战场。

战前每个战士都要填写《战士战备档案表》，表格中有几个问题，如你喜爱的战斗英雄是谁、你爱读的书是什么……最后一项要求战士写一封家信，题目是"假如我牺牲后"。这时，王东平想到自己的父母还不知道自己已经上了前线，他要给父母写一封信，一旦自己牺牲了，也好对他们有所交代。想到这儿，王东平两眼含泪，提笔郑重地写了起来。

亲爱的爸爸妈妈：

原谅儿子没有事先告诉您们就走向了自卫反击战的战场，儿子实在不忍心让您们为我提心吊胆，忍受煎熬。作为一名军人，作为受您们教育多年的儿子，在祖国发出召唤，在敌人打到祖国家门口时，我没有理由考虑自己的安危，我必须去践行一个军人的职责，打击敌人，保家卫国。

亲爱的爸爸妈妈，如果在凯旋的队伍中找不到我的身影，那时，我已经长眠于祖国的南疆，请您们不要悲伤，要不儿子地下有知也会不安的。假如人有来生，我还做您们的儿子，那时我再好好孝敬您们。我牺牲后，组织上会给 4000 元的抚恤金，您们用它买上一台现在最好的 18 寸彩色电视机，让它替我帮您们排解内心的孤独吧。

您们的儿子东平

八六年元月十六日

1986 年 4 月，王东平所在的部队开始接管老山战区。老山战区位于云南省文山州麻栗坡县境内，分别有老山、八里河东山和那拉三个战场。其中，老山和八里河东山为边境一线制高点，隔盘龙江相望。

三个战场中那拉战场最为艰苦，它位于老山脚下，沿松毛岭山包向东偏南顺势而下，受对面盘踞在大小青山越军火力的控制，东侧和南侧受盘龙江阻隔，堪称老山前哨。在那拉战场，两军阵地犬牙交错，双方最近的哨位距离仅仅 7 米。那时，前线流传着这样一句话："老山是天堂，八里河东山是人间，那拉口是地狱。"

要开始打仗了，王东平和战友们第一次领到了"光荣弹"。所谓"光荣弹"像羽毛球一样大小，内置烈性炸药，拉环后 0.3 秒内爆炸，它不是用来炸敌人的，而是到了危急时刻为了不被俘虏而留给自己的。

王东平所在的这个团是一支具有光荣传统的部队，其前身是以当年参加南泥湾大生产而闻名的八路军某旅团，挺进东北后，在黑山和塔山阻击战中立下了赫赫战功。他们团以其强悍的作风而著称，这也是为何军区在轮战期间，把他们团安排在最艰苦的那拉战场的原因。

王东平所在的 C 阵地处于那拉战场，与 145 阵地、166 阵地和 168 阵地相邻，都是他们团的防区，距离越军阵地只有不到 100 米。C 阵地上有个天然溶洞，有 5 平方米大小，要住 10 个人。洞里无所谓白天和黑夜，站不能直腰，睡不能伸腿，这就是所谓的猫耳洞。首先是饮水很困难，每天一个人半斤水的定量，只有排长有一天多喝一口杯水的权利，因为他要不停地指挥战斗，下达命令。洞里到处是老鼠和蚊虫，几天后，战士的衣服全部被老鼠咬破了。那个地方整日枪炮声不断，不管是白天还是黑夜，没有片刻的安宁，每个人随时随地会被枪炮打中。

1986 年 4 月 12 日，也就是王东平刚到战场的第二天，他们的代理排长张春旺在 3 号哨位观察越军动向时被飞来的越军炮弹直接命中，当场牺牲。看着排长血肉模糊的尸体，王东平想到他们昨晚刚在猫耳洞里用打扑克的方式庆贺了他

24 岁的生日。排长那鲜活、可爱的形象和血肉模糊的尸体交替闪现在他眼前。他意识到了在残酷的战争中，生命是何等的脆弱，对战争的厌恶、对敌人的仇恨涌上了他的心头。

当兵才几个月，初上战场的王东平在紧张和恐惧中度过了几个昼夜。晚上，他们每个人连眼皮都不敢合，都端着枪卧在那儿，防止越军的偷袭。四五天后，所有的人都疲惫到了极点，实在熬不住了，这才不管死活地睡起觉来。

1986 年 4 月 28 日，王东平所在部队和兄弟部队开始换防。越军知道了这个情况，趁王东平他们部队立足未稳，战况、地形不熟的机会，调动了两个半团的兵力向他们的防区发起了大规模的反攻。晚上九点多，越军的突袭开始了，王东平所在的阵地和旁边的 168 阵地、166 阵地上炮火铺天盖地、地动山摇。紧接着，几十名越军在他们的炮火和夜幕的掩护下冲了上来。王东平和战友们在新任排长的指挥下，冲出洞穴，进入阵地，给予坚决的反击。他们周围到处是伴着火光爆炸的炮弹，耳边不时地响着子弹和炮弹弹片划过的啸声。王东平和战友们此刻已经忘却了恐惧和生死，他们只有一个想法就是消灭敌人，坚守阵地。看着一个个敌人在他们眼前倒下，王东平竟然有了一种莫名的兴奋，如果不是排长严厉制止，他想端着枪冲向越军。

中午的时候，战斗更加激烈了。突然，一颗炮弹在他身边爆炸。随着炮弹的爆炸声，他身边一个兰州籍、名叫张奎珍的战友惨叫一声倒在了地上。越军的炮弹弹片击中了他的腿部，鲜血像裂开的水管里的水一样向外喷着，两个战士压住他的伤口，迅速将他拖回洞穴交给了卫生员。就在这时，几个越军从南侧迂回冲上了他们阵地一侧，排长立即命令王东平和另外两个战士去增援。未等王东平他们靠近，只见阵地上一个叫李谋仁的战士冲向几个越军，随手拉响了身上的"光荣弹"，随即几个身影一起倒下了。

排长看越军仗着人多势众冲上了他们的阵地，便拿起话筒向指挥部报告，并请求炮火支援。不到 5 分钟，我军的炮火上来了，排长当即命令战士们撤回洞穴。我军炮火排山倒海呼啸着落在阵地上，不一会便把越军打退了。

第二天早晨六点多，硝烟散尽，他们找到了牺牲的李谋仁，只见他胸口被炸得一片模糊，他身边躺着 3 具越军尸体。在李谋仁的遗体上找到了一封信，这是他收到的最后一封家信。他的父亲在信中这样写道：

亲爱的李娃你好：

　　近日来身体健康、工作忙，总之，一切顺利安全吧？亲爱的李娃，我于 4 月 12 号收到你的来信，看后内容尽解，里面写得那么好，那么亲热，让人高兴和喜欢呀，真是听信入耳。我那叫人喜欢的儿子，3 年后，你带着光荣（和）磊落的心情回到我们家一起团圆，才是我们家的情意呢。亲爱的儿呀！并祝你在前防（方）战争时候，要刻（克）苦（服）困难，不要恍然大悟（粗心大意），定要对自己严格的（地）要求，不要对自己放的（得）过宽过大，一定要争当一名光荣的人民解放军，不要当个无用的散集堆（垃圾堆），定要人人相爱，不要人人怒心。我儿定是个好样的兵士，你是个才高智大、聪明铃（伶）俐的孩子，并不是那遇（愚）昧无知孩子，定为世界、家乡争光的。写得不好，希（望）不要见怪。

父亲

1986 年 4 月 13 日写

战友李谋仁来自陕西省旬阳县甘溪乡王湾村，是个新兵，就在他 19 岁生日的头一天壮烈殉国，他的遗物中还有一根粗粗的辫子，这是他的女友送行时为他剪下的。

王东平肃穆地凝视着李谋仁的遗体，想到了他那满脸皱纹、佝偻着躯体、日渐衰老的父母站在村口用骨节粗大、干瘪的手遮着西下的夕阳等儿回家的情景，儿子可是他们生命中唯一的希望和支柱呀；想到了他那自小一起放羊割草、玩过家家、两小无猜一起长大的恋人，也许此刻，她正漫步在田野间，唱着信天游，憧憬着等心爱的小哥哥回来后一起过甜蜜的日子呢。穿着绿军装、腼腆、英武的小哥哥可是她唯一的骄傲和寄托呀！

王东平实在不敢想李谋仁的父母和未婚妻如何面对他牺牲的现实，那将是生命中多么酸楚和残酷的一幕呀！

不到 20 天的时间，10 个人的猫耳洞里只剩下了 7 个人。每个人可以占用的空间增加了一些，可是失去了战友的痛苦和悲伤像山包一样重重地压在王东平他们的心头。

当时王东平他们所在的战场真正的战斗并不多，多的是敌我双方的炮火较量。对于他们来说，战斗最大的危险无非就是死亡，死亡是一瞬间的事，眼睛一闭，一切都解脱了。而猫耳洞的生活要远远比战斗痛苦得多，到处乱飞的弹片，洞口四周密布着地雷。所有的人只能挤在猫耳洞里，不能直腰，睡觉不能伸腿，大小便都在洞里，更不要奢望行走几步伸展一下身体。尤其到了天热的时候，洞里潮湿、闷热，到处是成群的蚊虫和老鼠，所有人从肩膀到脚丫全部溃烂，特别是裆部格外严重，不停地渗出脓水，瘙痒难挨。许多战士脚溃烂肿胀得连最大号的军鞋都穿不进去，只得把鞋从中间剪断，穿上两头，然后用胶布把中间连接起来。战士们先是穿着配备的军裙、纸裤衩，可还是无济于事，最后只得赤裸着身体。有时，因为越军炮火太猛烈，军工送不上来饮水和食品，战士们忍渴挨饿，甚至用酱油炒老鼠肉吃，但这些与病痛和精神上的崩溃相比，都算不了什么了。

王东平是在一次和越军的战斗中被越军的炮弹炸伤的，一块手掌大小的弹片深深地嵌入了他的后背。战斗结束后，战友发现了他的伤情，替他做了简单的包扎。两天后，他伤口严重感染，整个后背都溃烂了，先是发高烧，接着出现昏迷，最后被战友们冒着炮火把他送到了老山前线野战医院治疗。

在医院治疗期间，他遇见了全军赫赫有名的排雷英雄——来自甘肃省漳县的骆牧渊，从他身上王东平深受感动和教育，明白了一个人在绝境之中如何有尊严地活着。

骆牧渊，某工兵连战士，特等伤残军人，被全军誉为"排雷大王"，一等军功章获得者。只有 17 岁的他在手工排除 616 枚地雷后，在排除第 617 枚地雷时，地雷突然爆炸，他全身 50 多处被炸伤，永远失去了双眼。

10 月 17 日，又一个不幸的消息传来，和王东平一起入伍的同乡顾金海牺牲了。他和顾金海是新兵连里唯一的老乡，所以关系更密切。顾金海来自宁夏回族自治区灵武市郭桥乡山水沟村，他的父母亲都已年近古稀之年。家里只有两亩地，平时以捡破烂、打猪草养家。由于父母年迈体衰经常看病，还欠账将近两万元。参战前，顾金海被分到416团炮兵连当了一名炮兵。

顾金海牺牲的具体经过，他也是事后从战报上看到的。在1986年10月的中越自卫反击战蓝剑B行动前，当顾金海得知5连是突击队，强烈向上级要求调到5连。在战斗中头部负重伤，几度昏迷，仍不下火线。他一次次把救护队的同志推走，让他们去救负伤的副连长，自己仍然坚持战斗，直到献出他那年轻的生命。在生命的最后时刻，他使出全部力量喊出了"不要管我，先救连长……"。

这一幕被当时在现场的战地记者真实记录了下来，并在当年的《新闻联播》里反复播放……。就是这样一个英雄，牺牲后，部队和当地民政部门的人到他家后，家里连一张儿子的相片都没有，他留在这个世界的只有一本荣誉证书和一枚奖章。

当王东平知道这些后，他的心在滴血。就是这些十七八岁，生命力最旺盛，本该拥有阳光和鲜花，享受着甜蜜爱情，在父母眼里还没有长大的孩子，在祖国需要自己的时候，没有犹豫，更没有退却，毅然决然地走向了战场，选择了死亡。

当在医院里的王东平得知他所在的团要发起"1·7"战斗时，内心的仇恨在燃烧，他给首长写了请战书，提出出院要参加突击队，为牺牲的战友报仇。部队首长见他态度坚决，伤势无碍，又熟悉战场情形便同意了他的请求。这样他参加了"1·7"战斗突击队。

当时，参加突击队就意味着选择死亡，可这些英勇无畏的战士都是写着血书和请战书积极请求参加突击队的，有些人还是父母唯一的孩了。

1987年1月7日，王东平所在素有"夜老虎"之称的部队及其配属组织了突击队，发起了自收复老山以来战斗最为激烈的一次突击拔点战，称为"1·7"战斗。

6时37分，突击队一切部署完毕。

黎明前的黑夜暗如锅底。王东平所在突击队在队长的带领下，分两路直插敌阵心脏所在的 4 号区。

6 点 55 分，王东平和战友董永安、郗文华、李秋平在组长王全有的带领下秘密摸到距敌 167 高地顶峰 3 号区 5 号洞 10 多米的大石头旁潜伏下来，准备好爆破器材，密切注视着阵地上的动静，等待着冲锋的信号到来。突然，敌人的 3 发炮弹落在了队员郗文华的身上和董永安、李秋平的身边，当即，郗文华这位年轻的队员壮烈牺牲，董永安、李秋平身负重伤，血流如注，顿时昏了过去。

看着牺牲和受伤的战友，隐蔽在一旁的王东平和组长王全有万分悲痛，心似刀割，强忍住悲痛悄悄地爬了过去。片刻，身负重伤的董永安从疼痛中清醒过来，忍不住地直想喊叫……他清楚地意识到距战斗发起冲击的时间越来越近，在危急关头自己喊叫一声，将会给自己的战友造成重大伤亡。于是他侧身起来，用右手阻止了抢救他的王东平和组长王全有，并艰难地从身上掏出一起出发前准备防止咳嗽堵嘴用的小手帕，塞进了嘴里。可是手帕太小堵不住，他又用右手在身上捏摸，寻找可以堵住嘴巴的东西。当他的手触到子弹袋里的"光荣弹"时，心头一揪，摸出了一枚，用手帕包好，塞进了嘴里，用牙齿死死咬住"光荣弹"止痛，直向组长王全有摆手，顽强地坚持着、坚持着……直到生命的最后一刻，也没喊一声、没挪动一步。这位邱少云式的英雄，用自己的血肉之躯筑起了一块矗立于祖国南疆的界碑，保证了战斗的胜利。

7 时整，"1·7"战斗正式开始，炸雷般的炮弹，震醒了沉睡的山谷，映红了天际，怒吼着飞向敌阵。顿时，敌人的阵地上一片火海。突击队员们个个如猛虎迅速跃起扑向敌洞。早已恨透敌人的王东平和战友董永贵按捺不住心中的怒火，在组长王全有的带领下抱起炸药包扑向了敌人的 5 号洞。随着两声巨响，洞内的 4 个敌人飞上了天。而后又扑向敌人的 11 号洞。这时，身负重伤的李秋平看着战友们的勇敢行动，也不甘落后，艰难地向顶峰的敌人火力点爬去，直到流尽最后一滴血，壮烈牺牲了，身后留下了 20 多米的血迹。王全有带领受伤的董永贵炸毁敌 11 号洞后，又迅速炸毁了敌人两个新出现的火力点。

8 时 10 分，就在王东平和战友董永贵跟着组长王全有撤离战场的时候，一颗炮弹在王东平身边爆炸了，他眼前一黑什么也不知道了。等他醒来时，已是 3

天后在野战医院了。越军的炮弹再次撕开了他的后背，幸好战友们抢救及时，他又一次与死神擦肩而过。

王东平躺在病床上，心里惦念着自己的战友。他刚能下地，就推开医护人员的阻拦，回到了他们突击队员的帐篷。当他得知，8 张铺，只有他一个人生还，其余 7 张铺上的战友再也回不来了的时候，他觉得自己的心一下子被挖空了。那天，他没有回病房，而是对着 7 张空铺哭着说了一夜话。和自己朝夕相处、生死与共的兄弟，一个个鲜活的生命在一天之间就这样血肉横飞地离自己而去，这种伤痛是没有经历战争的人无法体会的，并且，将折磨他一生。

经过了一年多残酷的战斗，1987 年 4 月 30 日，王东平所在部队的轮战终于结束了。王东平绝对没有想到自己能活着走下战场，并且他荣立了二等功，比起负伤和牺牲的战友来说他是幸运的。他心里明白，与负伤和牺牲的战友相比，能够完整活着走下战场的人都算不了什么，真正的英雄和功臣是那些负伤和牺牲了的战友们。但值得他自豪的是自己自始至终地坚持了下来，并完成了任务，经受了生死的考验，履行了一个军人的使命，他无愧于一个军人的称号。

1988 年底，王东平复员回到了银川，当民政部门给他安置工作，知道他参加过对越自卫反击战，并荣立二等功的时候，便问他对安置有什么要求。他只是说："假如不给组织增添什么麻烦的话，请组织安排我回父母工作的西北轴承厂工作，以便我照顾父母。"就这样，王东平回到自己长大的厂子，当了一名工人。

从到厂子第一天工作起，王东平就和大多数职工一样，把这份工作看成是铁饭碗，他像珍惜自己生命一样，珍惜这份工作。他一心一意地爱着这个厂子，为了它的兴旺发达努力工作，尽着一个普通工人的责任。他没有多么远大的志向，只是想在这个大型国有企业里，拿着自己的那一份工资，好好地过自己的日子。他知道自己是个复员军人，无法和那些技术学校和大学毕业的人相比，他必须积极学习和不断地努力才能干好自己的工作。

这么多年来，他把全部的身心都投入到工作中，任劳任怨，从不计较个人得失，积极学习专业技术，成为车间的技术革新能手。他的表现赢得了同事们的尊重和领导的器重。他是多年劳动模范和技术标兵，他甚至做好了把自己的一生献给企业的精神准备。然而，工厂的危机还是来临了。由于市场竞争激烈，加上企业管理层没有及时地做出应对措施，使这个有着几十年历史的工厂面临巨大压力。产品单一，遇到市场萎缩，工厂的生产和经营活动便出现了困境，终于到了靠职工分流、下岗来渡过难关的地步了。

王东平和妻子同在一个车间上班，根据要求，他们两个必须有一个人下岗。当天晚上，他在妻子的哭泣声中彻夜未眠，最后无奈地做出决定：让妻子留在厂子，自己下岗自谋职业。

虽然他做好了思想准备，但当他想到就要离开相依为命的厂子时，一种无助和茫然的感觉塞满了他的心。失去工作，没有工资和生活来源的现实，让他紧张得几乎喘不过气来。

王东平办理完下岗手续，走出工厂大门，从此要和这个他视为家一样的厂子没有任何关系了，他再也没有资格进入那熟悉的车间，娴熟地操控陪伴了他多年、像老朋友一样的机床了。在王东平心里下岗就像战场上的逃兵，显示着自己的无能和懦弱，他可是个自尊心极强、视名誉重于生命的人，以后他怎样面对父母、面对身边的人呀！

骑在自行车上，王东平越想越屈辱，这个曾在战场上面对死亡都没有流泪的汉子，此刻，眼泪禁不住涌了出来，遮住了他的双眼。他用手去擦眼泪，谁知越擦眼泪越多、视线越模糊。

第二十章 突出重围

王东平不知不觉来到了工厂东边的街心公园。这里没有一个游人，脚下全是枯萎发黄的小草，四周都是可怜巴巴耸立着的光秃秃的树木，树枝在西北风的袭击下颤抖着，发出凄惨的哀鸣声。王东平一个人呆呆地坐在铁椅上，迎面扑来的寒风把他脸上的泪迹吹干，又灌进他的衣领。

就在王东平坐在那儿脑子里一片木然的时候，一个捡矿泉水瓶、拾荒的妇人背着大塑料编织袋，佝偻着身体从他身前走过，他不由得想起了在复员前，他听到的一件在突击队里牺牲战友马占福家里令人泪下的事情。

"1·7"战斗前，马占福和王东平在同一支突击队里，马占福是来自青海省大通县的回族战士。入伍时18岁，家里很穷，与母亲相依为命。为了能让他吃饱肚子，母亲逼着他当了兵。马占福性格内向，不爱和人交往，一有空闲就坐在那儿想心事。他很惦念自己的母亲，每次吃饭都要省一点，往往都吃不饱，大家都笑话他。部队开赴前线后，他心事很重，显得不是太勇敢。后来才知道，他因为上有老母，怕自己战死了没有人为母亲养老送终。马占福对母亲的感情是极深的，那拉口战斗前，部队准备拉上去，战士们开始写遗书，他文化程度不高，只能对着录音机给母亲留言，他在录音时一共叫了20声"娘"。

在1987年的"1·7"战斗中，马占福作为突击队一员，在敌人鼻子底下潜伏了28个小时。战斗开始后，他冲上越军310高地，不幸被越军一处暗火力点射中，数颗子弹贯穿了腹部，一截肠子也流了出来。此时的马占福鲜血直流，但他仍旧凭借超强的意志力，将肠子塞回用绷带包扎好，又投入了战斗。

马占福拖着沉重的身体前进时，又被子弹击中了头部，昏死过去。没过多久，巨大的枪炮声把他震醒，越军的火力点还在猛烈地射击，阻挡住了我军进攻的步伐，马占福利用最后一点力气，爬到越军暗堡处，将随身携带的爆破筒塞入碉堡内，随后用身体挡住了碉堡洞口。碉堡内的越军全部被炸死，强大的冲击力也把马占福冲下山去，不幸壮烈牺牲，年仅20岁。

马占福牺牲后，部队派人把马占福的抚恤金和录音带送到家乡，但到处找不到他的母亲。原来他家乡遭灾无法生活，母亲外出，靠拾荒度日了。后来，民政部门的两名干部几经寻找，终于在青海省西宁市的大街上找到了马占福的母亲。只见老人家肩上背着一个塑料编织袋走在街边，寒风吹着她凌乱的白发，步履蹒跚、衣衫褴褛……两名干部目击此景，眼泪再也抑制不住了。

就是这样，随时一个情景就能勾起王东平酸楚的回忆，没有人知道他这么多年是怎样过来的。从战场回来后，他的内心没有一天真正快乐过。战争留给他的创伤一直没有痊愈，他努力想忘掉那场战争，可怎么也做不到。王东平恐惧夜晚，睡觉时一关灯就觉得像回到了猫耳洞，只得开着灯睡觉；每年春节期间，别人家兴高采烈、走亲访友，他一个人躲在家里，把窗门关严，他惧怕听见外面响起的鞭炮声，听到鞭炮声他就觉得是战场上爆炸的炮弹，条件反射地想钻到桌子底下，眼前浮现出战友血肉横飞的情景；他不敢看电视，生怕屏幕上出现战争的画面，一看到战争的画面，他就不由得想起一个个牺牲的战友，他的心就开始流血，刀割一般的疼。每到夏季阴天下雨，他的四肢关节肿胀，弹片划伤的地方皮肤溃烂瘙痒，痛苦不堪……然而，战争带给他的精神上的伤痛要远远超过肉体上的病痛。

就在王东平极力摆脱那场战争留给他的阴影，追求平静生活的时候，噩梦再次降临，他下岗了。之前，他也听说过从老山前线下来、一起退伍的战友有许多下岗了，生活都很不如意，但他没有想到这么快自己也到了这种境地。

顶着寒风不知坐了多久，王东平的心情渐渐平复了下来，军人的性格和特质让他的思绪又回到了现实中。他想，厂子是回不去了，面临的首要问题就是找一份工作。他得养家，他不能让一家人因为他的下岗都陷入担忧之中。可是，自己40多岁了，掌握的技能只能在轴承厂的机床、设备上施展，离开了轴承厂，自己又能干什么呢？王东平想来想去，忽然想到了人才劳务市场，于是，他决定明天就到人才劳务市场去看看。他要求不高，只要有一份工作就行了。

第二天王东平早早来到人才劳务市场，此后还参加了几次人才劳务市场组织的招聘会，可总是没有遇见一个适合自己的工作。一个月后，他经熟人介绍找到了一个在住宅小区当保安的工作，每月工资1500元。一个参加过对越自卫反击战的军人，一个大企业的技术标兵、劳动模范一下子成为一名看门的保安，他从感情上一时还是难以接受。

当王东平穿着保安服站在小区大门口时，军人的责任感和多年养成的敬业精神使他决心要努力干好这份工作。他每天第一个来到岗位，帮助保洁员打扫干净大门周围的卫生，仔细地盘查进出大门的陌生车辆和行人。遇见老头、老太太提着重物时，他便帮着送回家。很快，他就进入了保安的角色。

他所在的小区南门紧挨着新市区唯一的一家证券公司营业部，坐在保安室能清楚地看见形形色色出入证券营业部的人。

王东平上班几个月后的一个中午，一辆擦得锃亮的黑色丰田轿车停在了小区大门旁，影响了小区里车辆的进出，王东平刚上前去要制止，就听见车里有人喊他的名字，他顺着声音从落下的车窗里看见了坐在驾驶座上的是一个以前的同事。这个人叫郭向阳，西南财经大学金融系毕业后被分到他们车间当了一名统计员。一次，郭向阳在上班的时候，不知是脑子里想什么事，还是别的什么原因，眼看着天车吊着一个巨大的工件向他驶来，他竟毫无反应，仍然迎面向天车驶来的方向走去，就在工件撞向他时，王东平一个箭步冲上去将他推开，结果，他的棉衣肩膀被工件划了一个口子，避免了一次重大人身伤亡事故。为此，郭向阳对王东平心存感激之情，他们一直关系很好。郭向阳在车间干了不到3年就辞职离开了厂子，王东平有好几年没有见过他了。

郭向阳确定眼前的人是王东平后，连忙从车上下来，双手握着王东平的手诧异地说："王师傅，你怎么在这里？"

多年不见，西装革履，更显得精神、体面了，只是眉清目秀的面容和像会说话一样的眼睛、一脸精明的样子还没有变。看着郭向阳春风得意的样子，想到自己现在的困窘，不知怎么说好。"我下岗了，临时找了个保安的工作。"王东平难为情地说道。

"这个厂子到底怎么了，让你这样的技术标兵和劳动模范下岗？"郭向阳愤愤不平地说。

"小郭，你现在干什么？多年不见，看样子干得不错吧？"王东平不想再提这个让他伤心的话题，把话题转到郭向阳身上。

"我现在还好。2006年从厂里辞职后，父母给凑了点钱，本想自己做点买卖，可一直没有找到合适的生意。2007年的时候，听了一个炒股的同学建议，把资金全部投入了股市，没有想到，一进去就遇上了一年多的大牛市，加上同学的指点，收益确实很大，比开个公司强多了。"郭向阳抑制不住内心的得意说。

王东平早听说过好多人这几年炒股都挣了不少钱，只是没有亲眼看见，他不敢相信，今天见郭向阳一副春风得意的样子，他相信了郭向阳的话，也有了试一试的冲动。他现在才40多岁，不想一辈子就这样下去。他问郭向阳："炒股难吗？"

"拿出钻研技术的精神，没有什么可以难住你的。你看那么多老头老太太都在炒股，你难道不如他们？如果你真想进入股市，你可以先跟着我熟悉一下。我在这里的大户室，就我和同学两个人，你可以到我的房间。如果你有资金上的困难我也可以帮帮你。"郭向阳笑着鼓励王东平说。

"小郭，谢谢你，我真不知道说什么好！"王东平感激地说。

"谢什么，要说谢也是我应该谢谢你，如果不是当初你推我一下，我还不知道现在在哪儿呢。我刚辞职的时候也很无助、迷茫。人都有遇到难事的时候，互相帮一把就挺过来了。王师傅你是个好人，一定会有好报的！你想好了，随时到上面的大户室找我。我今天有点儿急事，改天我请你吃饭。"郭向阳一边说着，一边开车离开了。

晚上回家后，王东平对妻子讲述了白天见到郭向阳的情景，并说出了自己投资股票的想法。

妻子李玲是个温顺、贤惠的女人，结婚多年来一直以丈夫为荣。她知道丈夫下岗都是因为自己，如果他们不在一个车间，凭着丈夫技术标兵和劳动模范的身份，怎么也轮不到他下岗，丈夫是为了保住她才下岗的，所以老觉得亏欠丈夫什么似的。当王东平说出要投资股票的想法后，她没有提出自己的担心，而是鼓励说："既然你想好了，就去做，我相信你做什么都会做好的。即便是做赔了，我的工资也够我们生活了。"

就这样，王东平几乎是在对股市一无所知的情况下，怀揣着20多年来夫妻俩省吃俭用积攒下来、准备供儿子上大学和购买住房的20万元存款进入股市的。为了稳妥起见，他没有辞去保安的工作，他知道这1500元的工资对他有多么重要。王东平决定投资股市后，并没有急于去找郭向阳。一来，他不是一个轻易麻烦别人的人；二来，既然自己要入这一行就要凭自己的努力，通过学习和琢磨逐渐搞清股市的奥秘。他不想走捷径，也不想人云亦云。

王东平买的第一只股票就是西北轴承，理由很简单：别的股票他不熟悉，中国两千多只股票中，他只知道西北轴承，与其把钱赔到不熟悉的股票里，还不如赔给西北轴承股票。还有就是他对这个企业充满了感情，因为西北轴承厂毕竟养育了他家两代人，他甚至天真地想着自己的这20万元钱也许能多少帮帮这个陷入困境的企业。

王东平是2010年6月30日下午开盘后，利用中午吃饭的时间，在证券营业部工作人员的帮助下，买入了20万元西北轴承股票，买入价格是7.16元。当看见电脑里显示他名下有27600股西北轴承股票后，他才放心地离开了股票交易大厅。

从此，王东平就成了一个真正的股民，他发扬了自己在工厂时当技术标兵的钻研精神，买了许多关于股市的书籍，只要有时间，他就在学习和研究。尤其是专业和理论性很强的书，他看不懂，就一句一句地琢磨，那些数据、图表，他越看越着迷，越看越有意思。他就觉得股市像一部巨大的发动机，由许多零部件组装起来一样，他要逐个研究它、熟悉它。

当了解了股市的基础知识和怎么研判上市公司的优劣后，王东平开始学习一些关于投资理念和方法方面的知识。他知道了巴菲特等一批顶尖的世界级投资大师，了解了他们的股票投资理念和逻辑，更理解了股市价值投资理论和长线持股的投资方法。

通过系统的学习和一段时间的感悟，他觉得其实投资股票并不像人们想象的那么神秘和复杂，只要把握住两点就可以在股市生存下来：首先，选择一只基本面好、业绩稳定高速增长的公司股票，长线持有它；其次，在股市低迷、大盘低位的时候买入看好的股票，在股市疯狂、大盘高位的时候卖出持有的股票。这一切最大的难点在于怎么能找到一只值得长期持有的股票和如何研判市场的高点和低点，王东平知道这需要自己在股市中不断地探索和学习。

搞懂了股市的实质后，他不再恐惧股市，开始喜欢股市和股票了。尤其是看了那些在股市里成功的案例后，王东平觉得自己身上的血液开始沸腾起来，先前泯灭了的希望之火在心头重新燎燃，他从来没有像现在这样信心百倍，对人生有了更宏大的规划。进入股市不再是无奈之举，而是他事业的起点，他一定要在股市里找到属于自己的一片天空。

不知是巧合还是上苍的眷顾，王东平入市几天后，从2010年4月份开始一直下跌的股市竟然开始止跌反弹了。他6月30日买入的西北轴承股票，7月5日开始盈利，当天西北轴承股票的收盘价是7.26元，王东平的股票账户出现了2760元的盈利。

两个月后的一天，随着大盘的强劲反弹，西北轴承股票的股价也上涨到了8.5元以上。王东平利用中午吃饭的空闲时间，到证券营业部查看了一下股票账户，发现自己的27600股西北轴承股票竟然已经盈利37000元了。两个月时间挣了这么多钱，他连做梦都不敢想，他无法抑制自己兴奋的心情，下午上班的时候思想还开了小差。当晚，王东平躺在床上怎么也不能入睡，妻子躺在他身边看他这样，不知道发生了什么，也不敢吱声。王东平终于忍不住了，他轻轻地将妻子拥入了怀中说："老婆，我买的股票已经挣了37000多元了。"

"什么，这才两个月的时间，你就挣了这么多呀？"李玲从他的怀中挣脱，坐起身来惊呼道，接着她又惊喜地说道，"37000 元，相当于你当保安两年的收入呀！老公，你真棒，快说说你买的什么股票能挣这么多钱呀！"

"我买咱厂的股票，本来没有指望挣钱，看着好好一个厂到现在这个样子，我也心痛，想着能为厂子做点儿什么，就买了咱厂的股票。谁想到厂子现在这个情况，股票也能涨。"王东平说出了买入西北轴承股票的初衷。

"这就叫歪打正着，好心自有好报。老公，我相信你做什么都会做好的，你在我眼里就是最棒的！"

"老婆，我有个计划，我想把每个月的工资都买成股票，积少成多，存钱不如存股票。"王东平说出了考虑很久的想法。

"好，你看怎么好就怎么办，我一切都听你的。"凡是家里的事，李玲都已经习惯听王东平的安排。

"现在我才明白了一个道理，靠人、靠单位都不如靠自己。我一定会努力给你和儿子一个幸福的生活，别人有的你慢慢也会有。"这话，与其说是王东平说给妻子的，还不如说是说给自己的。

"老公，我什么也不要，我只要你，只要你快乐，有你在我身边，我就心满意足了！"李玲说着钻进了王东平的怀里，脸上洋溢着热切的表情。

王东平再次见到郭向阳是 3 个月后。这天他休息，实在无聊，他想起来郭向阳曾叫他到大户室去找他。自从进入股市以来，他一直想到大户室去看看，也好开开眼界，无奈一直没有合适的时机。想着要到大户室，王东平刻意换了一身平时舍不得穿的衣服，把皮鞋擦了又擦。

当他到营业部说是到大户室找郭向阳，柜台里一位胖胖的女职员连忙笑着说："你是不是要找郭向阳代你炒股呀？他可是我们这里的顶尖高手，现在找他炒股的人可多了。他现在操作着十几个账户，资金不到 30 万的客户他不接。"看得出这是个话多心眼好的人，在她的指引下，王东平来到了郭向阳的大户室。

大户室里只有郭向阳一个人，房间没有他想象的那么神秘，和一般的办公室没有两样。郭向阳正在电脑屏幕前观看大盘行情。看见王东平进来，连忙站起身来说："王师傅，你终于来了，是不是也打算投资股市呀？"

"我今天休息，就想来看看，不会影响你吧？"王东平客气地说。

"怎么会？你来了我高兴还来不及呢，上次就说请你吃顿饭，可一直没有合适的时间，今天收市了我们两个找个地方好好聊聊。"郭向阳的话充满了热情和真诚。

"向阳，上次听了你的话，我也买了点股票，你知道我的情况，就 20 万元家底，我全投入了股市。"当着真人不说假话，王东平说出了实情。

"你买的什么股票？钱全部都买了吗？"王东平的话出乎他预料，他知道这些钱对于王东平有多么重要，他急切地问。

"20 万元我都买了咱厂的股票。"王东平低声说道。

"什么咱厂的股票？"郭向阳没有反应过来王东平的话，追问道。

"我买的是西北轴承股票。"王东平重复了一遍。

"王师傅，你怎么能买西北轴承呢！你买股票怎么也不来问问我呢！"郭向阳听王东平说买了西北轴承股票，有点急了，话里带有责备的语气。

"看咱厂现在变成这个样子我很心痛，既然都是股票，我为什么要买其他的股票？买咱厂的股票，也算是为厂子尽点儿力呀，再说别的股票我也不熟悉。"王东平解释说。

王东平的话一下子把郭向阳击懵了，他为自己刚才的失态感到羞愧。一个多么好的人啊，自己下岗了，还想着厂子，竟拿出全部的家底想为厂子做点事！想到这儿，一股暖流涌上了他的心头，他上前握住王东平的双手，半天说不出一句话来。任何一个人在善良和真诚面前，心灵都会净化，灵魂更会感化。

看郭向阳半天不说话，王东平知道他是为自己着想和担心，便连忙说道："向阳，你放心，我买的咱厂的股票还挣了 3 万多呢。"

听他这样说，郭向阳真是哭笑不得，心想：真是憨人有憨福，好人天都照应。但他还是嘱咐说："王师傅，再不敢凭着感情买股票了！再说，你买股票的钱厂子是见不着的，你买股票和帮厂子是两码事。以后你买股票一定要告诉我，至少我可以帮你参谋参谋。你没有经历过股市的凶险，股市赔起钱来很可怕。你的西北轴承股票我替你盯着，我让你卖你就卖出。"

王东平知道郭向阳是为自己好，再说他说的也有道理，便连忙点头答应说：
"好，我听你的，以后买卖股票一定会请教你。"

"王师傅，你已经加入股民的队伍了，那一会儿收市，我带你去个地方，让
你开阔一下眼界。"郭向阳脸上露出神秘的表情说。

下午 3 点不到，郭向阳就急忙关了电脑，和王东平驱车来到了市区西边一片
叫"怡园"的由别墅组成的商务区，大门口保安严格地查验了他们的身份后才放
行，郭向阳把车停在东边的一栋两层别墅前。

郭向阳没有告诉王东平这就是他们三和投资公司办公和活动的场所。他们在
欧阳君的建议下已将别墅的一楼改装成会所，用于圈内朋友聚在一起研判行情和
交流市场信息、观点。

一楼豪华雅致的大厅里播放着轻柔的外国名曲，细腻而轻缓的旋律在空间中
越拉越长，轻滑如水般的音符缓缓地流淌着，梦幻般的柔和灯光四处弥漫，给人
一种置身仙境的感觉。

走进房间后，郭向阳低声对王东平说："来这里的都是银川圈内做股票的高
手，大家在一起研判行情、交流信息。你第一次来，可以听听他们的见解，也许
对你有些益处。"

大厅里有好几个人已经坐在那里，有男有女，一边喝着咖啡，一边高谈阔
论。大家见郭向阳进来，笑着打着招呼。

郭向阳指着王东平对大家介绍说："这是我师傅，叫王东平，请大家多多关照。"

"郭老板的师傅，一定是千万级的高手了。"一个穿着一身灰色西装的男人说
着起身给王东平让座。

"马富才多会儿都改不了垂涎别人金钱的习惯。我师傅在股市投入了多少，
以后我再告诉大家，肯定会让你们大吃一惊的。"郭向阳故弄玄虚，没有说实话，
笑着替王东平解围。

这时，大家称呼欧阳的人，从沙发上起来，伸开双臂，舒展了一下身体后说
道："你们听说了没有，最近'快刀李'做多沪深 300 股指期货挣了个盆满钵
满，账户上的资金翻了好几番。"

王东平看得出来这个人在这里有绝对的权威，他二十七八岁的样子，留着精干的短发，斜飞的英挺剑眉，蕴藏锐利的黑眸，削薄轻抿的唇，棱角分明的轮廓，修长瘦削的身材，宛若黑夜中的鹰，冷傲孤清却又盛气逼人，举手投足间散发的是傲视天地的强势。

"我说最近怎么老不见'快刀李'的身影，原来是他在倾心研究股指期货呢，太不够意思了，发财也不叫上大家。"一个绰号叫"电脑"的瘦小男人嚷道。

"股指期货看起来容易，实际操作起来相当难。我前段时间买了10手沪深300指数的多单，刚进去就遇上大盘回调，几天跌去150个点，谁也不知道大盘后面怎么走，没办法，只能止损平仓，结果赔了40多万，幸亏买得少，要不赔大了。"一个老板模样的人摆弄着他手中的打火机，漫不经心地说。

大厅里陆陆续续又来了几个人，气氛变得热闹起来，大家一边喝着咖啡、茶水，一边胡吹乱侃，倒也轻松自在。

"路上堵车，等了半个小时才过来。"清脆的声音从外面传来，循声望去，一位年轻的美女携着一阵馨香轻盈地出现在大家眼前。

"璐姐，就等你了。"那个叫"慢车"的人满脸堆笑，赶紧让出了一个座位。

看大家差不多到齐了，欧阳端正了一下坐姿说道："最近大家普遍反映赚了指数不赚钱，今天我们商量一下怎么扭转这个局面。"

看聚会进入正题，王东平当下来了兴趣，他放下茶杯，聆听大家都有什么见解。

郭向阳率先谈起了自己的看法："我认为今后相当长一段时间，我们应该把注意力放在创业板和中小板的股票上。大盘股在这一波反弹中明显是落后于大盘指数，许多大盘股不涨反跌，而许多小盘股都创了新高。"

"是啊，郭老板说得对，现在是创业板和中小板的天下，根本没有资金关照大盘股。"有人附和说。

那个被称为璐姐的美女放下手中的咖啡杯，用餐巾纸沾了沾嘴唇后说道："最近连ST股票都成精了，像ST国中之类的股票都涨了5倍以上，乌鸦变凤凰了。越是胆小不敢追，这些股票越涨。什么价值投资、什么绩优股，都是狗屎，现在的股市真让人看不懂。"

　　欧阳捅了捅身边的一个戴着眼镜、白白净净的男人说："教授，你也谈谈你的看法。"

　　教授环视了大家一圈后说："市场永远是对的，不要想去改变市场，我们也没有能力改变市场，而是要积极迎合市场。我同意郭老板的看法，大盘股跌有跌的道理，创业板、中小板涨有涨的理由，不要去纠结这些，不同时期有不同的热点，这也符合事物发展的规律。"

　　"最近新股、次新股的机会也挺多。"又有人提出了自己的观点。

　　聚会自始至终都在热烈的气氛中进行，几乎每个人都谈了自己的观点和看法。王东平没有想到，在社会上还有这么一个圈子，尽管这些人看起来有些散漫，有时言语还有点偏激，但看得出，这些人都不是等闲之辈，每个人都有一定的实力。尤其有几个人的观点让他感觉茅塞顿开，受益匪浅。

　　吃完饭，郭向阳把他送到小区门口。目送郭向阳离开后，王东平没有急于回家，而是走向了一片树林。

　　这时，暮色降临。一轮明月冉冉升起，带来了繁星灿烂的夜空。一群眨着明亮眼睛的星星散落在明月四周，轻纱般的云霭在天空飘浮不定，好似隐藏着殿阁宫阙的缥缈仙境。远方的天空与大地相连，形成了天地合一的美丽景象，王东平不由自主地进入了无限的遐想之中。

第二十一章　天佑仁者

　　2010 年，全球各国股市争先恐后、争相冲击新高，尤其是美国股市指数不仅收复了 2008 年金融危机时的失地，而且连创新高，继续向上挺进。作为新兴市场的中国股市本该成为全球股市上涨中的领头羊，可事实上却走出了震荡下行的行情，竟与处于债务危机中的希腊和西班牙股市同伍，成为全球股市中表现最差的国家之一。而在 2010 年，中国全年 GDP 增速轻松超过了 9%，经济增长位于全球前列。

　　中国上证指数从 2010 年初的 3277 点开始，半年时间一路下跌至 2300 点附近。然后从 7 月份开始，用了 4 个月的时间震荡盘升到 3180 点一线。就在全球股市集体冲击新高的时候，中国股市又选择了独自回落，最终跌到了 2800 点附近，年 K 线画出了一根不短的阴线。

　　这一年，中国股市之所以走出了和经济形势背离的行情，原因有以下几个方面：

　　首先，"市场吸金法则"中三大永远赚钱的群体对市场瓜分力度的加强。市场虽弱，但股票成交量没有降低，实际上保证了交易所和券商的佣金收入。随后解禁高峰的到来，让"大小非"有了集中套利的机会，市场失血严重，现有资金的话语权大幅下降。众所周知，中国的股市是政策市，资金是水、政策是阀门、股票是船，水涨才能船高。市场失血，又没有相应的政策对冲，股市怎么能涨？

　　其次，价值体系混乱，高价、高市盈率发行新股。在中国一家公司股票上市能够给上市公司股东、保荐承销机构、参与发行的券商和基金、会计师和律师事务所等个人和团体带来巨大的利益，而为此买单的却是二级市场上的投资者。同时，过度高价、高市盈率发行，导致大批股票上市就形成了巨大的泡沫，为以后的下跌埋下了祸根，也造成了整个市场价值体系的混乱。

再则，4 月份上市的股指期货，由于开始基准价格过高，先天就为初期连续的 3 个合约做空埋下了伏笔，可以说是为初期股指期货的空头送上了一份大礼，为日后股指期货引领大盘指数下跌提供了条件。任何新生事物的出现都有两面性，融资融券和股指期货的推出给了机构、主力和基金做空市场赚钱的工具和机会，他们不管股市的好坏，只要赚钱就行。就这样中国股市成了中小股民的绞肉机，绝大多数投资者的血汗钱被交易所、券商、上市公司原始股东、基金、机构和主力等掠夺和瓜分。

自进入股市，王东平的生活增添了不少色彩，尤其是心里有了盼头，西北轴承股价的起起伏伏牵动着他的心。好的是，西北轴承这只股票好像是通人性一样，不忍心再折磨这个饱经伤痛、身处绝境的人，股价一直都在王东平的买入价以上，其间股价一度曾 3 次冲上 10 元大关。看着半年不到就已经到手的八九万元盈利，妻子和家人曾数次劝他卖出，王东平都没有舍得卖掉。

进入 12 月份后，西北轴承的股价从 9.4 元先是回落到 8.7 元左右，到 12 月 8 日盘面开始反转，经过 4 天的上攻，12 月 13 日终于又站在了 10.14 元的高点。而后，股价在 10 元左右进行了 4 天的盘整，也许是年末主力无心恋战的缘故，股价开始拐头向下，下跌了 6 天，股价又回到近期的底部，12 月 31 日西北轴承股价收在了 8.66 元。

这时，王东平的账面上还是有 4 万多元的盈利。半年时间挣了这么多，对于一个靠工资生活、没有其他收入的普通工人家庭来说不能不算是一件令人欣喜的事情，尤其是在自己下岗身处困境的时候。命运往往就是这样，在给你关上一扇门的同时，又给你打开了一扇窗，只要你坚强、只要你努力，就没有攻不破的堡垒、拿不下的高地。

2011 年一开始，西北轴承股价经过 1 月 4 日起连续 11 个交易日稳步盘升后，

1月18日股价上涨到10.1元。

1月19日，西北轴承股价以10元低开，回落到9.92元后开始强攻，上午11点涨停。两分钟后股票涨停板被打开，此后，股价一直在10.8元附近来回震荡。临近下午收盘，两点五十八分的时候，股价再次封到涨停板的位置上，收盘价11.11元。

1月20日公告消息，开始停牌。

1月25日复牌后一字跌停。

1月26日、27日又是两天低开高走的下跌，27日股价收在了9.08元。

1月28日，股价又是低开高走，下午两点四十五分股价涨停，大笔的买单将股价一直封到收市，那天收盘价是10.24元。

1月31日、2月1日两天盘整，股价收在了10.38元，股市开始了2011年春节休市。这时，王东平的股票账户上有了9万多元的盈利。

下午4点，就在王东平准备交班回家的时候，保安值班室里响起了电话铃声，一个叫黄涛的同事接完电话后，脸上露出诧异的表情说："东平，物业公司李总让你到他办公室去一趟。"

听说物业公司李总找他，王东平有些纳闷，不解地问黄涛："我连李总的面都没有见过，他找我干什么？李总说了找我有什么事吗？"

"李总没有说别的，只是让你到他的办公室去一趟。"黄涛说着，又告诉了他李总办公室的地址。走在去李总办公室的路上，王东平心里七上八下。

到了李总办公室门口，王东平稳定了一下心情，敲门走了进去。只见一个身体有些发福的中年男子从办公桌后起来，走上前来说道："你就是王东平吧？你来我们这里工作半年多了，我们还是第一次见面，同事和业主对你反映都很好呀！"

"您就是李总，我来公司给您添麻烦了，谢谢您！"王东平拘谨地说。

"什么呀，我这几天才知道你参加过对越自卫反击战，又是西北轴承厂的技术标兵、劳动模范，在我这里委屈你了。我打算春节过后安排你当我们保安队的队长，我这里庙小，你就将就一下，不知你有什么意见。"李总快人快语，让人感觉十分亲切。

"谢谢李总，我保证完成任务，不会让您失望的!"王东平没有丝毫的犹豫，回答铿锵有力、掷地有声。

看王东平这样，李总笑着说道："好一个军人气派，我喜欢，从春节过后你的工资涨到每月 2500 元，另外，已经干的半年，你的工资每个月给你补发 500元，完了你到公司财务去领一下补发的 3000 元工资。"

王东平听见李总这么说，急忙说："李总您的心意我领了，补发工资真不用了。"

李总见状，装作严厉的样子，用军人的口气说："你的工作表现很好，半年时间就能赢得业主和同事好评，真的不容易，这是你应得的。我绝不是照顾你，快去执行命令吧!"

就这样怀着十分复杂的心情，王东平离开了李总的办公室。

2011 年的春节是王东平自部队退伍以来，全家人过得最舒心的春节。王东平和妻子都是独生子女，王东平是两个家庭的主心骨，王东平心情好了，全家人都开心高兴。除夕的年夜饭是在王东平家里吃的，妻子在母亲和岳母的帮助下，破例准备了格外丰盛的菜肴。席间，王东平的父亲拿出珍藏了 20 年的茅台酒和他亲家公喝了起来，王东平的母亲和岳母看着一家人高兴的样子更是喜极而泣，相拥着互相擦着眼泪，妻子则不停地往他碗里夹好吃的菜。就在这个时候，正在上高中的儿子不知从哪拿出一挂长长的鞭炮对着王东平说："爸爸，我想放炮，咱们家也放一次炮好吗?"顿时，全家人的笑容都在脸上凝结了，都紧张地看着王东平。只见，王东平站起身来，走到儿子身边，抚摸着儿子的头说："好儿子，爸爸只考虑了自己的感受，忽略了你的心情。爸爸对不起你，去放吧，想放多少就放多少，把这些年来没有放的炮都补上，只是小心不要伤到了自己!"

听见王东平这样说，所有的人揪着的心才舒展开来，凝结在脸上的笑容又绽放了。看着孙子活蹦乱跳拿着鞭炮跑了出去，王东平的父亲欣慰地笑着，他高兴地说："东平，给家里的人把酒都满上，你也给自己满上，咱们一起干一杯!"

端起酒杯，王东平起身，恭恭敬敬地站在大家面前说："爸爸、妈妈，还有李玲，我对不起你们，这些年来让你们为我受苦了！请你们放心，今后我一定会振作起来，好好生活。树挪死，人挪活，下岗也许不是坏事，逼着自己走出一条新路来……"外面传来一阵噼里啪啦的鞭炮声，淹没了他的话语，王东平脸上没有丝毫的惊异，而是浮现出久违的笑容。

春节过后，王东平正式接受了物业公司保安队队长的工作，原来的保安队长到物业公司当了副总经理。王东平接管的保安队，负责整个小区50栋楼，2800多住户，将近10000人的安全保障工作。保安队有25个人，年龄从20岁到50岁不等，有5名复员军人，整体来说，队伍还算整齐。王东平上任后没有急于对保安队工作进行大的改变，只是对一些急于调整的地方做了些改进，工作很顺利。

就在王东平全身心投入到新工作中的时候，更大的惊喜等着他。2月9日，春节过后的第一个交易日，西北轴承股票走出了与大盘截然相反的走势。当天，大盘低开低走，上证指数下跌了近25个点，跌幅达0.89%，而西北轴承股价一开盘就强势上攻，势如破竹，不到10点50分，巨量的买单就把股价封在了涨停板的位置上。尽管两点以后受大盘跳水影响，西北轴承股价一度打开涨停板，但到收市还是封住了涨停板，收盘价是11.42元。

2月10日、11日西北轴承股价连续又是两个涨停板，当天股票的走势几乎和2月9日一样，只是涨停板的封单更坚决。2月11日，西北轴承股价的收盘价是13.82元，王东平的股票账户上盈利18万多元。

当天晚上吃饭的时候，看儿子吃完离开了，王东平笑着问妻子："老婆，你知道我们的股票挣了多少钱吗？"

"年前你不是说挣了9万多吗，怎么你一高兴就忘了呀？"妻子一边往他碗里夹菜，一边说。

"我是说到今天挣了多少？"王东平佯装若无其事地问。

"这才上班3天，能挣多少，是不是又挣了3000？"妻子一下子来了兴趣，停下了手中的筷子。

"太少了，大着胆子说。"王东平继续吃着饭说。

"该不是又挣了 1 万吧？"妻子兴奋地惊呼道。

看来妻子无论怎么猜也猜不出真正的数额，王东平索性告诉她："不是 1 万是 9 万多元，我们现在已经挣了 18 万多了。"

"老公，你是不是买股票买得说起梦话来了？你可不敢吓我呀！"妻子听完他的话一下子紧张了起来，紧盯着他，想从他脸上找出不正常的迹象，过了许久才可怜兮兮地说。

王东平没有想到妻子这个样子，一下子心疼起来，忙说："老婆，是真的，年前我们是挣了 9 万多，可今天，西北轴承的股价已经涨到了 13.82 元，我们是 7.16 元买的，有 27600 股，你自己算挣了多少钱。我下午收市的时候看了，现在我们股票账户上准确的市值是 38.1 万多元，也就是说我们现在有 38 万多元钱了。"

妻子听王东平这样说，这才相信是真的，只见她手中的筷子掉落下来，脸上露出了痴痴的表情，半天才缓了过来。"老公你说，老天咋对我们这么好呀，不到一年就让你挣了这么多钱！这下好了，我们儿子上大学和买房子都不发愁了！"妻子欣喜地说着，眼睛里闪烁出从未有过的光芒。

王东平搂过妻子，紧紧地拥入怀里，看着她因为担心自己和操劳家里而早生的根根白发，心不由得发起颤来。他用手轻轻地拍着妻子的后背说："一切都过去了，相信我不会再让你和儿子跟着我受苦的，我们的日子会慢慢好起来的。"

接下来的时间里，西北轴承股价一直在 12 元到 14 元的箱体里震荡，时间达两个月。好的是，王东平这一段时间完全沉浸在小区安保工作里，对以前小区安保工作存在的一些问题逐步做了改进，加上长线持股的思想，没有时间去计较这些，股价的波动对他情绪影响不大。

4 月 13 日晚上 10 点多，王东平正准备上床睡觉，突然，接到了郭向阳打来的电话，电话里传来了郭向阳急促的声音："王师傅，你的西北轴承股票还持仓吗？我今天晚上和厂里一个财务负责人吃饭，听他说厂里的财务决算出来了，今年又亏损了，这样西北轴承股票就会 ST 处理，明天一开盘你就把它卖了。"

"可是这两天西北轴承股票正涨着呢，厂子怎么会亏损呢？"王东平不解地问道。

"我一下子也给你说不清楚，等有时间我再慢慢给你说。反正明天早上一开盘你就卖了，千万不要犹豫，不管股价多少都全部卖出，而且千万不要再碰这只股票。"说完，郭向阳挂掉了电话。

放下电话，王东平的心情陷入了矛盾之中。原本他买西北轴承股票就是想尽自己微薄的力量帮帮厂子，并打算一直拿着这只股票，与厂共进退、同荣辱。可没有想到，郭向阳打来了这个电话。他明白郭向阳是一片好心，再说人家是学财经的大学毕业生，又在股市待了这么多年，让自己卖出股票一定有他的道理，他不能辜负了人家的好意。再说，既然西北轴承股票这么高的股价都有人买，自己卖了也不要紧，等以后没有人买了，自己再买回来也对得起厂子。想到这，他感觉一下子轻松了，他决定听郭向阳的话，明天一开盘就卖出股票。

第二天早晨，王东平早早地安排好队里的工作，正要去证券营业部的时候，接到了物业公司李总的电话，李总在电话里安排了两件事情。

等他放下电话来到营业部的时候，股市已经开盘了，他急忙找了一台电脑，输入了自己的股票账户和密码，打开了股票买卖页面，以现价 16.7 元挂出了 27600 股西北轴承股票的卖单。随即，只见他账户里证券数量一栏变成了零，资金余额一栏出现了一大堆数字，他定了定神，仔细一看是 46.0920 万元。他再次确认了一下数额后退出了系统，赶紧离开了交易所。

回到队里，王东平怎么也抑制不住自己内心的激动，眼前老是浮现他股票账户资金余额里的那一串数字。10 个月时间挣了 26 万元钱，他几乎有点怀疑这是不是真的。当确信这一切都是事实后，他觉得自己一下子成了一个生活中的英雄，一个男人的自信和豪迈开始在他心头涌动。

心里稍许平静之后，王东平想做的第一件事就是晚上回家后联系一下一起和他在前线猫耳洞里的战友，他想了解一下牺牲的排长张春旺和战友李谋仁家里的情况，再确定一下地址，他要给他们的父母汇去些钱，补偿一下自己对战友的亏欠。

当初在前线，眼看战争那么惨烈，每天都有那么多战士牺牲，他们在猫耳洞的战友，进洞的第一天就立下了约定：假如他们之间有人牺牲了，那么活着的人每年清明给牺牲的战友烧点纸钱，替他们照顾一下父母。

这些年来，自己难以从战争留下的阴影里走出来，加上现实和愿望的差距太大，王东平没有能力替牺牲的战友照顾他们的父母，只能在清明的时候，带点烟酒和食品，面对着西南的方向，为牺牲的战友烧烧纸钱。这些战友牺牲前多是些十七八岁的青年，有些活着的时候连50元钱都没有见过，也不可能有子嗣为他们送去纸钱。他不愿让他们在另外一个世界里依旧那么贫穷，所以，每次他都是流着泪狠劲地为他们烧着成沓的纸钱，并且不停呼唤着他们的名字。

尽管这样，王东平时常为没能照顾到牺牲战友的父母而感到自责和羞愧，他觉得自己对不起牺牲的战友，是一个不遵守诺言的人。这也成了这些年来他心中的痛，他不想让这个痛再折磨自己了。

中午吃饭的时候，郭向阳又打来了电话："王师傅，手中的股票卖了没有？"

"卖了，听你的话全卖了。早上公司领导安排了个事，我到营业部的时候已经开盘了，我16.7元卖的。"王东平实话实说。

"是吗，卖了个天价呀，你真是洪福齐天！挣了多少钱？"郭向阳笑着问道。

"当着真人不说假话，20万本金现在成了46万。"王东平老老实实地说。

"是吗，王师傅你放了个卫星，比我们职业投资者都强多了，真是好心有好报，天佑仁者呀！"郭向阳的语气里充满了惊喜。紧接着，郭向阳又提醒说："最近大盘可能要调整了，正好你也空仓了，先不要买股票，等等看，这几天我们抽个时间一起坐坐。"

"好，我听你的，正好我也想向你求教呢！"王东平连忙说道。

大盘上证指数从2月10日的2765点起，先后3次向上发起了攻击，到4月18日上证指数攻上了3057.33点，一些专业投资者可以从盘面看出，市场多方已是强弩之末。第二天，也就是4月19日，大盘顶不住了，上证指数跳空低开，一路下跌，连一次像样的反弹都没有，最终跌破3000点整数关口，收在2999.04点，跌去58.29点，跌幅1.91%，从此股市漫漫熊途开始了。

郭向阳让王东平卖掉西北轴承股票后，一直关注着这只股票的走势，他担心操控这只股票的主力、机构会置公司的基本面而不顾继续拉抬股价，到时候自己好心办了坏事，减少了王东平的盈利。

西北轴承股票以后几天的走势确实具有戏剧性。也就是王东平卖出的当天，股价一开盘就从15.66元开始上攻，九点四十分，创下16.9元的新高后拐头向下一路下跌，最后以15.52元收盘。

第二天，股价以15.02元低开后，先是一路下跌，创下当日最低价14.85元后，开始拐头向上攀升，但攀升乏力，尾盘收在了15.24元，当日跌幅1.81%。

第三天，股价以15.11元低开后，稍作整理，开始一路上攻，上涨到15.40元时开始回落，跌到14.9元后，盘面出现反复，多空双方较量一番后，在多方的强大攻势下，股价一路上扬，最后股价以最高价16.22元收盘，涨幅6.36%。

第四天，4月19日，出乎所有人意料，也让很多人看不懂的是，昨天放量大幅上涨，几乎是以最高价收盘的股票，在没有任何征兆的情况下，股价一字跌停，毫无悬念。也就是这一天，西北轴承厂股票被ST处理。接着又是5个跌停板，尽管其间跌停板多次被打开，最终还是跌停了，只是按照交易所规定，ST股票的涨跌停限制是5%。从此西北轴承股价也随着大盘开始了漫长的下跌之旅。

几天后的一个下午，王东平给郭向阳打电话，请他晚上一起坐坐。

这是王东平咨询了许多人后精心选择的一家茶餐厅，坐落在银川北塔湖东边，南靠千年古刹北塔寺，是一个独栋二层小楼，地盘开阔，院子里铺着不规则的青石板，四周是在晚风中树叶飒飒作响、绿得发亮的杨柳树。王东平还没有走到门口就闻到了丝丝的清香味，进来后，在一楼的大厅里找了个靠窗向湖的位置坐下，等待郭向阳的到来。茶餐厅的环境很简朴，没有特别的装饰，乳白色的墙面上挂着一些字画，背景音乐是传统古筝曲目，一切都是那么的自然和谐。在这物欲横流，商家追求奢侈、豪华装潢的时代，更彰显出餐厅老板遗世独立、随心所欲的个性。这里的客人不是太多，三三两两地坐在一起品茶闲聊，大家都坐得很开，彼此说话互不影响，显得十分祥和、优雅。

服务生递上了一杯他点的铁观音茶，只见原本还是墨绿色的茶叶在开水的浸泡下，舒展着叶片，跳起舞来，杯子里的水变得越来越绿，随着杯中冒着的热气，散发着一种沁人心脾的香味。

王东平隔窗向外望去，只见北塔湖在夕阳余晖的映照下，湖面上泛起一层层五光十色的涟漪。湖边的杨柳树好像一位穿着绿衣的村姑，将满头青丝撒向水面。微风吹过，柳枝轻轻地拂过水面，湖面上泛起了一道道浅浅的亮光。树下有围坐在一起下象棋的老人、躺在长条椅上打盹的悠闲客、谈情说爱的靓男俊女、牵着活蹦乱跳的小狗漫步的夫妻，还有远处独自一人聚精会神的垂钓者……

时间刚过 8 点，郭向阳就引领着欧阳君、马富才和两个年轻女性走了进来，男人满面春风，女人面若桃花。马富才人还未到语声先至，笑声朗朗："我今天带来一包好茶，叫黑玫瑰，大家尝尝啊！"顿时，大厅里热闹了起来。

王东平见状连忙迎了上去，郭向阳笑着对他说："我们和证券公司营业部的两位经理一起吃完饭就过来了。"接着指着身边的人说："欧阳和马富才两位老板都是熟人，不用介绍了，这两位美女是证券公司营业部的尤总监和李经理。"

见大家坐定后，郭向阳指着王东平郑重地介绍道："这是我在西北轴承厂的师傅王东平，参加过对越自卫反击战，是从死人堆里爬出来的英雄，曾是我们厂的技术标兵和劳动模范，也是我的救命恩人，现在也是我们的股友了！"

王东平听郭向阳这样说，有些不好意思，局促地说："向阳过奖了，我真不是什么英雄，只是在战场上待了一年多而已，现在的身份是个下岗职工。"

这时，只见欧阳君站了起来，伸出双手紧紧地握住王东平的手说："兄长，上次见面有些怠慢，请原谅！事后向阳才告诉我你的情况，真是汗颜得很。你是真正的英雄，值得我们敬重，以后我们就是兄弟了，有什么事告诉兄弟们一声，我们一起面对，不要什么事老是自己扛着。"

王东平听欧阳君这样说，心头一热，眼泪差点流出来，他语音颤抖着说："自从前线回来，好多年没有听人说过这样的话了，谢谢你兄弟！"

那位随郭向阳他们一起来的证券公司的尤总监也连忙站起身来，激动地说："和平环境里见的领导、经理、老板多了，参加过战争的英雄还是第一次见，真是幸会呀，谢谢郭总给了我们一个认识真正英雄的机会！"

马富才笑着打趣说："自古美女爱英雄呀，看来这句话真的不假，我们还从来没有见过尤总监这么兴奋。"

郭向阳见状连忙说："好了，我们先都坐定，喝着茶，慢慢聊。"

郭向阳的话为王东平解了围，大家这才纷纷落座。马富才叫来服务生说："这是我自己带来的茶，请位茶艺师给我们服务，费用该怎么收就怎么收。"

一会儿，一个有着江南水乡女子韵味的姑娘，端着一大盘茶具来到他们桌边。只见她洗杯、煮杯、洗茶、泡茶、闻茶、品茶，不紧不慢的一道道程序下来，经过她那白皙、秀丽的小手，宛如舞蹈般轻盈、优雅的茶艺动作，一杯杯黑玫瑰茶呈现在每个人面前。顿时，一缕浅浅的清香沁入鼻中，轻轻抿上一口，像糖果一样淡雅的甜味滋润着人的肺腑。

两三杯暖茶入口，气氛便轻松起来，证券公司那位姓李的年轻女经理脸上带着天真的表情说："王大哥，你可以给我们讲讲打仗的故事吗？"这是一位30岁左右的女性，漂亮、活泼、长发飘飘，自从进门后，脸上几乎没有终止过笑容。

看着王东平面有难色、欲言又止的样子，欧阳君连忙说道："战争和股市一样沉重，今天我们不谈这两个话题，说点轻松快乐的，比如爱情之类的话题。"

王东平明白欧阳是体谅自己，他心存感激地说："谢谢欧阳兄弟！"接着他又面对着大家诚恳地说道："见到你们心里特别高兴，看见你们生活得这么好，我真是羡慕，我因为参加了那场战争，从部队回来后一直难以融入现实生活之中。总会有一种'洞中才一日，世间已千年'的感觉，我现在刚刚进入股市，一切都感到陌生。你们都是业内精英，今天我是来向你们学习的，也想了解一下你们的生活。"

大家听王东平说完，都沉默了起来，好像是在思考着什么。最后还是郭向阳打破了这种沉寂，侃侃说道："快乐与幸福其实不仅是一种生活状态，更主要的是一种生活心态。每个人对幸福、快乐的理解与定位不同，他的感受就会不同，思想深刻、头脑复杂、斤斤计较、患得患失的人往往更不易感受幸福与快乐。"他喝了一口茶后接着说："尤其是女性，糊涂的爱，是爱的最高境界，太聪明的女人不会感受到过多的快乐，简单、单纯甚至有些幼稚，才会更加容易体会到快乐。女人过于精明是得不到幸福的，会很辛苦、很累人的。"

听郭向阳这样说，大家都起哄了，尤总监笑着说："我们光知道郭总是做股票的专家，没有想到原来真正的特长是研究女性问题呀！"

马富才趁机说道："我们郭总不光代理股票投资收费，你们咨询女性问题也是要收费的。"

听他们这样说话，连泡茶的姑娘也忍不住地笑出声来，这一笑更是惹着大家笑了起来。

王东平看着几个性别、出身、个性不同，却有着共同爱好、共同兴趣、共同语言的年轻人坐在一起悠闲畅谈，如同品茶般交流着生活和工作的心得体会，其间女性特有的笑声时不时轻轻地、娇柔地散发出来，心态、个性、价值等等极具时代气息的词汇不停出现在谈话中，这情景让他真切地感觉到生活原来是如此的美好！

第二十二章　柳暗花明

所有在股市的人，很少有能真正管住自己的，除非远离市场。一个沉浸在市场里的职业投资者，面对永远有涨有跌的股市，做到完全空仓是一件很不容易的事，也许连世界股神巴菲特也是如此。贪婪是人的天性，人人都希望自己的投资收益最大化，绝大多数人都不愿意放过每一个盈利的机会，即便是意识到风险可能要比机会大得多。

郭向阳也没有摆脱人性贪婪的魔力。他在 4 月上旬的时候就已经觉察到了大盘可能出现的深幅下跌，嗅到了股市即将来临的危险，并及时地告知了王东平，让他卖掉手中的股票，保持空仓。可他自己却只是卖掉了一些股价涨得太高的股票，手中仍然持有三分之二的仓位。

郭向阳操盘的三和投资公司股票账户上的起始资金是 1000 万元，其中 450 万元是他们三和投资公司收购了胡月天的电商公司股份后剩下的钱，是马富才、欧阳君和他的投资款，也就是股金。其余的 550 万元是三和投资成立后，马富才的父亲知道了他们的资金情况后主动借给三和公司的，没有还款期限、不收利息、不要分红。起先，欧阳君和他不肯接受，但是在马富才和他父亲的坚持下才收下了这笔钱。

4 月 18 日的时候，不算已经支付的公司创办和经营的各项费用，公司股票账户上的资产数额有 1200 多万元，还有 20% 的盈利。

过了两个月，到了 6 月 20 日的时候，公司股票账户上的资产数额已经减少到1000万元以下，资金回撤达20%。尽管每个星期郭向阳都把股票的盈亏情况给马富才和欧阳君通报一下，可现在他面对这样的情况，确实感觉有些紧张了。这毕竟是公司的钱，不像以前是自己的钱，赔就赔了，压力不会像现在这样大。

尽管现在在公司办公室就可以进行交易，但为了排除干扰，郭向阳还是习惯在证券公司营业部他的房间操盘。当天收盘以后，他回到公司把近几天的操盘情况和自己的一些顾虑告诉了欧阳君和马富才。

欧阳君听完郭向阳的陈述后说道："在股市赔钱和盈利一样正常，不要赚得起、赔不起，这样把自己的心态也搞坏了，更不利于操作，现在问题的关键是我们想办法如何改变这种局面。"

马富才也安慰道："向阳，不要想得太多，大盘最近这样，个股下跌也很正常。我们公司是在股市整体下跌过程中介入的，首先入市时机不好。记得当时入市是2009年8月份，那时大盘指数是3400点，现在的大盘指数是2600点，跌掉了800个点。我们整体还是盈利的，这已经不错了。"

听见他们这样说，郭向阳心里好受了一些，他喃喃地说道："两个月时间赔了200多万，我实在心疼，我总觉得对不起你们，都怪我当初太贪心，心存侥幸，感觉到大盘要下跌却不肯平仓。"

"这也很正常，连巴菲特都说，任何一个人都无法预判市场。当兵的哪有刀枪入库的时候。"马富才看着郭向阳自责的样子安慰说。

欧阳君听见马富才的话连忙鼓起掌来，笑着说道："这是我们认识以来富才说得最经典的一句话，好一句'当兵的哪有刀枪入库的时候'，真是太经典了！"

"我说的经典的话多了，只是人轻言微，你没有注意罢了。"马富才笑着回敬了欧阳君一句。

郭向阳看着他们这个样子，内心升起了一种浓浓的感激之情，能和这样的兄弟在一起荣辱与共、奋斗创业真是人生最大的幸事。他沉默了一会儿后说："为了扭转这种局面，是不是你们两个谁来操盘，这样也可以换换思路和风格，再说，我最近确实状态不好，这样也不利于操作。"

"战斗刚刚开始，哪有临阵换将的道理。你再坚持一段时间，如果还是这样，我们再做打算。"马富才说出了自己的意见。

"富才说得对,我觉得你现在最主要的问题是思想包袱太重,想得太多。不要着急,先调整一下心态。"欧阳君说道。

最后,郭向阳说出了自己的想法:"如果大盘继续下跌,我们不妨先平仓出局,看看再说,也许亡羊补牢,为时不晚。"

欧阳君看了马富才一眼后说:"你操盘,决定由你来做,无论怎样我们都支持。"

客观地讲,郭向阳尚不具备在股市里操作大资金的经验和能力。在操作公司股票账户前,他只是一个小打小闹的投机者。而投机者和投资者在股票市场中择股标准和持股心态以及投资理念存在巨大的差别。他在没有完成角色转换的情况下,直接操作公司上千万的资金,就像让他从指挥一个排一下子去指挥一个团作战,出现意外结果也是合乎情理的。

从 2007 年初,郭向阳拿着从父母和姐姐那里凑来的 20 万元钱进入股市,也许是时机正好的缘故吧,他一直做得顺风顺水。到 2007 年 10 月份上证指数涨到6000 点的时候,他的股票市值已经超过了 150 万元。到 2008 年 1 月底指数再度跌破前期低点 4800 点的时候,他判断大盘还有相当的跌幅,看着账户上股票市值回撤到 120 万元,郭向阳选择了清仓,幸运避开了随后股市的暴跌。俗话说,福祸相依,有得有失,正因为他躲过上次的暴跌,进而对市场的巨大风险没有深刻的认识和切身的体会。贪婪和侥幸一直左右着他的操作心态,掌控公司资金后,他几乎没有过多考虑资金管理、股票配置和净值回撤止损等风险控制机制,完全还是按照个人以前的操作方法和风格行事。

多年来他操作股票的风格就是追逐小盘强庄股,他认为股无庄不涨,股价上涨到多少取决于庄家的实力和胆略,什么每股收益、净资产、收益增长率、所从事的行业等并不重要。这种思想在大盘强势上涨阶段,确实给他带来了颇丰的盈利。但是,当股市出现系统性风险时,小盘强庄股因为涨幅巨大,一旦下跌,都是恐慌性抛单,买单却是少之又少,其下跌过程更凶猛,多个跌停板更是常态,持有大量仓位的主力、庄家根本不给散户逃离的机会。尤其是持有一只小盘股仓位过重时，操作的难度就更大了。

正当郭向阳准备在上证指数跌破 2600 点平仓出局的时候，6 月 21 日，指数竟跳空高开，盘中虽然有次回调，但最终还是以最高点收盘，上证指数收在 2646.48 点，当日涨幅近 1%。接着大盘开始了近 1 个月的上涨，到了 7 月 18 日的时候，上证指数冲上了 2826.96 点的高点。

公司股票账户里股票市值这时增加了 50 万元左右，郭向阳持有的各股涨幅都不大。尽管这样，盘面的变化还是重树了郭向阳持股的信心，一扫前期他平仓出局的想法。

没有想到的是，大盘在这个高点连一天都没有守住就再次选择了下跌，几个交易日后大盘再次回到了 1 个月前的位置，接着市场又是横盘整理，似乎又有要卷土重来再度上攻的迹象。就在郭向阳心存希望的时候，更大的意外出现了。8 月 5 日起，连续两个交易日大盘跳空低开，上证指数跌去了近 200 个点。

他 6 月 30 日以 30 元的股价买入的 15 万股莱宝高科刚刚创了 35.88 元新高，从 8 月 2 日起股价突发雪崩式的下跌，让他来不及思考和采取措施。8 月 8 日股价跌到了 23 元，账面亏损 150 万元，加上其他股票的亏损，公司账户上股票的市值不到 900 万元了。

就在郭向阳不知所措的时候，一个叫张杨的大学同学从上海给他打来电话，说紫鑫药业最近正在和一家从事基因工程药物研发的公司商定兼并的事，你们可以关注一下这只股票。张杨在国内知名证券投资机构负责市场调研工作，多次给他提供了一些颇具价值的建议。当天收盘回到公司后，郭向阳就把这件事告诉了欧阳君和马富才。张杨和郭向阳、欧阳君都是大学同班同学，因为马富才经常和郭向阳、欧阳君在一起，自然对他也很熟悉。他们知道张杨这些年来对郭向阳投资股票帮助很大，是个靠谱的人。

马富才对紫鑫药业要兼并一家从事基因工程药物研发公司的信息表示了极大的兴趣。他说："前段时间我正好看了一部科教片，是介绍基因药物和医疗业务的，这是一个前景十分诱人的行业，将会给人类健康和生活创造不可估量的福利，是世界医学史上的一次革命。具体地说，随着基因科学研究的不断深入，发现许多疾病是由于基因结构与功能发生改变所引起的。科学家不仅能发现有缺陷的基因，而且还能掌握如何对基因进行诊断、修复、治疗和预防。"

看着郭向阳和欧阳君听得很认真，他有些得意，随即话锋一转，慷慨陈词道："炒股票就是炒题材、炒概念、炒预期。我认为在大盘指数从 6000 多点跌到现在的 2600 点左右，对应紫鑫药业当前 20 元的股价风险不会太大，我们不如全仓杀入，说不一定会把前期的损失全部找回来呢！"

欧阳君见马富才说得有理有据，沉思了一会儿说："既然富才这么有信心，那么我们不妨把握一下这次机会，如果出现意外，我们斩仓出局罢了，有点损失也认了。"

听了他们的话，郭向阳也觉得这是一个机会，一旦情况不妙，就按欧阳君说的斩仓出局。于是他说道："那好，明天我就开始把所有的股票清仓调换成紫鑫药业了。"

8 月 11 日股市开盘后，郭向阳就按照他们商量好的方案开始将公司账户上的股票全部平仓，逐步换入紫鑫药业股票，到下午一点半的时候，公司股票账户上全部换成了紫鑫药业，共计 45 万股，持仓成本 19.6 元。下午两点过后，紫鑫药业股价开始发力上攻，当天的收盘价是 20.16 元，上涨 2.96%，账面盈利 25 万多元。

8 月 12 日，紫鑫药业股价高开高走，一度涨到 22.22 元，当时账面盈利达到 118 万元。10 点以后股价开始回落，到收盘时股价为 20.64 元。

8 月 16 日，紫鑫药业股价以 21.02 元高开后稍有回落，最终收盘价 20.71 元，公司股票账户上盈利将近 50 万元。

8 月 17 日，他们终于等来了紫鑫药业股票停牌，可公司没有发布停牌公告。欧阳君和马富才让郭向阳赶紧给张杨打电话，张杨在电话里气急败坏地说道："据传，紫鑫药业停牌不是因为重组或者兼并等利好的事宜，而是涉嫌造假。具体内容只能等公告出来。"电话里出现了一阵沉寂，过了一会儿只听张杨无奈地说道："遇见骗子只能自认倒霉，我也把身家性命都押上了。兄弟我对不起你们了，没有任何办法，听天由命吧。"

张杨的答复犹如当头一棒把电话这头的三个人顿时打蒙，让他们欲哭无泪，犹如掉进了冰窟里。

8 月 18 日，紫鑫药业发布公告称，因 2011 年 8 月 16 日中国证券网刊登并被各网站转载的标题为《自导自演上下游客户紫鑫药业炮制惊天骗局》的报道，公司正对相关报道内容进行调查核实，公司股票于 2011 年 8 月 17 日开市起临时停牌，待调查结果公布后复牌。

郭向阳三人立即查阅了相关媒体，根据中国证券网报道，紫鑫药业被指涉嫌以人参贸易为托，大肆注册空壳公司，隐瞒关联交易，自导自演上下游客户，疑似复制当年银广夏骗局。

数天后紫鑫药业公司董秘在相关媒体上回应称管理层已就当前事态着手调查，但这并不能让市场平静，有关紫鑫药业的质疑连连不断。紫鑫药业自 2010 年因人参贸易声名鹊起，被誉为"股市人参"，股价一路青云直上。不过，有关紫鑫药业的人参贸易涉嫌圈钱质疑声一直未断，紫鑫药业深陷造假旋涡。

接下来就是漫长、痛苦的等待，他们三人没有了平日的欢笑，茶饭不思，干什么都没有了兴趣，就像身陷囹圄的犯人，等待着法律的判决。

两个多月后的 10 月 24 日，紫鑫药业股票终于复盘了，一切毫无悬念，更没有奇迹发生。一开盘，巨量的抛单像座大山一样把股价压在跌停板上。偶尔有一手两手钓鱼般的买单像是在戏弄着被深埋在似山般抛单下急于逃出的股民。

10 月 25 日、26 日继续两个跌停板，此时紫鑫药业股价已经跌到了 15.1 元。尽管他们三人已经做了最坏的精神准备，但还是被眼前惨烈的现状击蒙了，3 天时间，将近 270 万元就这样灰飞烟灭了。

这就是股市！一种从未有过的心疼和恐惧撕碎了三个年轻人的心。

10 月 27 日，紫鑫药业股价几乎再次是以跌停板价格 13.7 元开盘的，开盘后几笔成百上千手的买单将股价抬了起来，紧接着买单纷涌了进来，将股价越抬越高。开盘 15 分钟后，盘面翻红了，股价又继续向上攻去。到九点五十分，当股价上涨到 15.68 元后开始转头向下滑去，这时，欧阳君对郭向阳发出了分批卖出的指令。郭向阳根据盘面上买单的数量，不时填报着卖单的数量和价格卖出手中股票，一些没有全部成交的卖单，他也来不及去撤，继续报出新的卖单，等账户上的股票全部挂出卖单后，他又撤回了以前没有成交的卖单，继续以新的价格卖出。10点钟的时候，他们将公司账户上的45万股紫鑫药业全部卖出，成交均价为15.47元，清仓持股后公司账户显示资金只剩640多万元。

就在欧阳君和郭向阳面对着电脑屏幕上显示的公司账户资金数额发呆的时候，马富才看着盘面上紫鑫药业的股价又拐头向上蠕动，便对他们说道："一旦紫鑫药业股价后面再涨起来，现在卖掉，我们就后悔了。"

"后悔个屁，这种垃圾，早抛早好，即便是涨到1万元都不要去看它一眼。"欧阳君瓮声瓮气地说。

听完欧阳君的话，郭向阳说道："欧阳的话没有错，这类造假公司一旦丑闻曝光，主力和机构绝对不会再持有它的股票。今天跌停板打开，股价反弹应该是主力为了出货的自救行为，现在买入的多是些小股民不明真相的投机行为。"

"富才你信不信，紫鑫药业不管这几天咋折腾，不出3个月股价肯定会跌去一半。"欧阳君面对着马富才说道。

郭向阳听欧阳君这样说，连忙说道："这次买紫鑫药业责任完全在我，是我听信了传言，我是操盘者，最终的决策权在我。"

"向阳不要太自责了，我们是一个集体，有事情我们应该一起扛，成长的过程中遇到一些挫折、打击很正常，要不我们永远也长不大。"马富才拍着郭向阳的肩膀说。

欧阳君沉思了一会说道："现在是到我们坐下来好好反思一下的时候了。我们现在是一家投资公司，不再是散兵游勇，我们要从投资理念、投资纪律、资产配置、风险控制这些方面有所改进，做到专业化和系统化。我们要把自己定位为专业理性的投资者，而绝不是投机者。这一段时间我反复想当前存在的问题，以及我们的前途。无论是国内还是国外真正能生存和发展起来的市场参与者都是具有正确投资理念和方法的个人和机构，比如巴菲特和一些知名投资公司、基金公司。而投机者也许会一夜暴富，或者短期内有十倍、百倍的收益，但最终会昙花一现，倾家荡产，不得善终。"

欧阳君喝了一口茶后，接着说："我这几天又仔细把《股票大作手回忆录》看了一遍，给我的警示很深刻。本书的作者也就是书中主人公杰西·利佛莫尔是美国股票交易史上最负盛名的传奇人物。这位大炒家天赋异禀，并将其才华不遗余力、百折不挠地倾注于激动人心的投机事业上，以个人之力在金融市场上叱咤风云。"

欧阳君看到马富才和郭向阳听得很认真，便继续说："杰西·利佛莫尔被公认为美国交易史上最伟大的投机者之一。他初中毕业，为了追随和验证自己对数字的感觉，从 14 岁时开始做股票。他说人生最有意思的事情就是证明自己头脑正确。因为常胜不败，他曾经遭到波士顿和纽约地区的所有投机交易行的全面禁入。1907 年，美国的经济恐慌愈演愈烈，在一发不可收拾的危急时刻，大银行家摩根开始介入，以个人身份请利佛莫尔停止做空，因为他在恐慌期间一天就赚 300 万美元。就这样，30 岁的利佛莫尔从此一举成名，成为家喻户晓的'巨熊'。"

欧阳君讲着，似乎自己也进入了故事情节中，脸上表情渐渐随着主人公命运的起伏而变化着，语速也缓了下来："利佛莫尔一生中三起三落，从不负人，每次东山再起后，都对破产时受到他牵累的人进行全面赔偿。他在纽约第五大道上有豪华的办公室。纽约证券交易所提前 15 分钟把行情报给他。为了隐藏和消化他巨大的交易量，他的每次行动要通过 50 名至 100 名经纪人来完成。"

讲到这儿，欧阳君停了下来，点燃一支烟，狠劲地吸了一口，稳定了一下自己的情绪后讲道："利佛莫尔辉煌的时候，拥有过好几座宫殿般的房子、专用的铁路和带着许多水手的游艇。他英俊高大，喜欢美丽的女人，有过 3 个妻子、两个儿子。每次破产时他都两袖清风，穷困潦倒，他最后只剩下了 500 万美元资产。他终生忍受着忧郁症的困扰。1940 年 11 月 28 日，他自杀了。死时留有一张纸条，上面写着一句意味深长的话：我的一生是个失败。"

讲完杰西·利佛莫尔的故事，欧阳君再次进入了沉思。过了许久后，他语重心长地说："我们都是最好的兄弟，从创办投资公司的那一天开始我就有一个忧虑，我们到底能走多远？我们的结局又会怎样？真的，我们现在面临着人生最重要的一次考试，我们一定不敢掉以轻心！"

　　郭向阳和马富才听着欧阳君的话，脸上的表情越来越凝重。过了一会儿，郭向阳说道："欧阳你今天讲得真好，对我们的触动很大，你的话让我想起了毛主席离开西柏坡进北京城时对五大书记说的'进京赶考'的话，现在到了我们该好好想想的时候了！"

　　马富才大声说道："欧阳还是你心思缜密、深谋远虑，你是我们的灵魂和决策者，你说咋干就咋干！"

　　欧阳君听他们这么说，顿了顿说道："既然我们现在已经空仓了，就不急于再进场，我们静下心来把存在的问题好好解决一下。向阳也可以找个专业的投资公司学习求教，借鉴一下他人成熟的经验。"

　　郭向阳马上应声说道："好，我明天就联系，正好我也有这个意思。"

　　马富才看了一眼手表后提议道："提心吊胆了这么长时间，也该轻松一下了，找个好地方我们撮一顿，好长时间没有好好吃顿饭了。"

　　欧阳君说："向阳给胡月天打个电话，叫他过来和我们一起吃饭，最近这段时间我们一直在证券公司这里盯着股票的事，好久没有理他了。"

　　三人来到了一家经常吃饭的餐厅，还不到吃饭的时间，餐厅里没有客人，显得十分安静。他们找了个座位刚坐下，餐厅的女老板就笑着上来打招呼："今天三位怎么来得这么早呀，想吃点什么？"

　　时间长了，他们也和老板熟悉了，马富才没正经地笑着说："今天老板好漂亮，秀色可餐呀！"

　　女老板有三十五六岁的样子，体态丰满，一脸妩媚，听到马富才这样说她，笑着说："小屁孩，开大姐的玩笑。"

　　欧阳君不喜欢马富才走到哪儿都没正形的样子，忙对女老板说："我们4个人，来两斤手抓羊肉、一个辣爆小公鸡、一个红烧黄河鲤鱼、一个素三鲜、4碗米饭。"

　　女老板笑着应声道："好的，我先给你们上壶好茶，你们先喝着，饭菜还得稍等会儿。"

　　欧阳君说道："谢谢，那你忙吧！"

就在这时，胡月天进来了，精神抖擞，满脸笑容，一副春风得意的样子。刚坐下他就问道："哥们儿，你们最近神神秘秘的，都忙什么呢？你们可别忘了我们也是合作关系，你们再这样，哥们儿真多心了。"

马富才佯装出悲痛的样子说："真是一言难尽呀，全仓买了一只股票进去就让关了麻雀，等了两个多月，结果一开盘就是 3 个跌停板，你说让我们怎么活呀？好兄弟，今天是最后的午餐，我们三个正打算和你一起吃完饭，告别后就集体自裁呢！"

胡月天看着他们三个人说："自裁？欧阳和向阳我不好说，你才不会呢，我前天还看见你开着大奔拉着两个漂亮的女大学生，在富豪歌舞厅门前晃悠呢。也是，你们三个也够不幸的了。你们知道现代男人的三大不幸是什么？"

马富才听胡月天揭了他的老底，不由得回头看了一眼欧阳君后慌忙说道："胡月天你害我，你可不敢在欧阳面前胡说。"

欧阳君知道胡月天说的是实情，可看到马富才紧张的样子，没有再追究。

马富才见状赶紧问胡月天："你说现代男人的三大不幸到底是什么？"

胡月天笑着说道："炒房炒成房东，玩小姐玩成老公，第三个就是像你们炒股票炒成股东。"

欧阳君听他这样说，气得骂道："狼心狗肺的东西，看你幸灾乐祸的样子，你得意个屁。"

看欧阳君好像真的生气了，胡月天赔着笑脸说："男子汉大丈夫，不就赔点钱嘛，放心，不是还有我呢嘛，东方不亮西方亮。本人今年把公司经营得红红火火，营业额到 3 季度已经上了 3000 万，是去年的 3 倍，到年底净利润上千万没有问题，你们就等着分红吧！"

马富才连忙问道："你说的是真的吗？你可不敢为了安慰我们讲故事呀！哥们可是刚刚听了故事上了个大当，再也经不起折磨了。"

欧阳君瞪了一眼马富才说："你有个正经好不好，听月天说正事。"

胡月天接着说："本想早点儿告诉你们，可看你们最近神神秘秘的样子，也就没有打扰你们。今年我加大了品牌和产品的宣传，改进了营销策略，销售额一天比一天高，尤其从 7 月份开始，形势好得出乎我的预料。"

欧阳君激动地说："谢谢你，月天！如果不是你的努力，我真不知道年底怎么跟富才的爸爸交代呀，你知道我们投资股市的钱绝大部分都是富才的爸爸拿的，他的钱也是辛辛苦苦挣来的，他这么信任和支持我们，可赔了这么多钱，让我们怎么对得起他老人家呀！"

马富才和郭向阳没有想到欧阳君原来的压力在这里，他们被深深地震撼了，心头涌起了一股热浪。

胡月天和欧阳君相处这么多年来，从来没有见到他为什么事为难成这个样子，他连忙问："你们到底赔了多少钱呀？大不了把我们今年挣的钱都给你们补上，算我们白干一年，明年再好好干嘛。"

听见胡月天这样说，欧阳君他们都感动得不知说什么了，没有想到平日里和他们斤斤计较、经常意见不合的胡月天到关键时刻，竟是如此的重情重义、大义凛然。

马富才说道："没事，赔了 300 多万。老在河边走，哪有不湿鞋的道理。我爹也是见过大风大浪的人，他能理解的，再说我们又不是把钱挥霍了。"

胡月天听后说道："就 300 多万？我还以为多大的事，看你们这副样子，尤其是向阳，我进来你就没有说一句话。另外，我还要告诉你们一个眼前还不算好消息的好消息。"胡月天喝了一口茶，抑制了一下兴奋的情绪后说："这个事情可是和你们做股票有关呀，我有个大学同学，以前他在上海一家股票软件代理公司专门搞股票和期货交易分析软件的应用和开发，两年前因为他的女朋友和公司老板有染，他就愤然离职了。前一段时间他联系我说，他有一套专门用于股票和期货投资的分析软件，也找了许多股票和期货投资者试用了一下，感觉都很好。他为了完善这个软件，好长时间没有再找别的工作，家又是农村贫困地区的，积蓄也快用完了，现在软件的应用和推广没有办法继续，所以他想跟我合作。如果你们同意，我就开始和他谈了。"

郭向阳对这件事表示了极大的兴趣，他开口说："假如这个软件可靠，那可真是个大好事呀，现在做股票和期货投资的人越来越多，应用分析软件的人也会越来越多，我认识的许多人都在用这样的软件。现在一套分析软件普通版 1 年的使用费都在 5000 元以上，专业版的在 10000 元至 30000 元之间，市场潜力很大。假如我们有 1000 个客户，效益都不可小视，更不要说以后的发展空间了。"

欧阳君听到这儿，对胡月天说："你就放开胆子干吧，有什么需要我们帮忙的只管说话。"

胡月天笑着大声说道："好嘞，有你们做后盾，我就勇往直前了！肚子早饿了，快吃饭吧。"

看着胡月天眉飞色舞的样子，欧阳君他们三个人的心情也渐渐好了起来，他们一扫这些日子脸上的阴霾，慢慢露出笑容。

第二十三章　勾画蓝图

今天胡月天把电商公司 2011 年的分红 450 万元打到了投资公司的账上，填补了投资股票亏损的 360 万元和补发了他们三个人一年的工资后，账面上还有 60 万元的盈余。电商公司业绩果然实现了胡月天的预测，净利润达到了 1000 万元，这给他们三个人带来了意外的惊喜。

自从自己违背父母意愿，决意辞职和同学创办公司以来，欧阳君和父母的关系一直不冷不热，使得本就有些气氛肃穆的家里显得更加冷清。妻子白鸽更是在家里左右为难，不知所措，经常一个人躲在屋里偷偷地流眼泪。欧阳君几次想和白鸽搬出来自己住，但看着父母日渐苍老的样子总是不忍心开口。

欧阳君最近听说市里领导班子正在调整，自治区党委常委、市委书记吴兴邦因清廉务实、政绩卓著被中央委以重任，调任东北某大省担任纪检委书记。正常情况，作为市长的父亲欧阳建华接任市委书记是顺理成章的事情，再说，父亲和吴兴邦工作上配合很好，市委和市政府同调同步，在一些重大决策上历来高度一致，形成了各项举措得以实现的良好政治生态，可以说吴兴邦的政绩有一半是父亲的功劳。所以在高层听取吴兴邦对新任市委书记人选的建议时，吴兴邦毫不避嫌极力推荐欧阳建华。

应该说父亲是接任市委书记合适的人选，他从企业领导到县、市级领导，靠着坚韧不拔的精神，克服了常人难以想象的困难，披荆斩棘、突破重围，一步一个台阶地干到今天这个位置。他知识渊博、崇尚科学，从政历练多年，经验丰富，尤其是他清廉务实的工作作风和敢于承担责任、尊重和爱护干部的个人品质，深受同事和下属的敬重。

欧阳君深知父亲事业心极强，某种意义上说也是功名欲极强的人，他要求自己担负起历史使命，为发展当地经济，造福一方百姓呕心沥血、建功立业，他希望能在当地政治、经济、文化以及城市建设的宏图上留下自己浓墨重彩的一笔，更希望自己也能像古代那些良相贤臣一样流芳百世、名垂千古！

父亲今年 57 岁，对于一个正厅级干部来说是一个尴尬的年龄，意味着不上则下。现在，他遇上一个千载难逢的机会，如果能升任市委书记，成为副省级领导，那么他的政治生命又能延续好多年。这样就可以有足够的时间和更为广阔的空间来实现自己的宏伟蓝图。能成为一位责任重大、地位显赫的首府市委书记，在古代也被称为一方诸侯、封疆大吏，这是多少从政者的梦想呀。

欧阳君从父亲身上遗传的政治基因使他清醒地意识到，当地政界已经进入了一个非常时期，有可能调任或升任市委书记的人选不止父亲一人，一位以仕途为终生职业的官员，绝不会放弃任何一次获得更大权力的机会。欧阳君深深地为父亲担忧着，他不想让父亲在这个年龄经受任何挫折和打击。他觉得现在是该给父亲增加力量的时候了。

欧阳君自辞职后再也没有为父母和妻子买过礼物了，他利用一个下午的时间，精心为他们挑选了适合的礼物。他为父亲买的是一套藏青色阿玛尼西装和一双皮鞋，为母亲和妻子每人买了一条适合她们身份和年龄的白金项链。

他回到家的时候已经快 7 点了，只见父母已经坐在饭桌边。父亲依旧是一副正气凛然的样子，棱角分明的脸上除了显露出一丝疲惫外，无法解读出他内心深处的东西，更捕捉不到大战来临之际的兴奋或不安。

妻子帮保姆正在往桌上端着饭菜。见他提着大包小包进来，妻子白鸽连忙放下手中的菜碟，迎上前去问道："欧阳你提的什么东西，这么多？"

他一边放着东西一边说："马上过年了，我给爸妈买了点东西，还有你的。"

看着父母没有反应，欧阳君坐在他妈身边，赔着笑脸说道："爸妈，你们都是大人物，怎么度量这么小，哪有父母和儿子记仇的道理。再说儿子再浑蛋也是你们养的呀，要错也是你们有错在先。"听着欧阳君这样说，母亲忍不住地笑出声来，说道："臭小子，学会油腔滑调了。"

"都是你们逼的，迫于无奈呀！"欧阳君一边可怜兮兮地说着，一边偷眼看着父亲。只见父亲嘴角动了一下，脸上的表情也丰富起来了。

"爸，我给你买了一套西服，你试试看合身不。"欧阳君走到父亲身边，拉着他的胳膊说。

"吃饭吧，先放到那儿。"父亲说着，坐在那儿不肯起来。

"老顽固，你就试试嘛，没有情趣。"母亲瞪了父亲一眼说道。

父亲看见母亲不高兴了，这才站起身来，妻子白鸽连忙打开包装，将衣服拿了过来，帮父亲穿上，整理着衣服说道："到底是世界大牌，做工就是考究。"

"爸，你穿上这身衣服显得更年轻、精神了！"白鸽看着父亲，站在一旁拍着手，高兴地叫了起来。

"臭小子，眼光还真不错，这套衣服还真比你爸的其他衣服穿上都好看！"欧阳君的母亲也夸赞说。

欧阳君又拿来项链给母亲和妻子戴上。母亲戴上项链后高兴地说："戴上自己儿子买的项链，感觉真是不一样，心里好舒服呀！"

这时，妻子白鸽问道："欧阳，你给自己买了什么，也让我们看看。"

"来不及了，我什么也没有买。"欧阳君随口说道。

这时，母亲起身走进他们的卧室，不一会儿拿着一张银行卡出来递到白鸽的手中说："这张卡里有我和你爸这些年存的 50 万元，明天正好星期天，陪欧阳去买辆车，当了两年的老板了，没辆车怎么行。买的车不要太张扬，也不要太寒酸，30 万以内就行，这是你爸的意思。"

白鸽推辞着说："爸妈，真不用。"欧阳君见状笑着说："白鸽拿上吧，不听话爸妈又生气了，我们明天买车去！"

欧阳君的父亲提醒道："车过几天再买吧，最近情况有些特殊，不要再授人口实。"接着他又招呼说："看把你们高兴的，都快吃饭吧，饭菜都凉了。"

这是欧阳君他们家两年来吃的最舒心的一顿饭。

　　吃完饭，父亲没有像往常那样到书房处理他的公务，而是坐在客厅，一家人都围坐在他的两边，享受着难得的温馨。欧阳君的父亲20世纪60年代曾在乌鲁木齐工作过，对新疆一直有一种特殊的情结，尤其喜欢新疆民歌。欧阳君把一张今天特意为父亲买的刀郎的专辑放进了音响里，按下开关，不一会儿音响里传出了刀郎那特有的苍凉、略带沙哑却极富穿透力的歌声：

　　　　2002 年的第一场雪，
　　　　　　比以往时候来得更晚一些，
　　　　　　停靠在八楼的二路汽车，
　　　　　　带走了最后一片飘落的黄叶。
　　　　2002 年的第一场雪，
　　　　　　是留在乌鲁木齐难舍的情结，
　　　　　　你像一只飞来飞去的蝴蝶，
　　　　　　在白雪飘飞的季节里摇曳。
　　　　　　忘不了把你搂在怀里的感觉，
　　　　　　比藏在心中那份火热更暖一些。
　　　　　　忘记了窗外的北风凛冽，
　　　　　　再一次把温柔和缠绵重叠。
　　　　　　是你的红唇黏住我的一切，
　　　　　　是你的体贴让我再次热烈。
　　　　　　是你的万种柔情融化冰雪，
　　　　　　是你的甜言蜜语改变季节。
　　　　　　……

　　刀郎那散发着北国男子气魄和豪情的歌声在客厅里回荡着，给人心灵莫大的震撼，随着他那不加修饰的苍凉之声，会有一种灵魂被带到了异域的天地间翱翔的感觉。

欧阳君自小听父亲讲过许多新疆的事，也许是受父亲的影响吧，他特别喜欢听刀郎的歌。听他的歌，感受到的是一种质朴、一种粗犷、一种深情、一种热烈，甚至还有淡淡的忧伤、无奈和颓废以及透支的压抑感。

他觉得刀郎的歌声里散发着一种他喜欢的江湖味和旱烟味。

刀郎用他独特的嗓音、直白的歌词和深沉的情感，述说着人性的心声、执着和回归，诠释着茫茫戈壁的空旷与荒凉，演绎着来自那方神秘土地的独有风情，展示了大西北人特有的粗犷、豪迈性格。

刀郎能把一个男人的柔情、一个男人的沧桑、一个男人的绝望用他的歌声表达出来，像天山上的融雪流过心田，如胡琴般悠扬激荡着心弦。

没有一种声音能这样忧伤，那是经过真正的失落、彷徨、历练、伤痛以及被大漠风沙洗礼之后的灵魂之音。

没有一种声音能这样深情，那是经过真正的爱与被爱，一个男人刻骨的心灵诉说。

没有一种声音能这样奔放，那是真正见识过茫茫的戈壁，倾听过悠扬的驼铃、眺望过雪山的雄鹰、目睹过3000年不倒的胡杨之后才有的高亢热烈。

不知音响多会儿停了，大家仍然沉浸在刀郎的歌声里。过了许久，欧阳君的父亲才问道："这是谁唱的歌，这么好听，我还是第一次听！"

欧阳君回答说："这个歌手叫刀郎，原名罗林，1971年在四川出生，生长在新疆，是近年来中国流行乐坛具有较高知名度的传奇男歌手。"

母亲笑着说："你爸就喜欢这种风格的歌，真是知父莫如子。"

这时，父亲问他："最近公司情况怎样？干得还顺利吧？"

"还可以吧，前一段时间股票投资上出现了一些亏损，不过我们的电商公司今年经营得特别好，盈亏相抵后公司还有点盈利。"欧阳君老老实实地说。

"我了解了一下，你们现在的公司最大的风险是经济上的，只要不融资、不配资，风险也不会太大，涉及不到违纪违法方面的事，这点倒让我放心。"父亲说。

"这点您放心，我绝不会给您和妈妈脸上抹黑。"欧阳君认真地说。

"做投资，方法比资金更重要，尤其你们公司在初创阶段更要稳扎稳打，千万不要急功冒进，多想怎样把公司做好做大，少想要挣多少钱，把它作为一份事业，而不是为了成为一个富豪、大亨。你最大的优点就是重情重义，对金钱的欲望不大，这也是我和你妈最欣慰的。"父亲这是第一次用肯定的语气对他说话。

妈妈听爸爸这样说话了，在一旁用纸巾擦着眼睛说道："儿子，你这两年多的所作所为，你爸和我都看在眼里。你有思想，敢想敢干肯吃苦，不像有些干部子女要么啃老，要么依仗父母的权势和关系搞歪门邪道，这点让我们高兴。"

"爸妈，你们这么说，我很高兴，你们能理解我、信任我，对我来说就足够了。"欧阳君有些激动地说道。

父亲听完他的话说："那就好，有什么困难可以给我和你妈说，别的方面我们也帮不上你，家里就那点钱，你随时用随时拿去。"父亲说着，脸上露出了久违的慈祥。

2012 年 1 月 4 日，新年初始的第一个交易日，上证指数以 2212 点高开 0.57% 后，一路头也不回向下跌去，最后报收在 2169.39 点，几乎是以最低价收盘，这给经历了两年熊市折磨和等待的投资者的心头又浇上了一盆冰水。

然而，就在股民们不知所措，一片哀怨声中，1 月 6 日大盘止跌企稳，9 日、10 日两天上证指数暴涨 125 点，涨幅达 5.58%。临近春节，突然之间，一切似乎又峰回路转，投资者从之前的满面愁容渐渐露出了些许笑容，不过，面对年关前大盘接二连三出现的放量暴涨走势，看似"华丽"的背后，却让经历了中国股市太多暴涨暴跌的投资者心怀忐忑，欲迎还拒。

欧阳君和马富才、郭向阳 3 个人坐在公司办公室的电脑屏幕前，面对一阵阴雨绵绵、一阵骄阳似火的盘面竟无所适从。

最后，还是欧阳君说出了自己的意见："以一个投资者的心态，不计较大盘短期的涨涨跌跌，在所有上市公司中挑选从事朝阳行业，又具有生命力和市场竞争力，经营状况持续稳定，业绩保持高速增长，市盈率较低，总市值不是太大，尤其是流通市值要小，具备股本扩张能力的公司进行长线投资。我们 3 个人每人选 3 个标的公司，我侧重于中小板，富才创业板，其余的由向阳负责，两天内完成，最后我们 3 个人一起商定 5 家公司股票，先持 50% 的仓位，这样能进能退。"

郭向阳说道："有欧阳这个理念，选股也有了标准和方向，持股便更有信心，不会为大盘的震荡整日提心吊胆了。"

马富才应声附和说："好，就按欧阳说的办。"

就在他们 3 个人坐在电脑前正在选股的时候，胡月天走了进来。

"正好你们都在，那打扰一会儿，有个事和你们商量一下。"胡月天坐在他们对面的沙发上说。

"胡总，今天学会客气了，还打扰一会儿，先说是好事还是坏事。"马富才来了兴致。

"最近有一家全名为宁夏方慧生物科技有限公司的公司正筹划未来两年在新三板上市，他们是宁夏规模较大的专门从事枸杞种植、加工、产品研发、市场营销为一体的公司。今后新三板一定是继主板后国内多层次资本市场的重要组成部分，背后塑造多少的明星企业和财富神话就无需我多讲了。这家方慧生物依托咱们宁夏特产资源禀赋，又可借助未来新三板灵活的挂牌条件，一两年内若能顺利挂牌，必定前景光明。现在唯一的限制就是筹备挂牌需要将公司改制为股份有限公司。为方慧生物提供上市服务的券商建议他们寻找资源优势互补、业务稳健的合作方联合股改上市，对方老板已经关注我们很久了，尤其对我们发展迅速的电子商务业务很感兴趣，前阵该老板委派代表找过我了，希望有机会洽谈合作。不知你们的意见如何？"

欧阳君想了一会儿说道："听起来确实是一件好事，不止是好事，应该是大好事，对我们来说是一个千载难逢的机遇，只是操作的可行性有待考量。我们马上找相关专业人士咨询一下后再做决定。先不要答复他们，找个理由让他们等几天。"

听欧阳君这样说，马富才激动地站起身来对胡月天说："胡总最近你真是福星高照，每天捷报频传。"

郭向阳也兴奋地说："欧阳说得没有错，这件事如果能成功真是一件大好事，我也有所耳闻。如果新三板今年在国内注册成立就是继上交所、深交所之后的第三家全国性证券交易所，未来能为创新型及成长型公司提供广阔的发展空间，而且听说还有转主板上市的机会，这真是提前布局抢占先机的大好机会，一旦成功这家公司应该会是宁夏第一批新三板登陆的明星企业。"

"是的，如果能把实体经济、资本运作和网络经济融合到一起，那公司才真正形成了一个三足鼎立的稳定结构，这样我们就可以勾画蓝图了。"欧阳君心情振奋地说道。

"另外，我们的股票分析软件也开始销售了，现在已经销售了 100 多套，定价是一年使用费 3000 元，已有了 30 多万的收入，市场反馈的信息还可以。我给我同学打算定个 12 万的年薪；还有分期支付他前期投入的研发软件费用 20 万元；再就是每销售一套软件提成 50 元。你们看如果没有意见我就执行了。"胡月天说完后看着他们三个人，等他们表态。

马富才看了欧阳君和郭向阳一眼后说道："我感觉可以，合情合理。你们看呢？"

欧阳君和郭向阳几乎同时说道："没意见。"欧阳君接着说："电商公司的事你就自己定吧，放开手脚干。"

其实，胡月天所说的宁夏方慧生物科技有限公司就是方芳和东方慧一起创办的公司。公司的前身就是东方慧以前的生物科技公司，创办初期方芳就想到了将来争取上市，借助于资本市场把公司做大做强，所以，他们没有重新注册新公司，而是对原有公司进行了整合和重组，这样公司的注册时间和持续经营时间就提前了两年。他们只是对公司的名称、股东、注册资金及公司经营地址进行了变更。整合后的公司注册资金为 1000 万元。

在这个过程中，方芳提议将东方慧的公司折价 200 万元计入东方慧在公司的股份，东方慧说他的公司满打满算也就 100 万元过一点，这样方芳吃亏了，方芳仍然坚持自己的意见，并笑着说："人都是你的了，钱算什么。"

就这样东方慧又拿出了这几年的积蓄 200 万元，剩余的 600 万元是方芳出的。东方慧没有想到方芳一下子拿出了 600 万元现金，吃惊之余笑着说："我东方竟然找了个小富婆呀！"

方芳假装生气的样子说：“少胡说，难听死了，我的钱都是我自己这么多年在股市上一分一分挣的，你不是还说我闲得无聊，在股市里打发时间吗？”

“你在股市挣了这么多钱呀！比我强多了。”东方慧惊奇地说道。

最后，公司董事长和法定代表人是在东方慧的坚持下由方芳担任的。

东方慧的原话是：“公是公，私是私。既然办公司我们就按公司的法规办，你出资多，你就应该是董事长、法定代表人。我能当个名副其实的总经理已经心满意足了。”

变更后的公司名称为宁夏方慧生物科技有限公司，注册资金1000万元，法定代表人为方芳，公司总经理是东方慧。

经过两年的共同奋斗，他们在银川工业园区建起了加工厂房、办公区和高档的体验店，在银川周围的农村有了自己的种植基地。他们以“红衣少女”为商标的枸杞系列制品在市场上逐步受到了消费者的欢迎。

公司一切工作有序正常进行的时候，方芳把日常的经营工作完全交给了东方慧，自己开始了筹备公司明年新三板上市的准备工作。在推荐券商、律师事务所、会计师事务所和相关人员的帮助下，方芳也逐渐熟悉了今后新三板的上市要求及条件，方慧生物股份制改造是首要问题。当然方芳相信通过这次筹备申报新三板，方慧生物一定可以形成更完善清晰的股权结构以及更具竞争力的经营能力，眼下最重要的就是要在市内选择一家业务稳健，并与方慧生物形成资源优势互补的合伙企业加入。这时，她想到了在业界很有影响的胡月天的电商公司，于是，她派公司协助自己专门负责上市工作的李默去和胡月天见了面，并传递了她的意思。

事情过去几天了，李默一直没有得到胡月天的答复，方芳有些着急了。

就在方芳着急的时候，胡月天和欧阳君他们也正在犹豫和纠结。欧阳君把这个情况告诉了一位从事资本运作的专业人士后，专业人士也为难地说：“你们电商公司除了一些电脑外，基本上没有什么看得见的资产，你们的资产其实就是你们的品牌和公司在市场上的影响力，这都是无形资产，多少价值没有个标准。再则，你的公司现在经营情况很好，一年有那么多利润，合并或者重组以后相当等于把你们的利润送了人，运作不好，确实不划算。当然，如果能上市对你们来说确实是一件好事，降低了公司本身的经营风险，更有利于长远发展。不妨和他们先接触一下，说明你们的情况，听听他们的意见。"

就在欧阳君等人举棋不定的时候，胡月天接到了方慧生物科技公司老板代表李默的电话，说想请他们先到公司去看看。胡月天和欧阳君他们商量后，答应了邀请，决定先到方慧生物去看看，感觉一下有没有合作的可能。

两天后的一个上午，胡月天和欧阳他们在李默的引领下来到了宁夏方慧生物科技股份公司。公司不大，占地面积有 3000 多平方米的样子，前面是一栋看上去精致独特的三层办公楼，后面是两排白墙蓝顶的加工车间和库房，四周是整齐的松树。整体给人一种像影视片中看到的欧洲工厂的风格，显露着现代的气息。

这时，只见一男一女两个 30 多岁的人迎上前来。男的身材挺拔，衣着讲究，气度不凡；女的面露微笑，一身精致的西装套裙更显示出她的优雅和美丽。李默赶紧上前介绍道："这是我们公司董事长方芳女士和总经理东方慧先生。"接着回过头指着胡月天对他们介绍道："这就是电商公司胡总。"

方芳走上前来，伸出手轻轻地握住了胡月天也伸向前的手说道："好一个网络精英、电商奇才，果然是玉树临风、才华横溢呀！"

"哪里哪里，方老板说得我都不好意思了。你才是巾帼英雄、商场花木兰呢。"胡月天佯装不好意思地说着，接着他指着欧阳君他们向方芳介绍说："这位是欧阳君，那位是马富才，他是郭向阳。他们是我的合作伙伴，也是电商公司的股东，还是三和投资公司的老板。"

方芳逐一和他们亲切地握手，握手间问道："三位老板的投资公司是做 PE 还是……"

欧阳君答道："我们是刚成立的小公司，现在主要做股票的二级市场投资。"

"欧阳老板谦虚了，再说再大的公司刚开始都是小公司嘛，这么说我们更是朋友了。说实话，我的第一桶金就是从股市里淘的，我是 2009 年底暂时从股市退出搞了这个实体的。"方芳笑着对欧阳他们说道。

"那你真是前辈了，以后有机会要向你好好请教了！"马富才趁机套着近乎说。

"前辈不敢当。现在长江后浪推前浪，一代更比一代强。有时间我们互相学习吧。"方芳话说得很谦虚，接着又说道："反倒是你们4位青年才俊能屈驾到我们的小公司做指导，让我们的公司蓬荜生辉呀。能认识你们，我感到特别高兴，更期望我们能有合作的机会，一起为银川的经济发展做点事。"方芳的话说得很得体、亲切，给他们留下了很好的印象。

接着，方芳和东方慧请他们参观了他们公司的车间，看着一条条整齐的生产线上，员工们正忙碌着，连他们进来也顾不上抬头看一眼，使他们感觉到这是一支训练有素的员工队伍；库房前则是来来往往往出拉货的平板车，大家都排着队，秩序井然，一派紧张的景象。方芳和东方慧又带着他们到了公司的体验店，这里倒是和厂区里形成了强烈的反差，区内区外的人、顾客和商家、老的少的、男的女的，一片喧闹的情景。展柜里排列着各种各样包装精美的枸杞系列产品。

方芳的办公室倒没有什么特别的地方，面积不大，靠西面墙放着一张大小正好、淡黄色、中间镶嵌着棕色牛皮的办公桌，办公桌对面靠墙放着一组大小不一的牛皮沙发。唯一让人觉得有些张扬的就是房门正对的墙面上挂着一幅放大了的、由一个精致相框装裱起来的省市领导陪同中央领导到公司参观的照片。照片上的方芳正在为中央领导介绍着公司的产品，欧阳君的父亲站在领导人身边。

当马富才看见照片后，由不住地失声叫了出来："欧阳，看这张照片里有你爸！"

欧阳君正好在马富才的身边，听到马富才的话，冷冷地瞥了他一眼，然后，装作什么也没有发生坐在了沙发上。

马富才意识到自己说错话了，连忙闭住了嘴，咽回了后面的话。

欧阳君坐在沙发上习惯地掏出了口袋里的烟盒，他突然意识到了什么，又把烟盒放回了口袋。

刚才马富才的失态和欧阳君的一系列举动，方芳都早已看在眼里，只是她装作没有发现的样子，不露声色地观察着欧阳君。其实，从胡月天给她介绍欧阳君的时候，她就有一种似曾相识的感觉，只是她一时想不起来在哪儿见过。当她想到欧阳这个姓时，突然明白眼前这个年轻人就是欧阳市长的公子。因为欧阳这个姓在当地实在太少了，在欧阳君身上能找到欧阳市长的影子。方芳对欧阳市长是很感激的，他对他们公司的支持很大。尤其从欧阳君刚才把烟拿出来又装回去的举动，对他的感觉更好了，她看得出这是一个低调、稳重，极具教养的人，在他身上完全看不到有些官宦子女自大和骄横的做派。

这时，办公室的文员端上了茶水，方芳便上前将茶水分别递给了欧阳他们。然后，回到办公桌旁，从抽屉里拿出了一盒烟，打开包装，递给欧阳君说："我以前也吸烟，我甚至喜欢烟草的味道。"

"谢谢，那我就不客气了。"欧阳君说着接过了烟，点燃吸了起来。

"方董事长，你应该在欧洲哪个国家待过相当长的时间。"欧阳君看着方芳用询问的口气说道。

"你怎么有这样的感觉呢？"方芳反问道。

"我从你的谈吐和公司的一些印象感觉出应该是这样。"欧阳君说。

"你的眼光很准确，我在德国生活了许多年。"方芳淡淡地说。

这时房间的气氛已经十分融洽了，大家闲聊了一会儿后，欧阳君说道："方董事长，你的想法贵公司的李默已转达给我们了，我们首先谢谢你的美意。至于一些具体事宜和技术性的问题，我有个想法，你看是不是合适。"说到这里，欧阳君看到方芳正在认真地听他说话，便接着说："我们把双方公司的真实情况和想法告诉各自的律师事务所，委托律师沟通合作可行性及细节。现在既然我们都已经是朋友了，大家再讨价还价、斤斤计较有伤情感了。再说我这边也不擅长和喜欢谈判。"

听欧阳君说完，方芳兴奋地拍手鼓着掌说："欧阳真是个天才的外交家、解决矛盾的高手。我赞成你的提议，下面我们就按你的建议开始进行。最后我有一个要求，也是请求，就是无论什么结果，我希望我们都要做好朋友。"

房间里的人听方芳这样说都高兴地齐声说道："好，我们一定做好朋友！"

就这样，第一次的见面在轻松、愉悦的气氛中结束了。

第二十四章　爱情死了

2012 年 5 月 8 日，阴历四月二十八日，对于那些准备娶妻嫁女的人来说，是一年之中难以遇到的大吉大利的好日子。可这一天对于曲哲来说，却是一个让他饱受屈辱的日子、一个使他彻底醒悟的日子、一个令他刻骨铭心的日子，在这一天他的爱情死了。

看着从李艳玲家居住的小区里慢慢驶出由奔驰、宝马组成的浩浩荡荡的迎亲车队，一种难以言喻的悲伤和绝望像两只手撕扯着曲哲的心。他们的爱情曾是那么的平淡和素雅，而他们爱情的葬礼却如此的隆重和奢侈。

看着远去车队的影子，他开始怨恨自己，其实他早就想到了这个结局。为什么自己一直那样执着，结果伤了自己，痛了别人。人生最大的悲哀不是你骗别人，也不是别人骗你，而是自己欺骗自己。他就是那个欺骗自己的人。

看着消失的车队，尽管曲哲想让自己坚强一点，表现得更像个男人，但眼泪还是忍不住地流了下来。他没有再去刻意地抑制自己，而是让眼泪任意地流着。泪水洗刷着他的悲伤、他的怨恨和他的屈辱，他不想在以后艰难跋涉的人生征途中，再让这些沉重的行囊压弯自己本来并不挺直的脊梁。

终于，曲哲稳定住了自己的情绪，来到银行，银行卡存有他这几年来上大学兼职和投资期货挣的 10 万元钱，这些钱本是积攒着用来迎娶李艳玲的。他绝望的取出两万元钱，装进了准备好的礼金袋里，没有留只字片语，交给前来为他送行的朋友，委托他送到婚礼现场。然后，曲哲头也不回地登上了从县城开往省会银川的高速大巴。

这个偏僻、古朴的小县城里没有花开蝶飞的传说，也没有浪漫动人的爱情故事，它永远活在现实里面——匆忙的身影、麻木的眼神、虚伪的笑容、庸俗的话题、肮脏的交易。这个曾经那么令他眷恋的地方，留给他的却是无尽的伤痛和屈辱。

舒适的大巴在高速公路上行进着，曲哲微闭双眼靠着车窗坐着。他感到了极度的疲惫，几年的爱情之旅让他精疲力竭。这时，车厢里回荡起刀郎那摄人心魄的歌声：

> 自你离开以后，从此就丢了温柔，
> 等待在这雪山路途漫长，听寒风呼啸依旧。
> 一眼望不到边，风似刀割我的脸，
> 等不到西海天际蔚蓝，无言着苍茫的高原。
> 还记得你答应过我不会让我把你找不见，
> 可你跟随那南归的候鸟飞得那么远。
> 爱像风筝断了线，拉不住你许下的诺言，
> 我在苦苦等待雪山之巅温暖的春天。
> 等待高原冰雪融化之后归来的孤雁，
> 爱再难以续情缘，回不到我们的从前。
> ……

如泣如诉的歌声将他的思绪拉回到 8 年前——

2004 年的夏天，他以全县中考第七名的成绩考入了县重点中学尖子班。尖子班在全县也称为"状元班"。在这个尊师重教的小县城，能在这个班学习，学生本人骄傲，家长更感到荣耀。

曲哲出生在一个普通工人家庭，父母所在的工厂 3 年前被一个民企老板买走了，父母自然也就下了岗，自此他们只能到处打些零工来维持生计。还好由于父

母精打细算，一家 3 口日子还算过得去。生长在这样的家庭，他自小就很懂事，学习很刻苦，成绩一直在学校名列前茅，他不想因为自己的学习再给父母增加负担了。

他没有别的爱好，家里也没有多余的钱支持他的其他爱好。学习之余，他喜欢看家里存放的父亲以前看过的一些小说，比如《基度山伯爵》《红与黑》《新星》《平凡的世界》《人生》等，这些书或多或少影响了他的内心世界和人生观。他最大的愿望就是好好学习，能上个好大学，将来能出人头地，让父母过上好日子。

很快到了开学的时间，到了一个新的学习环境，一切都快乐而又新鲜。开学第一天，老师安排曲哲和一个叫李艳玲的白皙、漂亮的女生同桌，这着实让他欣喜万分、激动不已。

上课几周后，他从同学口中得知尖子班 60 个同学，其中有 50 个是中考考进来的，都是全县中考成绩的佼佼者，剩余 10 个同学都是有家庭背景的人，他们的父母不是县里的大官就是有钱的老板。其中李艳玲的父亲官最大，是县里的县委书记。

自从曲哲知道李艳玲的父亲是县委书记以后，就对她肃然起敬，生怕哪天不小心得罪了她，那可就给家里惹上了大麻烦。曲哲自小在厂里长大，在他眼里，父亲以前的车间主任都是很风光的领导，更不要说厂长了，而李艳玲的父亲是县委书记，还要比厂长大好几级，那该是多大的官呢。除了对李艳玲的敬畏以外，他又对她多了一分神秘感。

可是李艳玲根本就没有千金小姐的做派，她比班里有些女生更腼腆、更随和。她从来不参与那些谈论歌星、明星或者衣着打扮之类的话题。她学习很认真，在学校和班里一些劳动之类的活动中表现得都很踏实。时间久了，李艳玲在曲哲心里的敬畏感和神秘感慢慢消失了，他们像普通同学那样开始了交往，有时，她有不会做的题也会主动请教曲哲。

就这样，一年的时光稀里糊涂地就过去了。这一年期末考试曲哲取得了年级第二名的好成绩，为此得到了学校颁发的 500 元奖金。这是由县内的一些知名人士联合赞助成立的一只教育基金，专门用来奖励那些学习和表现优异的学生。

曲哲和李艳玲的关系出现微妙变化是因为他的一篇题目为《我的父亲》的作文，不知是主题触动了他的心弦，还是父子情深的缘故，这篇作文他写得很投入，连自己都被感动了。在他笔下一位无奈下岗，在困境中苦苦挣扎，尽力地维持家庭生计，又给予儿子无言之爱的父亲活灵活现地浮现在读者面前。老师给予这篇作文很高的评价，同时又在班里朗读了这篇作文，李艳玲和好几个女生听着听着都忍不住流下了眼泪。

下课以后，看身边没有其他同学，李艳玲悄悄地问曲哲："你这篇作文写得很好，也很感动人。你写的都是真实的事情吗？"

"我写的是作文，不是小说，再说写自己的父亲不真实，那他就不是父亲了。"他有点不高兴地说。

"对不起，我不是那个意思，我是说你家的生活真像你写的那样？"她小心地问。

"我写得很真实，现在许多下岗职工的家庭都像我家这样。"曲哲冷冷地回道。

"那你或者你家有什么困难可以告诉我吗？也许我能帮你做点什么。"李艳玲说话的口气像做错了什么事。

"谢谢，不用了，我都已经习惯了。"他说话的语气依然还是冷冰冰的。

尽管曲哲表面装得很强大，但内心仍旧很脆弱，那天他被李艳玲的话感动了，他的心潮湿了，在毫无知觉中他情窦初开了。

从那以后，曲哲课桌的抽屉经常会出现一些苹果、橘子、巧克力之类的东西，也有一些高考复习的资料和书籍。从此，他管不住自己了，他感觉学校就是他的天堂，在这个天堂里有他的欢乐、有他的期盼、有他的梦想。他希望学校24小时都上课。他讨厌星期六和星期天，更厌恶放长假。他盼望着每天第一个看到的人就是李艳玲，如果哪天李艳玲上学迟到了或者没有来学校，他会坐立不安、心神不宁，上课老师讲什么他都听不进去。

这种情况到高二快结束的时候越来越严重，曲哲的学习成绩一直在下降，老师终于找他谈心了。父母也感觉到了他的变化，在母亲的哭泣声中，父亲语重心长地说："儿子，你长大了，应该更懂得一个男人如果没有学业和事业一切都是空的，你可不能走我的老路呀！"尽管之后他努力改变自己，但他的考试成绩已经从班里前列退步到中流水平。

一天放学的时候，李艳玲递给曲哲一张叠起的纸条后就离开了。握着纸条，他先是激动，过后又是忐忑，到后来就是恐惧。因为最近他在班里的表现实在是太差了，他都已经开始厌恶和仇视自己了，不知道李艳玲会在纸条里写些什么。就在这样一个复杂的心情下，他来到学校足球场的一角，看见四周没有人，便鼓起勇气打开了纸条。只见纸条上面用工整的笔迹写着下面的话——

曲哲同学：

我以前一直非常欣赏你，感觉你是一个有思想、积极上进的人，你在那样一个家庭环境里，仍然能无怨无悔，真实、阳光、勇敢地展示着你的与众不同。可你最近的表现却让我困惑，甚至是失望，你在人生最重要的挑战到来之前，却彷徨、徘徊了。无论是为谁——为你，为你的父母，或许别的什么人，你都不应该这样下去了，因为上大学是你通向理想的唯一途径。

所有人在成长的路上都会遇到一些状况，其实这些都不重要，也很正常，就像一年四季有阳光、风沙、冰雪、闪电一样。毅力、智慧是成功者的武器，成功是勇敢的成果。如果你不能战胜束缚自己的心魔，不能正确地面对现实，不敢击翅风雨，那么你就会成为一个懦夫。你不勇敢，没人替你坚强；你是懦夫，没人愿意与你同行。

现在，我们都处于人生道路上百米冲刺的紧要时刻，如果你还要抚摸自己的伤口，或者欣赏两边的风景，那么我也无语了。希望我的话对你有所帮助。

同学：李艳玲

李艳玲纸条里的内容是他没有想到的，可李艳玲的信像一面镜子照出了自己的懦弱，甚至是猥琐，他感到无地自容。

夜幕渐渐降临了，平时喧闹的足球场此刻是那样的宁静，一阵凉风袭来，扰乱了他的思绪，他仿佛是从梦中醒来一般。再不能这样下去了，他要集中精力，全力迎接高考。

最终，曲哲在 2007 年的高考只考了 541 分，比当年宁夏一本文科录取线还低了 7 分。他的高考成绩完全出乎老师和同学们的预料，一直对他寄予厚望的班主任老师在高考分数公布后，见到曲哲竟连话都没有说，只是叹息着摇了摇头后与他擦肩而过。父母更是失望之极，他们不知道该说什么，那几天，家里的空气沉闷得几乎让人喘不过来气。

高考成绩出来后，曲哲才意识到自己犯了多大一个错误，父母、老师、同学暂且不说，他连和李艳玲告别一下的颜面都没有了。自己本来就和她生活在不同的两个世界里，对他来说，李艳玲是生活在云端的人，以前因为自己学习成绩优异，他们有了互通往来的天梯，可现在这个天梯倒塌了，他再也够不着她了。如果再心存幻想，那么自己真是不知天高地厚了，不要说李艳玲，就是自己也看不起自己了。曲哲想为自己留下一点可怜的自尊，就这样，他那懵懂、带着青涩的初恋结束了，随之也带走了曾带给他的梦想、希望和忧伤。

自此曲哲断绝了和任何同学的联系，就连同学之间留影、大家互相馈赠礼品、留言祝福之类的活动他都没有参加。他在家附近的一家工厂找了个装卸的零工干了一整个暑假。

曲哲最后被填报的宁夏大学经济系录取了，在大学开学的前一天他才辞去了零工，拿了一些简单的衣服和用品，还有家里父亲收藏的《人生》和《平凡的世界》两本书，背着包和父亲一起来到了县城的长途汽车站。他拒绝了父亲继续送他到学校的要求，登上了开往银川的汽车。当曲哲回头看到父亲站在原地，瘦小单薄的身影和与年龄极不相称过早苍老的脸庞时，他的心撕扯般地疼痛起来，他控制不住地扔下背包，冲下车来，紧紧地抱着父亲哽咽地说："爸爸，对不起！爸爸，对不起！"说着，他的眼泪夺眶而出，从他的脸上流到父亲的脸上。父亲一边为他擦着眼泪，一边说道："儿子，放下包袱你才能轻装上阵！挺起胸膛来，我气过你，骂过你，但从来没有怀疑过你，一个长跑运动员即便是摔了一跤，他仍然比常人跑得快，我相信你！"

车开动了，父亲的身影越来越远。曲哲一直挥着手，他是在和父亲告别，也是和那片熟悉的故土告别，更是和他那少不更事的年代告别。他在心里暗自下着决心：我一定要振作起来活出个人样来！

当曲哲踏进那曾经只在梦中出现过的大学校园时，心情很是激动，这里将是自己青春的一片舞台。或许这里没有他想象中的大学殿堂那么宏伟、那么肃穆，但走进这里，让他不经意地想起了两个词：漂亮、清新。校园花坛里五颜六色的花，是那么娇艳欲滴；大片大片的草坪，绿是唯一的颜色；还有那些在校园里穿行着的夹着课本的老师、学生。这里的一切都充满着生机。

一个不肯忘记过去的人，就如一只折了羽翼的小鸟，永远都不能高飞。曲哲不愿做那只折了羽翼的小鸟，因为他不愿让自己的激情和梦想都被地心引力所禁锢，飞不高，也看不远。他渐渐忘记了过去，不久便适应了这里的一切，真正投入到了新的大学生活。

大学和高中有很多的不同。高中多数的时间都在教室里度过，从早到晚排满了课程；而在大学，课不多教室也不固定，因此培养学生自我学习能力尤为重要，这样曲哲就有充足时间和机会听他感兴趣的课，选修一些他认为有用的课程。

父亲在曲哲上大学前和他的谈话中嘱咐过："儿子，上大学一定要和同学把关系搞好，学会为人处世。上大学不光是学习专业知识，同时也要多交朋友，积累些社会资源，这种资源是拿金钱买不到的。能上大学的孩子多是些积极上进，有理想、抱负的人，这些人将来走向社会后都会大有机会和前途。你们在大学能把关系处好，建立起深厚的情感，以后走向社会后就能互相帮助。记住，一个和父母、家人、老师、同学和同事都搞不好关系的人，在今天的社会肯定不会有什么大的作为。"所以从进大学校门那天起，曲哲就很注重和同学们相处。也许因为大家都成熟了，经历得更多，更懂得去珍惜身边的友谊，人与人之间学会了尊重，学会了怎样去沟通、怎样去相处，不再任性，所以他很快就和同学们融到了一起。尤其是同寝室的舍友，大家每天一起上课，一起吃饭，一起玩，一起笑，一起分享各自的秘密和心事，整天朝夕相处，难过的时候互相安慰，孤独的时候彼此陪伴，谁有什么困难，大家都热心帮助。

夜深人静时，曲哲有时也会偷偷地想起一直深藏在心底的李艳玲，他不知道李艳玲如今身在何方，是否也能像他一样想起他呢？也许，他们之间从来就没有过所谓的初恋，有的只是他一厢情愿的单相思。想到这儿，他总感到羞愧和莫名的忧伤。

曲哲感觉自己完全适应了大学生活和足以应付所学课程后，找到了一份比较满意的兼职工作，这样既能为父母减轻一点负担，又能早一点参加社会实践。就这样，大学生活的轮盘在他的驱动下开始快速转动起来。

这份兼职工作是班主任老师在了解到曲哲的家庭情况后给他介绍的，班主任老师和公司的老板是朋友。这是一家位于学校附近专门从事期货交易的公司，曲哲的工作就是每天晚上 6 点到深夜 12 点，盯着外盘黄金、白银的价格走势，根据老板制定的策略择机买进、卖出或平仓。工作一旦熟悉了，感觉很简单，但很有趣。公司周末两天休息，一个工作日的工资是 50 元。如果这份工作能长期干下去，曲哲每个月就有了 1000 多元的收入，那么基本上就可以不让父母再为他承担什么费用了，所以，他格外珍惜这份工作。

获得这份兼职，曲哲仿佛觉得自己大学之初的明媚生活出现了一道彩虹，每天都是那样的清新。当然，美好的理想会给人的生活注入澎湃的热情，但现实的残酷更会无时无刻地考验这份萌生的激情，看它是不是只有三分钟热度。

那是曲哲兼职 3 个月后的一天晚上，他因感冒一直不好，就多吃了几片药，结果晚上十点多的时候，不小心睡着了。等他醒来，看见白银的现价比老板制定的平仓价高了 30 多个点，将近 2%，对于期货交易的空单，现价上涨 1% 就意味着交易金额损失将近 10%，他吓出了一身冷汗。看着白银的价格还在上涨，他赶紧把账户里的白银空单平仓了。那天，幸亏老板持有的空单不多，但即便这样，因为曲哲的失误让老板多损失了十多万元。

结果可想而知，老板知道后把他骂了个狗血喷头。当曲哲试图给老板解释原因时，老板粗暴地打断他的话后说道："不要给我讲任何理由。能干好工作的理由就一个，干不好工作的理由可以找一千个、一万个。"那一晚曲哲一直不敢把头抬起来正视老板，感觉自信心从来没有那样远离过自己。当时，他面对老板的粗暴和不近情理，一度想到放弃，可感觉内心深处又有股力量阻止他这么做，而且这股力量异常地强劲！

老板事后知道他因生病多吃了药睡着了，没有再处罚，继续留下了他，但似乎对他更严格了。通过这件事，他学会了做错事后不再讲什么理由和借口。他懂得了忍耐的智慧和价值，因为有些事情你一开始确实是难以接受的，你会条件反射式地去抗拒它，可此时，必要的忍耐是至关重要的。忍耐过之后，等你冷静下来你会发现，其实这也是可以接受的。忍耐可以使你接受生活中的挫折、打击、误会、委屈，让你成熟起来、勇敢起来、强大起来，一个人具备了这些品质就具备了成功的内在条件。

就是这个粗暴地打断了他的解释，把他骂得狗血喷头的老板，给他提供了生活的必要保证，教会了他如何对待工作，提供给他一个学习生存技能甚至是创造奇迹的机会。慈母出败子，严师出高徒。当他意识到这些后，他便用一颗感恩之心对待这份工作、看待老板了。

就在曲哲沉醉于大学生活中，尽情释放着自己的青春活力的时候，大二下学期的一天下午，在校园里碰见了李艳玲。

"怎么是你？"曲哲吃惊地问道，这时的他不再像以前那样木讷、青涩。

"你是高尔基？我就不能来吗？"李艳玲依然是那样白皙、漂亮，只是以前瘦削的身材稍稍有些丰满，显得更可爱了。

"高尔基？"他刚有些糊涂，随即想到了高尔基的小说《我的大学》，明白了李艳玲的话的意思，便笑着说，"我不是那个意思，宁夏大学可不只是我的大学，是大家的大学。我只是奇怪怎么能在这里碰见你。"

"我在中文系，我的录取通知书和你的是一起收到的，我早就知道你在经济系，你连个再见都不说就离开了母校，知道你不想见我，所以我也就没有再打扰你。你不觉得自己有点太小气了吗？"李艳玲比以前大方多了。

"那时候，我也不知道自己怎么了，就是讨厌自己，谁都不想见，让你见笑了。"曲哲有些不好意思地说。

"我理解，你是个心高气傲、自尊心很强的人，不过看见你现在这个样子，我很高兴。"李艳玲微笑着说。

"你既然早知道我们在一个学校，又知道我们系，为什么不找我？"他大着胆子，看着李艳玲问道。

"我为什么要找你？"李艳玲有些怨气地说，脸上出现了一丝伤感的表情。她抑制了一下自己的情绪后说道："宁大的校区并不太大，能遇见是缘，遇不见是命。"

曲哲无语了，不知道自己该说什么。昔日的情景一幕幕又浮现在他眼前，尽管不太丰富，但很生动、很感人。过了许久，他从伤感中挣脱了出来，激动地说："我想我们应该找个地方，一起吃饭庆贺一下咱俩的相逢。昔日高中的同桌，今日在大学的校园里碰面，应该算是一件幸事！"

李艳玲微笑着点头同意了，脸上也飞起了一片红色的云彩。

曲哲第一次叫了辆出租车，和李艳玲来到了一家名叫"难忘今宵"的西餐厅。

这是他第一次和女孩单独在一起，在这样的环境中，兴奋、激动之中又有些忐忑不安。旁桌坐着几对像他们一样年龄的情侣，他们都似乎很珍惜这难得的时光，倾心地交谈着什么，有些胆大一点的，竟做出了亲昵的动作。

"你老来这里吗？"李艳玲轻声问。

"第二次，上次是寝室的同学过生日来的。"他回答说。

这时，一个漂亮的女服务生送来了菜单，曲哲接过菜单，看着花里胡哨的菜名，有些不知所措。过了一会，服务生等得有些不耐烦了，大声说道："你们到底点什么呀！"语气里明显带着轻视和不耐烦的情绪。服务生的话引来了旁边座位上俊男靓女异样的眼光，有的竟看着他们在窃窃私语着什么。他感到了一种从未有过的窘迫和羞辱。

这时，李艳玲冷冷地看了一眼服务生，拿过他手中的菜单，看都没有看一眼扔给了服务生，轻蔑地说道："给我们来一份红酒椒香烤羊排、一份新奥尔良鸡腿肉比萨、金枪鱼土豆沙拉，再来两份番茄海鲜汤。"她报着菜名，没有思考，没有停顿，就像小学生背诵乘法口诀表。

一会儿，那位服务生低着头走了过来说："我们厨师说你点的这些都是西餐的经典菜，有两道菜我们这里没有原料，做不出来。"

李艳玲听服务生这么说，带着讥讽的口气说道："西餐就那么几道可怜的菜，你们这个没有原料、那个做不出来，开什么西餐厅。曲哲，走，我们吃羊肉泡馍去！"说着，她起身拉着他，脸上露出了狡黠的笑容，高昂着头，目不斜视地走出了西餐厅。

就这样，他俩又不知不觉地走到了一起，和大学里所有恋爱着的学生一样，开始了彼此真正的初恋。自此爱情成了曲哲学习和兼职之余的主色调，这种玫瑰花的色彩让他在疲惫的时候，感觉甜甜的，特别温馨。

美好的时光总是流逝得很快，眨眼间，4 年的大学生活就要结束了。这对恋人又到了抉择的时候。李艳玲的父亲早已为她安排好了在县城一所中学当老师的工作，李艳玲知道父亲向来都是说一不二，她根本不敢去抗争。

曲哲通过近 3 年的工作，公司老板对他的人品和能力都十分肯定，并且彼此配合也有了默契，舍不得放他走，承诺给曲哲年薪 5 万元，年底公司收益要好还有奖金。说实话，曲哲喜欢这位老板，这么多年来一直把他当正式员工一样培养，尽管老板有时性格不好，脾气有些暴躁，但为人却特别真诚、善良；他也很喜欢这份期货投资工作，只有这个工作能让他感到真正的平等和公正。

期货市场不管你是省长的儿子，还是富翁的女儿；不管你是身价上亿的老板，还是只有几千元的草根贫民；不管你是留学回来的海归，还是没有考上大学的高中生，大家在相同的规则下竞争，比的是对盘面的分析和判断，比的是执行纪律的坚定性，比的是内心的强大。在期货市场，你能把自己的才华和运气、资本放大许多倍。期货市场是资本门槛最低的市场，一个人只要有几千元的现金就可以进入市场，经过博弈，照样有机会过上光鲜、受人羡慕和尊重的生活。当然，一个亿万富翁在期货市场如果判断错误、操作不当，用不了多久就可以倾家荡产、万劫不复。

经过反复的考虑和痛苦的选择后，曲哲最终决定留在这家公司。而李艳玲无奈地回到她父亲执掌的县城。

就在两人离别的第二天，曲哲征得老板的同意后，拿出兼职积攒下来的两万元钱，开了一个期货账户，在给老板操盘的同时，也进行着自己的期货投资。他知道自己家里的情况，不想再给父母增添一点负担，他决心要用自己挣的钱成家立业。

自从到公司正式工作后，曲哲几乎每天 24 小时都在公司。黄金、白银的定价权在欧美国家，所以贵金属的交易价格主要以美盘为准，而美盘是 23 个小时的交易时间。所以，为了和美盘同步，公司在香港交易平台开设了账户。公司为了夜盘交易人员的方便，设有几间宿舍，他一直就住在公司的宿舍里。由于自己也经常有持仓，所以曲哲不可能像其他只为公司操盘的员工那样轻松，他经常是不分白天黑夜地坐在电脑前盯着盘面，处理随时出现的状况。期货价格瞬息万变，有时上个厕所的工夫，持仓的资金就会出现 10% 或者 20%，甚至更大的波动。所以他只能在休市的时间和李艳玲联系，他们的交往自然不会像在大学那样频繁和随意。

李艳玲刚回县城后，还经常主动给曲哲打电话，3 个月以后，电话越来越少，有时，一个星期也接不到她的电话。曲哲有些沉不住气了，心里有一种不好的预感，开始每个星期都回县城一趟。

刚开始，曲哲差不多每次都能见李艳玲一面，只是感觉她心事重重，和在大学里判若两人。他以为是自己不在她身边的缘故，也没有太多地去想。此后接连两次回去曲哲都没能见到李艳玲，第一次她说是母亲病了需要照顾，第二次说是家来人了实在出不来。最后一次曲哲周末回家给李艳玲打电话的时候，她的电话竟关机了。

曲哲正心神不宁地走在县城大街上的时候，听见有人在喊他。他抬头一看，是高中同学李大江，俩同学多年不见少不了寒暄一会。李大江的父亲是县里商界的头面人物。他从寒暄中知道李大江高考落榜后在他父亲的工厂上班，一直没有离开县城。这时他突然想到从李大江这里了解一下李艳玲的情况，便装出若无其事的样子问道："高中和我同座的李艳玲现在在哪儿工作你知道吗？"

听问到李艳玲，李大江来了精神，嬉皮笑脸地说："怎么这么多年还没有忘了她呀？最近同学之间都传开了，李艳玲她爸给她找了个从澳洲回来的海归男朋友，他爹是县里最大的房地产开发商，当下官商联姻是最时兴的婚姻。开始李艳玲还不同意，可是胳膊拧不过大腿，最后还是妥协了。前几天还有同学见她和男朋友在一起呢，听说那个男的长得一表人才。"

"那个男的做什么的？"曲哲抑制着内心的痛苦，强打精神问。

"狗屁，假洋鬼子，看来也是花钱出国的，没有学上什么真玩意，听说他爹给开了个贷款公司，领着一帮人放高利贷呢……"

李大江后面还想说什么，曲哲一点也听不下去了，他怕李大江发现他的异样，便打断了话题，找了个理由匆匆离开了。

回公司的一路上，曲哲都沉浸在无尽回忆中。当他再次咀嚼痛苦的时候，车厢里传出了售票员的声音："各位乘客，汽车进入银川站了，大家检查一下自己的行李，准备下车了。"他坐在座位上，缓了缓神，整理了一下自己的思绪，随着乘客走下了汽车。

第二十五章　否极泰来

曲哲回到银川心情渐渐平复了下来，他想了很多很多。

自己的这段昙花一现的感情经历算爱情吗？这和小时候看见父母来了，慌忙推倒正在和泥盖房子的过家家游戏有什么两样？自己犯得着为这样的游戏伤悲吗？再说，父母养育了自己 20 多年，自己为他们想过什么，又做过什么？对于一个男人，与责任和事业相比，谈情说爱算得上什么呢！

伤过、痛过，才知道如何保护自己；傻过，才知道适时地坚持与放弃；爱过，才知道自己其实很脆弱。其实，生活中并不需要这些无谓的执着，没有什么真的不能割舍。世界上的任何事情都是两面性的，积极的人看到的是阳光，消极的人看到的是黑暗。

曲哲不再怨恨别人，也不再怨恨社会，他觉得一切都是自己的问题。马克思在 100 多年前就说过：物质决定意识，经济基础决定上层建筑。自己读了 10 多年的书，又是学经济专业的，书读到猪肚子里了？圣贤说的话，这么通俗的道理自己就没有真正理解，还一个劲地在脱离现实地追逐什么海市蜃楼。在当下社会，能有纯粹的爱情吗？大多时候都是生活选择你，而不是你去选择生活，尽管你不情愿，可是必须去面对，这就是人生。在现实面前，自己必须学会醒悟、学会隐忍、学会承受，更要学会努力和奋斗。在百态人生中体会着人生百态，抛却曾经的轻狂和幻想，静心潜修，以通达人生的别样境界。不再计较自己受到的待遇，沉默并不等于沉沦，生活更需要实实在在的东西。在你没有能力改变社会的时候，首先学会改变自己。自己虽然平凡得在熙熙攘攘的人海里毫不起眼，可上帝在创造每个人的时候，都给了他独特的才能，只是自己眼前还没有施展出这个才能。一些了不起的成就，大多都是由耐性堆积而成的。耐心，意味着要经得起眼前的诱惑，耐得住当下的寂寞。耐心不是外在的压抑，而是内心的修行。不要去采摘那些还没有成熟的果实，否则，你的生活一定是苦涩的。一个什么都想得到的人，肯定会什么也得不到。

就这样，曲哲经历了一次痛苦的蜕变，经历了一次脱胎换骨的新生，他以一种全新的精神面貌和工作态度出现在同事面前。

曲哲所在的投资公司老板名字叫赵凡。他是一个 40 多岁的男人，身材瘦小，貌不惊人，过早的谢顶让他看起来要比实际年龄大许多。曲哲以前听班主任老师讲，赵凡毕业于复旦大学，曾是外地一所大学的哲学教师。因痴迷期货这个行业，索性辞职专门做起了期货投资。他有多少钱，对所有人都是个谜，包括他的妻子和子女都不知道。和他走得近的人都知道他是一位出色的投资者，他的资产配置很科学，30% 投资商业营业房等不动产，60%～70% 投资股票，只有很少的资金用于期货投机，据曲哲所知，公司期货交易的资金至少 500 万元。

赵凡人脉很广，有政府官员和商界精英，也有学校老师和庙观里的主持、道长。他们交往的方式很简单，喝茶聊天，下下围棋。他的围棋棋艺很高，几乎没有人能下过他。他极为推崇中国古代道家思想，他常说学习和研究道家思想对投资有极大的帮助。

赵凡有时间、有兴趣的时候会对公司的员工讲道家教义：修德筑道，修身养性；顺其自然，反本回源；修本心，得自我。他认为提高员工的精神修养，克服人性的弱点对股票投资或者期货投机是至关重要的。他说：道家崇尚自然，有辩证法的因素和无神论的倾向，主张清静无为，反对斗争；提倡道法自然，无所不容，自然无为，与自然和谐相处，就可以在投资或投机过程中平息内心的浮躁和盲动，理性地研判盘面，做出符合行情的操作。他指出：道家在先秦各学派中，虽然没有儒家和墨家那么多的门徒，地位也不如儒家崇高，但随着历史的发展，道家思想以其独有的宇宙观、社会观和人生领悟，在哲学思想上呈现出永恒的价值与生命力。

赵凡的性格极具两面性，平常的时候很淡定、和善，一副与世无争的神态，可是到了期货交易的时候，他就像一位威严的将领，迅速下达着每一个操作指令，一旦哪个人反应迟钝，或者操作失误，他会不留情面，严厉斥责，有时态度也很粗暴。

赵凡的投资公司，与其说是公司还不如说是个工作室，有 10 个员工，分为 3 个组：股票组、期货外盘组、期货内盘组。证券组就一个操盘手，根据老板的指令进行操作。赵凡对股票是一种长线投资的思路，除非是他感觉大盘到了阶段性反转的时候，他才会下达减仓或者加仓的指令，通常情况一般持股不动。期货外盘组 4 个人，主要负责黄金、白银等贵金属的交易，这个组最辛苦，一天三班倒，20 多个小时一直有人盯盘，还得对当天全球发生的经济事件和公布的经济数据进行收集，第一时间汇报给老板，进行相应的操作。期货内盘组 5 个人，相对来讲工作就比较轻松了，一个人负责 4 个品种的国内大宗商品交易。

曲哲是从 2012 年第一个交易日开始，赵凡就安排让他独立操作资金了。公司有一个总账户，总账户下面分有若干个子账户，操盘手每人操作一个子账户，各自的资金数额和操作情况，在总账户看得清清楚楚。并且，公司老板或者风控人员可以直接在总账户上对每个子账户进行监管和操作。曲哲独立操作的期货账户上的资金是 20 万元。

曲哲从县城回来后，自己的期货账户一直没有操作，一来是怕自己的心情还没有调整好，二来这一段时间，白银一直在箱体里震荡着，没有一个好的操作机会。反倒是操作的公司账户在两个多月的时间里，他采用了低仓位、灵活止损止盈，高空低多的短线策略，先前老板交给他的 20 万元资金累计盈利了 12 万元。

到了 2012 年 8 月 20 日，美盘白银价格的走势突破了 2830 美元的箱体高点，开始强劲上涨。曲哲眼前一亮，感觉机会来了，便在 2840 美元左右的价位，设置了买入资金额的 10% 的止损，将自己操作的公司账户资金和他个人账户上的 8 万元资金全部买入，做多白银。当天，美盘白银收盘价是 2870 美元，他的两个账户上都盈利 10% 以上。接着又是连续 5 天的上涨，白银上涨到了 3100 美元，按他的买入价几乎涨了10%，他的两个账户上的资金几乎翻了一番。他及时地提高了止损价，确保了大部分的盈利。

白银盘面经过3天的盘整后，31日白银价格低开高走，一路上攻，当白银价格上攻超过3100美元时，他又设置好止损，将两个账户上的盈利部分又全部买入白银做多。白银当天的收盘价是3144.2美元，大涨3.54%。

接下来又是10个交易日的盘整上涨，到9月13日，白银的价格涨到了3477美元。这时他操作的公司账户上的资金从30万元猛增到130多万元，他自己的账户上的资金从8万元增加到35万元。20多天时间，资金翻了四番多。35万元，一般的工薪阶层10年也存不上这么多钱呀！他第一次切身体会了期货市场的神奇和魅力。

白银在3480美元的价格震荡了将近1个月后，选择了回调，当价格跌破20日均价后，他在3450美元的价格全部平仓。

从曲哲开仓之日到他中间加仓，一直到平仓，公司老板赵凡一直没有对他的操作进行评判和夸奖，他知道老板通过监控账户对自己的操作过程清清楚楚，可老板为什么没有吱声呢？他又仔细对照最近白银的盘面和走势，对各项技术指标进行了分析和反省，得出结论，自己一切的分析和操作都是按老板教他的方法做的呀。

几天后的一个下午，收市后员工们都回家了，赵凡看见曲哲一个人还在看盘，便坐到旁边的沙发上说道："曲哲过来，收盘了，休息一下，陪我说说话。"

"好，我这就过来。"说着，曲哲连忙退出系统，关了电脑，拿了一把椅子隔着茶几坐在了赵凡的对面。

"你到公司都有4年了，对今后的生活有什么规划？"赵凡看着曲哲的脸问道。

"确实没有，我就想跟着您好好干。4年了，我现在才真正感觉到期货交易的魅力和神奇，在这里，几乎没有什么不可能。"曲哲说的是真心话，他对赵凡的感情从当初的敬畏转变为现在的尊敬。

"还记得我第一次批评你的事吗？"赵凡笑着问。

"当然，我第一次见有人对我那么凶，我当时确实想不干了。最后我想开了，就坚持了下来。所以，我从内心感激你！"曲哲实话实说。

"挨了批评还感激我，为什么？"赵凡接着问。

"严师出高徒。期货市场没有你讲理由的机会，你在培养我从事期货职业最基本的素质。家里的父母和学校的老师教给了我基本的生活技能和文化知识，而你教给我的却是谋生创业的方法和技能。所以，我从心底感激你，能遇见你是我的幸运。"曲哲说出了藏在心底的话。

"听得出你说的是实话，你能这样看问题说明你悟性很好，是一个可塑之才。"这是 4 年来赵凡第一次肯定他，他思索了一下后又说道，"我现在还不好说把你带进做期货这个职业，是你的幸运还是不幸。你永远要记住做期货这个职业，让你下地狱的概率要远远大于上天堂。一定要时刻保持清醒的头脑，一定要敬畏市场，做到不骄不躁。执行纪律的坚定性和严格性是我们这个职业的生命。"赵凡拿起杯子，喝了一口茶后，继续说："如果说股票投资者的成功率是 5% 的话，那么期货投机的成功率只是 1‰，甚至更低，这也就是期货投机的人在我们周围为什么这样少的原因，因为在期货投机中能生存下来的人太少了。所以我的绝大部分资金在股票和不动产上，合理的资产配置是防范风险最好的办法。你这一次对白银的操作很成功，堪称完美和经典都不为过，我自己都做不到。尤其你设定的止损和中间的加仓以及你的满仓买入的决心都显示出了作为一个期货投机者的天赋。但我没有表扬你，目的就是要你学会保持一颗平常之心，福祸相依，否极泰来，乐极生悲。"

赵凡的话给了曲哲很大的启示和警醒，他激动地说："老板你的话我记住了，只要我在期货投机这个职业做一天，我就不敢有丝毫的懈怠。"

"有时间多看看哲学和道教方面的书，学学下下围棋，加强·下心智的训练，培养我们客观、辩证地看待问题的能力，构建一个淡定、稳健的心态。这些对我们从事期货投机这个职业都很有帮助。期货投机就是投机者心智的博弈，所以建立一个足够强大和健康的内心世界很重要。要做到这一点，在市场上的历练最直接，也最见效。"赵凡就像回到了课堂一样，对曲哲传授着自己对期货投机这个职业的感悟和经验。

"老板，您常说的'盘感'怎么理解？"曲哲问道。

赵凡思索了一会儿说道："怎么说呢，盘感其实就是一种经验，是在市场上时间久了培养出来的一种对盘面变化的感觉和判断。就像一个司机看见红灯要刹车、看见行人多了要减速一样。"

"老板您这么多年在期货市场上厮杀、驰骋，您认为作为一个期货投机者最应该注意的是什么？"曲哲继续问，这也是他最想知道答案的问题。

"在这个市场最怕的就是，按照自己的主观意愿去预判行情和操作，一意孤行。你必须牢记，市场永远都是对的，必须顺势而为，一旦自己错了必须立即改正，切不可坚持己见或者有侥幸心理。生存是第一法则，生存着才有机会。我的第一次破产就是这样造成的。"赵凡说着停了下来，脸上的表情凝重起来，眼睛里露出了游离的神色，仿佛又回到了那不堪回首的日子。过了许久许久，他才接着话题继续讲道："那是一段我人生最昏暗的日子。我研究生毕业后和当时的妻子一起在上海一家大学当老师。妻子是我读研究生期间的同学，上海人，我当大学老师的工作也是她家人帮着联系的。

"我有一个上海的大学同学，他很早就进入期货市场了，是一个职业期货投机者。他看我在大学当老师，课不多，一天到晚很清闲，就引导我跟着他一起做期货。他就在父母留给他的一套楼房里操作，他没有结婚，一个人住，我去了也很方便。刚开始，跟着他做，效果还好，我投进去一万块钱，不到1年就挣了八九万。随着资金量的增大，我的欲望也开始膨胀了，心想有这么挣钱的事，我还当老师干什么，便瞒着妻子和家人把工作辞了，专心做起期货来。妻子知道我辞职后，气得搬回了娘家，我去她家接她回家的时候，又让她家人骂了个狗血喷头。妻子怎么也不回来，我一个人住在她家给她买的房子里算啥，再说有些上海人很实际，也很势利，说话很难听，我一气之下搬了出来，住在了同学家。还好，在期货市场上我们做得很好，做了一段时间后，我就有30多万的资金。

"2006年7月份的时候，眼看白银从5月份的1500美元又回调到1000美元左右后，盘面反转，白银价格开始大幅上涨。为了慎重起见，我们没有急于追进，而是等到它上涨了几天，开始回调整理几天后，价格再次上涨时，我们全仓买入，做多白银。我现在还记得清清楚楚，买入价格是 1101 美元。到 9 月初的时候，白银的价格涨到了 1290 美元左右，我们投入的资金都翻了两番。当时我账面上有了 60 多万的盈利，账面资金将近 100 万了。我的同学资金更多，账面上有 500 多万。

"9 月 4 日、5 日，白银价格在最高价附近盘整了两天后，再次强劲上涨。在这之前，我和同学都已商量好，如果白银价格突破 1300 美元，我们把盈利的钱全部加仓买入白银多单，一定要吃透这一波行情，把钱挣得足足的。这时有关黄金、白银的网站和频道上所有的专家、权威都一致看多黄金、白银，尤其是白银，一些全球著名的投资公司和基金也都积极看多黄金、白银。

"9 月 6 日清晨 6 点，白银以 1295 美元开盘，稍作整理后，开始上涨，7 点刚过，白银价格就冲过了 1300 美元的整数关口，并在这个价格形成了强力的支撑。我随即以 1302 美元左右的价格将账户上的资金全部买入白银的多单。买入后，盘面没有多大的变化，当天以 1306.5 美元收盘。

"9 月 7 日的盘面变化与想象的走势背道而驰，完全出乎预料，就在我们感到费解，还在判断是震仓或者洗盘的时候，白银价格从 1304 美元开盘后，雪崩似的下跌到 1253 美元，跌幅达 4.09%，也就是说我们账面上的资金出现了 40% 多的损失。这时我们一直希望震仓或者洗盘快点结束，白银价格能涨回到原来。可一直熬到收盘，我们希望的情况没有出现，白银的收盘价为 1253 美元。我们只得寄希望于第二天情况好转。

"9 月 8 日，情况更是让我们措手不及，白银以 1230 美元，近 2% 的跌幅跳空低开，最低跌到 1198 美元后开始反弹，最终白银收盘价为 1212 美元，跌幅为 3.27%。这天收盘时，个人账面的资金已经低于开始的投入资金了。就在这个时候，我们仍然不肯采取措施，反而指望着能保住手里的仓位，不要错过后面上涨的机会。这天下午的时候，我们开户的期货公司就已三番五次地打电话，要么追加保证金，要么减仓，注意风险，否则，他们会根据情况强行平仓。可是这个时候我们已经没有钱去追加保证金了。

"9 月 11 日，星期一，我们的灾难降临了，几乎没有思考的机会，白银以

1180 美元再次跳空低开后，一路急跌，刚一跌破 1170 美元的价格时，我们的账户上页面一闪，持仓、盈亏一栏的数目全部消失了，资金一栏只剩下稀稀拉拉几个阿拉伯数字。我们愣了一会儿才反应过来，我们被期货公司强行平仓了。"

赵凡讲到这儿，情绪明显激动了，他不想让曲哲看见自己的失态，他站起身来了，在地上走了一会儿，稳定了一下自己的情绪后说道："后来白银盘面的走势验证了我们的判断是正确的，盘面经过几天的激烈震荡后，再次回归到上涨通道，展开了更为强劲的上攻，1470 美元、1600 美元、2100 美元等关键压力价位被逐个攻破，而我们却倒在了主力的一次偷袭中。后面我们身上发生的一切我实在不愿再提起，用倾家荡产、妻离子散、走投无路、欲哭无泪四个词形容我那个时候的境遇再贴切不过。就这样，我揣着一纸离婚证回到了银川。"赵凡说着，最终还是没有控制住内心的激动，眼眶渐渐湿润了。

这是曲哲 4 年来第一次见老板赵凡这样，没有想到在他心目中一直淡定自若、内心十分强大的老板也有脆弱的一面，在他那强大的背后也有这样一段催人泪下的悲惨遭遇。也正是这些让赵凡再次感到了期货市场的残酷和危机四伏。他把期货市场看成了架在两个山顶之间的一道钢索，而期货投机者就是走在钢索上的人，脚下就是万丈深渊，稍有不慎就会跌入这深渊之中，死无葬身之地。他开始从骨髓里面敬畏期货投机这个职业了。

曲哲从 10 月 10 日平仓后一直在等待和寻找着下一个重新操作的机会，但等了一个多月，他都没有寻找到这个机会。不知不觉到了 12 月份，看样子 2012 年就这么过去了，就在他准备偃旗息鼓明年再说的时候，机会终于来了。

12 月 13 日，反弹了几天的白银走势在距前期高点还有一段距离的时候就开始回头向下滑去，并回撤到 20 日均价以下，这正是曲哲等待的机会。他当下设定了现价 1% 的止损后，将公司和自己账户上一半的资金开了白银的空单，成交价是 3320 美元左右。当天晚上 8 点多的时候，白银盘面出现了再次快速地下跌，在跌破 3300 美元关口的时候，他将两个账户上剩余的资金留了极少部分外，全部开了空单。盘面白银价格的下跌仍然在继续，下跌的速度越来越快，当天的收盘价是 3240 美元，下跌幅度为 4.09%，两个账户上的资金盈利将近 25%，公司的账户资金从 135 万元增加到 160 多万元，他的账户资金从 35 万元增加到 43 万多元。

接下来的两天盘面一直围绕 3230 美元的价格小幅震荡。

从 12 月 18 日开始，盘面再次结束了震荡，再次选择了下跌。公司的账户他再没有利用盈利的资金加仓，曲哲怕老板感觉自己太贪婪，产生不好的印象，而是将自己的账户上盈利的资金再次追加了空单的仓位。当然，设置现价 1% 的止损是他首先要做的事。当日白银的收盘价是 3166.9 美元，跌幅 2.06%。

12 月 19 日，白银以 3170 美元的价格开盘后，盘面白银价格出现了反弹，当反弹到 3190 美元的时候，拐头向下，继续开始了下跌。当天白银收盘价是3111.6 美元，跌幅 1.75%。

12 月 20 日开盘后，盘面出现了几次宽幅震荡，多空双方进行了多次凶狠的较量，空方渐渐占据了优势，并且这种优势越到后面越强，多方的防线层层被突破，最终溃不成军。尽管多方当天的反扑以失败告终，但还是引起了曲哲的高度警惕，再说盘面的技术指标也出现了超卖，他意识到一波反弹肯定会出现，所以在晚上 12 点的时候，他将两个账户上白银的空单持仓以 2970 美元的价格平了一半。那一天白银的收盘价是 2967.8 美元，下跌 4.62%。

接下来几个交易日，白银的价格都在 3000 美元左右震荡、盘整，盘面的各项技术指标都开始对多方有利。曲哲在 2012 年的最后一个交易日以 3011 点的价格全部平掉了两个账户上的持仓，公司账户上的资金达到了 260 多万元，他的账户上的资金达到了 75 万元。

2013 年 1 月 2 日，新年第一个工作日。下午收盘后，公司老板赵凡组织所有员工在会议室开会。看大家都到齐了，他没有多说什么开场白之类的话，而是针对公司员工存在的问题，直接进行了义正词严的批评。他说道："公司有些操盘手干了两年了一直在亏损，从来就没有做对过一次，就是扔硬币也会扔出个正反两面。作为操盘手，不学习、不总结，同样的错误能犯许多次，讲起理由来一套一套的。什么没有行情、什么震荡盘面赔钱很正常、什么在期货市场挣钱根本不可能，总是在给自己的无能和失败找借口，而不去从自身找原因。"

会场出奇地肃穆，一些操作亏损的员工都低下头，连大气都不敢出。老板赵凡环顾了一圈员工后继续说道："就是在你们能说出成百上千个赔钱、亏损的理由的情况下，去年曲哲把自己操作的账户上的资金从 20 万做到了现在的 260 多万元。同样的市场、同样的人，他一年时间能从 20 万做到 260 多万，资金翻了 13 倍。我不是指望着你们能给公司挣多少钱，你们挣的那点钱我还真看不上，但是我是希望你们能从我这学点真本事，掌握一门能成家立业的技能。据我知道你们在座的没有高官、富商的父母，你们就是想做一个啃老族，你们的父母也没有什么可让你们啃的，所以你们还得靠自己！"

老板赵凡再次环顾了大家一圈后，提高声音说道："你们听清楚了，从今年开始，我再不会同情、可怜任何人，连续亏损两个月者坚决辞退。我尊重强者，我鄙视懦夫。我同情那些老弱病残，确实没有自立能力的人，但我绝不会再同情不求上进，没思想、没志气、没抱负的人。再对你们仁慈就是对你们的犯罪！本来对曲哲的奖励我不想对全体员工讲，但我考虑再三，为了激励你们每个人更加热爱这个职业，更加努力工作，我打算奖励他一套价值 50 万元的住宅房。你们可能都知道曲哲的父母都是下岗职工，生活很清贫，那曲哲可以把自己的父母接过来，养老不啃老！"

毫不知情的曲哲，突然听到老板这样说，一下子惊呆了，过了许久才缓过神来，他连忙站起来说："赵总，这样的奖励也太重了，我不敢接受。"

赵凡看了他一眼后，语气坚定地说："就这么定了，今年有人能像曲哲一样努力，我照样这样奖励。"

听赵凡这样说了，曲哲不敢再坚持什么，他恭恭敬敬地给赵凡鞠了个躬说："谢谢赵总，我一定会更努力工作！"

几天后，曲哲在大学的班主任老师来公司和赵凡聊天，赵凡无意之间把曲哲在公司的表现和他对曲哲的奖励告诉了曲哲的班主任老师，并对他表示感谢说："谢谢你给我推荐了一个从事这个职业的好苗子，只要好好历练几年，他一定会有大的发展。"

可令赵凡没有想到的是，曲哲的班主任老师在一次系里临近毕业生有关就业的会议上，把这件事说出来了。顿时，"曲哲大学毕业后自谋职业，工作一年挣了 100 万""曲哲工作一年就给父母在银川买了一套楼房""曲哲在期货公司拿 20 万，一年给公司挣了 300 万""曲哲在期货市场靠上大学期间兼职挣得的 2 万元钱一年挣了 100 万"的新闻从系里到学校一下子传开了，经过传播者的润色和加工说得越来越玄乎、越来越神奇，并很快在社会上掀起了一场风波。

一时间，曲哲成了大学生自谋职业的榜样和期货市场里的新星。很快就有好多媒体的记者找到公司要采访曲哲、采访公司老板赵凡，搞得曲哲和赵凡哭笑不得，一天什么也干不了，东躲西藏，狼狈极了。记者见曲哲和赵凡拒绝采访，便又找到曲哲大学的班主任老师，甚至找到了学校领导。曲哲看着自己母校的老师、领导出面了，不敢再推辞，只得接受了几家媒体的采访，谦虚之后他也只好实话实说，自始至终说得最多的还是老板赵凡对他的教育和培养，最后他说自己之所以能取得一点成绩完全是因为站在巨人的肩膀上的缘故，而那个巨人就是老板赵凡。于是，多家媒体上又出现了关于曲哲的各种各样的文章，一夜之间，曲哲和赵凡都成了名人。

随着他们的名声越来越大，赵凡投资公司的知名度一下子扩大了，一些思维活跃、想象力丰富的人就会联想到，一个刚毕业的大学生能有这么大的能力，那么他身后的老板一定是个奇人！一些有先知先觉的投资者一下子涌到了他们公司，有委托理财的，有委托投资股市的，胆大的有投资期货市场的。这种局面一下子触动了赵凡敏感的神经，一个更为宏伟的构想在他大脑里形成了：他要成立一家基金公司，合法地把这些闲散的资金组织起来，在眼前市场低迷、风险相对减小的背景下，进入证券市场，提前布局。他已想好要大胆启用曲哲，给他搭建一个更为广阔的平台，让他充分地施展自己的才华，新公司的总经理就由曲哲担任。

第二十六章　配资之灾

　　时代的列车驶入 2013 年的时候，柏青和柳亦农他们的双丰股票投资工作室已经成立 6 年多了。这些年他们就像勇敢顽强的航海者一样驾驶着一叶小舟，在证券市场的茫茫大海里艰难前行。他们身单力薄、孤立无援又毫无经验，只能凭着自己的智慧和毅力，经历了太多太多的狂风暴雨和艰难险阻。就在他们准备庆贺即将到来的 7 周岁生日的时候，一股暗流向他们的小舟袭来，他们丝毫也没有意识到它的凶险，反而享受着它带来的刺激。

　　2013 年 1 月底的时候，宁夏一家知名的信托投资公司业务员找到柏青和柳亦农，提出他们公司有为从事证券投资规模较大的个人或者公司提供配资借款的业务，年息是 12%，借款期限为 1 年，可以按股票账户资产的两倍提供配资。当然，前提条件是如果合作，股票账户由他们监管，其间不能有资金流出，一旦发生投资失误，造成严重亏损，达到他们制定的平仓线时，他们有强行平仓的权利。另外他们提供的资金只能买卖由他们选定的标的股票，不能擅自买卖其他股票。

　　当时宁夏证券市场没有融资融券业务，个人投资者和小规模投资股票的公司没有其他融资渠道，投资者只能用滚雪球的方式慢慢积累自己的资本，一旦遇到好的行情也只能眼巴巴地看着机会错过。当然，证券市场风云变幻、风险莫测，一旦采取了配资或者融资会放大投资者的风险，真正在股市上倾家荡产、负债累累的投资者多是由配资和融资造成的。

柏青和柳亦农两人在进入股市前都是无房无车的草根阶层，几乎是一文不名进入股市的，10 多年的股市拼搏使他们拥有了相当的资本。他们目睹了多少股民大喜大悲的结局，加上这么多年亲身经历股市的血雨腥风，也清醒地认识到股市时刻潜伏着的风险。所以拿出了相当一部分资金改善自己和家人的生活状况，添置了不错的车辆、住宅以及其他物件，让家人过上了富足的生活。

然而，自 2011 年 4 月份开始，上证指数从 3000 多点跌到现在的 2300 多点，大盘跌幅巨大，绝大多数股票股价重心下移，使得他俩的资金也出现了大幅的损失。眼看着最近大盘似乎跌到底部后开始回暖，感觉手里的资金有些捉襟见肘，无法实现自己的投资构想。最后柏青和柳亦农经过反复商量，决定使用信托投资公司的配资。

配资的时候，柏青个人资金有 1000 多万元。柳亦农由于操作失误，前期重仓一只股票股价下跌幅度很大，遭受了巨大损失，这时他的个人资金只有 300 多万元。有些委托他们工作室投资股票的客户知道了他们准备配资的消息后也积极要求参加。最后他们决定先拿出 1000 万元进行两倍的配资。柳亦农当时急于想挽回前期的损失，提出他个人的 300 万元全部参加配资，其他几个客户有 400 万元也强烈要求参加配资，这样柏青也只能拿出 300 万元参加配资了，再说柏青手里还有将近 800 万元资金，配不配资对他也不重要。就这样他们把参加配资的 1000 万元资金全部集中到一个专门账户上，并由信托投资公司配资监管。股票的买卖由柏青和柳亦农负责，买卖股票产生的收益和风险根据出资比例大家共同承担。

信托投资公司的配资款是 2013 年 2 月 1 日到账的，配资数额为 2000 万元，配资期限到 2014 年 1 月 31 日。配资款到账后，他们参加配资的专门账户上就有了 3000 万元的资金。柏青和柳亦农开始着手选择买入的股票。当他们看到信托投资公司提供的容许买卖的标的股票时，顿时傻了眼，这些股票多是些所谓的绩优大盘股，根本不适合他们熟悉的选股和操作风格。

柳亦农看着信托投资公司提供的容许买卖的标的股票名单沉默了，脸上随之出现了阴云，他愤愤地说："柏青你看怎么办？他们提供的这些标的股票都是大盘股，根本不是在市场低迷的时候主力和资金关注的对象。"

柏青看到这个标的股票名单也感到十分意外，他最近关注的几只股票都不在这个名单里，听到柳亦农的话，忍不住地骂道："这是什么狗屁专家选择的股票，他们根本就不了解市场，只知道纸上谈兵！"

柳亦农为难地说："可是他们的资金都到账了，已经既成了事实，我们不好再违约。"

柏青说道："投资股票最怕时间限制，一旦有了时间限制就被动了，假如股票市场再继续低迷，甚至下跌，那么一年240万的利息就是一个不小的负担。我们谁也无法预测市场未来的走势。"

看柏青和柳亦农这个样子，办公室的人都陷入了沉默之中，连平时开惯了玩笑的岳桐和李芳也不敢随便了，自始至终一句话也没有说。

最后，柏青苦笑着说道："看样子，别人的钱就是付着利息也不好用，还设了这么多条条框框。没有办法，我们只能在这些股票里找了，看有没有适合一点的股票。"

柳亦农想说什么，但欲言又止，坐在那儿，看着窗外不知在思考着什么。

无奈，木已成舟，他们只得在提供的标的股票中进行了反复筛选。选股中，他们既要考虑上市公司所从事的行业是不是具有生命力、属不属于国家提倡和支持的产业；还要研究公司多年来的经营状况是不是稳定，公司业绩好坏程度、有没有增长，市场前景如何；又要尽量选择公司总市值和流通市值小的股票。就这样选来选去，他们只好选择了中国交建和东方航空两只股票。本想多选几只股票，这样也可以把资金分散一下，但实在是再找不出来一只他们感兴趣的股票，最后决定中国交建和东方航空各买1500万元。

中国交建与其他大盘股相比，尽管总市值很大，但当时流通盘只有11个亿，净资产几乎和股票现价相同，业绩优良并快速增长。东方航空也属于业绩比较稳定、在大盘股里比较活跃的股票，预计全球原油价格会大幅下跌，对它的未来是个利好，股价有一定的想象空间。

柏青和柳亦农这是第一次利用信托投资公司的配资借款来做股票，压力要远远比用自己的钱大得多，尤其想到 2000 万元每年还要承担 240 万元的利息，他们更不愿让资金闲置在账户上。

这时上证指数从 1 月 28 日的 2300 点左右开始一直在稳步上涨，经过 6 个交易日的上涨，到了 2 月 4 日上证指数收在了 2428.15 点。

2013 年 2 月 5 日，中国交建已经连续 5 日的小幅上涨。4 日股价回调了一下，5 日这一天，股价稍作回调后开始拐头向上，很快越过了前期高点，似乎有点启动的味道。这时，他们开始买入建仓。大盘股，又是在上涨过程中，交易很活跃，不到半个小时，他们就买入了 1500 万元的中国交建股票。持仓均价是 5.45 元，持仓数量 274 万股。

接下来，他们又开始买入东方航空。东方航空近几日的走势和中国交建差不多，从 1 月 28 日起连续几天小幅上涨。5 日，东方航空股价以 3.71 元开盘后，回调到 3.66 元后开始反转上涨，就在股价超过 3.71 元、盘面翻红时，他们开始买入建仓。东方航空股票的买入建仓，相对于中国交建来说，耗费的时间要多点。3.7 元的股价，买入的数量又大，股价高买 1 分钱都是一个不小的数额。那天，东方航空的盘面上买卖双方都很谨慎，挂单很少，成交稀稀拉拉，他俩只得耐着性子，一点一点地买入。最后两人也耐不住性子了，只好把要求告诉操盘手李芳，让她持续买入。下午两点的时候，终于建仓完毕。持仓均价 3.72 元，持仓数量 400 万股。

当天收市，中国交建股票的收盘价 5.58 元，盈利 35.6 万元；东方航空收盘价 3.77 元，盈利 20 万元。大家看到两只股票买入当天就盈利 55.6 万元，都感觉这似乎是个不错的兆头。

2 月 6 日，也就是全仓买入中国交建和东方航空两只股票的第二天，两只股票的走势出现了反复。先是中国交建股票以 5.54 元低开，低开之后稍有回升，随着又回头向下，当下跌到 5.5 元的价位时被大量的买单又托了起来，回到了昨天的收盘价 5.58 元左右，不到 1 分钟股票价格再次被卖单压到了 5.5 元附近。就这样几个回合后，中国交建股价最终被打压了下来，尽管尾盘价格有所抬头，但还是以 5.46 元收盘，当日跌幅 2.15%。

东方航空股票的走势尽管没有中国交建那样差，但也好不到哪儿去。股价以3.77元开盘后，冲高了一下，碰了一下3.78元的价格后，开始在3.75元左右震荡，到上午11点的时候冲高了一下后又回到原来的价位一直震荡着，到下午收市的时候，股价竟被几个卖单打了下来，收在了3.73元，跌幅1.06%。

收市后，柏青和柳亦农看到股市大盘似乎没有什么大的异动，上证指数一直在2430点小幅震荡，最后收在2434.48点，还微涨了近两个点。

在股市的时间长了，柏青和柳亦农除了对两只股票今天的走势不满意，心里有点不爽外，对一时的涨涨跌跌也没有太在意。

接下来的3个交易日，中国交建股价没有出现多大的变化，股价一直在5.4元左右震荡盘整着。可东方航空股价却出现了连续3天的小幅下跌，股价跌到了3.65元，比柏青和柳亦农的买入价低了0.07元。这一天，他们的账户上有了45万元的亏损。

2月8日，星期五，春节休市之前的最后一个交易日，股市大盘指数和他们持仓的两只股票股价都静静地躺在那儿，连身都懒得动一下，没有任何迹象将会出现异动。

2013年除夕夜，柳亦农依旧是陪妻子郭梅回新疆的娘家过的，妻子的兄弟姐妹都带着家人到丈母娘家，享受着一年中难得的团圆。妻子的母亲看着儿女成群、子孙满堂，笑得合不上嘴，大家有说有笑、嘘寒问暖，孩子们蹦蹦跳跳地嬉闹着，家里充满了温馨和欢快的气氛。然而，这些并没有感染到柳亦农。

柳亦农吃过年夜饭就坐在电视前，借看春晚的名义想着自己的心事。他的内心很矛盾，一方面盼望着春节长假快点结束，股市早早开盘，他重仓持有的两只股票有个好的表现，实现他重振雄风的愿望。另一方面他担心股市开盘后，大盘和他持有的股票出现背离他愿望的走势。1∶2的配资，加上自己的资金，股票价格下跌30%，加上配资的利息就足以让自己破产。他越想心里越乱，逐渐忧虑，这种忧虑很快就转化成恐惧，让他浑身感到发凉。春节晚会开始了，依旧是年年出现的那几个让人看着生厌的主持人，演员也多是老面孔，节目内容也没有什么新意和品质，新鲜的面孔和节目更是很少。

"中国什么都缺，就是不缺人，为什么老是这些人长期把持春晚话筒，实在让人倒足了胃口。"柳亦农对着电视屏幕，愤然地说道。

是啊，最近几年，导演换了不少，可春晚似乎风光不再。它有点像人们所说的"鸡肋"——食之无味，弃之可惜。有它没觉得多好，没它还惦记着。一到除夕夜，大家还是会开电视，一边漫不经心地看春晚，一边摁着拜年短信，又有多少人会像在电影院里那样，眼睛一眨不眨地盯着荧幕呢？就在大家的期望和失望中，春晚结束了，随着新年钟声的响起，一个在中国人心目中的传统新年开始了。

2 月 18 日，春节过后的第一个交易日，上证指数以 2441.91 点高开 0.39%，点燃了渴望在新一年里股市会有不错表现的股民们心头的希望之灯，也给一直沉闷的盘面增添了一抹亮色。可是不等股民们脸上的笑容褪去，大盘指数向上闪动了几下，创下了一个阶段性的新高 2444.8 点后便开始向下滑去，不一会儿，盘面竟然翻绿了。这时，多方开始发力，先是将下滑的大盘指数稳住，然后，再次发力将大盘指数推了上去，几乎触及前面的高点。就在股民们刚刚松了一口气，脸上再次出现笑容的时候，只见大盘上证指数猛然拐头一泻而下，穿过前面的低点，继续向下窜去。

柏青和柳亦农重仓持有的中国交建股票，开盘的情景和大盘如出一辙，以 5.48 元，高开 0.01 元开盘，冲击了 5.50 元后拐头向下，很快盘面就翻绿了，尽管多方做了两次反击，但无济于事，股价还是向下滑去。随后盘面有过几次反复，但到收市，股价还是下跌了 1.46%，收盘价是 5.39 元。东方航空股价的走势稍好一点，开盘后尽管出现了一定幅度的下跌，但买盘很快稳住了阵脚。股价盘整了一段时间后，买单再次涌出，将股价慢慢抬了起来，股票的收盘价是 3.65 元，比前一天的收盘价低了 0.01 元。

春节后的第一个交易日就这样过去了。

接下来的 4 个交易日，两只股票的走势让柏青和柳亦农开始忧虑重重，沉浮股市多年来养成的淡定和临危不惧的心态此时也消失殆尽，从他们的手下不时地响起切换页面、查看技术指标敲击键盘的声音。

中国交建股价 4 天里已经下跌了 3 天，跌到了 5.05 元左右，比他们的持仓价 5.45 元下跌了 0.4 元，损失将近 110 万元。东方航空这几天的走势比中国交建更差。2 月 21 日，一天就下跌了 0.13 元，下跌幅度达到了 3.63%。现在的股价也跌到了 3.42 元，比持仓价低了 0.3 元，亏损 120 万元。现在两只股票已经亏损 230 万元了。总共 9 个交易日，3000 万元资金亏损 230 万元，柏青和柳亦农意识到了局面的严峻。

收市后，看办公室的人走完了，柏青说道："柳哥，你看咋办？几天时间就损失这么多！"

柳亦农气愤地说道："都是信托投资公司的标的股票闹的，我先前看好的几只股票这几天都涨得特好，就是不能买。现在换股也是他们制定的那些股票，还不如这两只呢。"

柏青也感到十分为难：卖了吧，几天赔了 200 多万元，一旦刚卖掉，股价涨起来了怎么办？再说，公司的基本面没有变，没有平仓的理由。还有已经跌了好几天了，股价应该反弹一下了。以前，他们也经常遇见这样的情况，看好的股票买入后就赔钱，挺过了几天，最后都盈利了。考虑了一会儿，柏青说道："柳哥，听你的，你说咋办就咋办。"

柳亦农说道："我们现在是骑虎难下，也只能走走再看了，现在平仓实在不甘心，几天赔了这么多。"

柏青听柳亦农这么说，不知道说什么好了，只得说："好吧，就按你说的走走看吧。"

一个走走看！谁也没有想到就是这次犹豫，使他们陷入了更深的泥潭之中。

接下来 1 个月的时间，中国交建股票一直半死不活地盘整着，股价在一点一点地下跌。到了 3 月 19 日，中国交建股票的收盘价是 4.66 元，比 1 个月前下跌了 0.39 元。东方航空股票股价则是接着前面的走势下跌了两天后，又小幅震荡了几天，随后又开始了下挫，到了 3 月 13 日创下了 3.22 元的新低。就在他们打算第二天如果股价再跌就止损平仓的时候，竟连续小幅上涨了几天，到了 3 月 22 日的时候，东方航空股价又回到 3.45 元。这让他们失望的心多少有了点安慰，也为没有在 3.22 元的价格平仓而感到后怕和庆幸，也使得他们对自己当初的选择多了点信心。这时他们账户上的亏损达到了 324 万多元。

3 月 25 日，东方航空股价再次选择了下行，27 日股价跌到了 3.36 元，盘整了两天后，再次下跌，到 4 月 11 日股价已经跌到了 3.09 元。

3 月 27 日开始，中国交建股票开始了强力上攻，当天股价上涨了 5.12%，收盘价为 4.93 元。随后稳步向上跋涉着，到了 4 月 11 日，股价回到了 5.14 元。4 月 11 日，他们账户上的亏损是 336 万多元。

就这样两只股票就像两只无形的手，一上一下不停地搓揉着柏青和柳亦农两人的心。希望和失望交织成一个巨大的网，罩在他们面前，叫他们看不清方向。信托投资公司的配资像绳索一样捆住了他们的手脚，使得他们无法施展自己的身手，并且，随着他们持仓股票股价的下跌和配资时间的增长，绳索越勒越紧，让他们喘不过气来。眼看着损失越来越多，更是让二人难以取舍。

从 2013 年的股市表现来看，一半是海水，一半是火焰。与主板一片凄凉、萧瑟，大盘股的举步维艰、一步三回头和不断下沉形成鲜明对比的创业板股票，则是从 2013 年 12 月 4 日起自弹自唱，独自狂舞，走出了一波气势磅礴、如火如荼的行情。疯涨的指数、百花齐放的个股、推陈出新的财富神话使得创业板成为 2013 年各路资金追捧的对象。

在股民们的一片惊愕中，创业板指数从 2013 年年底收盘的 713.86 点，一路上涨到 1423.97 点，翻了 1 倍多，平均市盈率达 55.61 倍。2013 年在创业板上市的 355 家公司中，2012 年底的总市值为 8731.2 亿元，2013 年总市值最新达 15198.2 亿元。1 年内，总市值增加了 6467 亿元，增幅达 74.1%。尤其是创业板中信息服务、信息设备和电子等三行业的股票更是涨幅惊人，掌趣科技、网宿科技股价上涨了 400% 以上，中青宝、上海钢联、华谊嘉信、乐视网、天喻信息、金信诺涨幅都超过了 300%。创业板中信息设备类个股的流通市值由 2014 年 1 月 1 日收盘的 193.43 亿元增长至 530.66 亿元，涨了 174.34%。

然而，柏青和柳亦农的噩梦还只是刚刚开始，更大的灾难正在向他们袭来。从 5 月 30 日开始，他们重仓的两只股票股价又出现了连续的下跌，到 6 月 20

日，中国交建的股价跌到了 4.06 元，东方航空股价跌到了 2.76 元，账户两只股票的损失已经到了 764 万多元，加上 5 个月的配资利息，总的亏损已经接近 900 万元了。

情况到了这个地步，他们已经无力回天，只能听天由命了。

面对这样的灾难，压力最大的是柳亦农，他可是拿出了自己全部的资金参加配资的，假如事态继续恶化下去，那他又要面临破产的绝境，自己辛辛苦苦在市场上鏖战多年的心血就这样付之东流了。如果这样，这是他经历的第二次破产了。2008 年的全球经济危机，股市大盘上证指数从 5 月份的近 3800 点跌到 10 月底的 1664.93 点，他已经经历了一次破产，他实在没有心力再一次经受这种打击了。就是在这种心境中，柳亦农并没有放纵自己的情绪任其泛滥，他不想让自己的痛苦和愤怒影响到别人。在办公室，他依旧稳坐在电脑前，任凭内心翻江倒海，任凭大脑愁绪万千，唯一不同的是他脸上的表情越来越凝重、越来越冷漠。

最终，柳亦农所期望的情况没有发生，到了 7 月 8 日收市，中国交建的股价是 3.83 元，股票亏损近 444 万元；东方航空股票收盘价是 2.43 元，股票亏损 516 万元，两只股票合计亏损 960 万元。信托投资公司已经通知他们，要么再追加资金，要么明天开始平仓。

柏青和柳亦农把所有参加配资的人都召集起来，听取大家的意见，商量怎么办。

面对这两只股票的走势，加上配资继续放大的风险和利息，大家都没有再继续坚持下去的信心了，最后只得决定第二天平仓。

第二天的平仓是工作室的操盘手完成的，柏青和柳亦农他们实在不愿面对这样的结局。中国交建股票的平仓价是 3.82 元，平仓后亏损 446.62 万元；东方航空股票的平仓价是 2.40 元，平仓后亏损 528 万元。平仓总亏损 974.62 万元，加上已经支付的配资利息 107 万元，合计亏损近 1082 万元。

面对着这样的结果，柏青和柳亦农心痛、悔恨至极，没有想到当初的一时贪念竟造成了这样的结果。配资就是一个沼泽、一个绞索，让你越陷越深、越动越紧。它让你眼前出现一个美妙的幻境，可脚下却是万丈深渊。当他们清醒地认识到这些的时候，已不得不面对巨大的灾难。配资让他们痛彻心扉，他们发誓今后在任何时候也绝不再使用配资了。

就在柏青和柳亦农被信托投资公司强行平仓的时候，上证指数为 1946 点，几乎是 2009 年以来的最低点。

处理完配资的善后事宜，柳亦农竟有了一种如释重负的感觉，就像搬掉了压在身上的大山，无论死活至少可以喘口气了。然而，这种感觉很快就被巨大的痛苦冲淡，看着自己空空如洗的股票账户，作为一个职业股票投资者此时此刻再没有一只股票可以买卖了。破产，一个令人胆寒心颤的词闪现在柳亦农的脑海。一个视事业为生命的人，一旦破产意味着什么？他不敢再往下想了。

柳亦农不知道自己是怎么回到家的，妻子郭梅从他的脸上明白了一切，她像往常一样给他递上了一杯刚泡好的热茶后坐在了他的身边。

看着身边的妻子，一种极度的愧疚和悔恨涌上了柳亦农的心头。20 年前，大学毕业的他只身来到了新疆一处偏僻、荒寂的油田。想到曾经的同学们都一个个的到了大都市，或者进机关有了优越的工作生活环境，而自己却在这个不毛之地不知要待多少年，沉重的失落感和深切的思乡情结一直笼罩在他心头。

就在他工作无心、借酒消愁、浑浑噩噩打发时光的时候，一个在父母的溺爱和哥哥姐姐的呵护下长大，有一份大家都羡慕的教师职业的美丽、聪慧和善良的姑娘走到了他的身边，就是他现在的妻子郭梅。郭梅的陪伴彻底改变了他的一切，使他干枯的心田有了小溪、有了绿荫，也激起了他对工作的热情、对生活的期盼。在他渴望有个家的时候，郭梅硬是置周围人们的不解和非议而不屑，义无反顾地嫁给了他，成了他真真切切的妻子，不久后又给他生了一个宝贝女儿，给了他一个完完整整、温馨的家。

20 世纪 90 年代的时候，柳亦农得到一个回到家乡银川工作的机会，就在他犹豫、矛盾和思乡之情难以排解的时候，又是妻子理解他，说服了父母和家人，带着父母和家人的牵挂之情，毅然决然地跟随他来到了千里之外的银川。

刚来到银川，他们居无定所，生活十分动荡，妻子毫无怨言，默默地承担着能够承担的一切。当柳亦农厌倦了单位那碌碌无为的工作，提出要进入股市的时候，妻子抑制着自己的忧虑，将家里所有的积蓄交给了他，再次支持了他。

这几年家里的生活刚刚稳定下来，妻子还没有从 2008 年自己破产的阴影中完全解脱出来，自己再一次面临破产，他实在不知道怎么对妻子说。还是妻子打破这难堪的气氛，安慰他说："先什么都不要想，先好好地休息几天，养养身体，调整一下心情。如果不想做股票了，我的工资也够我们一家生活，再说日子过得紧点我也习惯了。如果你还是离不开股票市场，那么我们再想办法，大不了把新买的两套房子和家里的车卖了，还能凑点钱。"

听妻子说到这儿，五味杂陈一下子涌上了柳亦农的心头。他没有说什么，只是将妻子拥入了怀里，心里想着：我一定要重整旗鼓，东山再起，让全家过上好日子。

第二十七章　学成归国

2013年10月底的时候，史明的儿子史柯从英国留学回来了。家人还没有从史柯学成归来的喜悦中平静下来，他的就业问题就成了全家人不得不面对的问题。

史柯自小就是一个懂事、上进的孩子，从英国留学回来后多了些成熟和文雅，身上有意无意地带着一点英国人的那种绅士气质，给人留下了很好的印象，所以他的择业成了家人和史明朋友们的话题和关心的事。无论家人和朋友怎么评价或者夸奖儿子，史明对儿子的认识很客观：儿子是学文科的，在英国读研究生学的是MBA专业，在当今社会几乎没有什么专业优势，说得难听一点也就是多了个留学经历，拿了个海外研究生文凭而已。

史明和柏青、柳亦农是通过柏青的客户也是好友范玉红认识的。银川做股票投资的圈子不大，尽管史明离开了这个圈子但还是有一些朋友，所以这两个在银川股市的传奇人物，史明也早有耳闻。史明倒不是随便听信什么传言的人，而是他们二人在股票投资方面的实力和业绩得到了史明的认可。

柏青和柳亦农也是在很早以前就从证券公司工作人员那里知道史明这个人的。在世纪之交的时候，史明还是银川为数不多的大户之一，是坐在舒适的大户室，手里拿着上千万的资金在股市厮杀、博弈的投资人，所以史明曾是他们羡慕的对象，也是奋斗的目标。最后他们听到史明因为资金放大操作形成巨亏、濒临破产、已从股市退出的传言，更使得二人对他的经历多了点兴趣。加上史明和柏青又是宁夏中卫老乡，柏青从朋友那里知道史明为人很好，人脉极广，所以只要有朋友牵线自然也就成了朋友。

史明和范玉红在很早就是好朋友了。一次在他们两个吃饭中间，范玉红问道："史明，我听说你儿子史柯从国外留学回来了，你打算怎么安排？"

范玉红自小看着史柯长大，在史柯出国前特意从家乡赶到银川送了一个很大的红包，对他有着和其他孩子不同的感情。

史明说道："当下这个社会哪有什么好的工作呢，我也正在考虑。"

范玉红想了一会儿说："我觉得股票投资这是最好的行业，和社会上的一些负面的东西也不打交道。你看柏青十来年时间，从一个两手空空的上班族，通过投资股票拥有了上千万的资产，不行的话就让史柯跟上柏青学习投资股票吧。"

"我也有这个想法，只是还下不了决心。"史明看着他说道。

"是不是你还对做股票败走麦城的事心有余悸，不想让儿子重蹈覆辙呢？"范玉红笑着问道。

"那倒没有，我做股票失败的原因在我自己，理念和方法都有问题。说实话，我对股票投资一直初心不改，我认为这是一个做好了很有前景的职业，发展空间无限大。再说风险，什么职业没有风险？现在连公务员都成了高危职业。做生意也是处处有风险，开个超市、餐厅也有风险，更不要说开家公司，办企业了。"史明说着拿起餐桌上的烟盒，抽出两支，两个人点着吸了起来。

史明吸了几口烟后接着说道："史柯的爷爷奶奶和他妈都想让他去当个公务员，并且态度都很坚决。儿子自身的条件倒是适合当公务员，学历没有问题，本科就入了党，每年的优秀学生干部，学的又是文科。可是，我看他对公务员没有兴趣，现在的官场，混个处长、局长也不容易，好不容易当个领导，稍不注意就成了腐败分子，蹲了监狱。"

"所以，我觉得柏青他们投资股票是最好的职业，只要管得住自己，掌握一些基本知识和方法，也没有什么风险，大不了套住了，赔时间也不会赔钱的。"范玉红说的确实是实话。

"我也一直认为股票投资是风险最小的行业。不用征地建厂房，不用购买机器设备培训工人，不用担心产品更新换代和市场竞争，把所有的资金都用在股票投资上，市场上什么产品好、什么行业好、什么企业的收益高，我买入什么股票，永远能介入收益最好的行业和公司。其实了解了市场波动的周期性，具有正确的投资理念和方法，股票投资的风险是最小的。"史明说出了自己对股市投资的观点。

"那就先让你们父子俩前赴后继，子承父业，让儿子在股市完成你未尽的宏图大业吧！我俩明天就领着儿子到柏青他们的工作室，让他跟着他们学习股票投资吧，有什么更好的工作了再说。"范玉红笑着替史明做了决定。

史明心想反正多学点东西没有坏处，再说这也是他希望儿子从事的职业，就没有多说什么。就这样史明决定先让史柯到柏青和柳亦农的工作室学习和实践一下股票投资的工作。

在家人和朋友们的一片非议声中，他将儿子送到了柏青和柳亦农的股票投资工作室，让儿子从师于柏青和柳亦农，学习一下证券投资方面的知识和方法。再则，就是让儿子也感觉一下证券投资行业，看他有没有兴趣，愿不愿意从事这份工作。

史柯到双丰股票投资工作室后，得到了柏青和柳亦农精心培养。他们循序渐进，先易后难，从基本的技术图形和各种指标讲起，到盘面的研判以及各种指标的运用，再到如何捕捉强势股、何时介入何时卖出等一些基础知识和方法。尤其是柳亦农对这个新来的年轻人有一种特殊的好感，冥冥之中仿佛有种什么联系一样。他会在收市之后，结合盘面一天的走势传授着自己的经验，经常一讲就是好几个小时。

就在史柯刚刚对股票投资产生浓厚兴趣，潜心学习股票投资的相关知识、理论和操作技能的时候，史明和云海集团的董事长马建宁一起吃饭，因为史明和马董事长是多年的朋友，没必要见外，正好史柯没事，也前来作陪。

马董事长是一个商场的传奇人物，一个以前靠卖蜂窝煤生存，50 岁创业，短短五六年时间成为宁夏中卫市最大的房地产开发商，拥有近十亿资产。他的集团公司下设多家子公司，行业涵盖担保、冶炼、煤化工、旅游、养老等方面。马建宁肩宽胸挺，身材适中，衣着讲究，五官端正，鼻梁高耸而挺直，眉目俊朗，一张端庄的国字脸上透着英气，威而不怒，言谈举止之间有一种儒商的气质。他敬业好胜，敢想敢干，精力充沛，蕴藏着翻江倒海的巨大能量。这些都是史明对他欣赏和佩服的地方。

当马董事长知道史柯刚从国外留学回来，还没有参加工作时，急忙对史明说道："史明，让你儿子跟我干，给我当个董事长助理。现在我正在推进甘肃筹建240万吨煤化工基地的项目，同时正和当地医科大学附属医院联合创办一家大型民营综合医院，这两个项目一大摊子事等着要办，尤其是一些项目审批等重要事项需要专人经常跑北京各部委，跑完北京还要到省里找有关部门。我一个人实在忙不过来，现在急需一个既能上台面，我又能信任的自家人。"

看着史明只笑不吱声，马董事长侧过身子豪气冲天地对史柯说："孩子，跟老叔干吧，给我当助理，兼个集团副总，给你一个平台，尽情地把你在国外学到的才华施展一下。要职厚禄，我给你100万的年薪，怎么样？"

史明听见他的话，急忙说道："老哥，我知道你的好意，他只是在国外上了个学，既没有工作经验，又没有专业技能，在你那么大的公司当个副总、年薪100万，开玩笑呢，让外人知道了还以为我卖儿子呢。"

马董事长听史明这样说，有点生气地说："我的公司我做主，我让谁当啥就当啥，愿意给多少年薪就给多少，外人知道了有什么关系。"

史明看他又泛起土豪气，笑着说："我俩是我俩的关系，我们不要闹笑话，再说你公司还有那么多副总、高管和跟着你打天下的人呢。好了，我们先吃饭。"

马董事长还是有点不肯罢休地问道："你是不是把儿子交给老哥不放心呀？你放心，你的儿子就是我的儿子！"

史明借故推辞说："儿子的事我真做不了主，让他回家和他妈商量一下好吗？"

马董事长对史柯说："孩子，回家好好给你妈说说，过来帮老叔一把。"

史柯连忙说道："谢谢马伯伯，我会说的！"

就这样，史明总算把马董事长搪塞过去了。

史明本想这件事就这么不了了之了，没有想到两天后他接到了马董事长的电话。他在电话里不高兴地说道："史明，我们两个那天说的孩子到我公司来的事，怎么不见你的答复了呀？你是不是看不起老哥？"

史明连忙说道："看你说的那怎么可能呢？只是我已经安排儿子到朋友那里学习股票投资了，我有点……"

不等史明说完，马董事长打断了他的话，说道："学什么投资股票！你如果不是炒股，你比我们谁都强，炒股票让你倾家荡产了，你现在又把儿子往火坑里送，那么好的孩子你千万不要把他毁了。在我这里，几个子公司一大摊子事，我肯定会把他培养和锻炼出来！"

本来史明让儿子学习股票投资，感觉其他方面都没有问题，唯一担心的是，在银川从事股票投资，圈子太小，容易和社会脱节。现在儿子正是年轻的时候，一下子局限在一个狭小的环境中，对他以后社会交往和性情方面都可能有影响。再说，以他的标准，感觉儿子现在有点过于谨慎，也许换个环境能开阔一下他的思维和视野，这对他以后无论做什么都会有益。如果这样考虑，到马董事长这里正好能充分地锻炼一下，是个理想的地方。

想到这儿，史明说道："那好，听你的。不过你给他的工资太高，一来对你在公司平衡关系不利，下面的人都会有看法，孩子去了也不利于和他们相处；再则，孩子的压力也太大，不利于他工作。你的心情我理解，可我也有自己的原则，如果，你年薪给个一二十万我还可以接受，这也已经很高了，可以显示公司对他的尊重，对他以后开展工作有利，我觉得也合适。"

马董事长听史明这样说了，他停顿了一会儿说道："那就年薪 50 万吧。"

史明坚决地说道："50 万还高！"

"我是董事长，发多少工资是我决定的，不是由你说了算的。我这一阵正忙着呢，让孩子明天来上班吧。你再出什么幺蛾子我真生气了！"马董事长说完挂断了电话。

当天，史柯从柏青和柳亦农的股票投资工作室回来后，史明把马董事长的话告诉了他，征求他的意见。

史柯自从上次见了马董事长后，对他感觉特别好，加上他是父亲的好朋友，自然又多了一种亲切感。他当初选择到英国攻读 MBA 专业的研究生，就是希望回来后当个企业的高管，能把自己学的东西应用到工作实践中。现在有这么一个好的公司和职位，肯定会对他有很大的吸引力，与学习股票投资比起来似乎更有新意和挑战性。

史柯想了一会儿对史明说："爸爸，我想去马董事长那里锻炼几年，股票投资多会都可以学。当然，我还是听你的。"

"那好吧，明天你先去工作室给柏青和柳叔叔好好解释一下，不要让他们多心。完了你就到马董事长那里报到，再就是工资的事，你告诉他，你到他的公司干可以，但工资不能太高。别人对我们越好，我们越要珍惜，你一定要有个姿态，我的意见不要超过 20 万，具体数额你和他谈。到马董事长那里工作，正好你也可以跟着他学学他的气魄和胆略，还有敢想敢干的精神，这正是你身上缺少的东西。"

第二天，史柯到双丰工作室去辞行。柏青和柳亦农听完了他的陈述后，对此表示十分理解和赞成，并再三嘱咐如果他工作以后感觉不如意，欢迎随时回来。倒是工作室的李芳和岳桐却极力挽留史柯，刚刚彼此熟悉和习惯，大家在一起处得都很好，难免都有点不舍。尤其是柳亦农，尽管嘴上说着理解和支持，但内心却是深深的失望。他一直在寻找一个合适的年轻人想好好培养一下，他甘愿做人梯，把自己这么多年来的经验和教训，以及在市场里总结出的有益的技术分析和操作方法倾囊传授给史柯，帮助他在股票投资领域里有所建树。自从见到史柯后，他眼前一亮，无论从哪个方面，这都是自己在寻找和等待的人。所以，在他们相处的这段时间里，他在默默观察和感知着史柯，为此也付出了极大的热情。

离开了工作室，正是一天之中车辆最多的时候，史柯驱车驶入了喧嚣和车水马龙的市区。街道上，形形色色的车辆排起了长龙，时停时走地徐徐前行，赶时间的人们视线不断地在手表和路面来回扫视着……

没有想到自己刚离开两年时间，银川的变化竟如此之大，纵横交错的交通设施，构成了这个城市的血脉和骨架，推动昔日的小城大踏步地向着现代化的都市迈进。这和他在英国留学期间去过的一些欧洲老牌资本主义国家那种慵懒、萧条以及一成不变的城市风格和景象形成了强烈的反差。

好不容易用了半个小时才穿过市区驶入绕城高速公路，车辆慢慢少了下来，不一会儿就到了上高速公路的收费站。进入高速后他的视野一下子开阔了，心里也敞亮了起来。

这时，史柯驾驶的父亲的奔驰 S550 轿车的优越性能才体现了出来。他轻轻一点脚下油门踏板，一不小心，里程表上时速指针流星一般向 200 公里的刻度划去。刹那间，窗外高速公路两旁的树木和指示牌以及远处的建筑物和村庄像被飓风卷走了一般，车里听不到外面的风声和发动机的轰鸣声，音响里的音乐声依然那么悠扬、清澈。随着车速的加快，奔驰车一流的安全性和操控性充分体现，他感觉手中方向盘越来越沉，但车子却像被吸在路面上一样，给人一种巨轮行驶在大海里的舒适感。片刻，史柯迅速将车降到正常的速度，一路向着 200 公里外的中卫市驶去。

就这样，史柯在马建宁的云海集团正式上任了，而他此时还不知道，一个个艰难而又繁复的工作正在等待着他，他将面临走向社会后巨大的考验和艰辛的历练。

史柯上班后接手的第一项工作就是协助马董事长办理 240 万吨煤化工基地的相关手续审批和煤炭资源配置申报工作。云海集团的 240 万吨煤化工基地坐落在甘肃省西部某县，是甘肃省政府的招商引资项目，项目投资 20 多亿元人民币，这也是云海集团继房地产开发后的一个新的重大举措。

马董事长对这个项目有他宏伟的战略构想和精明的算计。按照云海集团和当地政府签订的招商合作协议条款，云海集团的 240 万吨煤化工基地启动后，由当地政府申报为该煤化工项目配置部分所需煤炭资源，在当时煤炭市场火热的时候，有了这些巨量炙手可热的煤矿资源，也就意味着有了数十亿的潜在资产，这可是一笔巨大的财富。再说，集团煤化工基地一旦投产，每年又会有近百亿的产值，这将有力提振当地经济发展，进而造福一方，惠及县里的每个家庭。这正实现了马董事长历来主张为国出力、为民造福的事业愿景。

然而就在云海集团和当地政府大力推进煤化工基地的各项工作，项目设计、建设，设备选定和采购等一系列工程如火如荼、争分夺秒进行的时候，国家部委陆续出台政策制定了极为严格的煤炭资源勘探开发条件，在国家政策面前，地方政府的权力受到了极大的约束和限制，显得无能为力。马建宁规划投建的煤化工基地一旦没有了当地煤炭资源配置，那就成了无米之炊。这时，集团在这个项目上已投资了三四个亿，面对着骑虎难下的复杂局面。

马建宁此时犹如关进笼子里的老虎，难以施展他的身手。无奈之下，他只能病急乱投医，寄希望于通过一切关系协助，不惜代价地打通关节，把配置煤矿资源的相关手续拿下来。可是一个地方民企没有特殊的关系和渠道，到北京中央部委办事谈何容易，更别说是国家严格收控管理的煤炭资源开发事项了。

正常途径和方法办不了，一贯自信没有办不成的事的马董事长开始调动一切人脉资源，组织公关了。此时的马董事长已经失去了辨别是非的基本能力，各路神仙和妖精开始粉墨登场了。

冬季北京的一天下午，太阳也怕冷地躲进了云层里，凛冽的西北风贪婪地喘着粗气，挥舞着魔鬼般的利爪从人们身上划过，恨不得把行人身上的衣服都要掠走。光秃秃的树枝在狂风怒吼中战栗，摇曳不定，身上干枯的枝叶被剥了个干干净净，像个可怜兮兮的乞丐。

西四环世纪金源大饭店，马建宁正在房间里午睡，一阵门铃声把他从睡梦中吵醒。他开门后只见给他引荐关系的中间人吴斌走了进来，脸上闪烁着兴奋和神秘的神色。

吴斌确实在北京也是个场面上的人物。无论在官场还是文化界，包括演艺圈都有很广的人脉关系。30多岁的年纪，衣冠楚楚，出语惊人，处处显示出他优越的社会地位和卓越的运作能力。座驾是一辆劳斯莱斯古斯特，身边是两个西装革履的年轻跟班和一个美女秘书。

他在马建宁客房的会客室坐下后，不等马董事长开口，就急不可待地说道："这回我可给你找到了神仙。她叫许琳，开着一家信息咨询服务公司，是某某领导的小姨子，在北京可是个通天的人物，专门办大事的。我约好了，明天我们到她的公司去谈。"

许琳的信息咨询服务公司设在颐和园附近一片高档小区中的三层别墅里。这栋小楼有 1000 多平方米的样子，具有独特的风格，不管是小楼外的蓝天白云，还是小楼四周配合极好的鲜花与植物，都彰显着主人的奢华与品位。这里，给来客一种最接近功成名就的感觉。

当马建宁在吴斌的引领下进入门厅，扑面而来的是屋内大气而精致的欧式宫廷装修风格，还未等他们定下神来，一位貌美惊艳的迎宾小姐躬腰问候道："阁下好！您找哪位？"

吴斌连忙答道："我们找你们许总。我姓吴，昨天和她提前预约好的，请你通报一下。"

听吴斌说完，迎宾小姐先请他们在大厅侧面的休息区落座后，说道："请你们稍坐，我们董事长正在会客，我先给她打电话通报一下。"说完，她到前台打了个电话后回来对他们说："我们董事长请你们稍候，她马上就到。"

不一会儿，一位看上去 30 岁左右，雍容高贵的美貌女子，风情万种地陪着一位领导架势的中年男人走到了大厅。

马建宁看见这个中年男人，顿时心头一惊，这不是他在新闻里似曾看到的那个人吗？职务和名字他一时想不起来了。就在他极力思索那男人到底是谁时，吴斌告诉他，这个女人就是许总。

这时只见许总和那位男人有说有笑地走到大厅门口，许总伸手握住男人的手，妩媚地笑着，用银铃般好听的声音说道："我的事，领导还要多多关心呀！"这时一辆挂军牌的黑色奥迪轿车停在楼前，从车上下来一个军人模样的人，拉开车门，中年男人上了车后，轿车迅速驶出了视线。

许总送完人，回过头佯装出才看见吴斌和马建宁的样子，莞尔一笑，轻轻点了点头说："不好意思，让你们久等了，请随我到办公室吧。"

许总的办公室和一间多功能会客厅连在一起，要到她的办公室首先要经过会客厅。这是一处可以通到室外花园的区域，有 200 多平方米大小，这里可以举办几十人的聚会。客人们可以倾听钢琴弹奏、在吧台喝酒、围坐壁炉旁畅谈，夏天时也还可以在室外花园举行晚宴，或者在走廊里歇息片刻。这里的家具全是质地考究的欧洲古典式样，墙壁上悬挂的油画看上去也都出自名家之手，厅内靠东的墙壁贴着金箔装饰，阳光被折射到大厅的各处角落，更显得这里品位卓然、金碧辉煌。

通过会客厅来到许总的办公室，这是一处以色彩彰显房间话语权的空间。视线所及，看得出许总对居室色彩的使用尤为在意。办公室大胆采用素净的银色马赛克和乳白色大理石为地坪基色，褐红色雅致的大班台下铺着纹饰精美的羊毛地毯，背壁设计为镂空铜板饰面，会客区沙发茶几整齐围置，墙面一幅壮观的手工刺绣花开富贵尤其熠熠生辉。许总房间融会了不同的风格和元素，家具及空间和谐得体，使整个房间的基调既现代又不失女性温柔、优雅的一面。

会谈很直接，不等马建宁他们坐定，许总坐在他们对面的沙发上开口了："吴总，本来我要给你打个电话不让你们来了，可一忙就没有顾上，你昨天给我说的这位老板的事，我已和有关领导提了提，确实有点不好办。"

吴斌听许总这样说，有点着急了，连忙说道："许总，我朋友马董事长的这件事你一定要帮忙呀！我已经找了一些关系，都没有办法才打扰你的。我知道这样的事在北京也只有你能办了，前一段时间山西和内蒙古几件这样的事，人在北京住了一年，找了多少人都没有办成，最后还是你出面，不到一个月就搞定了。"

"你们要早来几个月，这件事也就是我给蒋说一声的事。现在蒋出事了，正在风头上，关于这方面的事很敏感，在老头子面前我实在不敢开口。"许总为难地说道。

马建宁从许总的话里听出，这个事她能办，只是现在不想办，在推辞，连忙说道："许总，这件事你可要帮帮我们呀，一大摊子都铺开了，现在又遇到这样的问题。只要你肯帮忙，有什么条件你都可以提。"

"这位老哥看起来是做大事的人，也很直爽，只是这件事现在办起来难度确实太大。要是前几个月，这件事有个千把万，我跑动打点一下关键环节，最多一个月就能让你把所有手续拿走。但现在我就不敢说了，即便是把钱花光了也不一定能把事办成。"许总似乎说的也是实情。

马建宁更觉得许总这个人可信，她要是一开始就大包大揽，他反而会怀疑。等了一会儿他看许总没有反应，急切地说道："许总你就帮帮忙吧，有什么条件你现在就说，我马上安排人办。"

许总听马建宁这样讲，沉思一会儿便说："现在真不是条件不条件的事，看在老哥是个厚道人的面上，我答应帮你，你们再等等。"她看了一下手表后说："我现在到市企业家协会开个会，就不陪你们了。过几天方便了，我做东请马董事长吃饭，吴总你也作陪呀！"

马建宁连口茶也没有喝就和吴斌离开了许总的公司。

5 天后吴斌带来了许总的回复，她答应帮忙了，并让马董事长给她支付些前期的活动费用，等钱到账了她就开始运作。

这只是他们陷入其中的一个骗局，就这样，为 240 万吨煤化工基地着急上火的马董事长陷入了一个又一个的迷局中，难以自拔。

各种关系和人都找了，大把大把的钱也花了，可马建宁等了半年，要办的事一直没有结果，煤化工基地建设工程只能搁置了下来。他最后实在没有精力和耐性再继续陷在这个泥潭里，便把这件事的后续工作交给了史柯。

史柯接手董事长移交的工作后来到了北京，他约见了许总公司协助办理 240 万吨煤化工项目资源配置审批手续的有关人员。在和这几人的接触中，他总有一种云里雾里不着边际的感觉，特别是对方不断催促史柯尽快与公司财务协调支付活动经费，更让他忧虑重重难以决断。这时，史柯想到了父亲的好朋友，在某部门工作的张冉叔叔。当他见到张冉叔叔，把公司面临的真实情况告诉他后，张冉明确告诉他，他们公司办事的方法和程序是错误的，这些中间人更是不能相信，并且告知了他一些骗子骗人的内幕，让史柯奉劝老板提高警惕。

原来，在北京有相当数量的一众高级骗子群体，他们精通中央各部门和机关的组织结构和办事流程，熟知相关领导的家庭背景、社会关系、生活习惯乃至个人嗜好，他们拥有或者共享劳斯莱斯、宾利等豪华车辆作为撑台道具，有些甚至备有常人难以分清的和领导人相貌举止极其相似的替身在关键时刻压场露面，这些手段和策略高到让人瞠目结舌、不可思议的地步。一些在商场上精明能干、思维敏捷、斗智斗勇、屡战屡胜的精英奇才，在这些人精面前就像一个个羔羊，任其宰割。事后，这些受骗受害者竟对人无奈地说道，在这些人做的局里由不得自己不上当。

在北京遇到这些骗子的多是些地方大民企老板之类，他们在企业发展过程中遇到了在当地难以解决的难题，希望得到中央有关部门和领导的支持和帮助。但不幸遇见这些骗子后，正是他们又一个雪上加霜噩梦的开始。这些骗子根据他们所说的事情的大小和内容，能完全了解他们的财力，并开出恰到好处的条件，先是数百万、上千万的和你开口，然后到几十万，最后看他们被榨取得差不多了，就几万、几千地骗，一直把受害者骗得一贫如洗。

在这些骗子的整个行骗过程中，先是给受害人一个美丽诱人的图景，等他们逐步深陷其中，付出了巨额金钱后，受害者就任意受骗子们摆布了，以至于受害者本人也更愿意听骗子的假话，不愿意正视现实，陷入了愿意骗子骗自己的怪圈中。宁肯在美丽的谎言中充满幻想地被继续欺骗，也不愿回到现实的严酷中。就这样耗费了大量时间和精力，被榨干了身上的所有钱财，这些钱财中有些是受害者为了办事借的银行贷款，甚至是民间的高利贷。

史柯了解这些情况后，立即通过张冉的关系网对继续和集团联系的中间人和公司进行了甄别，并告知集团财务停止支付北京方面一切费用。他想给马董事长汇报，可是，面对辛辛苦苦运作了这么长时间，仍然抱有期望的董事长，他真不知道该如何对他说出自己的意见。

第二十八章　卧薪尝胆

　　2013 年下半年的股市除了创业板和中小板的股票百家争鸣、一片繁荣的景象外，大盘和主板的股票在创业板股票大涨的刺激下，先后发起两轮攻势，最高点曾攻上 2270 点。可是大多数投资者还是对大盘和主板股票没有持股信心，市场稍一反弹便开始抛出和减仓主板股票，大盘终于在年末的 12 月份败下阵来，到了 2013 年 12 月 31 日，上证指数再次回到了 2115.96 点。

　　也就是这一年的年底，占据宁夏大半市场的南京证券公司开通了融资融券业务，极大地方便了需要这项服务的股民和机构。

　　进入 2014 年新年后，大盘重新选择了下行，到 1 月 20 日上证指数再次跌破 2000 点，此后一直在 2000 点左右横盘震荡。

　　新年初始，跌跌不休的股市再次让经历了 5 年多漫漫熊市的投资者心灰意冷，欲哭无泪，那些本希望新年股市能有新气象的股民陷入了更深、更大的失望之中。套牢成为散户挥之不去的噩梦，一些有经验或对后市看好的铁杆股民买进股票被套之后，除了被动等待解套之外，有的还积极主动采取措施，筹措资金进行补仓。然而，更多的小股民眼看着手中的股票大幅缩水，心急如焚、不知所措，拿不定主意是继续持有还是平仓走人。有的股民在巨大的损失面前接近崩溃，情急之下，忍痛割肉抛出股票。股民的杀跌仿佛像决堤的洪水，导致大盘似乎要毫无休止地跌下去，短时间里难以翻身。

　　柳亦农在新年的 1 月 20 日这一天下午一点三十分，上证指数跌破 1990 点时卖出了手中的 50000 股网宿科技股票，成交均价是 91.55 元，平仓后账面盈利 206 万元，股票账户上的资金在向 500 万元靠近。这样一来，将上次因为配资造成的损失弥补了三分之二。网宿科技是他在配资前就密切关注的一只股票，当初他之所以热衷配资也就是想利用配资款重仓这只股票，没有想到，网宿科技竟没有被信托投资公司选入到标的股票池，这就完全打破了他的计划，以至遭受了灭顶之灾。2013 年 7 月 9 日，他被信托投资公司强行平仓后，先是在家安稳地待了几天，认真反思了这些年来的经验教训，特别反省了自己侥幸、贪婪的交易心理。

一个习惯了刀光剑影的战场，热衷于搏击、厮杀的将士，让他远离疆场是一件很痛苦的事。不到一个星期柳亦农就受不了了，他像一只被关在笼子里的狮子，在家里转来转去，有时趁妻子郭梅不在家时趁机打开电脑扫视一下股票行情。这些都没有逃过妻子的眼睛，知夫莫若妻，郭梅深知他对股市痴心不改，根本离不开股市。于是，她决定不再刺激丈夫，自己做主通过房屋中介，将两套新买的还没有来得及装修的住宅房卖了。因为这两套房子是当时市区比较好的楼盘，所以很快就出手了，并且卖价比他们当初的买价还高了些。

就这样，柳亦农拿着妻子卖掉房子的 260 万元钱，再次进入了股市。

这时，网宿科技股价已经从他配资时的 20 元左右涨到了 50 元。这次他没有轻举妄动，因为他心里明白现在账户里的这点钱，对他、对这个家庭意味着什么。他仔细地研究了网宿科技的财务报表、经营分析报告以及分红扩股等基本面和公司其他方面的信息，最后他得出结论：2013 年网宿科技的业绩增长会在 100% 以上，可能会大比例地分红送股，那么作为现在创业板的龙头股，后期还会有较大幅度的上涨空间。于是，柳亦农计划等待网宿科技股价回调后，找一个合适的时机买入。为了吸取上次的教训，他制定了买入后一旦股价下跌幅度超过 5% 就坚决止损的纪律。

终于，柳亦农等来了这个机会。

9 月 13 日，网宿科技股价经过半个月的调整，从 60 元回落到 50 元左右，并且各项技术指标都开始走好，尤其是 KDJ 指标发生金叉，MACD 指标的阴柱开始缩短。他在当天上午 10 点开盘股价回落，随后开始拐头向上并穿越均线后，以 50.18 元到 50.47 元不等的价格，分批买入了 5 万股网宿科技，买入均价为 50.35 元。他买入后，网宿科技股价便一路上扬，到下午收盘，上涨了 3.94%，收盘价为 52.73 元，当天盈利 10 万多元。

柳亦农这么多年来操作股票都是以短线为主，跟踪盘中的强势股，利用技术指标，发现合适的机会后果断买入，一旦盘面反复就卖出平仓，积小胜为大胜。可这次对网宿科技股票他特有信心，他决定只要网宿科技股票的盘面不走坏，就一直持仓到公司的 2013 年年报和分红方案出来前。就这样，他第一次持有一只股票的时间达到了 3 个多月。

正是这次对网宿科技股票正确的判断和操作，加之中长线持股的策略，使得柳亦农再次摆脱了困境，重树了对股票投资的信心。

就在柳亦农为 1 月 20 日卖出网宿科技股票心满意足的时候，网宿科技股价只是在 21 日这一天做了深幅的回调后，当天就拉升起来了，尤其是到了后面几天，股价更是进入了疯狂的拉升阶段。此刻的柳亦农再也没有勇气和胆量买入了，只能眼看着网宿科技的股价在 10 个交易日里先后涨到 100 元、110 元、120 元、130 元，直接向 140 元冲去。

看着网宿科技股票的表现，柳亦农先前的心满意足很快就被极度的懊恼所冲淡。假如自己不被当天大盘的下跌所影响，坚定自己的判断，持仓到现在，自己配资的损失不仅全部挽回，还会盈利 100 多万元。

假如——当然生活中不可能有假如，股市更不可能有假如。在股市很少有人能做到在最低价买入、最高价卖出，永远都处在遗憾之中，这也正是股市的魔力所在。

史明再次见到高仁谦是 2014 年春节前大学同学孩子的婚宴上，屈指一算，自他们上次在证券公司营业部一别，有十五六年没有见面了。高仁谦的两鬓竟然白了许多，这让史明的心里泛起了一阵苍凉，才意识到大家都不再年轻了，当年的朝气蓬勃、意气风发都成了美好的记忆。

婚宴还早，史明和高仁谦找了个僻静的地方坐下。

"老同学，好久不见了，最近好吗？"高仁谦有些激动地问道。

"老样子。你呢，还在误人子弟？"史明笑着调侃说。

"我离开三尺讲台能做什么？不像你见多识广，又敢想敢干，干什么都可以。"高仁谦先前脸上的一点激动的表情很快消失了，随之而来的是一种淡淡的无奈。

以史明对他的了解，知道高仁谦心里应该有事，问道："发生什么事了吗？有什么难事说出来，也许我能帮你做点什么。"

高仁谦叹了一口气说："都是这害人的股票闹的。这些年，我把所有的钱，包括给儿子准备结婚买房的钱都投入了股市，现在套得牢牢的。为这个事，我现在里外不是人，老婆骂，儿子闹，每天下班我都不敢回家。现在，我真不知道该怎么办！"

史明听他这样说话，心里不由地颤了一下，他可不想让高仁谦落个和王兵一样的结局。连忙问道："你在股市投进去了多少？损失大吗？"

"加上以前投的，2008 年以后陆陆续续投入的，也不是太准确，至少有 30 多万吧。现在持有的股票市值有 15 万左右，赔了 15 万多。我现在还住的是学校的房子，真是房无一间，钱无一文呀。看着手里的股票跌成这个样子，我实在不甘心，每个月发了工资，除了留下点生活费，剩余的钱全都补仓了。最近儿子吵着要结婚，老婆逼着我把股票卖了。看着赔了这么多，我实在不知道该怎么办呀。"高仁谦可怜巴巴地看着史明，无力地说道。

"2008 年到现在股市下跌了 6 年多了，从以往股市大的运行周期来讲，一般都是 5 年左右，而这次下跌了这么长时间，应该说股市会慢慢好起来的。现在是黎明前的黑暗，一定再坚持一下，千万不要割肉卖出，给孩子和老婆好好解释一下。你要记住，没有只涨不跌的股市，也没有只跌不涨的股市。一旦股市好转，不仅赔的钱能补回来，也许还会挣钱呢。我建议你把持仓的股票都调到券商板块上，尤其是龙头公司，一旦大盘转暖，首先是券商类的股票先启动，这样至少能抓住一个热点。"

史明从 2013 年起一直在关注着大盘的动向，所以他把自己对市场的看法，耐心地告诉了高仁谦。

高仁谦听着史明的话，脸色渐渐转暖，眼睛里出现了光泽，他激动地说："今天幸亏遇见你了。最近儿子说要买房子，再说大盘还在下跌，我担心损失会更大，正想着怎么平仓呢，你这么说了，我心里就有底了。"

"不管发生什么事一定要想得开，千万不要做傻事。如果真有什么过不去的事，就来找我，我们一起想办法。"史明叮嘱说。

不知不觉，2014 年的春节到了，史明意识到自己生命的年轮又多了一圈，想到自己壮志未酬就迈入了 50 岁的人生阶段，内心平添了一丝伤感，真是："人生易老天难老，岁岁重阳，今又重阳"，只是没有了"战地黄花分外香"的情怀和感慨。

春节期间，儿子史柯告诉他，公司马董事长对他这一段时间的工作很满意，并给他预支了 50 万元的工资，他不要，是马董事长坚持让他拿上的，说着儿子拿出银行卡递给他。史明把儿子拿着银行卡的手推了回去后说道："你的工资你自己保管着，再说，股市的熊市从 2008 年开始到现在已经 6 年多时间了，我预感市场的机会马上要来了。你现在可以把资金投入股市，利用你学的股票投资的知识和方法早点布局，不要计较大盘一时的下跌，从长远计议。具体有拿不准的问题可以请教一下柏总和柳叔。"

史明的话正合史柯的心意，他也特别理解父亲的处境和意愿。从他回到国内的那一天他就暗自下了决心：父母已经给自己提供了最好的接受教育的机会，他不能再继续躺在父母身边，依靠父母了。今后自己的事情不希望再给父母增添过多经济上的负担，他要自食其力，自己的事情——包括结婚成家，他自己解决，不能再花父母的一分钱了。史柯现在有了一份比较理想的工作，先前学习和掌握的一些关于股票投资的技能和现在自己手里的 50 万元资本，形成了他开辟新局面的两只翅膀，是到了自己展翅起飞的时候了！

想到这儿，史柯对史明说："爸，我听你的，春节过完一上班，我就开始行动。"

看着儿子懂事、积极上进的样子，史明由衷地感到欣慰和满足。

史明因为2005年股票投资失误引发的一系列挫折、打击，成为他事业上的转折，尽管这些年来他付出了很大努力，但仍是事倍功半，举步维艰，难以从根本上改变现状，再也回不到那曾经的辉煌。尤其是近几年，眼看着自己曾经的兄弟、朋友，甚至是兄弟的跟班小辈一个个都成了数千万、数亿资产的老板，张口谈的都是千百万级别的项目、工程，这让史明难免有一种英雄迟暮的失落感和悲凉情绪。在这么一种心境下，他再也拉不下脸去做点小事，挣点小钱了。好的是，他一直与人为善、诚挚待人，有一定的威望，身边围绕许多曾经的兄弟和朋友，以至于他的生活不显得太孤寂和冷清。

每当辞别那些为实现自己远大理想、正在奋力奔波和拼搏的朋友，史明一个人静静坐在家里的时候，心里也有深深的愧疚和不甘。他才50岁，不甘心就这么庸庸碌碌下去，他要利用自己的学识和智慧，找一个让自己崛起的支点，他要提高一下自己的生活品质，让自己的生命更有意义。

这个年纪了，他不愿再消费自己仅剩的一点自尊，拉下脸来，去利用自己的人脉关系做点什么小生意了。搞实业吧，一来没有适合自己的行业，二来也不愿再操那个心和受那个苦了。

史明思来想去又回到了证券投资和期货投机上了。毕竟自己有那么多年的经历和经验，即便是曾经的失败，也是一个教训。再说，那时的失败是自己年轻气盛、心浮气躁造成的。现在自己经历了这么多年的人世沧桑，随着年龄的增长，性格更沉稳、淡定，心智也更健全、理性了，而这些对于一个证券投资者都是最基本的素养和品质。现在也只有证券投资这个行业没有门槛和年龄的限制，假如身体容许完全还可以再干上20年，甚至更长时间。

经过反复权衡和深思熟虑后，史明决定重新回到证券投资这个领域，他要在哪里跌倒从哪里爬起来。

想到自己已经离开中国证券市场近10年时间了，首先了解和熟悉现在中国的证券市场是必补的第一课，其二就是要确立正确的投资理念和方法。为此，他用了将近两年的时间，闭门谢客，退出了微信，关了手机，几乎断绝了和外界的联系，静下心来，倾心开始补课、充电。

找到了支点，做完了必要的功课以后，接下来就是找一个最好的发力点和启动时间。史明要做的第一件事就是回到银川证券投资这个圈子，和一直在市场里的那些老朋友聚聚，找找感觉，也从他们身上最大限度地摄取营养，给自己补充一下能量。

过完正月十五，史明先是给朱工打了个电话，朱工听到他的声音后抢先开口说道："史明你也太不够意思了！股票不做了，连朋友也不要了，给你打了多少电话，不是关机，就是联系不上。"

史明听他这样说话，连忙道歉道："朱工，实在对不起，多少年的老哥们儿了，犯不着生我的气。"

"今天怎么想着给我打电话了？"朱工语气缓和了许多问道。

"年纪大了有些怀旧，经常想起我们曾经在 205 的日子，所以想把大家约到一起坐坐。"史明有些动情地说。

"我还以为你不想我们了，我们几个可是老念叨你呀。"朱工的话里又带出不满的情绪。

"杨总和方芳他们现在好吗？"史明问。

"杨总的公司现在让区内的一家公司兼并了，现在挂个董事的衔，年底光分个红，比以前清闲多了，有时间做做股票。方芳在股市挣了点钱，创办了个什么生物科技公司，干得不错。"朱工轻描淡写地说。

"方芳办了个生物科技公司？那不做股票了？"史明有些吃惊地问。

"上次见面她说年前才又开始做了，资金不太多，进了三四百万。"朱工还是那个口气。

"朱工，你告诉他们一声，说我想和他们见个面，看他们多会儿方便，我们一起聚聚，说好了你通知我一下，我来安排。"史明态度诚恳地说道。

"好吧，我联系好了告诉你。"朱工爽快地答应了。

第二天上午，朱工的电话还没有来，倒是方芳先打来了电话。电话号码是陌生的，但从声音，史明很快听出了是方芳那温柔感性的声音："史明，你终于出山了！我们念叨了你多长时间，你的耳根也不发热呀?"

"耳根从来没有发过热，倒是喷嚏打了不少，我还以为谁在骂我呢。"史明开玩笑说。

"你这个人真是奇怪，这么长时间，说消失就消失了，一点踪影都没有，还让我们为你担心了好长时间。"方芳的话音里明显带着怨气。

史明听她这样说，不好再开玩笑，连忙赔礼说："谢谢，真的，对不起！"

"电话里我不多说了，等见面再收拾你。另外，聚会的地方我安排，你到时候来就行了，我安排好了通知你。还有，我要带几个公司的人，提前给你打个招呼，我知道你毛病多。"方芳说着，话筒里传来了她的笑声。

"不要紧，我年纪大了，就怕孤独，人多了气氛更好，我可能也要带两个人过去凑凑热闹，你安排一下，都是圈里的人，认识一下也许有益。"史明被她的笑声感染了，也笑着说。

"好，我安排好了通知你。再见！"方芳说完挂断了电话。

下午的时候，方芳给史明打来电话告诉了聚会的时间和地点。放下电话，史明一看表已经是收市的时间，便给柳亦农和柏青打电话，让他们不要再安排其他活动，晚上一起去参加几个从事股票投资朋友的聚会。

聚会在晚上六点半开始，安排在凯宾斯基酒店三楼的一个宽敞的雅间。雅间有100多平方米，分为两部分，一进门是休息区，摆着一圈沙发，茶几上放着水果和饮品，便于先到的客人聊天和休息。从侧面穿过休息区到了就餐区，映入眼帘的首先是一张硕大、华丽的餐桌和一圈精致餐椅，餐桌中央是一大束姹紫嫣红的鲜花，围绕它的是一圈摆布整齐、精美异常的餐具和酒具，银色的刀叉在灯光照射下反射出五颜六色的亮光。

史明和柳亦农、柏青他们进到雅间时方芳已经在屋里等候了。

多年不见，展现在史明面前的似乎是个不曾认识的女人，10多年的时间让方芳更具有魅力和风韵，今晚她光彩照人，给本来就精美、奢华的环境增添了一抹亮色。她就像上帝特遣到人间的一个尤物，专门来考验和颠覆男人的定力及理智。有人说过，生活甜蜜、心情愉悦是女人最好的美容品。看样子，她这些年事业一定做得不错，并且置身于生活的甜蜜和幸福之中。

和她在一起的是5个青年才俊，各个仪表不凡，眉宇之间印刻着精明和睿智，让人感觉到后生可畏。

见史明他们进来，方芳连忙从沙发上起身，惊喜地说道："十几年了，终于见到你了！你到哪儿仙游去了，抛下我们都不管了！"说着，她回过头对身后的几个青年介绍道："这就是我经常和你们提起的史明哥，他在上个世纪就是我们银川的商界精英、股市里的大作手了。"

史明听方芳这样介绍自己，便对她身边的几个年轻人笑着说道："方总是不是老对你们讲我败走麦城的笑话呀？你们一定要把我作为一个反面教材来学习。今天看见你们，我很高兴，我们曾经为之倾家荡产的事业终于后继有人了！"说完，他指着柏青和柳亦农介绍道："我今天也给你们带了个见面礼，我的见面礼是两个人，他俩可是我省股市的两匹黑马呀，你们在股市也可能有所耳闻，这位是柏青，那位是柳亦农。"

"原来是股市上鼎鼎大名的双丰工作室的两位老板驾到，让我们今晚的聚会锦上添花、喜出望外呀！"方芳说着和柏青、柳亦农逐个握手致意，脸上荡漾着迷人的神情。

就在这个时候，朱工和杨总进来了，大家又免不了一番寒暄和热闹。之后，方芳提议大家按年龄自大到小落座。这样一来朱工居首，史明和杨总两边，方芳坐在杨总旁边，史明这边是柳亦农和柏青，其余的人分开坐下。

看大家坐定后，方芳说道："这次聚会本来是史明哥提议的，我自作主张安排了。有两个意思，一来我和史明、杨总、朱工3位哥哥好久没有相聚了，在我刚从国外回来，各方面都最低潮的时候，是3位哥哥陪我渡过那段日子的，我今天借此机会表示一下心意；再则今天在场的不论年长的还是年轻的都是证券市场上的朋友，我们应该形成一个团体或者组织，今后，大家在一起互相学习，共同研判行情和市场，争取在证券投资领域有所建树。"方芳的话赢得了在场所有人的响应，大家纷纷鼓起掌来。

方芳等大家平静下来后接着说："在宴会开始之前，我把我的几个合作伙伴郑重地介绍给几位哥哥和柏青、柳亦农两位老板，希望能得到你们的关照。"说着，方芳把东方慧、欧阳君、马富才、郭向阳还有胡月天逐个做了介绍，他们几个也都起身和大家打了招呼。

宴会在欢快的气氛中开始了。

史明起身首先举杯说道："首先感谢方总安排了这么隆重的宴会，让我有了这次和老朋友相聚的机会，更高兴的是看到了在我们银川的股票市场上涌现了你们这样朝气蓬勃、意气风发的年轻一代。我提议，为我们的欢聚干一杯！"史明的话音未落，大家都起身，10多个酒杯碰到一起发出丁零当啷的声音。

史明刚刚坐下，方芳站了起来高兴地说道："我们当初证券公司西门营业部205大户室的4个战友今天又团圆了，我们应该共饮一杯庆贺庆贺！"

杨总听方芳这样说，插嘴纠正说："人家史明那时候可比我们高一个等级，人家在机构室，待遇可比我们强多了，专门有人伺候呢。最后是一个人不甘寂寞才跑到我们205的。"

史明听杨总说完，自嘲道："大户室怎样，机构室又怎样，我还不是第一个被赶出股市的人吗？在股市，方法远远比资金更重要。你看人家柳总和柏总比我们进入股市还晚，当时身上连1万块钱也没有，我们在楼上大户室喝茶聊天的时候，人家在大厅里站着看大盘呢，现在不是后来者居上。现在他们一个月不操作，营业部的员工这个月就拿不到奖金呢。"

方芳和史明、朱工、杨总一起碰杯后，借着史明的话走到柳亦农和柏青跟前说道："早就听说你们两个的大名了，传言你们是股市奇才，很少有失手的时候，只是无缘相见。今晚，我敬你俩一杯，有空了给我们传授一下你们的绝技。"

柏青听方芳说完，谦虚地说道："我们只是些雕虫小技，不值一提。我们听史明哥介绍，方总你才是商界精英、巾帼英雄，值得我们学习。"

柳亦农也站起身，端着酒杯对方芳说道："今晚一睹方总风采，实在令我们男人汗颜呀，我们倒是很想听听你在商场叱咤风云的故事。"

方芳和柏青、柳亦农共同喝下一杯酒后回到了自己的座位。

看着朱工一直没有多说话，方芳提议说："史明、杨总我们 3 个人一起敬我们的老大哥一杯，谢谢他这么多年来对我们的关爱！"

朱工听方芳这么一说，喝下他们 3 个敬的酒后，不由得感慨道："仔细想来，我们在股市相识也近 20 年了，真是像歌里唱的'时间不知到哪儿去了'，那时候方总还是个刚从德国回来的小姑娘呢，真是往事不堪回首呀！"

接下来，又是方芳带来的几个年轻人先后起身给大家敬酒，折腾了好长时间等都敬完酒，大家这才消停了下来，餐桌上出现了片刻的安静。

看到这种情况，那个叫郭向阳的年轻人趁机说道："今天难得和股票投资界的几位老师和前辈坐在一起，我们当然不愿错过这个学习的机会。我想请教一下柏青老师，您对当前大盘的走势以及如何操作有什么高见？"

柏青听有人向自己求教，有点不好意思地说："在座的几位都是股市的前辈，他们在股市的光辉事迹我们早有耳闻。特别是朱工，中国股市第一批吃螃蟹的人，开了银川投资股票的先河，应该说从各个方面来讲，他才是我们真正的前辈和老师，他对股市的认知要比我们深刻和客观得多，我们先听听朱工的高见。"

朱工本来就是个很少和人交往的人，加上清高、孤傲的性情，对刚才有人称柏青为老师，又先请他发表对股市的高见，心里就有些不舒服。他阴沉下脸，微闭双眼靠在餐椅背上，想听听这个在股市里传得神乎其神的小子到底有什么高见，并想找到他的破绽后择机教训他一下。可当听到柏青这样谦虚、得体的话后，心里舒服多了，心想这小子果然与众不同，做事、说话很有分寸。朱工重新坐正身体，睁开眼睛，脸上的表情也缓和多了，他说道："在股市有志不在年高。你们年轻人思维敏捷，反应迅速，接受新生事物的能力强，能及时地跟上市场的节奏和热点，这些都是我们不能比的。"

柏青见状还是推辞说道："那就让我们柳总说说吧，大盘分析和行情研判他比我强。"

这时，方芳笑着说："那就请柳总先讲，完了柏总补充。"

听方芳这样说了，柳亦农觉得再推辞就有点不上台面的感觉了，于是他喝了一口茶后说道："巴菲特说过'别人贪婪的时候，我恐惧；别人恐惧的时候，我贪婪'。现在这个时候我是个死多头，我认为有多少资金都可以全部杀入股市，开始布局。我感觉现在就是底部，再下跌的空间不会太大。至于行情多会儿开始，我不好说，但我感觉不会超过一年。"

这时，那个叫欧阳君的年轻人问道："请问柳总，你说现在建仓布局，应该首选什么板块呢？"

柳亦农稍加思索后说道："在现在热点和主力动向不明的情况下，我觉得只能是首选券商板块了，因为一旦行情展开，受益者首先是券商。这也就是春江水暖鸭先知。这样，至少可以保证自己持仓的股票和大盘指数的上涨同步。等真正的热点出现了，再做调整。"

方芳听到这里说："柳总今晚一语惊醒梦中人，果然是一语中的，对我们的操作帮助很大。"

欧阳君继续说道："我想请教柏总一个问题，你在股市实现了这么高的收益，能谈谈你的投资理念吗？"

柏青看着欧阳君笑着说道："怎么说呢，你问这个问题我可能真要让你失望了。我没有什么可以推崇的投资理念，我是一个顺其自然的投资者，喜欢跟着市场走，跟着感觉走。中国的股市有别于美国股市，它呈现周期性的变化。周期性的下跌中，再好的公司，股价都会大幅下跌。所以只能跟着市场走。而欧美股市，特别是美国股市，只要不发生经济危机和重大灾难，都是一直向上缓缓上涨的，所以在这种市场买入股票就是一种投资，有关的价值投资理念确实很实用。"

他喝了一口水后继续说道："尤其在熊市的时候，反而是业绩优良的股票不涨，甚至下跌，可那些小盘的亏损股、垃圾股却是乌鸦变凤凰，股价扶摇直上。为什么？即便是熊市，主力、庄家也得生存，有事可做呀。他们只能选那些大型基金和投资机构绝不敢涉足的亏损股、垃圾股恶炒一把。当然，这只是我的一点看法，仅供大家参考，算是抛砖引玉吧，我也希望听到各位更独特的见解。"

郭向阳诚恳地说道:"这些年来,我们一直不知道在熊市和牛市中如何买卖股票,今晚柳总和柏总的见解对我们启发很大,确实胜读十年书。谢谢你们不吝赐教!"

就这样,宴会向着史明预计的方向发展,变成了一个关于股票投资的研讨会。史明看着大家有问有答,仔细品味着他们说话的内容,希望从中找到对自己有益的观点和方法。

第二十九章　赢在布局

　　史柯是在 2014 年 2 月 7 日，春节过后的第一个交易日买入开元投资的。之所以在沪深两市近 3000 只股票中选开元投资这只股票，这和他近期在集团公司的工作分不开。

　　云海集团和医科大学附属医院的合作已经进入实质性的推进阶段，一家建筑面积 19.4 万平方米，1000 张床位，设施完备、先进的民营综合医院的雏形稳步形成。史柯全程协助马董事长完善了医院的一系列批复手续，在工作过程中，史柯了解到国家正在大力鼓励和引导社会资本进入医疗和养老产业。为此，国家还制定了相关优惠政策，可以说民营医疗产业是一个可持续发展的朝阳板块。

　　再则，随着中国人口老龄化和人民生活水平的提高，人们的保健意识越来越强，加上国家养老、医保等事业的发展，中国的医疗产业整体必将实现一个飞跃，其经济效益也将会有大的提高。所以史柯把涉足医疗产业的上市公司作为了他第一次投资股市的首选。在众多涉及医药、医疗的上市公司中，他经过查阅资料和分析信息，最终选择了开元投资。

　　开元投资，是 1993 年 8 月在深市上市的一家位于陕西西安的老商业企业。上市以来一直惨淡经营，业绩也难有亮点。2011 年之前，开元投资主营业务为零售百货，2011 年 12 月公司通过完成对西安高新医院百分之百股权的收购，进入了医疗服务行业。西安高新医院目前是西安市高新区唯一的一家三甲医院。

　　近期开元投资的信息显示，拟投资建设的西安国际医学中心是公司医疗服务业务的战略拓展，能够有效缓解西安高新医院的规模限制，拓宽公司医疗服务业务的辐射范围，进一步提升公司长期盈利水平。测算后的西安国际医学中心年营收可达 18.25 亿元，净利润 5.76 亿元，新的西安国际医学中心将打开开元投资未来 5 年至 10 年的盈利空间。

史柯认为，开元投资作为一家拥有三甲医院这样稀缺资源的上市公司，现在股价为 6 元左右，是被市场严重低估价值的。基于这种考虑，他将账户上的 50 万元资金全仓买入开元投资，成交均价为 5.95 元，持仓数量是 8.4 万股。他打算长线持有这只股票，不计较它股价的一时波动，这样他也能安心工作。

2014 年春节过后，自 2 月 7 日起连续 10 个交易日股市大盘发动了强势上攻。到 2 月 20 日，上证指数从先前的 2030 点左右上涨到了 2177.98 点后开始回落，这一天指数收在了 2138 点，10 天大涨了 100 多点，涨幅达 5%。然而，从 2 月 21 日起，仅用了 3 天的时间，大盘又跌回到了原来的 2000 点。

看着这几天大盘凌厉地下跌，欧阳君、马富才和郭向阳他们 3 个人坐在办公室电脑前，看着盘面的变化，不仅没有感到恐慌，反而心里暗自高兴，大盘又给了他们一个买入布局的机会。

那晚聚会上柳亦农和柏青对市场行情的预判，更加坚定了他们对股市现在已是底部，正是建仓布局时候的判断。本来他们打算再看看大盘的走势，等大盘真正启动以后再开始买入建仓，可那次宴会上听完柳亦农和柏青的话，他们商量后，一致同意现在就开始建仓。至于买入什么股票，三人觉得柳亦农提出的买入券商板块的建议最成熟可行，于是他们决定按照柳亦农的建议全仓买入券商板块。

这一年多时间，他们在股市没有挣到 1 分钱，股票账户上一直不到 1000 万元，加上公司的账户上胡月天经营电商公司的分红 600 多万元，他们现在一共可以买入股票的资金不到 1600 万元。

眼看着股市机会就要来了，可三和公司可支配资金只有这么一点，马富才实在有点儿不甘心，他驾车来到了父亲的公司。他有两年没有来父亲的公司了，从远处就看见公司的工厂里高耸的烟筒不再冒烟，进到公司的大院也没有了昔日的人来人往、车水马龙的景象，显得格外冷清、落寞。父亲办公室的门是虚掩着的，他推门进去，只见父亲一个人斜躺在沙发上正看报纸。

父亲见他进来，惊奇地问道："你怎么来了？"

马富才这才发觉父亲比他上次见面时明显苍老了许多，两鬓的白发更多了，脸上也笼罩着疲态。他心里不由得难过起来，他克制了一下自己的情绪后说道："今天没事，我过来看看你。爸，怎么厂子停产了呀？"

"早就停了，产品价格低不说，还销不动，只能停产放假，这样也能降低点费用。"父亲无奈地说道。

"今年的煤炭行业全国性地亏损。爸，你也不要太着急了，市场低谷熬过去也许会好的。"马富才安慰着父亲。

"现在只能熬了，还能有什么办法。"父亲说着，打量了他一眼后问道，"你来找我到底有什么事？"

"爸，真的没事，我就是过来看看你。"马富才看到父亲的公司这个样子，便打消了和父亲借钱的念头。

"你是我的儿子，我还不知道你。说吧，是不是公司又遇到了困难？"父亲看着他的脸问道。

马富才知道现在再不说实话，父亲肯定会生气，也不会罢休，连忙说道："公司的情况现在很正常，我们的账户上现在还有 1600 万元现金，我们几个现在又是一家正准备登陆新三板上市的生物科技公司的股东，所以请您放心！只是……"他之所以这样说，目的就是想告诉父亲一点好消息，安慰一下父亲，至少不让他再为自己担心。说着他又不由自主地说出了自己的想法，但话刚一开头，他又收了回来，他实在不忍心再给父亲找任何麻烦了。

"你刚说'只是'后面是什么话？"父亲立刻追问道。

马富才了解父亲的性格，他不敢再藏着掖着了，便说道："爸，你知道我们公司主要是做股票投资的，可自公司一成立，股市行情就不好，一直在下跌，我们就没有操作。这几年我们一直在等机会，眼看股市从 6000 多点跌到现在的

2000 点，机会马上来了，可我们手里就这点儿资金，所以我想和爸再借点儿。"

父亲听他说了实话，心里释然了。他对儿子这几年的表现是满意的，尤其是对儿子的那几个合作伙伴印象很好，他们都踏实、肯干，一点也不张扬，是干大事的人。所以他很信任他们，也愿意帮助他们，他从内心期盼儿子早点成才，干出一番事业来。尽管他对股市不是太了解，但在商海上沉浮了这么多年，他明白股市从 6000 点跌到 2000 点，这确实是个好机会。不管自己现在多困难，他都愿意尽全部的力量帮助儿子他们。

父亲想了一会儿说道："公司现在没有资金，我个人的银行账户里有 2000 万应急的资金，你拿去吧。"

"爸，你应急的钱我拿走你怎么办？算了，我不拿了，我们钱少就少买点吧。"马富才推辞说。

"我明天一早安排人把钱打到你的卡上。我的事你不用管，做好你们的事就行了。"父亲干脆地说。

"那就谢谢爸爸了！"马富才由衷地感激说。

"臭小子，跟你爹说起谢谢了。"父亲笑着说道。

第二天，马富才拿着父亲刚打来的 2000 万元的银行卡，叫来欧阳君和郭向阳说道："我昨天又和我爸借了 2000 万，如果不是我爸的工厂停产，公司资金困难，我还能多借点儿呢。"

欧阳君和郭向阳听到马富才的话后，心里一颤，一股热浪涌上了心头，就是眼前这个平时大大咧咧、没个正形的人，每到关键时刻，总是毫无杂念，挺身而出。当他们听到马富才无意之间说出他爸在工厂停产、资金困难的情况下依然拿出这么多钱支持他们时，对马富才的父亲更充满了感激之情。

欧阳君他们不好再责备马富才在他父亲困难的时候还提出借钱，他们知道马富才也是为了大家好。但做人的原则使他们不能给马富才本就陷入困境的父亲再增添麻烦和负担了，相反，他们也应该为马富才的父亲做点儿事了，帮他渡过难关。

欧阳君和郭向阳避开马富才，商量了一下后，决定把马富才借的他父亲的

2000 万元资金转到马富才个人的股票账户上，由郭向阳操作，一旦盈利后连本带利全部还给马富才的父亲。

欧阳君一再嘱咐郭向阳："富才他爸的钱，你一定要选个安全的股票，少挣点不要紧，但不能赔得太多！"

郭向阳说道："你放心，我已经选好了一只比较安全的股票，本来我打算我们买入建仓的，既然你这么说，就给富才的爸爸买上吧。"

"你说的什么股票？"欧阳君不放心地问道。

"中国交建，净资产 5.9 元，现在 3.7 元左右的股价，2013 年是 0.75 元的每股收益，预计 2014 年业绩还会大幅增长。"郭向阳信心十足地说。

"待会儿，咱俩把想法告诉富才，不管他同意不同意都这么办了，明天就全部买进。"欧阳君语气坚决地说。

按照他们沟通的结果，郭向阳在券商板块中选择了中兴证券、山西证券、海通证券、华泰证券 4 只股票计划让公司操盘手开始买入建仓。

郭向阳拿着他与欧阳君、马富才商定的买入股票的单子来到了操盘手杨阳的跟前。杨阳看见郭向阳来了，连忙起身，笑容可掬地等待着郭向阳下达指令。

杨阳今年 23 岁，一个学金融的大专毕业生，在上学期间就考取了证券从业资格证，在公司工作近 3 年了。因为酷爱证券投资行业，希望在这个行业有所发展。她大专毕业后，在网上查询到三和投资，便只身一人找到公司，希望争取到一份适合自己的职位。

经过面试，杨阳独特的见识、敏捷的反应能力以及她对证券投资职业的热爱打动了郭向阳三人，他们没有再计较她大专的学历，破格录用了她。就这样杨阳留在了他们公司，成了第一个专职操盘手。

杨阳有着一头黑黑的长发，白皙有些瘦削的瓜子脸上，镶着一对葡萄般闪亮的大眼睛，她的神情中流淌着满满的清纯，时常身穿一套白色的运动装，看上去充满了阳光和朝气。自从她来了之后，整个办公室多了不少生机和活力。每当大家在一轮紧张的搏杀后，看到杨阳那张阳光般的笑脸，心情就会轻松不少，因此，办公室的欢声笑语也比以前多了许多。

郭向阳把手中写着股票名称和代码的单子递给杨阳后说道："杨阳你从现在开始，公司的股票账户里逐渐买入这 4 只股票，不要着急，4 只股票交替买入，分批小量建仓，尽可能以最低价买入。另外董事长的个人账户上有 2000 万资金，你全部买入中国交建股票。"

杨阳问道："郭总，公司股票账户上 4 只股票各买多少？资金怎么分配？"

郭向阳想了一下说："现在股票账户上有近 1000 万元资金，4 只股票平均分配资金，等这些资金用完了提前通知我，再从公司的账户上转过来 600 万元。"

杨阳点着头说："好嘞，明白了。"说完，她坐在电脑前，立即进入了工作的紧张状态。

郭向阳临走又嘱咐道："记住慢慢来，像钓鱼一样，千万不要在买盘挂大单，买入的价格越低越好。"

杨阳听到郭向阳的指令后，迅速将公司买入的 4 只股票和董事长个人账户上买入的中国交建股票加入了自选股中，然后打开公司和董事长的股票交易账户，挂出了买单。她挂出的买单没有超过 50000 股的，而且都不是整数。

其实，杨阳一直也在等待着这个机会。此刻她的个人股票账户里也静静潜伏着 4 万元钱。这 4 万元钱是她在两年半工作时间里，从每月 2500 元工资里节省下来的。这两年半时间，杨阳几乎没有多花过一元钱，她把存钱看成了自己事业的起步。看着自己银行卡里的存款由千变万，心里充满了憧憬和希望。生活的清贫和节俭同样被杨阳视同享受，她享受着自己勤俭背后的喜悦和希望。杨阳深知股市里充满着机会，而把握这个机会必须要有资本。

在这个世界上，她没有人可依靠，更不想走捷径，所以她只有靠自己。既然已经积攒了 4 万元的资本，杨阳决定把这些钱投入到股市里，迈出证券投资事业的第一步。她知道自己没有实战经验，所以，她产生了一个精明、绝妙的想法，她要按照郭向阳的指令操作公司账户的同时，也操作自己的账户。就这样，杨阳把刚发的 2500 元工资留下了 500 元的零用钱后，剩下 2000 元都转到了自己的股票账户上，用 4.2 万元钱买入了 11800 股股价最低的中国交建股票，做出了她人生的第一次投资，从而也成为了中国交建股份有限公司的一个小股东。

在外人眼里，杨阳是个快乐、阳光的女孩，没有人能想到她正在经受着巨大的苦难和不幸。

她出生在一个普通铁路工人家庭，原本过着和同龄人一样幸福的生活。在她刚上高中的那一年，早就患有高血压和心脏病的父亲因和朋友喝酒引发严重的脑出血。虽然在医院抢救了一个月后，终于脱离了生命危险，但父亲的半个身体再也动不了了。父亲是独子，爷爷、奶奶都已去世，家里只能靠母亲和她。当时，父亲的病情经常出现反复，身边一刻也离不开人照顾。而母亲患有贫血症多年，身体本来就很弱，要一天二十四小时护理父亲根本支撑不了。请个护工吧，一天要 200 元的工资，时间长了也承受不了。无奈，她只有每天放学以后到医院护理父亲，在父亲病情反复的时候，她经常整夜不敢合眼。一夜睡不好觉，第二天到学校没有一点精神，经常上课打盹，老师知道她的情况，也不好责备，只能随她了。时间一长，她的学习成绩直线下降，本来学习成绩一直在班里名列前茅的她，高一期末考试成绩落到了中等生的行列，老师都替她惋惜。

好容易坚持到了高三，经过母亲和杨阳的精心护理，父亲的病情好转了许多，搀扶着可以挪动身体了，可她高考落榜了，分数只够上大专。自己的家庭情况不容许杨阳再复读，她只好上了专科学校，唯一让她感到安慰的是所学的金融专业她十分喜欢。

即使是现在，父亲的病情尽管好转了一些，但还需要人看护，母亲也有病，身体状况越来越差。杨阳每天下班以后都赶紧回家，除了护理父亲，帮着母亲干些家务以外，还要推着父亲晒晒太阳，做些康复治疗。这些年，她就是这么坚持下来的。现在，杨阳成了这个家的支柱和希望，她必须对这个家今后的生活有所规划。

郭向阳安排好公司的事后，决定联系王东平让他开始考虑买点儿股票了。他拨通了王东平的电话，电话里传来了王东平的声音："向阳，你好！最近你们忙什么呢，好久没有见到你了！"

"王师傅，你最近手里有股票吗？"郭向阳问道。

"没有呀，自上次你让我把咱厂的股票卖了后，我一直没有敢动，在等你的通知呢。谢谢你向阳，上次幸亏听了你的话，我卖了个最高价，要不拿到现在，不挣钱不说还要赔很多钱。"电话里的王东平显得十分兴奋。

"王师傅，最近可以买点股票了，买上以后不管涨跌都不要动，一直拿着。"郭向阳叮咛说。

"好嘞，我就在等你下达命令。那向阳你说我买哪个股票呢？"王东平问。

"先买点券商股吧，以后有什么好股票，我再告诉你。"郭向阳说道。

"什么是券商股呀？要不我再买点咱厂的股票吧？"王东平急切地问道。

郭向阳听王东平这样问，心里不由得好笑起来。一个连券商股都不知道的人，凭感情买了一只股票就能挣钱，自己科班出身的人，这么长时间竟没有挣上一分钱。他想了想，对王东平说道："完了我给你发个短信，把买的券商股名称和代码都给你写清楚。你想买咱厂的股票就买点吧，不要全部都买，这样东方不亮西方亮，不要在一棵树上吊死。"

"好嘞，坚决服从命令。谢谢你，向阳！"王东平在电话那头高兴地说。

王东平接到郭向阳的电话后，就像一个士兵接到了冲锋的命令一样，心情一直处于兴奋状态。从 2011 年 4 月卖掉了手中的股票以后，他一直等待了 3 年的时间，这 3 年里他几乎是看着西北轴承股票的股价从 16 元多一步一步跌到现在的 5 元左右的。

他首先特别感谢郭向阳及时地提醒了自己，在股价最高的时候，卖出了手中的西北轴承股票，挣了那么多连做梦都想不到的钱。眼看着西北轴承股价从 16 元多跌到了自己当初的买入价 7.16 元，现在又跌到了 5 元左右，他在庆幸的同时也感到了后怕，如果不是听了郭向阳的话，一直拿着西北轴承厂股票不卖，那么当初买的 27600 股西北轴承股票现在要赔将近 60000 元钱呀！他终于明白买股票决不能凭着感情，由着性子来。所以他没有再擅自做主买入股票，他一直在等郭向阳的通知。

回到家后，王东平把郭向阳打电话让他买股票的事告诉了妻子李玲。妻子听到他的话后也兴奋了起来，她睁大眼睛激动地说："小郭说的话肯定没错，他让咱买咱就买。他没说让你买什么股票吗？"

"他让我买点券商股，具体买什么他给我发了短信。另外我还是想再买点咱厂的股票，现在都跌到 5 元左右了。我们的股票账户上有 46 万元，我想券商股和咱厂的股票各买一半。"

"买什么股票、买多少你看着办，我相信你的眼光。你要嫌钱少，咱家的银行存折里还有这 3 年存的 50000 多块钱呢，要不我明天都给你取出来。"妻子信心十足地说。

"你现在胆子比我大了！不用了，那些钱留着家里用吧，现在把钱都买了股票，一旦不涨还跌，那家里有事用钱怎么办？钱有多少能够呢？账户上有多少就买多少吧。"王东平想了想说道。

"还是我老公考虑问题周全。"妻子笑着说。

就这样，王东平在 3 月 18 日这天他休息的时候到证券公司营业部，以 5.2 元左右的价格买入了 50000 股西北轴承股票，剩余的资金以 7.4 元全部买入了华泰证券股票，共计买入华泰证券股票 2.7 万股。

方芳春节过后一直在忙方慧生物新三板挂牌上市的事情。2013 年 12 月 31 日起全国中小企业股份转让系统也就是新三板市场面向全国接受企业挂牌申请，方慧生物也在 2013 年底前顺利地完成了向股份有限公司的改制。和胡月天、欧阳君他们的电商公司合并后方慧生物科技股份公司的营业收入和经营业绩有了大幅的提高，公司的基本面也有了极大的改善。但作为较早一批申报挂牌的企业，随之而来的是一系列麻烦的筹备工作，所以最近这一段时间，她积极配合会计师事务所、律师事务所忙这些事情。

上次聚会上，方芳听了柏青和柳亦农对股市行情的研判和如何买入股票开始布局的见解后受启发很大。就在她准备采纳他们的意见、买入股票的时候，大盘又开始下跌了，所以她没有急于出手，希望大盘能再跌一跌，以最低的价格买入她已经看好的在券商板块中业绩最好的广发证券和招商证券两只股票。

眼看着股市进入 5 月份后，上证指数又从 2144 点左右回到了 2000 点后开始企稳了，方芳再也沉不住气了，她担心股市行情突然爆发，自己踩空，于是在五一假期过后的 5 月 6 日，她各买了 50 万股广发证券和招商证券股票，广发证券的买入价是 10 元左右，招商证券的买入价是 10.5 元，买入两只股票的市值 1000 万元过一点。她的股票账户上留了 500 万元，一旦两只股票股价下跌了，她可以补点仓，也好减少一下持仓成本。

到了 6 月份的时候，柏青和柳亦农他们工作室将他们个人的账户和客户账户上的所有资金都全部买入了股票。

他们的买入建仓是从 2 月份开始的，每个月买入资金的 15%，到 5 月份的时候，他们已经买入了 60% 资金的股票。进入 6 月份后，他们根据盘面多空双方的能量对比，感觉大盘再也没有下跌的能量了，于是做出了将剩余资金全部买入建仓的决定。

通过对股市各个板块的分析，他们发现"中字头"的大盘股近年来业绩比较优良，并且业绩都大幅增长，可股价却处于相对低位，尤其是以中国交建为代表的许多大盘绩优股股价都跌破了净资产。而创业板和中小板的股票经过了 2013 年的大涨，现在股价、市盈率都已经偏高。假如股市真的有一波大的上涨行情，那么低价的大盘绩优股大涨的可能性要高得多。

为了保证他们在股市以后可能出现的行情中，能跟上大盘的上涨，不至于赚了指数不赚钱，他们投入了 50% 的资金买入券商的龙头股中信证券和券商股中流通盘比较小的西部证券，还有股价最低的太平洋股票。其余的资金，他们还是选了"中字头"的大盘绩优股。两人上次配资中，在中国交建股票上损失最大，这次他们决心要在中国交建上把损失弥补回来，所以拿出了 30% 的资金买入了中国交建股票。

曲哲他们宁丰基金管理公司的私募基金管理人登记终于拿下来了。中国证券投资基金业协会下发的红色登记证书上两排金色的"私募投资基金管理人登记证书"标题振奋着每一位宁丰基金的团队成员，更激发了赵凡对于投资事业的长久规划与愿景。

2014 年 2 月 7 日，《私募投资基金管理人登记和基金备案管理办法》的正式实施引爆了整个资本市场，这意味着之前的阳光私募机构终于可作为私募基金发行主体，不再需要通过信托等其他平台发行。2014 年 5 月 9 日国务院发布《关于进一步促进市场健康发展的若干意见》，即"新国九条"，首次明确提出"培育私募市场"，在私募基金管理人眼中，这是一个极具里程碑意义的日子，从"野蛮生长"到纳入监管，私募基金站上了更广阔的平台。

宁丰基金法人代表和董事长是赵凡，公司总经理是曲哲。注册资金 2000 万元，其中，赵凡出资 1000 万元，赵凡以女儿赵旭的名义出资 800 万元，曲哲出资 200 万元。曲哲出资的 200 万元中只有 75 万元是他自己的，其他的 125 万元是赵凡给他垫付的，按赵凡的说法，这也是为了他作为总经理便于工作。

宁丰基金获得私募基金管理人登记后，便马不停蹄地联系托管券商，启动了基金的产品设计及募集工作。目前已在赵凡公司申请投资的资金有 5000 万元，加上公司抽出的自有资金 1000 万元，可以发行一只 1 亿元规模的私募证券投资基金，不足的 4000 万元由赵凡负责解决。他们的基金产品名称定为"宁丰一号私募证券投资基金"。

为了曲哲尽快地适应基金公司总经理的工作，赵凡从公司操作期货的人员中选择了 4 个人作为他的助手，同时赵凡让曲哲停止了期货操作，将精力全部投入到了股市中。他要让曲哲置身于市场中熟悉一下上市公司基本面和股价运行状况，感受股市的震荡起伏及其运行轨迹和规律。

赵凡把曲哲叫到自己的办公室说道："曲哲你一定要记住，在期货市场确实有一些靠投机发财的人，但如果没有合理、科学的资产配置和风险管理，最终的结局都不会好，所以说证券投资才是正道，这就是我让你现在进入股市的用意和目的。期货市场是投机，股票市场是投资，在投资理念和操作方法上都有很大区别，这一点你还要重新学习和适应。"

曲哲不解地问道："既然股票投资才是正道，那你为什么还要从事期货投机呢？"

赵凡点燃一支烟，思考一下后说道："中国的证券市场不同于美国市场。尽管大盘的指数在缓慢地上移，但其运行过程中的上涨、下跌呈现周期性的变化，并且下跌过程的时间要比上涨的时间长得多。投资股市，买入股票，只有在股市和股票上涨时才能盈利，在下跌过程中买入股票绝大多数都是赔钱的。所以在股市下跌、震荡和盘整的时候，我们利用期货市场可以做多、做空的属性做些投机。"

曲哲接着问道："老板，期货市场和证券市场操作上有什么大的区别？"

赵凡讲道："期货市场以快进快出、短线为主，当然也有在行情刚刚启动时布局做一波趋势的。股票则是一旦抓住率先上涨的龙头股，一定要敢于持仓，中长线持有股票，把行情吃透。在股市上涨行情启动后，买入什么股票是最重要的事，买对了，这一波行情就跟上了。一般来讲，龙头股和热点板块的上涨幅度要比大盘的上涨幅度大得多。"

曲哲继续问："如何抓住龙头股和热点板块呢？老板。"

赵凡说道："大盘启动时，率先上涨，并且涨幅最大、很容易涨停的股票就是龙头股。符合国家近期产业支持政策，并且在大盘上涨过程中表现抢眼的行业或者区域称为热点板块。买股票一定要买强势股，行情刚开始的时候，一定要敢于追涨幅最大的股票。强者恒强，同样的板块和概念、题材的股票，龙头股的涨幅要比其跟风的股票大得多。"

曲哲陷入了思考之中。赵凡一下子讲了这么多，他一时还反应不过来，需要慢慢体会和接受。

在曲哲他们紧锣密鼓推进宁丰基金各项工作时，赵凡也没有闲着。在一天下午收市后，他约的几个商界朋友来到了公司，其中有一个30多岁被称为周总的漂亮女性。按赵凡的安排，公司里只留下曲哲，其他人都出去了。

大家有说有笑围在茶台四周，由曲哲负责沏茶、添茶。赵凡指着曲哲对大家介绍说："这就是我们基金管理公司的总经理曲哲，一个年轻有为的职业投资者。"

那个漂亮的周总笑着对赵凡说："这就是你的得意门生，前一段时间报纸上宣传的创业明星呀！真是名师出高徒。"

一个长相富态被称马总的中年男人说："现在像他这样的年轻人不多了，多的是等、靠、要。我那个儿子，一天就知道要好车、要好房，谈了个对象，一个月花了好几万，飙完车了吃西餐，吃完西餐看电影，就没有个正事。"只见他露出一脸的无奈。

赵凡等大家闲谈了一会儿后说道："我今天请各位老板来就想和你们说一件事。你们不是一直鼓动我成立一个基金公司嘛，现在宁丰基金管理公司已经成立了，我们正准备发一只'宁丰一号'的基金作为宁丰基金的旗舰产品。这只基金我们计划了1个亿规模，只在内部认购，如果各位有兴趣，现在就表个态，具体要多少说清楚。你们都是大老板，起步最少500万。"

刚才说话的马总听赵凡说完，立即大声说道："你赵老板的为人和能力，我们交往了这么多年了，又不是不清楚，你又不缺这些钱，你是想把大家都聚起来，做个大事。"

赵凡笑着说道："确实这正是我的本意，我们搭台、掌舵，让年轻人去闯、去干。"

漂亮的周总大声说道："我认购1000万。"

那个马总也举手喊道："我也要1000万。"

听周总和马总一喊，所有的人都抢着认购，其中有两个人要2000万元，少的要500万元，曲哲一算有6000万元了，赶紧给赵凡说："董事长，超出2000万了。"

赵凡笑着说："超了好办呀，把要2000万的减到1000万不就行了。"要2000万元的两个人，其中一个不情愿地说："和你交往了这么多年，好容易给了我们一个跟着你挣钱的机会，你还要给我们减掉一半，你不会把基金份额增加2000万吗？"

赵凡说道："以后有的是机会，我们1个亿的规模已经报上去了，再增加很麻烦的，再说投资也是有风险的。"他看着大家都没有意见了，又说："既然都定下来了，那么请你们明天到公司签订基金合同办手续转款，我们尽快备案启动'宁丰一号'的运作。"

大家闻声都齐声答应了。

曲哲没有想到，4000万元的资金在赵凡这里就这么简单解决了，从内心更加敬佩他了，更对公司今后的发展充满了信心。

"宁丰一号私募证券投资基金"顺利结束募集备案后，正在曲哲带着基金公司的人夜以继日地熟悉股市情况，用少量的资金进行交易，掌握基金产品交易规则和方法的时候，6 月 27 日，在股市开盘之前，赵凡召集曲哲他们 5 个人开会。在会上，赵凡下达了基金产品户买入股票的指令，并就建仓的方法和注意事项做了具体的交代和解释。

赵凡的指令是：买入中国南车、中国北车各 1000 万元；新华保险 1000 万元；海通证券、华泰证券各 1000 万元；中国建筑 1000 万元。

会后，曲哲立即按照老板赵凡指令安排公司的人开始买入，为了以最低的价格买入，他们以小单买入，时买时停，用了 3 个交易日建仓完毕。

第三十章　东方欲晓

史明最近一直密切地关注着股市行情的变化，就像一位指挥作战的将军，在战役发起前，面对着作战地图反复研究、琢磨着，力图捕捉最好的突击时机和方向。

他经常盯着电脑屏幕一坐就是几个小时，仔细寻找、思考着盘面上每一处细微的变化。他眼前盘面不再是红绿交错的 K 线组合和冰冷的指数点位，而是多空双方能量及局势的演变和发展。盘面即是战场，多空双方剑拔弩张，形势瞬息万变，每一个决策、每一处布局都关乎参与者的存亡生死。

为了更理性地观察大盘，避免被某天的异动诱惑和误导，做出错误的判断和操作，史明把 KDJ、MACD、RSI、VOL 四个指标并列在一起，对照 30 分钟、60 分钟和日线、周线、月线进行综合比对分析研判。他在找一个万无一失的买入点，因为他实在输不起了，他也没有可以再输的本钱了。

史明身边的人，包括儿子史柯，都不知道他已经到了山穷水尽的地步。这几年的努力和奋斗并没有改变他的处境，只是勉强维持生计罢了，他手里已经没有可以支配的资金了。

进入 2014 年后，看着股市已经跌了整整 6 年，大盘从 6000 多点跌到了 2000 点，他从股市运行的周期性规律判断，也许股市会出现一波上涨的行情。他决定要紧紧地抓住这个机会，放手一搏，也许这是他改变困境的唯一机会。当然，他也想到了这次也许会像 9 年前一样失败，使自己原本失意的生活雪上加霜。如果结局真是那样，那么他认了，既然命运和自己作对，他又有什么办法呢！

春节过后，史明到当地商业银行，用自己的房产抵押办理了 200 万元长期贷款，期限为 3 年，他要用这 200 万元作为东山再起的资本。

为了确保这次投资的万无一失，史明根据自己的情况，精心周密地制订了这次投资的操作方案。

他的方案是在股市大盘启动前合适的时机，用 50% 资金买入沪深 300 指数（IF）期货多单建仓布局，止损设在沪深 300 指数 2014 年 3 月 10 日的最低点 2060 点以下 5 个点，也就是 2055 点。一旦大盘启动，立即全仓杀入。

这个方案的优点在于：（1）一旦大盘启动，无论哪个板块先涨都会带动大盘上涨，买入沪深 300 指数多单，避免因判断失误没有持仓热门板块股票，坐失良机；（2）利用行情刚开始、盘面相对安全的情况，充分发挥股指期货强大的杠杆效应，把自己有限资金的作用发挥到极致。当然操作股指期货的风险要远远超过操作股票，所以风险的控制和止损的设定是这个方案的关键。

史明的股指期货的买入建仓布局是 2014 年 7 月 14 日开始的。

这一天，沪深 300 指数（IF）以 2141 点开盘，回落到 2138.4 点后开始向上，和指数上涨所对应的 KDJ 指标发生了金叉；MACD 指标中的红柱开始发散变长。史明在上午 10 点，沪深 300 指数涨到 2145 点时开始买入建仓，到中午休市前，买入 10 手股指期货 IF1409 合约多单，买入均价是 2148 点，他制定的止损价是 6 月份以来的最低价 2112 点。

7 月 17 日，IF1409 合约指数回调到 2143 点后开始反转，当涨到 2145 点以后，史明又加了 5 手多单，这样他 15 手多单的持仓均价为 2147 点。当日收盘为 2155.8 点，他的期货账户盈利 3.96 万元。

7 月 21 日，IF1409 合约指数回调到 2150.4 点时又开始上涨。史明感觉到近期大盘每次回调，最低价都在慢慢上移，于是，他在 2151 点时买入了最后的 5 手，他把止损价格调整到 2139 点。这时他已经是满仓，账户上只有不到 7 万元的剩余资金。他终于下定了决心，用投入全部资金 10% 的风险博取几倍乃至更多的盈利。这一天他持有的 20 手 IF1409 合约的持仓均价是 2148 点，收盘是

2157.4 点，账户盈利 5.64 万元。

7 月 22 日，IF1409 合约指数开盘重复了前几日的走势，回调到 2151 点后开始拐头向上，但是涨势比前几日强劲了。当它上涨到 2170 点，超过前期高点时，史明利用账户上剩余的资金加上这几天的盈利，又以 2171 点开了 1 手多单，止损 2150 点。到下午两点半，IF1409 合约指数稍作整理后重新上攻时，他看见账户上的资金又足够开 1 手多单的时候，又以 2181 点的价格开了 1 手多单，这样他就持有了 22 手多单，持仓均价是 2150.5 点。当天指数的收盘是 2186.4 点，账户盈利是 23.7 万元。

7 月 23 日，大盘盘整，IF1409 合约指数收盘 2190.6 点，微涨 4.2 个点。账户盈利 26.46 万元。

7 月 24 日，IF1409 合约指数以 2190.8 点开盘，稍作整固后一路向上。就在越过 2200 点时，史明看见账户上的资金足够时，立即加仓了 1 手多单。指数继续上涨到 2220 点，账户资金又足够时，他又加仓了 1 手多单，这两个多单他都设了 23 个点的止损。临近收盘的时候，他再次以 2235 点加仓 1 手。至此，史明已经持仓 25 手，持仓均价是 2158.6 点。IF1409 合约指数当天收盘为 2240.4 点，史明的账户盈利为 61.35 万元。

7 月 25 日，到收盘，史明又加仓了 3 手 IF1409 合约的多单，这样他就持有了 28 手 IF1409 合约股指期货的多单，28 手多单的持仓均价 2169.3 点。当天 IF1409 合约收盘指数为 2274.6 点，账户盈利 88.45 万元。

7 月 28 日，IF1409 合约高开高走，上午十点半的时候越过了 2300 整数关口。这时，史明已经又加仓了 2 手 IF1409 合约的多单，实现了他持仓 30 手的初步计划，持仓均价为 2177 点，他再次将止损价格调整到 2294 点。当天 IF1409 合约收在 2336.4 点，账户盈利 143.46 万元，账户上资产为 343.46 万元。

接下来是 3 个多月的大盘盘整，大盘指数在盘整中慢慢上升。在 9 月上旬的一个合适的时机，他将 IF1409 合约换成 IF1412 合约，中间还多赚 20 多个点。到了 11 月 17 日，当 IF1412 合约冲上 2620.6 点后开始回头向下急速下滑，并且日线 KDJ 也产生了死叉，看着账户上已经出现的 400 多万元盈利，史明想到先保住已经到手的盈利，便在跌破 2610 点的瞬间将手中的 30 手多单全部平仓，这时他账户上的资金是 607 万元。

史明十分清醒期货投机的风险，无论有多少资金，只要满仓，在达到一定涨幅后随时一个深幅调整，或者是 10% 左右的震仓、洗盘都会将你所有的盈利，甚至是本金全部吃光。如果遇上突发性的事件，开盘一个大幅跳空低开，即便是设定了止损也不起作用。最后，他决定从期货账户上把 200 万元的本金通过银行转回到股票账户，剩余的资金在指数回调到位后继续买入 30 手 IF 合约的多单。

史明将 200 万元资金转入股票账户后，当天就以 7.31 元的股价买入 27.3 万股中铁二局股票。中铁二局股票是刚刚启动的"一带一路"板块股票中，总市值和流通市值相对最小，所以市场表现也比较活跃。

大盘经过了 3 天的小幅回调后又开始了上涨，史明在 21 日这一天，分批在 2570 点左右买入了 30 手 IF1501 合约，持仓均价 2572 点。21 日当天 IF1501 合约报收 2625.2 点，账户盈利 47.88 万元，账户资产 454.88 万元。

此后，大盘开始了更为强劲的上涨，大盘指数连创新高。史明账户上的盈利和资产数额每天都在增长，他根据期货账户上不断变化着的可以提取的资金数额，每天都往股票账户上转款，不断地买入中铁二局股票。

到了 12 月 8 日这一天，IF1501 合约收盘为 3367.6 点，除去转到股票账户上的 700 万元外，期货账户盈利 216 万元，期货账户资产 623 万元。也就是说到 12 月 8 日，史明的期货和股票账户上的资产合计为 1323 万元，已经盈利了 1123 万元。

12 月 9 日，IF1501 合约以 3350 点开盘，低开 17.6 个点。随后一路稳步上扬，到下午一点二十分的时候，冲上了 3512.6 点，上涨幅度达 4.3%。就在这时，让人恐怖的一幕出现了，盘面出现了断崖式的下跌。在这之前盘面没有任何异动，也没有任何征兆，刹那间从 3512 点跌破了 3367 点，盘面一下从红变绿了，紧接着跌破了 3300 点，盘面稍有反复后又向下砸去，3200 点失守，这时下跌速度更快了，瞬间指数击破 3100 点后继续向下，向跌停板砸去。在两点半的时候，跌到了 3036.2 点，跌幅达 9.8%，当日振幅 14.1%。如果在这一天的

3500 点买入做多，不及时采取止损的话，肯定会被强行平仓，面临破产的结局。

两点四十分，盘面开始反弹，到收盘，IF1501 合约下跌了 5.6%，收在了 3175 点。

在这天的暴跌过程中，史明躲过了一劫。关键时刻，他设定的 3298 点的止损拯救了他，在他还没有反应过来的时候，系统以 3298 点将他的 30 手多单自动平仓了，他只损失了 62.64 万元先前的盈利。就在这一天他再次领教了期货投机的可怕，他觉得自己的目标已经实现，便将期货账户上所剩的 560 万元的资金全部转到了股票账户上，停止了股指期货的操作。

12 月 10 日，史明的股票账户上持仓中铁二局股票 90 万股，平均持仓成本 7.7 元。当天中铁二局股票的收盘价是 8.12 元，股票市值 730.8 万元，股票账户上现金 560 万元，合计资产是 1290.8 万元。

由于刚刚经历了一次大盘的变脸暴跌，史明惊魂未定，他没有急于将账户上的现金买入股票，想先观察几天后再做决断。就在这时，他知道了证券公司正在开办融资融券业务，因为他各项条件都符合融资融券要求，便当天就开通了融资融券业务，3 天后，南京证券公司核定了他 1000 万元的融资融券额度。

12 月 12 日，就在史明看到许多股票大幅上涨，股价都翻了一番，而自己持仓近 1 个月的中铁二局股票却还在原地踏步，正想卖出换股的时候，它终于启动了。

中铁二局股票以 8.27 元高开后，一直在 8.3 元的价格附近盘整，接近十点五十分的时候突然发力，巨大的买单接二连三地将卖盘上的卖单扫光，用了不到 5 分钟的时间就把股价封在了涨停板上。下午 1 点开盘后，瞬间，巨大的抛单又将涨停板打开，放出了一阵巨量后，不到 5 分钟，买单再次将股价封在涨停板上，并且买单越来越多。当天中铁二局股票收盘价是 8.99 元，股票账户盈利 116.1 万元，史明股票账户的资产达到了 1406.9 万元。

看到股票账户还有 560 万元的现金、1000 万元的融资额度时，史明这才意识到自己犯了一个低级的错误，光把注意力放在了中铁二局股票的盘面上，看了热闹，被喜悦冲昏了头脑，竟然忘记了加仓。如果今天自己大脑清醒一点，加上融资，可以加仓将近 200 万股，他为自己失去了一个绝好的机会而感到懊恼和悔恨。痛定思痛，他想好了，下个交易日，一旦中铁二局的股价回调，就继续加仓。

第二天是星期六，不知是因为放松了神经，还是别的缘故，史明竟然破天荒地睡了个懒觉。他是被自己叫"阿布"的拉布拉多爱犬吵醒的，等他睁开眼睛，太阳已经照在了窗户上，卧室里明灿灿的一片，阿布正在床头摇着尾巴，殷勤地用舌头舔着他的手，两只眼睛专注地看着他。他看了一眼手表，已过了 10 点。

阿布已经习惯了每天早晨七八点下楼到草坪上大小便了，今天已经过了这么长时间，可能早都等不及了，史明很快地洗漱完毕后把它带下了楼。

到了楼下，一出单元门，阿布慌不择路地跑到小区院子里的一块偏僻的草地上，开始方便起来。等这些都结束了，它欢蹦乱跳地跑回到史明身边。

阿布的生日是 2014 年 7 月 17 日，不知是巧合还是天意，这一天也正好是史明离开股市将近 10 年后又重新杀入股市的日子。伴随着阿布的一天天长大，股市行情也在慢慢转暖向上，史明账户上的资产也在快速增长，所以他对阿布有着一份特殊的情感，他甚至迷信是阿布给他带来了好运。

阿布是一只浅黄色的拉布拉多小母狗，性格温和、活泼，特别聪明、懂事。在外面的时候，即便是最小的狗长时间地骚扰和欺负它，它都不会发怒，显得格外宽容和友善。它有时也会忍不住去干些坏事，比如把卫生间的手纸撕上一地，把茶几上的西红柿偷着吃了，当它知道你发现了它的罪行时，先是躲到远处的旮旯里偷偷地看着你，眼睛里充满着羞愧和悔恨。见你没有进一步的行动，过上一会儿，便慢慢地走到你的身旁，把头放在你的腿上，两眼可怜巴巴地看着你，不时地用爪子挠你，乞求你的原谅。

阿布很通人性，在史明坐在电脑前查看股市行情或者进行操作的时候，它会一直静静地卧在他的脚下，一动不动地待上几个小时。尤其是操作股指期货，盘面剧烈震荡起伏，账户上的盈亏一栏数额在大幅波动的时候，史明的神经难免高度紧张。每当这个时候，他会抚摸着阿布的头，情绪能缓解许多。

史明一天之中最惬意、享受的事就是股市收市以后，领着阿布到唐徕渠畔散步，看着它活蹦乱跳、追逐嬉闹的样子，脑子里的一切忧虑和压力都烟消云散了。

就在史明领着阿布在小区里嬉闹的时候，电话响了，他拿出电话一看是高仁谦的来电，便接通了电话，电话里传来了高仁谦高兴的声音："老同学你在哪里？"

"我在家。你今天怎么这么高兴？"他问道。

"当然高兴了，我中午请你吃饭。"听得出高仁谦依旧是抑制不住内心的喜悦。

"有什么事吗？你今天突然请我吃饭，倒是稀奇。"他调侃说。

"我们见面再说好吗，我真有事请教你呢。我们还是到九州酒店吧，那里清静一点，喝茶、吃饭都方便。"高仁谦急切地说。

史明一想，一个星期没有离开小区了，正好和老同学喝喝茶、聊聊天放松一下，便说："好，九州见。"史明便把阿布送回了家，阿布见他换衣服又要出去，高兴地在他脚下转来转去。史明只得对它说："我出去有事，你在家好好待着。"阿布明白他的话的意思，低着头、夹着尾巴失望地躲到了一旁。

史明到九州酒店的时候，高仁谦已经坐在那儿了。今天的高仁谦显得格外精神，一件白底蓝格的新衬衣外面是一身藏蓝色的西服，先前花白的头发也染黑了，发色倒也自然，整个人看起来年轻了至少 10 岁。人们常说"人靠衣装马靠鞍"，看来这句话一点也不假。

也许是时间还早的缘故吧，二楼的茶餐厅没有几个人，显得特别清静、整洁。坐在窗边，阳光洒在身上，不一会儿全身就暖融融的了，特别舒服。

两杯茶已经放在桌子上了，史明一看是这里最好的安吉白茶。

史明坐下后笑着问道："今天有什么喜事这么高兴？"

高仁谦抑制了一下情绪后说道："我的好事，都是托你的福，老同学，我要好好感谢你！"

他的话让史明一时反应不过来，问道："你的好事怎么会托我的福呀？"

高仁谦高兴地说道："我买的股票现在翻了三番，以前赔的钱都赚回来不说，还挣了 15 万元，我以前的 30 多万元资金现在已经涨到 45 万了。这次，我也发了个小财。"

"你买的什么股票涨了这么多？这和我又有什么关系呢？"史明饶有兴趣地问道。

高仁谦说道："上次同学的儿子结婚我们见面时，你让我把手中的股票换成小盘的券商股，说一旦股市上涨这些股票会率先涨的。我听了你的话，感觉很有道理，就把手里的银行股都换成了西部证券股票，我 11 元买的西部证券，现在涨到了 30 多元。"

高仁谦这么一说，史明才想起了春节前自己对他说的话。听了自己的建议挣了这么多钱，他也感到特别满足和欣慰。史明点燃一支烟，深吸了一口后，悠然地吐了出来。

高仁谦接着说道："不光是挣了钱高兴，我现在在家里的地位也提高了，这么多年我都是忍气吞声地过来的，老婆骂、儿子怨，真不是人过的日子，都是股市害的。上次儿子要买房，不是你说，我早就把手里的股票割肉抛了，幸亏听了你的话，要不我一辈子都没有好日子过。"

史明吐出了一串烟圈，那烟圈一个连着一个，转动着缓缓上升，渐渐湮灭了，他把烟灰弹到烟灰缸里后说道："坚持了这么多年，也该你苦尽甘来了，这是上苍对你的仁慈和眷顾，我只是建议了一下而已。我们是老同学，你能这样我也特别高兴，再说谢谢就见外了。"

"老同学，现在这个股票涨了这么多，你说我卖不卖？"高仁谦虚心地请教史明。

"市场下跌了这么多年，现在刚刚转暖，我想行情不会这么快就结束了，尤其是这种强势股，一旦涨起来，涨幅会很可观的。上涨过程中会出现大幅回调，不用怕，买上好股票一定要能拿得住。等大盘确实走坏了再卖，卖出了就坚决离开股市，把钱拿出来，该给儿子买房就买房，千万不要恋战。"

"听你这么一说，我就放心了。"高仁谦笑着说道，心里也感觉轻松多了。

12 月 15 日，中铁二局股价以 9.05 元开盘以后，稍一回落后又迅速拉起，史明以 9.1 元买入 10 万股刚成交后，巨量的买单将股价推到 9.5 元以上。他看到股价已经涨了这么多，不愿再追高，想等股价回落一点后再买入。然而，中铁二局没有给他这个机会，就在他犹豫、纠结的时候，股价越来越高，不到10点股价涨停了。中间有一次涨停板被打开，看到股价瞬间回落那么多，他更不敢再加仓了；等他想加仓的时候，股价再次涨停了。

接着是4天跳空高开涨停，并且跳空的幅度越来越大，上涨的动能越来越强。眼看着中铁二局股票天天涨停，史明的懊恼情绪越来越重，他恨不得扇自己几个嘴巴，就这么一个迟疑和失误，一个星期时间少挣了1000多万元。

到19日收市的时间，中铁二局股票的涨停价是14.49元，他看见股票账户里100万股中铁二局股票的持仓价是7.84元，股票盈利是665万元，账户资产是1918万元。看着股票账户上有了这么多的盈利，可史明一点也高兴不起来，他为自己的操作失误而感到痛心疾首。假如那天看着中铁二局股票开始启动，自己能及时买进加仓，再把融资的1000万元也用上，现在账户上的资金早就超过3000万元了。

股市就是这样，永远也没有假如，任何人都很难有绝对完美的操作，总会有一些失误和不尽如人意的地方。

12月20日，又是一个星期六。中午的时候，好久未见的儿子史柯回家了。阿布自听到史柯上楼的脚步声，就冲到家门口，又是挠门又是挠锁。见史柯进屋，激动得不知如何是好，先是不停地往他身上扑，又用身体蹭他的腿，然后摇着尾巴、扭着屁股在他面前晃来晃去。它看见史柯坐在沙发上后，便卧在了他的脚下，终于老实了。

史柯坐下后笑着问史明："爸，你知道我现在持仓多少股开元投资吗？"

史明看了儿子一眼后，漫不经心地说道："你不是告诉我50万买了84000股吗？"

史柯终于按捺不住内心的激动说道："我现在持有20万股开元投资股票，我把融资用进来了。"

"你多会儿开的融资融券业务？"史明问道。

"他们银河证券一开通这个业务，客户经理第一时间告诉我了，我当时的交易时间和资金数额等条件都符合开通融资融券业务，所以立马就办好了。"史柯喝了一口水后接着说，"正好我看 11 月 14 日，开元投资从 10 元回调到 8.8 元左右的时候，我融资买了 85000 股；到 12 月 10 日我又以 9.85 元至 10.91 元的价格，利用新增加的融资额度买了 28000 股。这样我现在就持仓 20 万股开元投资股票。"

看着儿子兴奋的样子，史明笑着问道："光顾着加仓了，到底盈利多少呀？"

史柯卖着关子笑着说："昨天开元投资的收盘价是 11.57 元，就这么个过程，您是老行家了，您觉得盈利多少？"

史明稍加思索后说道："70 多万吧。"

史柯惊奇地说道："您真神了，您说的差不多。我 20 万股的持仓成本是 7.82 元，现在的股价 11.57 元，盈利整整 75 万元。"

史明看儿子难得这么高兴，不想太扫他的兴，便提醒道："股市随时会峰回路转，一定要时刻保持清醒，千万不敢让胜利冲昏了头脑。我的建议：你设定个心理止损价格，一旦跌破，必须坚决出局。"

史柯点头说道："好，我听你的。"

那天，史明自始至终没有给儿子提起他自己账户的操作情况，他不愿这些对儿子的心理造成负面影响。

2014 年，中国股市终于摆脱了连续 7 年的大熊市。其实开始并不那么美好，直至年中仍然在 2000 点上下徘徊。直到 7 月开始，上半年宏观经济数据好于预期，三季度开始部分机构投资者开始进入市场，场外资金蜂拥而至，投向许多价值低估的蓝筹股。尤其是大盘银行股成为机构投资者的热门选择，在资金推动下大盘蓝筹板块开始复苏，于是开始了一波又一波高潮迭起的行情，不断挑战着投资者的神经。

首先，指数大幅飙升，截至 12 月 26 日上证指数收盘突破 3100 点，较 2014 年首个交易日的开盘点位已经上涨了超过 1000 点；其次，成交量频频突破历史高位，两市成交额平均在 6000 亿左右，12 月有两次单日突破万亿大关的巨额成交量，各种各样的资金跑步涌进股市，推动着大盘和个股的上涨行情。

在市场行情的带动下，已经冰冻了许久的投资者热情终被点燃，市场人气高涨，已经冷清多年的券商营业部门前再现排队开户的情形。在新股民进入市场的同时，老股民们的活跃度也不断增加，也标志着投资主体的投资热情空前高涨。

11 月下旬以来，上证指数 500 多点的上涨是以 11 月 21 日中国人民银行宣布降息为起点。这是央行两年来首度降息，对于市场和实体经济都具有重大意义，从而使已经压抑数年的市场情绪和能量得到迅猛的迸发。许多投资者借助融资和配资杠杆加大了对股市的投入，各种资金像决堤的洪水一样涌入了市场，一些和"一带一路"概念相关的低价国企股和银行、券商类股票首先成了资金追逐和炒作的对象。在行情的带领下，市场各方的情绪得到提振，甚至已有言论称 A 股黄金 10 年即将开启，大多头国泰君安也抛出著名的"卖房买股"论调。

12 月 31 日，2014 年最后一个交易日，中铁二局股票的收盘价是 15.05 元。史明的股票账户上的总资产是 1974 万元，其中有 469 万元的现金。

这一天收市后，史明坐在电脑前，看着自己股票账户上不到半年时间盈利的 1774 万元，久久不愿起来，他心头思绪万千。9 年多前，被强行平仓离开股市的悲凉情景又浮现在他眼前。过了许久、许久，他慢慢起身，自言自语道：东方欲晓，莫道君行早。踏遍青山人未老，风景这边独好。

第三十一章　旭日东升

2015 年 1 月 5 日，新年的第一个交易日，中国股市犹如旭日东升，呈现出一片朝气蓬勃的景象，让无数个中国股民欢欣鼓舞。

这一天，在煤炭、有色金属、铁路、白酒、石油等板块带动下，市场再现"煤飞色舞"。大盘上证指数以 3258.63 点，跳空高开 0.74% 开盘，然后一路上攻，接近 3300 点的时候，大盘主动回调、盘整，以积蓄发动更大攻势的能量。到了上午十一点一刻的时候，果然，随着成交量的持续放大，多方发起了猛烈的强攻，以摧枯拉朽之势，在不到 15 分钟的时间，便将上证指数推高到 3320 点。下午开盘后，多方再接再厉，继续发动着一波又一波的强大攻势，到下午两点四十分的时候，上证指数猛攻到 3368 点。随着临近收市，涌出了许多获利盘，大盘这才将高昂着的头俯下了片刻。就在收市的前 5 分钟，大盘再次将头昂起，做出了一个回头一笑的媚姿，仿佛是在讥笑那些抑制不住恐惧心理、旅行刚刚开始、半路就早早下了车的股民。当天，上证指数收在 3350.52 点，大涨 3.58%。两市 100 多只股票涨停，成交量超 8000 亿元。

然而，让绝大多数投资者看不懂的是，上证指数在 1 月 5 日这天大涨了 3.58% 后，经过两天的盘整，随后开始了回落。这次大盘的回落一直持续了两个月的时间，前期领涨大盘的券商、银行、蓝筹股的股价都有了不同程度的回调。

这一段时间，史明一直没有轻举妄动。好的是持仓的中铁二局股票股价回落不大，一直在 13 元左右徘徊，所以他也没有过多担心。

到 1 月 27 日，盘整了一个多月的中铁二局突然有了异动，一个涨停板后连续大涨了两天，股价涨到了 16.44 元。接着回调了 3 个交易日后，又开始了上涨，中间竟出现了 4 个涨停板。进入 3 月份后，股价稳在了 21 元上下。这时，史明股票账户上的盈利又增加了 600 万元，股票账户上的资产已经达到了 2574 万元。这时他的融资融券额度也被南京证券公司提到 2000 万元。

面对股票账户上不断增加的资产数额，史明对于股市后面的行情有了自己的思考和判断。他认为：如果从 2014 年 7 月到现在的上涨只是一波强劲的反弹行情，那么，这个行情随时可以结束；如果这是中国股市下跌了近 7 年后的一波大的牛市行情，那么它的上涨空间还会很大，至少应该超过 2007 年 10 月 16 日 6124.04 的高点。而他把这次股市的上涨看成了牛市行情，并且行情刚刚开始。他把大盘上证指数上涨高度看到了 6124 点至 10000 点之间，坚决看好股市后面的行情。

他现在股票账户上还有 469 万元现金，加上 2000 万元融资融券额度，他在寻找一个合适的买入时机和热点板块龙头股。

2015 年 3 月 12 日傍晚，他在中央电视台第一频道的《新闻联播》中看到了一条新闻：2015 年 3 月 12 日，英国正式申请加入亚投行，成为首个申请加入亚投行的主要西方国家。

亚洲基础设施投资银行（Asian Infrastructure Investment Bank，缩写"AIIB"，简称"亚投行"）是一个政府间性质的亚洲区域多边开发机构，重点支持基础设施建设，总部设在北京。亚投行法定资本 1000 亿美元。2013 年 10 月 2 日，习近平主席提出筹建倡议；2014 年 10 月 24 日，包括中国、印度、新加坡等在内 21 个首批意向创始成员国的财长和授权代表在北京签约，共同决定成立亚洲基础设施投资银行。

现在，美国的铁杆盟友英国正式申请加入亚投行，预示着西方国家会逐步加入进来，亚投行超越了地区范围，成为一个世界性的重要金融组织，它将为中国政府倡导的"一带一路"建设构想的实施，提供一定的资金支持。

早在 2013 年 9 月和 10 月，习近平主席在出访中亚和东南亚国家期间，先后提出共建"丝绸之路经济带"和"21 世纪海上丝绸之路"的重大倡议。

2015 年 2 月 1 日推进"一带一路"建设工作会议在北京召开。中共中央政治局常委、国务院副总理张高丽主持会议并讲话。会议认真学习了贯彻习近平总书记关于"一带一路"建设的重要讲话和指示精神，学习了李克强总理等中央领导的指示、批示要求，安排部署了 2015 年及今后一个时期推进"一带一路"建设的重大事项和重点工作。

作为国家级顶层倡议的"一带一路"（The Belt and Road，缩写"B&R"）是"丝绸之路经济带"和"21 世纪海上丝绸之路"的简称。它将充分依靠中国与有关国家既有的双多边机制，借助既有的、行之有效的区域合作平台开展合作。"一带一路"旨在借用古代丝绸之路的历史符号，高举和平发展的旗帜，积极发展与沿线国家的经济合作伙伴关系，共同打造政治互信、经济融合、文化包容的利益共同体、命运共同体和责任共同体。

"一带一路"经济区开放后，承包工程项目突破 3000 个。2015 年，我国企业共对"一带一路"相关的 49 个国家进行了直接投资，投资额同比增长 18.2%。2015 年，我国承接"一带一路"相关国家服务外包合同金额 178.3 亿美元，执行金额 121.5 亿美元，同比分别增长 42.6% 和 23.45%。

作为一个证券市场的投资者，中国政府这么重要的战略部署不能不引起史明的重视，在众多的"一带一路"概念股中，他反复分析和甄别，最终他将中国南车作为他的投资首选股票。

史明之所以选中国南车作为投资股票的首选，主要的原因有以下几个方面：第一，中国高铁工业已经跨入世界的先进行列，以质量稳定、价格低廉和服务到位赢得了国际市场的认可，在国际市场上具有强大的竞争力，并代表中国高端装备工业的先进程度，是中国制造业的名片。第二，中国南车是最纯正的"一带一路"概念股，在中国政府的"一带一路"倡议中，把向全世界推出中国高铁作为了重中之重，国家领导人每次出国访问，都把宣传和推荐中国高铁作为重要活动。第三，既然中国高铁代表了中国高端装备制造业的最高水平，那么中国南车的股价就有了一定的想象空间。他结合中国船舶股票在 2007 年股价超过了 300 元，对中国南车的股价也做出了大胆的预测。

就这样，史明决定在后面股市行情中，集中全部的资金和精力，排除任何杂念，全身心地投入中国南车股票的操作中。

中国南车是 2014 年 10 月 24 日停牌，当时的股价是 5.8 元，两个多月后的 12 月 31 日开盘后在多个涨停板后一路涨起来的。到 2015 年 1 月 22 日，股价创下了 14.65 元的高价后，到 3 月初的时候回落到 13 元左右。

史明是 3 月 19 日这天，看见中国南车股价突破了前期的高点，上涨到 15 元以后，在 15.2 元到 15.5 元之间的价格买入了 30 万股中国南车，持仓均价为 15.3 元。当天，中国南车的股价并没有像他希望的那样涨起来，而是在上午 11 点多以后慢慢回落了下来。最后的收盘价是 14.93 元，当日涨幅 3.75%，股票账户显示中国南车亏损 11.1 万元。

果然，从 3 月 26 日开始，中国南车股票开始发力上涨了。这一天，他先后在 16.3 元、16.5 元和 16.7 元的价位上用证券公司的融资加仓了 30 万股中国南车股票。当天中国南车尾盘涨停，收盘价是 17.29 元，他的股票账户上持有的 60 万股中国南车股票开始盈利了，盈利数额是 83.4 万元。

就在史明想好第二天如果中国南车股价继续上涨，他就加仓到 100 万股的时候，3 月 27 日中国南车股票的走势却打乱了他的计划。这一天，中国南车的股价以 17.58 元高开，瞬间冲高到 17.74 元后拐头向下，一路下滑，很快跌破了 17 元的整数关口后继续下行。尽管下午两点的时候，股价有过一次反弹，但在极短的时间里就偃旗息鼓了，在收盘的时候，中国南车的股价收在了 16.99 元。

晚上，中国南车和中国北车两公司分别发出了重组停牌的公告。在牛市行情，一般来讲，关于重组、收购、兼并都是特大利好消息，股票复牌后都要大涨。史明开始后悔白天的迟疑和对盘面的判断失误。

2015 年 3 月 28 日，国家发展改革委、外交部、商务部联合发布了《推动共建丝绸之路经济带和 21 世纪海上丝绸之路的愿景与行动》。

果然不出所料，中国南车股票 4 月 7 日开盘后，连续 3 天一字涨停。中国南车股票的走势让史明懊恼不已，也让他为自己不能坚持自己的判断，再次付出了沉重的代价，他后悔自己重复了一次和中铁二局一样的错误。

进入 2015 年 4 月，中国南北车已经成为中国股市的领头羊和风向标，它们正引领着中国股市乘风破浪，一往无前。

2013 年至今，国家一再强调全面深化改革与转型升级，与传统行业生产相适应的资源要素目前明显不足，无法承载资源过度消耗的粗放型发展模式。基础工业产能过剩是一个不争的事实，面对这个巨大的压力，中国经济盘活存量和转型升级成为经济持续增长的关键，产业升级可谓上市公司并购重组的原动力。而且，中国经济目前正处在产业结构调整的关键时期，尤其目前在经济下行压力较大的情况下，产业升级是不少企业赢得竞争优势取得持续发展的重要途径。对于不少传统行业上市公司，不论是现有产业升级，还是向新兴产业领域或其他行业领域渗透，并购和重组都是一个可行的选择，可以帮助企业实现内涵式纵深增长，对应经济主体中的各个行业公司都必然受到相应的影响。

在这种背景下，一直在商榷中的中国南北车合并已经进入了实施阶段。中国南北车这两个巨无霸公司的合并，对这两家公司乃至整个中国股市都是一个巨大的利好，尤其对中国政府"一带一路"倡议的实施有着重大意义。

在中国高端装备制造中，高铁无疑是领头羊，是最接近世界先进水平的产业，在工艺制造、研发、材料等领域都有很强的辐射性，对造船、汽车、机械装备等行业均有很强的带动作用。南北车的整合将有利于在国际上形成合力，带动中国高端装备"走出去"，并推动中国从制造业大国向制造业强国加速转型。

中国南车、中国北车的合并旨在发挥协同效应，通过整合两家公司各具优势的销售和市场资源、产品开发和技术研发能力，共同打造一家以轨道交通装备为核心、跨国经营、全球领先的大型综合性产业集团，全面提升竞争优势，进而提升全体股东的利益。双方的强强联手，对推动中国高端装备制造进一步走向世界、推动中国装备制造企业加速转型具有重要的战略意义，也将进一步促进全球轨道交通装备制造业的繁荣发展。

本次合并采取中国南车换股吸收合并中国北车的运作方式。中国南车和中国北车的 A 股和 H 股拟采用同一换股比例进行换股，以使同一公司的所有 A 股股东和 H 股股东获得公平对待，从而同一公司的不同类别股东持有股票的相对比例在合并前后保持不变。

本次合并的具体换股比例为 1∶1.10，即每 1 股中国北车 A 股股票可以换取 1.10 股中国南车将发行的中国南车 A 股股票，每 1 股中国北车 H 股股票可以换取 1.10 股中国南车将发行的中国南车 H 股股票。合并后新公司拟采用新的公司名称"中国中车股份有限公司"和新的组织机构代码、股票简称和代码、法人治理结构、战略定位、组织架构、管理体系、公司品牌等。合并后新公司将承继及承接中国南车与中国北车的全部资产、负债、业务、人员、合同、资质及其他一切权利与义务。两家公司在交易完成之前将继续独立运作。

这次南北车分家 14 年后重新合并，是为中国目前低调但意志坚定的经济上的重要战略意图服务的——两条"丝绸之路"，海外版"4 万亿"，大力促进国内制造业转型升级。从这个意义上说，"两车"重组是一个标志性的事件，有深层次的原因。这是中国装备制造业转型升级的必由之路。"两车"合并走出国门，迎接全球化的挑战，在新的国际形势下，形成强化版、升级版的丝绸之路。只有成为装备制造业强国才能摆脱长期处在价值链低端的窘境，才是真正意义上的经济强国，才符合世界第二大经济体的大国地位，才能在地缘政治、世界经济发展的过程中有标准的制定权和更大的话语权。

随着中国南北车股价的不断飙升，中国南北车在全中国掀起了一个强烈的风潮。南北车成了全国人民茶余饭后共同的话题，电视新闻上充斥着关于中国南北车的报道，在世界各地有中国领导人推销中国高铁的身影，手里握有中国南北车的股票似乎成了那段时间中国股民的荣耀和骄傲，彰显着自己强烈的民族自尊心和爱国精神。尤其是东方财富网上的中国南北车股吧里更是一派莺歌燕舞、歌舞升平的景象。各种言论、预测还有狂想在股吧里此起彼伏，一波未平一波又起。

网名"南车之友"说："我想重组后的中国中车股价至少上 60 元。"

"我爱中车"说："你的想象力也太差了，你知道美国波音的股价是多少吗？"

"南车之友"问："波音股价是多少？"

"我爱中车"说："140 多美元。你说中国中车的股价应该能涨到多少？"

"南车之友"说："那有关系吗？一个是天上飞的，一个是地上跑的，没有可比性呀。"

"我爱中车"说道："怎么不能比，都代表着本国的高端装备水平。你把波音股价的美元换成人民币，中国中车股价也应该涨到 140 元。"

"中车财迷"说："你们两个太小儿科了，你们看看 2007 年 10 月中国船舶的股价是多少，现在的中国中车比 7 年前的中国船舶强多了，当初的中国船舶股价能涨到 300 多元，你们想中国中车股价应该能涨到多少，不管别人怎么看，我保守地看到 400 元，我现在有 30000 股，指望着它发财呢！"

"中车的小蜜"说："也是，现在连总书记和总理都力挺中国中车，假如全国人民每人买 1 手中国中车，那中国中车还不够买呢，股价涨到 1000 元都不为过，我这辈子就和中车一起过了。"

"中车乘警"说："中国中车不容许神经病患者乘车，请你们下车！"

这是中国南车股吧里的一段真实对话，显示了当时的股民是多么看好即将上市的中国中车。

2015 年 4 月 15 日中午，史明正在吃饭。儿子史柯打来了电话："爸，你在家还是外面，说话方便吗？"

史明说："我在家正吃饭呢。什么事，你说吧。"

儿子说："爸，我今天上午把开元投资卖了。"

史明有点不高兴地问道："我一直在注意这只股票，它马上要把股票名称改为国际医疗，这几天又发力上涨了，你怎么卖了？"

儿子听出他不高兴了，喃喃地说："我感觉开元投资股票涨幅太大了，所以我就卖了，卖了以后看它又涨了我就后悔了。我想问问你，你说怎么办，是不是下午我再买回来呢？"

史明一想儿子第一次入市就选了一只涨幅接近 5 倍的股票，说明他还是有思想的，再说他说的也有道理，便没有再责备他。

他想了一会儿说道："既然卖了就不要再买回来了，你现在账户上有多少资金？"

儿子抑制不住内心的激动回答说："我持有 20 万股开元投资股票，今天是 27.02 元卖的，账户上应该有 540.4 万元，减掉 106.4 万元的融资款，账户上应该有 434 万元。"

史明没有想到儿子 1 年时间、用了 50 万元的资金就挣了这么多钱，心里感到十分高兴，他夸奖说："小子，不错呀，第一次投资股市就有这么好的战绩，比你老爹强多了。"

儿子笑着说："虎父无犬子嘛，都是您培养得好。爸，我们先不说这些，现在大盘这么好，我不能把钱闲放在账户上呀，您最近发现有什么好股票吗？"

儿子这样一问，史明突然想起了他最近盯着的中国电建这只蓝筹大盘股。说是大盘股，它的流通盘比其他的蓝筹股小多了，它的股价上涨幅度也比其他的蓝筹股小多了，应该有机会。他便说道："你下午可以用你自己的资金买入中国电建股票，先不要用融资，等它的走势确定以后再考虑用融资。"

儿子高兴地说："好嘞，我听您的。"

晚上，中央电视台《新闻联播》又播出了一个重磅利好消息：法国、德国、意大利、韩国、俄罗斯、澳大利亚、挪威、南非、波兰等国先后已同意加入亚洲基础设施投资银行，已有 57 个国家正式成为亚投行意向创始成员国，涵盖了除美国之外的主要西方国家以及除日本之外的主要东方国家。

就在这一天晚上，史明终于下定了决心，将股票账户上的所有资金和证券公司的融资额度全部买入中国南车。这时他的股票账户资产情况是：持有 100 万股中铁二局股票，股价是 27.12 元，股票市值 2712 万元；60 万股中国南车，股价是 29.65 元，股票市值 1779 万元，其中使用融资金额是 495 万元。他的股票账户净资产是 3996 万元，如果明天继续买入中国南车只能使用证券公司的融资了。

4 月 16 日，中国南车股票以 31.44 元开盘，高开 6.04%，随后股价稍下探至 30.84 元，几个巨量的买单将股价推到涨停板的价位。史明怕再次踩空，便以 32.62 元的涨停板价格，用证券公司的融资额度买入了 20 万股中国南车股票。九点三十八分，史明的买单刚一成交，中国南车股票就被封住了涨停板，他立即又以涨停板的价格报入了 20 万股的买单，结果一直等到收市也没有成交。

就在这一天，史明让儿子全仓买入的中国电建股票因筹划重组，公告停牌了。牛市，重组停牌无疑是一件好事。他暗自想：臭小子运气真好，刚买进的股票第二天就停牌。他不放心，给儿子打电话确定他全仓买入了才放下心来。

4 月 17 日，中国南车开盘后就一字涨停，尽管这样，史明还是以 35.88 元的涨停板价格，报了 20 万股的买单，但到收盘一直没有成交。这一天，史明的股票账户上持有 80 万股中国南车股票，市值是 2870.4 万元，使用证券公司的融资额度是 1147.4 万元，中国南车资产净值为 1723 万元；中铁二局股票当日的收盘价是 27.04 元，100 万股的股票市值是 2704 万元。他的股票账户总资产是 4427 万元，南京证券公司已经将他的融资融券额度提高到了 3000 万元。

4 月 20 日，中国南车以 39.47 元的涨停价开盘，史明没有多想，直接以涨停价报入 40 万股的买单，买单片刻后成交。到了九点五十三分的时候，中国南车的涨停板被打开了，不到 10 分钟，不断出现的买单再次将股价封在了涨停板上。然而，这次的涨停板还是没有坚持 10 分钟，更为汹涌的抛单再次将中国南车涨停板的盘面撕开一道口子。尽管多方进行了顽强的抵抗，但涨停，打开，再涨停，再打开，到中午股市休市盘面一直反复着。

下午，一开盘，中国南车股票的股价就像决堤洪水，一泻而下，很快就退到了 32.88 元，振幅达到了 17%。就在史明内心忐忑不安，不知所措的时候，中国南车的股价再次被汹涌而出的买单推了起来，股价超过了 38 元，当日涨幅又接近 8%。尾盘的时候，巨大的获利盘再次涌出，将股价打压了下来。当天中国南车的收盘价是 35.38 元，下跌 1.39%。

就在这一天，中国股市一天的成交金额达到了"万亿天文数字"！这一天，股民们形容中国股市成交"爆表"了。由于中国所有的行情软件最初设计的成交量上限是 10000 亿，但当天上海市场的成交金额却历史性地超过了 10000 亿。于是，所有的软件只能停留在 10000 亿这个数字！最终，上交所在收盘后发布公告称，当日沪市成交金额为 11476 亿元，深交所成交 6550 亿元，两市合计成交达到 18026 亿。而在这"里程碑式的巨量成交"过后，接下来的半个月，沪深两市合计成交超 20000 亿，竟成家常便饭。

要知道，沪市 1994 年全年总成交也就 5626.73 亿元、1995 年全年总成交 3042.63 亿元、1996 年全年总成交 9020.24 亿元！在改革牛的召唤下，A 股在 2015 年二季度某一天的成交金额，竟超过 20 世纪 90 年代 1 年总成交额的 1 倍甚至几倍！

4 月 21 日，中国南车股价以 34.14 元，低开 3.62% 开盘，多方稍作抵抗后，股价便一泻千里。上午 10 点刚过，不等人们反应过来，巨大的抛单将股价砸在了跌停板上。此后，一直到收盘，中国南车的股价在 31.84 元的价位上变成了一条长长的直线。

这一天是史明第二次进入股市以来内心最纠结的一天。此时，他股票账户上持仓 120 万股中国南车股票，市值是 3820.8 万元，其中融资 2726.2 万元，净值 1094.6 万元。中铁二局这天的收盘价是 25.09 元，持仓市值为 2509 万元，他的股票账户上的资产为 3603.6 万元。与 4 月 17 日的股票账户资产 4427 万元相比，减少了 823.4 万元。

股市收市后，他坐在电脑屏幕前静静地看着中国南车股票的盘面，希望从中找出中国南车震荡的理由，也好为下一步的操作寻找出一点依据。无论他怎么想都觉得，由中国南北车合并而成的中国中车作为中国高端装备的名片，国家领导人力挺的一个"一带一路"先锋官，这次股市大涨的龙头股不可能这么快就会低下自己的牛头。越想他持股的信心越强，越想他对这波股市的上涨行情越有信心。

果然，中国南车股价像史明想象的那样回落调整了 3 天后又重拾涨势，到了 4 月 27 日这一天，股价上涨到 36.72 元后，又开始了调整，一直到中国南北车正式合并为中国中车的最后一次停牌前的 5 月 6 日，股价收了 29.45 元。

同在这一天，复牌的中国电建股票以一字涨停板开盘，股价为 13.74 元。紧接着又是 4 个涨停板，股价在 5 天时间从 11.35 元涨到了 18.28 元，将股市的神奇变化演绎到出神入化的地步。

史柯股票账户上的资产数额从 434 万元一下子增加到 700 多万元。

　　5 月 7 日，中国南北车同时停牌，在半年多的时间，它们像两架威力无比的发动机推动中国股市发动了一波波澜壮阔的行情，它的名字和它曾谱写的华丽篇章一直留在了中国股民的心里。

　　中国南北车的合并、重组无疑是这一年中国证券市场上的一件大事，中国股民们期盼着中国中车的横空出世，人们寄希望由中国中车这艘新组建的航空母舰带领中国高端装备的联合舰队扬帆起航，征战世界。在这种美好愿望和心理预期的促使下，中国股市以雷霆万钧之力，再次发起了气势磅礴的攻势。

　　这时候，巨大的挣钱效应引起了金融创新的快速推进，也夹杂着浓厚的草莽色彩。金融链条上的相关各方摩拳擦掌、跃跃欲试……券商融资补充资本金投向创新业务，银行通过各种伞形信托参与股市，民间资金更是肆无忌惮地通过配资直接或间接入市。一时间，中国股市的杠杆率急升，推动了这一轮急不可耐的疯牛。

　　从 5 月 8 日开始，到 6 月 8 日，1 个月的时间，中国股市上证指数从 4112.21 点疯涨到了 5131.88 点，上涨幅度将近 25%，真可谓具有中国特色。

第三十二章　各领风骚

进入 2015 年 6 月份，曲哲掌管的宁丰基金管理公司在董事长赵凡的规划和布局下取得了空前的成功，公司旗下的"宁丰一号"基金净值达到了 6 个亿。按基金成立前的约定，基金公司将提取 25% 的赢利，那么基金公司就有了 1.25 亿元的收入。按照曲哲在宁丰基金管理公司 10% 的股份，他就有了 1250 万元收益，再加上他 200 万元的入股认购基金现在增值到 1200 万元，这也就意味着曲哲成为了拥有 2000 多万元资产的老板，实现了从身无分文的打工仔到一个身价 2000 多万老板的华丽蜕变。这一切，对于曲哲来说就像做梦一样。

曲哲、赵凡他们的成功首先取决于赵凡对于中国股市的深刻认识和正确研判，加上他广泛的人脉资源以及资本运作能力，在最好的时机成立了私募基金公司，发行了基金产品，在规避了风险的前提下，实现了资本的放大，把自己的能力和市场行情发挥到了极致。在这一波股市行情中，赵凡一直没有使用证券公司的融资融券业务，这取决于他的严谨、理性的投资心态和操作的纪律性。尽管因此没有获取更大的盈利，但从公司一成立就培养了一种稳健的投资风格和纪律，为公司今后的生存和发展开了一个好头。

赵凡准确的布局成了他们这次成功的关键。在股市行情还没有开始前，赵凡就安排曲哲他们买入中国南车、中国北车、新华保险、海通证券、华泰证券、中国建筑 6 只股票。这 6 只股票也成了这次股市行情里的龙头和热点板块，自始至终一直持续到行情结束。

在这一年的股市投资实践中，曲哲发挥了重要的作用。他在长线持股的原则下，灵活运用在期货市场上掌握的盘面技术指标，进行了几次短线操作，使得基金的盈利有了极大的提高。

2014 年 12 月 18 日，曲哲发现基金持仓 200 万股的海通证券股票盘面变化十分蹊跷。前一天还大涨了 8.4% 的股票，当日却突然以 23.5 元，下跌 3.41% 开盘，这引起了他的高度重视。他查看了盘面的各项技术指标，发现 KDJ 和 MACD 指标都预示了股价有回调的迹象，他便在股价反弹到 24 元后又开始回落的时候，下令操盘手减仓；为防止自己判断失误，他让操盘手只卖出了 100 万股。操盘手刚刚卖出股票后，股价开始快速下跌。虽然中间出现了几次反复，但是，股价下跌的走势并没有改变。结果，到收市，海通证券股价下跌了 6.82%，收盘价是 22.67 元。接着又是几天的下跌，到了 12 月 24 日，股价跌到了 20.10 元，比他们的卖出价低了将近 4 元，100 万股就是 400 万元。

12 月 25 日，海通证券股价以 20.20 元开盘，下跌到 19.66 元时，股价开始止跌盘整了。曲哲感觉股价 20% 的回调应该到位了，加上各项技术指标开始向好，他便让操盘手开始买入。当初卖出了 100 万股，现在买入了 120 万股。这次操作盈利了 20%。

2015 年 1 月初，眼看着中国建筑股价一口气从 3.72 元涨到了 7.57 元，盘面出现了连续几日的滞涨，技术指标也给了做空的信号，曲哲果断地给操盘手下达了将持仓的 350 万股中国建筑股票卖出 250 万股的指令。那天，他们是以 7.4 元卖出的，收盘价是 7.34 元。此后中国建筑股票开始了长达一个多月的回落。到了 2 月 9 日，中国建筑股票的各项技术指标才开始走好。曲哲便让操盘手开始买入，当天的成交均价是 5.52 元，与卖出价 7.4 元相差 1.88 元，250 万股就是 470 万元的差价，他们买入了 330 万股。就这么一出一进，高卖低买地操作了一把，持仓增加 80 万股。

对于曲哲这两次的短线操作，赵凡看在眼里，他表面上不露声色，但从内心深处喜欢着这个年轻人。他觉得曲哲身上有一种职业投资者的天赋，他胆大心细，反应敏捷果敢，对于盘面的各种技术指标不教条、不墨守成规，能恰到好处地灵活应用；他悟性极高，能很快地把书本上的理论知识和他人的经验教训借鉴、吸收消化了，变成对自己有用的东西，从而来指导自己的操作；他具有诚实、坚定的品质和严谨、科学的操作风格，能严格地执行指令，遵守纪律；尤其是尽管从业时间不长，但他对价格运行的趋势有自己独特的预判，对于盘面的变化有较强的盘感。所有这些都是一个优秀的期货和股票职业投资者不可缺少的素质。他第一次对眼前这个年轻人有了"后生可畏"的感觉。

赵凡深感自己在这个险象环生、危机四伏的市场里待的时间太久了，精神整天处于高度紧张的状态，根本无法享受正常人应该有的生活。金钱现在对于他只是个数字，除了给他一点精神上的安慰以外，没有任何具体的作用，更改变不了他的生活品质。现在自己已经实现了当初的梦想，可面对所拥有的巨大财富，一点也没有所谓的快乐和成就感，反而更怀念那三尺讲台上谈古论今、教书育人的日子。

赵凡一直在找一个能领会他的意图、具有优秀品质并能驾驭市场风浪的人，把自己手中的接力棒交给他，让他去把自己的事业发扬光大，在这个无限风光的市场上树立起自己的标杆。自从遇见曲哲以后，经过一段时间的观察，他觉得曲哲就是自己要找的人。所以，这么多年来，赵凡一直都在默默地关注和培养着他，在生活上也给予他巨大的帮助和关怀。他有时把曲哲看成是自己的学生，有时又把他当成自己的儿子。他想，等曲哲在这次行情里历练一下，等这一波行情结束以后，就把一切具体的经营管理工作都交给他，给他一个独立的空间，让他好好施展一下自己的才华。自己只做给他保驾护航的人，一旦他哪天摔倒了，自己也可以扶他一把。自己也可以离开一下市场，让疲惫的身心舒展一下了。

他一直有一个愿望，找一个偏僻落后但山清水秀的地方，办一所现代化的学校，自己当这个学校的校长，让周围村里的小孩都到他的学校免费上学。在他们很小的时候就给他们灌输哲学思想和培养经济头脑，甚至可以给他们传授一些投资方面的思路和方法，让他们长大以后真正成为一个自食其力、对社会有用的人。

2015年春节前，曲哲抽空把父母接到了银川的新家。新家是一套130多平方米的住宅房，三室两厅，在七楼，带电梯。曲哲只做了简单的装修，家具、电器齐全。购买房子以及装潢、添置家具包括电器的费用都是老板赵凡提供的，所以，他对赵凡有着父亲一般的感情，他愿意用一生去感恩和报答。

他把父母从老家的旧平房里接来的时候，看着这么漂亮、气派的高楼，刚开始，父母怎么也不敢相信他们能在省城有自己的房子。那天，母亲一直高兴地流着眼泪，在房间里转着，一会儿摸摸这儿，一会儿看看那儿，嘴里不停地念叨着。父亲那一天也终于直起了腰板，挺起了胸膛，脸上有了光泽，一下子年轻了 20 岁。

那一天的夜晚，曲哲和父母一点也没有睡意，他们在一起一直拉着家常，长了这么大，他第一次和父母说了那么多话。先是听父母讲他们上一辈的事，然后是父母讲他们自己的事，父母讲得最多的还是曲哲小时候的事儿。看着父母脸上久违了的笑容，他的心渐渐融化了，一种从未有过的幸福感在他身上流淌着。

曲哲和父母就这样一直说着话，当父母听完了他这些年的难忘经历后，母亲流着泪哭着说："我的娃，都怪爸妈没有本事，让你受了这么多苦呀！"

曲哲给母亲一边擦着眼泪，一边说道："妈妈，你不要这样说，你们是最好的父母。俗话说'穷人的孩子早当家'，我一定要让你们过上好日子！"

曲哲的父亲说道："我们没能像别人父母那样给你好的物质条件和事业基础，你只能靠自己了，不过自己努力得到的东西可靠。既然赵老板对你这样好，你一定要知道感恩，千万不要对不起人家呀！"

曲哲说道："爸，你放心，无论怎样你儿子也不会做忘恩负义的人。"

三和投资公司自创办之日起，股票投资一直在赔钱，直到 2014 年下半年以后才尝到了挣钱的滋味。面对着公司股票账户上不断增长着的资产数额，欧阳君、马富才、郭向阳他们 3 个人终于感受到了股票投资的魅力和快感。

他们在 2014 年 3 月份建仓布局的时候，投入的 1600 万元几乎是以最低价买入的股票。他们的持仓成本分别是：中信证券持仓 39 万股，均价 10.2 元；山西证券持仓 63.5 万股，均价 6.3 元；海通证券持仓 45 万股，均价 8.9 元；华泰证券持仓 54 万股，均价 7.4 元。

到了 2015 年 6 月 5 日的时候，这些股票的股价是：中信证券 31.89 元；山西证券 24.92 元；海通证券 27.03 元；华泰证券 29.63 元。

现在他们持仓的市值已经达到了 5642.5 万元，盈利 4042.5 万元。

加上按照郭向阳的提议在 2014 年 11 月 17 日使用证券公司的融资在 6.3 元买入的 200 万股中国交建股票现在 20.94 元的价格，盈利 2928 万元，公司股票账户上一共盈利 6970.5 万元。尤其是在马富才的个人账户上替马富才的父亲买入的 2000 万元资金、560 万股中国交建股票当时每股的持仓成本是 3.55 元，6 月 5 日的中国交建股价 20.94 元，现在的市值已经达到 11726.4 万元，盈利 9726.4 万元。

这天，一直忙着帮方芳他们公司在电商平台上销售产品的胡月天抽空来到了欧阳君他们公司。大家看见他来了都十分高兴。

马富才开玩笑说："月天，你真是嫁出去的女儿，泼出去的水呀，连家都不回了。"

胡月天发着牢骚说："我是想回来呢，可回得来吗？一天忙得连个上厕所的时间都没有，哪儿像你们有时间喝茶聊天。"

欧阳君笑着说："月天，今年投资公司收益很好，这还得好好谢谢你，如果不是你帮着我们渡过难关，也不会有今天的成功。我们三个商量了，投资公司的收益有你一份。"

胡月天高兴地说："你们有好事能想着兄弟，分不分红我都高兴。"

他们几个人兴致正高的时候，马富才接到了父亲公司财务主管的电话。财务主管在电话里告诉马富才，他父亲因欠小额贷款公司的资金被他们圈禁在公司 3 天了，让他过来看看怎么办。

欧阳君和郭向阳看见一向举重若轻、凡事满不在乎的马富才接到电话后，脸色一下子变白了，说话声音也有些发颤了，欧阳君急忙问他："富才，发生什么事了，你怎么这样？"

马富才吞吞吐吐地说道："我爸欠贷款公司的资金，被他们圈禁在公司 3 天了。"

欧阳君急忙说道：“那我们一起立刻到你爸的公司去，向阳你开车！”

就这样，他们4个人驾车迅速来到了马富才父亲的公司。马富才他们走进父亲的办公室，只见父亲坐在沙发上，衣冠不整、灰头土脸，显得十分狼狈，身边围着4个凶神恶煞般的年轻人，有的脖子上戴着粗金链子，有的胳膊上纹着纹身。马富才发疯般地冲了过去，推开其中的一个人，问道：“爸爸，到底怎么了？”

父亲看见儿子带着朋友来了，一向在儿子面前十分强大的他，实在不愿让儿子和他的朋友看见自己这个样子，恼羞成怒地说道：“你们怎么来了！”

马富才红着眼睛，咬牙切齿地说道：“你是我爸，你有事我能不来吗？爸，他们打你了没有？如果他们谁要打了你，我非宰了他！”

4个人中的一个大胖子说：“我们只要钱，打人还犯法呢，我们又不傻。”

马富才转过身，面对着他们问道：“要钱你们也不能这样呀。我爸欠你们多少钱？”

大胖子讥笑道：“你问也没有用，你爸欠我们8000万，你能还得起吗？”

马富才狠狠地瞪了那个人一眼后问父亲：“爸，到底是怎么回事？”

父亲看了他一眼后说：“你问也没有用，你们还是走吧。”

这时，坐在一旁的公司财务主管说话了：“公司有一笔8000万的银行贷款到期了，我们也和银行说好了，还了以后就马上继续贷给公司。公司没有这么多钱，你爸就和小额贷款公司借了8000万的过桥资金，说好是10天的时间把银行贷款还了。可谁知道银行看我们公司停产好长时间了，突然变卦了，不给我们公司贷款了。现在的企业都不景气，连贷款公司也只收不贷，我们找了好多人，这么多钱，一时也借不到。”

马富才问父亲：“爸，是这么回事吗？借钱还钱天经地义。”

父亲无奈地点了点头说：“就这么回事。”

欧阳君这才听明白了情况，他看了一眼手表后对郭向阳说道：“向阳，给公司杨阳打电话，现在时间还来得及，让她把富才账户上的股票全卖了。”

郭向阳答应着，立即给杨阳打通了电话：“杨阳，你现在立即把董事长账户上的股票全卖了，卖完以后给我回电话。”

欧阳君见安排好了，义正词严地对几个要账的人说："你们的钱我们明天才能还你，我们保证明天早上 10 点以前把钱付给你们。你们今天必须让我们董事长的父亲回家休息，你们已经让老人家三天没有回家了，一旦出事，你们负得起这个责任吗？"

那个胖子说道："那不行，我们必须见到钱才能放人。我们还怕你们玩个花招，你们跑了我们到哪儿去找你们？"

欧阳君又厉声问道："你们到底放不放人？你们这样是犯法。"

那个胖子坚决地回答："就是不放，我管什么犯法不犯法，等明天你们的钱还了再放。"

欧阳君气急了，说道："你们等着！"说完他马上拨通了一个电话，说："王叔叔吗？我是欧阳，我在民生焦化厂，我同学的父亲是这里的董事长，欠了贷款公司的钱，被他们的人非法圈禁了 3 天，我们答应明天给他们还钱，他们还是不放人，请您安排当地的公安局来人处理一下。"

不到 20 分钟，3 辆警车响着警笛急速驶进了公司院子。随着一阵急促的脚步声，5 名装备齐全的警察跑进了办公室，其中一个佩戴着两杠三星警衔的领导模样的人走到那 4 个人面前大声喝道："你们谁是领头的？谁让你们来的？"

那 4 个人被这个阵势吓住了，低着头都不敢吱声，其中有一个腿也打起颤来。

那个领导模样的警察叱喝道："你们不说呀？你们聚众私闯别人的经营场所，还私扣公司法定代表人达 3 日之久，是严重的违法犯罪行为。"说着他对随行的几个警察下达了命令："给我铐起来，带回公安局！"

只见几个警察以迅雷不及掩耳之势，眨眼间把那几个人铐了起来，按倒在墙边。

这时几个要账的人中，一个瘦猴模样的年轻人哭丧着脸诉说道："警察叔叔，我们真是来要账的。"

领导模样的警察厉声问道："你们有借据吗？有委托书吗？"

看见几个人不吭声了，他继续呵斥道："你们什么也没有，就随随便便到别人的办公场所胡闹了几天，你们眼里还有法律、有我们警察吗？"接着手指着几个人对随行的警察说道："把他们几个流氓带到楼下去，不要弄脏了这个地方，你们在车上等我。"

见警察押着那几个人下楼了，领导模样的警察走到马富才的父亲面前说道："马董事长，对不起，我们来晚了，让您受惊了！他们这么胡闹你们为什么不早给公安局报警呢。"

马富才的父亲看样子认识这个警察，他羞愧地说："吴局长，害得你亲自跑一趟，实在对不起呀！我欠人家钱了，他们来要也应该呀，好的是我儿子和他的朋友明天就把他们的钱还上了。那几个人这几天也没有太为难我，你回去以后教育一下就放了吧，不要再处罚了，他们也是受人之托，是我有错在先。"

吴局长说道："是我们王厅长亲自给我交代的任务，我敢不来吗？再说这些人太无法无天了，不好好教训一下，那不乱套了。马董事长是个厚道人，我回去把他们教训一下就放了。最近这种事太多了，我们每天都要出警好几次呀，现在的企业怎么都到了这种地步，也真是难为你们了呀！"

马富才的父亲再次致谢："吴局长，谢谢你，改天我请您喝茶！"

吴局长说："好，那我走了，他们还在楼下等我呢，以后有什么事直接给我打电话。"说着他走了。

马富才的父亲见办公室没有外人了，连忙问欧阳君："欧阳，你们真有那么多钱吗？你们是不是糊弄他们呢？"

欧阳君连忙说道："叔叔您放心，您上次给富才的钱我们没有动，直接存到了富才的账户，我们也感觉股市应该有机会了，向阳就在富才的账户上用您的钱买了些股票，现在连本带利都超过 1 个亿了，明天都给您拿过来，公司最近这个情况，您就应急吧。"

父亲又问马富才："儿子，欧阳说的是真的吗？你们不是在安慰我吧？"

马富才扶着父亲的胳膊让他坐在沙发上后说："爸，是真的，你就放心吧，再说出这么大事，你为什么不告诉我们呀！"

欧阳君和郭向阳也同时说道："您是富才的父亲，我们和富才就像亲兄弟一样，您也是我们的父亲，以后有事一定要告诉我们，不要老是自己扛着，自己的儿子就是为您排忧解难的。再说我们的公司也是您一手扶持起来的，您不光是我们的父亲，也是我们的老板。以后有什么事我们和您一起承担！"

马富才的父亲激动地流下了眼泪，久久说不出话来。这是马富才长了这么大，第一次见一直强悍、威严的父亲流眼泪。

过了许久，马富才的父亲说："几十年了，一直都是我帮别人，今天儿子来帮我了，我第一次感觉到不再孤独无助。欧阳、向阳，谢谢你们这些年来一直帮衬着富才。"

欧阳君赶紧说道："叔叔您这么说就见外了，要说谢谢也是我们应该谢谢您，没有您的全力支持，我们不会有今天的。"

马富才的父亲动情地说："好孩子，不说了，叔叔是发自内心地谢谢你们呀！"

这时郭向阳接到了杨阳打来的电话："郭总，股票全部卖出，账上有资产1.1368亿。"

郭向阳说："好，知道了，没事你就可以下班了，我们在外面有事。"郭向阳放下电话对马富才的父亲说道："叔叔您放心，股票全部卖出了，股票账户上现在有1.1368亿，明天这个钱就可以回到富才的银行卡上了。"

马富才的父亲听说有这么多钱的时候，几乎不相信自己的耳朵，他惊奇地问道："2000万1年时间变成了1个多亿，这怎么可能？"

马富才对父亲说："欧阳和向阳说的都是真的。本来我们感觉股市的机会来了，我看公司账户上的钱太少，就回来和你借钱，想补充一下资金。可欧阳和向阳听到了我无意之中说你的工厂停产了，公司没有钱，拿的是你个人卡里应急的钱，他们就做主把钱打到我个人的股票账户上，为你买了560万股向阳看好的一只股票。当时股票的买入成本价是3.55元，现在的价格是20多元，翻了6倍，现在不就是1个多亿嘛。"

马富才的父亲仍然还像在梦中一样，喃喃自语："这个股市也太神奇了，一年能挣这么多钱。"过了一会儿他才反应过来急忙说道："这个钱是你们挣的，也不能全给我呀，至少你们拿上一半。"

欧阳君笑着说："叔叔，这个钱本身就是你的，我们只是自己做主为你买了一只股票，要是赔了你也得自己承担呀。再说我们公司今年也挣了几千万，我们还年轻，挣钱的机会多着呢，倒是你赶紧把这些外债都还了，也好让我们放心。"

马富才也乘机说："你就听我们的吧，赶紧把外债都还了，你都这么大年纪了，经不起这么折腾了。爸，这些钱够你还外债吗？不够我们再想办法。"

马富才的父亲连忙说："够了，够了，你们的钱就好好成就你们的事业吧。"

就这样，马富才父亲的一场巨大的危局被马富才、欧阳君和郭向阳他们 3 个人化解了。

杨阳在接到郭向阳全部卖出董事长股票账户里的中国交建股票的时候，她不知道事情的内幕，以为是郭总在外面听到了什么内幕消息，中国交建股票涨幅太大，要开始下跌了，郭总才向她下达了全部卖出的指令。她甚至觉得有点遗憾，要是早卖出几天多好，那时中国交建股票的股价比现在高出整整 4 元钱呢，560 万股就是 2240 万元呀，真是太可惜了。

也是在这一天，她以 20.30 元的价格卖出了自己股票账户上的 11800 股中国交建股票。她看见自己股票账户上一下子有了 23.954 万元资金，惊喜的心恨不得要从嗓子里蹦出来一样。她用一只手按着自己的胸膛，一只手揉了揉眼睛后，再一次确认一下自己股票账户那一连串阿拉伯数字，突然感觉到以前上学时特别讨厌的那些数字，现在在自己面前竟然是这么的美妙和可爱。

杨阳的心情稍一平复，她的第一个想法就是下班以后赶快回家，她要把这个天大的好消息告诉爸妈，她要让爸妈和她一起分享自己成功的喜悦，她要让这个喜悦冲淡一下笼罩在他们一家人心头多年的阴霾。她要告诉爸妈，自己瘦削的肩膀照样可以承担起家庭的重担。她甚至可以想象到，父母听到这个消息后，如何喜极而泣的样子。

郭向阳刚一回到办公室就接到了王东平的电话："向阳，现在看着手里的股票股价都涨到这么高，我真有点害怕了，今天把股票都卖了。"

郭向阳听他这样说，一时竟不知道说什么好，他心里有点不高兴，不高兴的是他把股票卖了才告诉自己，可他又不好明说，他淡淡地说："卖就卖了吧，也许你的害怕是对的，卖了就等等看。"说完这些话，他忽然觉得自己对王东平太冷漠了，于是缓和了一下口气问道："王师傅，这次的盈利情况好吗？"

王东平在电话那头儿高兴地说道："向阳呀，真是感谢你把我带到这条路上，这次挣的钱，多得让我都不敢相信了。我5.2元买的5万股西北轴承股票，今天20元的价格卖了；7.4元买的2.7万股你说的华泰证券，今天30.5元卖了。你猜我总共挣了多少钱？"

郭向阳笑着问："多少？"

王东平压低声音说道："我46万元现在变成了182万多元。真的，我都有点害怕了，我现在还在想敢不敢告诉你嫂子呢，不要把她吓坏了！"

郭向阳也被他的情绪感染了，大声地笑了起来。过了一会儿，他说："王师傅，恭喜你呀！放心吧，嫂子不可能那么胆小，告诉她你的成功，也让她好好高兴一下吧。"

放下电话，他的脑子里突然冒出了一个奇怪的想法，这个想法让他的脊背感到了一丝寒气。他想到也许王东平的害怕预示着什么。现在的人都疯狂了，到处是借钱、配资进入股市的人，这正常吗？他想到了巴菲特的那句名言：在别人贪婪的时候，你要恐惧。是啊，现在自己一定要保持一个清醒的头脑，随时应对股市出现的变化。想到这，他竟内心泛起了一种对王东平的感激之情。

柏青和柳亦农由于积累了10多年股票投资的经历，加上期间股市风雨的洗礼，渐渐都成为了成熟的投资者。他们这次对股市的行情研判十分正确，把握住了率先启动的券商板块，并及时地使用了证券公司具有杠杆功能的融资服务，在行情一开始就占了先机。他们几乎没有费什么周折，很轻松地实现了这轮布局意图。现在这个时候，两人自己和双丰工作室客户的资产都有了5倍以上的盈利，他们操作的资金总量已超过3个亿。想想自己从一个几乎身无分文的离职人员，在危机四伏、变幻莫测的股市成长为掌握上亿资产的成功投资者，一种成就感在他们心底油然而生。

6月8日，朱工正在看着自己持仓的两只大盘蓝筹股中国建筑、中国铁建在盘面上不断地舞动着庞大的身躯，一个劲儿地向上蹿动着，心里暗暗盘算着自己这一波行情盈利了多少。

其实鼠标一点就可以清楚地看到股票账户上的盈利情况，可他就是喜欢这个很烦琐的心算过程，在这个过程中他可以让自己淡定到近乎麻木的心态得到一点刺激，从而也能品味和享受一下瞬间即逝的满足和喜悦滋味。

现在金钱对于朱工来说几乎失去了本身的属性，对他的生活没有任何的影响。60 岁的年龄，性情孤傲，除了在股市宣泄一下自己的情欲以外，没有任何的嗜好。妻子是医学院的教授，有着极强的责任心和事业心，就是没有一点物质欲，一天不是她的科研，就是她的学生，连管他的精力和心思都没有。妻子连自己的工资都花不完，还哪有兴趣管他挣了多少钱。

儿子自上中学就到了英国，研究生毕业以后留在英国和几个同学合办了一个网络科技公司。过早离开父母，只身在国外生活，养成了极强的自立理念和习惯，父母的金钱和他没有任何关系，他把成年以后再花费父母的金钱看成了最大的失败和耻辱。一次儿子回国后，听说他和同学开了一家公司以后，朱工硬是把提前准备好的一张存有 1000 万元人民币的中国银行卡给儿子，儿子说什么也不要。最后儿子不忍心看到他极度失望的样子，才勉强地拿上了银行卡。可是 3 年了，他没有收到一条银行发来的消费和取款的信息。

这就是朱工的生活状态，挣钱对于他已经没有了实际意义，股票投资便没有了目的和动力，只是他活着打发时间的一种方式，也成了生活习惯。只有在股市开盘的时候，他才不会感到无聊和孤独。所以他进行股票投资心态特别好，没有过高的要求，每年有 30% 的收益就算证明了自己的能力。这一年的时间他有了往年 10 多倍的盈利，也确实让他感到了兴奋。

就在这个时候，他接到了方芳的电话："朱工，你对大盘现在的状况有什么看法？我总觉得有一种'高处不胜寒'的感觉，看着账户上的盈利数额，我自己都恐惧了，这个钱挣得也太快、太容易了呀！"

朱工漫不经心地问道："现在的盈利幅度大吗？"

"我刚开始用了融资，现在把融资全还了，我的 1000 多万本金有了五六倍的盈利吧。"方芳回答。

"股市行情到底怎么演变谁也说不好，怕也不应该。现在只能走一步看一步了，只要大盘一走坏，就坚决出局。"朱工说着自己的看法。

"听你这么一说，我也不怕了。好了，不影响你看盘了，哪天约上史明和杨总我们一起喝茶，又好久没有见面了，再见，朱工。"方芳说道。

朱工放下电话，看了一眼盘面，马上收市了，他的中国建筑的股价是 10.46 元，上涨了 3.05%；中国铁建股价 24.34 元，下跌了 3.72%。

朱工关了电脑，自言自语道：一涨一跌，这一天又结束了。

第三十三章　风云突变

史明坚定看好中国中车股票今后的行情。他是一个理想主义者，具有很强的爱国情结和民族感，他从内心深处希望自己的国家强大起来，在世界上的地位和话语权越来越重。他对中国政府和中央领导人提出的"一带一路"倡议构想和远景蓝图持有热切的希望。尤其是对横空出世、代表着中国高端装备先进水平的旗舰——中国中车将带领中国高端装备的联合舰队扬帆出海、征战世界的战略举措由衷地赞成和支持。他天真地认为，作为一个中国人坚定地持有中国中车的股票，就是对政府"一带一路"倡议构想和振兴扬威中国高端装备制造的举措的信任和支持。

中国政府为保证"一带一路"倡议构想的实施，发起创建亚洲基础设施投资银行，特别是英国、法国、德国、意大利、韩国、俄罗斯、澳大利亚、挪威、南非、波兰等57个国家先后积极加入，并正式成为亚投行意向创始成员国，涵盖了除美国之外的主要西方国家以及除日本之外的主要东方国家。这是中国在世界舞台上真正以一个大国身份发起了一次对世界霸主美国的挑战，这个举措极大地提高了中国政府的公信力和话语权，稳固了中国在世界上的大国地位和形象。它不仅是中国政府一次在经济战线上的胜利，更是外交和政治上的辉煌成就。

在这个时候，全世界的目光都聚焦在中国中车上。中国中车在市场上的表现代表了国家的意志、中华民族的尊严、中国高端装备的形象和公信力。它或多或少地已经影响到了全球的经济格局和中国在世界上的地位和话语权。

中国中车股票上市后的表现，对中国政府提出的"一带一路"倡议构想的实施，对中国高铁在世界上的被认知度和国际市场上的推广都有着重要的影响和作用。况且，在 2007 年的牛市中，中国船舶股价曾达到了 300 元，可曾经的中国船舶根本无法和今日的中国中车同日而语。再说中国股市是闻名的"政策市"，中国中车股价的上涨不仅是经济的需要，更是政治的需要。中国中车行情的上涨具备天时、地利、人和三个优势，股价几乎找不到一点下跌的理由。

还有一个情况就是，在中国中车停牌的 1 个月时间内，大盘上证指数从 5 月 7 日的 4112.21 点上涨到 6 月 8 日的 5131.88 点，大涨了 24.7%，中国中车股价还存在补涨的要求。

2015 年 6 月 8 日，停牌了 1 个月的中国中车股票在全国股民的千呼万唤中，承载着无数投资者的美好愿望开盘了。它没有像一些机构、媒体以及许多投资者预计的以新股上市的形式开盘，而是延续了中国南车股票停牌前的盘面，以一个干脆、漂亮的涨停板开盘，没有任何意外和悬念。当天股价 32.40 元，换手率是 0.1%，也就是说持有中国中车的总共 1000 个人中，只有 1 个人卖出中国中车股票。

这一天，史明的情绪是亢奋的。尽管中国中车股票没有以新股上市的形式开盘，但以一个近乎完美的涨停板开盘，让他遗憾之余，还是更加坚定了看好中国中车股票未来的信心。

看着盘面在涨停板的位置上堆积如山的买单，他进入了美好的遐思之中。假如中国中车股票的走势能像以前的中国船舶股票那样，股价能涨到 300 元——不要说 300 元，能涨到一半，即便是涨到 100 元也可以让自己扬眉吐气了。股市改变了自己的一生，让自己在人生的低谷里彷徨和挣扎了 10 年之久，今天自己总算等来了一个一雪前耻的机会。他寄希望中国中车能带他摆脱眼前的困境，重新开始本属于自己的光鲜生活。

那一天，他的股票账户上，120 万股中国中车股票的市值是 3888 万元；中铁二局当天收盘价 24.99 元，100 万股中铁二局股票的市值是 2499 万元；使用的证券公司融资金额是 2726.2 万元，他的股票账户净资产是 3660.8 万元。他股票账户里还有 900 多万元融资融券的额度，这时他已经想好用这些融资融券的额度加上明天中国中车股价上涨后新增的融资融券的额度一起买入中国中车股票。

为保证第二天能早些成交，晚上 10 点以后，史明以中国中车第二天涨停板的价格 35.64 元提前报入了 26 万股买单。

6 月 9 日上午九点二十五分，中国中车股价以 35.64 元的涨停板价格开盘，中铁二局股价以 24.4 元开盘，这样史明的股票账户上又增加了 380 万元的融资融券额度，他立即用增加的融资额度又以当天涨停板 35.64 元的价格报入了 10 万股的买单。

九点半，中国中车股票交易正式开始，接连不断出现的巨大抛单，瞬间就将挂在涨停板的买单全部淹没了。史明看见自己的 36 万股买单全部成交了，股票账户上中国中车的持仓达到了 156 万股。

就在他还没有来得及庆幸的时候，铺天盖地涌出的抛单将中国中车股价打压了下去，尽管买方也发起了一波又一波的攻势，但上攻的势头越来越弱，渐渐被汹涌的更大、更多的抛单所淹没。中国中车股价越来越低，盘面越来越沉重，到下午一点半的时候接近了跌停板 29.16 元的价格。随即买方又发起了一波强劲的攻势，迅速将股价推高到 30 元以上。最终，买方的攻势再次被不知从哪里涌出的巨量抛单淹没了。下午两点四十分，中国中车庞大的身躯终于屈服地趴在了跌停板上了。

临到收市的前几分钟，喘了一口气的中国中车像一只大鲸鱼开始蠕动着庞大的身体，费劲全身的力气翘起了自己的尾巴，做出了最后一次垂死前的挣扎。当天中国中车的收盘价是 29.38 元，跌幅 9.32%，最大振幅接近 20%，换手率 7.1%，成交金额 496.9 亿元。

面对这一天中国中车盘面的巨大变化，史明的大脑几乎无法做出必要的反应。他只是感觉刚刚建立起来的美好梦想渐渐飘去了，离自己越来越远。10 年前自己被贷款公司强行平仓的那一幕又浮现在眼前。他木然地看着电脑屏幕，屏幕上盘面的变化已经影响不了他的思绪。

看着股票账户上资产从高点到低点近千万元的消失，他竟没有感到心痛和恐惧。他大脑里只是翻来覆去想一个问题，昨天还那么坚决涨停的股票，今天为什么就突然跳水暴跌了呢？昨天明明在涨停板的位置上还有那么多人排队挂单等着买入呢，今天怎么就有这么多投资者争相抛出，夺路而逃呢？无论他怎么想都想不明白，他实在想不出一个中国中车股票下跌的理由。

一直想到收市，他始终还是坚信中国中车股票后期的行情一定会很好，不可能就这么昙花一现，轻易夭折。今天股价的下跌也许只是投资者获利回吐，或者是主力进行的一次震仓、洗盘行为。

这一天他股票账户里持有 156 万股中国中车股票，市值为 4583.28 万元，其中融资金额为 4009.24 万元，持有中国中车股票的净值为 574.04 万元，相比他买入中国中车股票投入的 469 万元现金，只有 100 多万元的盈利了。只这一天他在中国中车股票上的损失就是 587.76 万元。当天持仓的中国中车股票从开盘的 35.64 元到收盘的 29.38 元，市值变化为 976.56 万元。中铁二局股价因为"一带一路"概念龙头股中国中车股票的大跌，当天的收盘价也大跌了 6.6%，为 23.34 元。史明持仓的 100 万股中铁二局股票的市值为 2334 万元，他股票账户的净资产为 2908.04 万元，相比前一日，损失了 752.76 万元。

曲哲他们宁丰基金管理公司办公室里，这一天的气氛十分紧张。在老板赵凡的预判中，中国中车股票开盘后，至少应该有 3 个涨停板。可令他始料未及的是，中国中车股票第 2 个涨停板就被打开了，并且股价一直在下跌。

当初在 2014 年 6 月底，他让曲哲他们投入的 3000 万元，以 4.5 元左右买入的 660 万股的中国南车和中国北车股票，合并股票置换后，公司现在持有 693 万股中国中车股票，市值超过了 2.2 亿元。今天从涨停板到现在，市值已经减少了 2000 多万元。

面对盘面的突然变化，在市场上摸爬滚打了多年的赵凡也感觉到了措手不及、左右为难。曲哲发现他脸上的表情越来越凝重，额头上竟渗出了星星点点的汗珠。股票市场上出现这种情况，曲哲是第一次遇见，眨眼间，2000 万元资金消失了，让他感到了极度的恐惧。

曲哲看着中国中车的盘面变绿了，股价继续在下跌，他忍不住了，说道："董事长，股价还在下跌，我们的仓位太重了，先减掉一些吧。"

他的话提醒了赵凡，赵凡马上说道："好，先减掉 200 万股。"赵凡话音未落，曲哲就向操盘手下达了减仓 200 万股中国中车股票的指令。

中国中车的股价还在下跌，跌幅超过了 2%，赵凡对曲哲说："再减仓 100 万股。"曲哲再次向操盘手下达了指令。随着曲哲的指令声，中国中车的股价开始了更为急速的下跌。

这时，操盘手报告说："经理，100 万股的卖单没有成交，怎么办？"

赵凡听到操盘手的话后说道："重新报出 200 万股的卖单，比现价低报两角钱。"随即响起了急促的键盘声。

就在这时，中国中车股票的盘面出现了强劲的反弹，5 分钟时间将股价推高了 1 元钱。

操盘手报告说："经理，刚才的 100 万股的卖单也成交了。"

赵凡想到现在他们持有的中国中车股票还剩 193 万股了，这才喘了一口气，心情也平复了下来。他从烟盒抽出一支烟来，曲哲连忙给他点上。

曲哲问道："董事长，我们的仓位还是有点太重，是不是把其他股票的仓位也减一些呢？"

赵凡看到中国中车股票的盘面又开始下跌了，说道："现在考虑风险，保住已有的盈利是第一位的。好吧，别的股票先减掉三分之一，中国中车股票现在再把那 93 万股也平了，留下 100 万股就行了。"

曲哲立即向操盘手下达了指令。

下午开盘后，赵凡看着中国中车股价延续着上午的跌势，他有了一种不好的预感，一叶知秋，股市这一波行情看样子要结束了。他对曲哲说："中国中车是这波行情的龙头，如果龙头倒了，行情也就结束了。你安排全部平仓吧，不要恋战，我们离开市场。"

曲哲说："好，我马上安排。我想在收市之前平仓完毕，一旦中间有什么变故，我们也可以调整思路。"

赵凡赞赏地说："你自己决定吧。你现在越来越成熟了，上午幸亏你提醒了我，要不到现在，光中国中车就多损失 1000 万元。"

曲哲笑着说："这还不都是您培养的结果，我还要谢谢您呢。"

下午收市前 10 分钟，曲哲看大盘没有什么变化，就让操盘手把公司账户上的股票全部平仓了。"宁丰一号"基金账户上的资金仍然在 6 亿元以上。

6 月 10 日，中国中车股价以 27.80 元跳空低开，跌幅为 5.38%，这一天的开盘价也成了最高价。随即股价跌落在 27 元以下，尽管在上午十点半和下午一点四十分的时候，有过两次强劲的反弹，但都最终无功而返，到收盘，中国中车股价以 26.52 元，接近跌停板的价格收盘，跌幅为 9.73%。

当天收盘后，史明 156 万股中国中车股票的市值为 4137.12 万元，融资金额为 4009.24 万元，净值为 127.88 万元，市值又减少了 341 万元。

6 月 11 日，中国中车以 26.62 元，高开 0.10 元开盘，紧接着买方进行了强劲的上攻，到上午 10 点的时候，股价攻上 27.48 元，涨幅达到 3.6% 后开始盘整，一直到中午休市。然而下午一开盘，中国中车股价在巨额的卖单压制下，开始脱离盘整区，拐头向下滑去。其间，买方进行了多次顽强的抵抗，但还是因为买卖双方力量悬殊，盘面最终选择了下跌。到收市，中国中车的收盘价为 25.94 元，下跌 2.19%。

6 月 12 日，史明盼望的中国中车股价的反转还是没有出现。中国中车股价以 25.89 元开盘后，再次选择了下跌，当天的收盘价是 25.43 元，下跌 5.44%。面对中国中车盘面出现的情况，史明内心感到了困惑和恐慌，他开始怀疑自己的判断。可当他想到现在正是中国政府和国家领导人实施"一带一路"倡议构想的关键时刻，国家不可能对中国中车股价的暴跌不问不管吧，也许股价的反转就在近日。正是这种心理，他最终打消了减仓和平仓的念头。

这天晚上吃完饭，史明像往常一样打开东方财富网，进入了中国中车（601766）的股吧，忽然一条关于侯先生配资全仓买入中国中车股票，巨亏 170 万元后跳楼自杀的帖子映入了他的眼帘。

　　这个侯先生前一段时间经常在中国中车的股吧里出现，发过一些"坚决支持政府'一带一路'倡议，看好中国中车未来"之类的帖子，看得出他是一个有思想、有信念的理想主义者，有很强的爱国情结。史明心头一震，一种兔死狗烹的情感在他胸中开始发酵。他仔细地阅读了相关的帖子，侯先生的画面在脑海里渐渐生动起来。

　　侯先生，32 岁，居住在长沙市某个小区的 22 楼，有一个 6 岁的女儿，妻子是中学的物理老师。他自小在湖南长沙的湘江边长大，深受湖湘文化的熏陶，身上极富湖南男人倔强、刚烈、热情似火又爱恨分明的性格特征。他大学毕业后白手起家，有了一些资金积累后创办了自己的电器商贸公司。在他的潜意识里崇尚英雄，他认为男人就应该有惊天伟业，应该给自己的妻子、孩子以及家人富足、优越的生活。这样活着才有意思，才能显出自己的英雄气概，才能让人服气。他在经营公司之余介入证券和期货投资，并很快就迷恋上了这个行业。他似乎觉得证券和期货市场对他来讲是一个更为神奇的世界，在这个世界里，自己的智慧和才华能得到充分的施展，一定能实现自己的财富梦想。经过几年的奋斗，除了给家人富足的生活外，自己手里有了 170 万元的资金。

　　这时由中国南北车合并、重组而成的中国中车即将上市。基于对国家"一带一路"倡议的信任和看好中国中车未来的前景，作为一个投资者绝不会放过中国中车股票重新上市这样一个难得的投资机会。

　　侯先生在中国中车上市前就做了充分的准备，用自己的 170 万元资金从配资公司得到了 4 倍的配资资金 680 万元，计划用共计 850 万元买入中国中车股票。在配资之前，他告诉了妻子自己的计划，妻子也没有提出反对。

　　6 月 8 日，中国中车以涨停板开盘，且成交量很低，没有买入的机会。

　　6 月 9 日，在中国中车股票上市的第二天，他将全部的资金 850 万元，以 33.98 元的价格买入了 25 万股中国中车股票。可令他万万没有想到的是，中国中车股价当天从涨停到几乎跌停收盘，由于中国股市是 T+1 交易，他只能眼巴巴看着自己股票账户上的资金快速减少。下午收盘后，他的股票账户里自己的 170 万元资金只剩 54.5 万元。这时，他接到了给他提供配资的公司工作人员要求他追加资金的电话。抱着中国中车股价第二天止跌反弹的希望，他打算将公司准备付给供货商的 30 万元货款存入自己的股票账户，以免被配资公司把自己账户里的中国中车股票强平了。

6 月 10 日，中国中车股价以 27.8 元，跌幅 5.38% 跳空开盘。随着电脑屏幕上中国中车股价的下跌，他股票账户仅有的 54.5 万元资产就消失了 40 万元，这时已经超过了配资公司设定的平仓警戒线。就在他拿不定主意是不是要将带来的 30 万元存入股票账户的时候，交易开始了，中国中车的股价继续向下跌去。配资公司不再等他决断，为保证自己资金的安全，及时强平了他持有的中国中车股票。此刻，他的股票账户里剩下不到 1 万元钱了。

看着自己 10 多年来辛辛苦苦打拼挣来的 170 万元钱不到 5 个小时就这么消失，他多么希望这只是一场噩梦呀。可不断闪动着的电脑屏幕上的中国中车股票的盘面不停地提示着他，自己并不是在梦境之中。对于一个做生意的人，从事投资的人，手里没有了资金就意味着失去了双手、失去了双腿，他被这残酷的现实击蒙了，精神支柱瞬间坍塌了。一贯自负好强的他无法接受残酷的现实，一下子失去了生活的希望和勇气，觉得活着已经成为了一件很痛苦的事。

6 月 10 日下午 3 时 42 分，侯先生以"想挣钱的散户"在股吧留下了这样一段话："离开这世界之前我只是想说，愿赌服输，本金 170 万加融资 4 倍，全仓中车，没有埋怨谁，都怪我自己贪心，本想给家人一个安逸的生活，谁想输掉了所有。别了，家人，我爱你们，我爱这个世界。愿天堂里没有配资和跌停。"

同日下午 6 点 26 分，侯先生在原帖留言称："发帖后，看到很多好人的留言，为了自己和家人，为了大家的正能量，自己不会想不开。"

之后，侯先生没有再发表新帖，也没有新的留言。

随后某媒体报道了一个不幸的消息：6 月 10 号晚上 10 点左右，在长沙市湘江某小区，一名 32 岁的男子从小区的 22 楼坠亡。接到报警之后，长沙某派出所、120 迅速赶到现场处置。初步调查显示，警方目前已排除了他杀，称该男子坠楼身亡与他融资投资股票造成巨亏后引发家庭矛盾有关。

随后，有关"侯先生配资买入中国中车巨亏跳楼自杀"的消息出现在许多媒体之中，在持有中国中车股票的股民中造成了巨大的心理震慑和压力。

史明也是看到这个消息后动摇了持有中国中车股票的信心。

6月15日，中国中车股价以23.9元，下跌2.57%开盘后，顺势下跌到22.7元。上午九点三十五分，盘面涌出了大量的买单，股价出现了强劲的反弹，半个多小时，将股价推高到25.18元。股价在这个位置没有坚守多长时间，在卖单的压制下，又开始了缓慢的下跌。

在这个时候，史明的理性战胜了感情，他决定放弃毫无意义的坚守，将损失降低到可控的范围内，不能眼看着已经到手的盈利就这么消耗掉。他权衡再三后，决定至少减掉一半的仓位，这样能进能退。一旦上涨还有一半的仓位，只是收益减少一半罢了；一旦继续下跌，也可以降低一些损失。在这个时候，考虑风险比收益要重要得多，生存是第一位的。

就这样，史明在下午一点四十分后，看见中国中车股价继续下滑时，以24.5元左右的价格分批卖出96万股。紧接着在收市前，又以22.3元左右的价格卖出了50万股中铁二局股票。并将账面卖出股票的资金全部归还了融资款。当天，中国中车的收盘价为23.98元，下跌2.24%。这时，他的股票账户上持有60万股中国中车股票，市值为1438.8万元；50万股中铁二局股票，市值为1111.5万元，融资金额下降为542.24万元，股票账户净资产为2008.06万元。

6月16日，中国中车股票再次低开2.71%，以23.33元稍作反弹后，便一路下跌。史明见情况不妙，下午开盘后，以22.5元的价格再次减仓10万股中国中车股票。下午两点的时候，以20.8元的价格将50万股中铁二局股票全部平仓。当天中国中车股票再次以跌停板价21.58元收盘，中铁二局股票的收盘价是20.59元，跌幅为7.38%。至此，他的股票账户上融资金额全部偿还，有现金722.76万元，50万股中国中车股票的市值是863.2万元，账户净资产为1801.76万元。短短7个交易日，他的股票账户上的资产从中国中车停牌前的3600多万元急速下降到现在的1801.76万元，整整下降了50%。

"问君能有几多愁，恰似满仓48元中石油。"2007年流传中国股市的段子犹在耳畔，复牌后的中国中车，又狠狠地教训了中国股民——原本在国人心里神圣不可侵犯的"神车",走势就像是"过山车",成了继中石油之后的第二个坑害了无数中国股民的罪魁祸首。

6月8日复牌以来,中国中车股票首日先是一字涨停,次日则从涨停价掉头俯冲,之后便是一路狂跌。截至6月16日,中车在复牌后的7个交易日内已累计下跌26.72%。若从6月9日的最高价算起,6个交易日中车市值就蒸发了3838.38亿元,而合并前中国北车的市值大约为3306.52亿元。也就是说,中车复牌一周多的时间就把整整一个北车跌没了!

自6月9日起,中国中车微博一直处于被"喷"的状态,全国股民群情激奋地辱骂和声讨着中国中车。中国中车微博越是公告利好的消息,股民越是反感,越有一种上当受骗的感觉,攻击也越强烈。

6月16日,随着股价继续暴跌,中国中车微博终于不堪亿万股民的仇视和攻击,正式关闭了评论端口。

史明这时持有中国中车股票的仓位只有50万股了,再说股价已经跌到这个份儿上,他不再感觉到太恐慌,针对中国中车盘面这几天所出现的异常现象,他开始思索到底是谁在打压中国中车、谁在做空中国股市。

据一家权威机构6月11日的研究报告讲:6月9日当天,中国中车的成交金额高达496.9亿元,创下了A股历史上个股单日最大成交金额,当天换手率7.1%。考虑到公司前两大股东中国南车集团公司、中国北方机车车辆工业集团公司减持的可能性较小,而这两大股东持有流通股的比例达到54.18%,如果剔除这两大股东,当天实际换手率高达20%。前天和昨天,中国中车的成交金额也高达320.1亿元和319亿元。也就是说,从6月9日到昨天,短短3个交易日,中国中车的成交金额高达1136亿元,这一金额甚至超过了华夏银行或者中国国航的流通市值。

从基本面看,中国中车股价不具备暴跌的条件。中国中车有一个非常具有想象空间的未来,全球高铁规划总里程可达4.2万公里,这意味着海外高铁修建规划投资将达2.3万亿美元的巨大市场规模。另据估计,2020年前,海外高铁投资将超过8000亿美元,东南亚、中亚及东欧一些国家建设高铁网的意愿最强劲,中国高铁将有望率先在这些区域打开局面。

事实上，从股价、成长性和想象空间来说，由于动车组需求具有可持续性，仍看好中国中车的基本面，并预计国内高铁列车需求将保持强劲，得益于客运量增长以及新线路完工。就中期而言，仍预计此次合并将产生显著的协同效应。此外，中国的"一带一路"倡议也会给中国中车带来海外收入机会。中国中车的股价处于一个相对安全的价值区间。

这时，市场上有了各种猜测和传言，一些敏感的人认为最近中国中车股票和中国股市的暴跌绝不是一个简单的市场行为，而是有一只巨大的无形黑手在操纵着这一切，是一个敌对的、带有政治色彩的行动，是通过经济的手段利用中国资本市场进行的一场战争，并且他们在这次战争中取得了经济和政治上的重大成功。这个敌对势力精通中国资本市场，操作手段老辣、凶残，使用了擒贼先擒王的战术，通过打压龙头股中国中车股价，引发市场的恐慌，达到了做空中国资本市场的目的。更为严重的是其对中国政府和领导人提出的"一带一路"和"中国高端装备走向世界"的战略构想的实施负面影响是巨大的，尤其是沉重地伤害了中国投资者的民族情感和对政府的信任感。

6 月 16 日下午收市后，史明看着中国中车股价被再次砸在跌停板上，自己持有的 50 万股中国中车股票又损失了 100 多万元，心里特别郁闷。史明决定不再一意孤行、感情用事了，相信谁都不如相信市场，美好的愿望永远也代替不了严酷的现实，明天坚决平仓出局。

正如史明忧虑的那样，中国中车股价再次像决堤的洪水向下泄去，到了 8 月 26 日，股价创下 9.63 元的低点。从 6 月 9 日的最高价 35.64 元，到 8 月 26 日的 9.63 元，跌去了整整 26 元。

有谁会想到，在中国中车股价暴跌的背后是怎样一幅惨烈的股民百态图。

第三十四章　参与救市

　　2015 年的中国证券市场注定将载入史册，这是令所有投资者毕生难忘的一年。从去年 7 月份开始的一波中国股市的上涨行情还没有持续一年，随着 6 月 9 日中国中车股票上市后的崩盘，大盘终于挺不住了，出现了雪崩式的暴跌。

　　欧阳君他们的三和投资公司是在 6 月 16 日股市第二天下跌，大盘上证指数跌破 5000 点以后，在郭向阳的坚持下，将公司股票账户上的股票全部平仓的。当时，欧阳君和马富才还表示了不同的意见，他们想留下三分之一的仓位，以防大盘正常震荡和回调后，一旦再次急速拉升导致踩空。看着郭向阳态度坚决，二人也只好尊重他的意见。

　　当天收盘后，杨阳给他们报来了持仓股票的盈利报表（6 月 16 日）：

股票名称	持仓量	持仓均价	卖出价	盈利
中信证券	39 万股	10.2 元	31.5 元	830.7 万元
山西证券	63.5 万股	6.3 元	23.5 元	1092.2 万元
海通证券	45 万股	8.9 元	26.15 元	776.25 万元
华泰证券	54 万股	7.4 元	30.84 元	1265.76 万元
中国交建	200 万股	6.3 元	18.13 元	2366 万元（融资买入）
合计盈利	6330.91 万元	账户资产	7930.91 万元	

　　郭向阳坚持将公司持有的股票全部平仓后，其实他思想上的压力一直很大。

事后，他甚至后悔没有听取欧阳君和马富才的建议，留下三分之一的仓位。他担心自己的判断失误，股市这两天的下跌只是在上涨途中的一次正常回调，过后就会很快回到上升通道。这样，他就犯了一个严重错误，错失了后面上涨过程中的盈利机会。如果真是那样的话，他明白欧阳君和马富才绝不会因此埋怨和责备自己，可他却无法原谅自己。

整个晚上郭向阳都坐在电脑前到相关网站查阅股市信息，任何一条对股市利好的消息对他都是一个刺激，甚至是打击。在前一天，他还热切地盼望着网站上多出现些对于股市利好的信息，可今天自己一旦平仓后就完全变了。他意识到了自己的自私，甚至是阴暗，为此，他的心里又产生了一种羞愧的感觉。

郭向阳好不容易等到了 17 日开盘，大盘竟高开了几个点，这着实地把他吓了一跳。他紧张地看着盘面，脑子里考虑着如何应对出现的情况。好的是，半个小时后，大盘开始回落了，他终于松了一口气。

下午开盘后，大盘向上发起了猛烈的攻势，郭向阳再次紧张起来了。眼看着盘面由绿翻红，大盘指数继续向上涨着，他的心悬到了嗓子眼。他开始怀疑自己的判断失误，昨天的平仓也许是个错误。他甚至想让杨阳买入一点股票。如果让七八千万的资金踩空了市场，他怎么对得起欧阳君和马富才。

大盘的上攻势头更强了，就在他内心十分纠结的时候，感觉有一只手放在了肩膀上，他回头一看是欧阳君和马富才站在自己的身后，眼睛里充满了信任和鼓励的神情。

欧阳君拍着他的肩膀说："向阳，沉住气，也许你的判断是正确的。就像中国交建股价几乎翻了一番的时候，你还坚持用证券公司的融资买入中国交建股票，事实证明你是对的，中国交建给公司带来了 2366 万元的盈利。这一波行情，公司能有这么高的盈利，你居功至伟。"

马富才也充满感情地说："我爸前天还打电话问我们是怎么让他的 2000 万变成了 1 个多亿，他到现在还觉得不可思议。我告诉我爸这都是向阳的功劳，他是在几千只股票里选来选去，才选上中国交建股票的。我爸让我替他感谢你和欧阳，是你们在他最危急的时候雪中送炭，帮他渡过了难关。"

郭向阳此时内心十分复杂，他知道欧阳君和马富才是在抚慰自己，不想让他独自承受这巨大的压力，他从心底感激他们的理解和信任。但以他的性格来说，他不会轻易原谅自己的错误。他说道："假如因为我的一意孤行，让公司的资金加上融资款 1 个多亿踩空了市场，让我怎么对得起你们。"

马富才看郭向阳这样，不高兴地说："向阳你这样说话就没有意思了，我们是兄弟，就应该同舟共济、患难与共，不存在对得起、对不起的问题。这一波行情，你的操作已经很完美了，不要再和自己过不去了，再这样反而显得有些不近情理了。"

欧阳君拉着郭向阳的胳膊说："马上收市了，不看了，我们喝茶去，不要让盘面的变化干扰了你的判断，有时远离市场能让自己更清醒。"

郭向阳觉得欧阳君的话有道理，便随他们离开了办公室。

收市后，唯一让他欣慰的是，昨天平仓的股票今天的股价都没有多大变化。

到了 18 日，郭向阳看着大盘开始加速下跌才彻底放下心来。接下来又是几天的下跌，事实证明他的判断和采取的措施都是正确的。

股市的跌幅越来越大，形势越来越危急。仅 6 月 26 日单日，深沪两市总市值就蒸发了近 4.9 万亿，相当于损失了 3 家中石油市值。在本轮股灾的第一个急跌期（6 月 15 日至 7 月 8 日）中，深沪两市共蒸发市值约 19.45 万亿，约为我国 2014 年全国财政收入的 1.4 倍。从本轮行情的最高点 5178.19 点到最低点 2850.37 点，深沪两市市值更减少了近 33 万亿。

在这次股灾中，投资者损失巨大，被强制平仓者痛不欲生。尤其是使用了配资杠杆放大了投资资金的大户、中户和机构投资者中出现很多被强制平仓、扫地出门的个人和机构，让他们十多年心血和积累毁之于几天的凄惨境遇。市场甚至出现了股民发疯、自杀等悲剧事件。

因为多家机构、个人大比例融配资买入股票，股灾出现后造成了几倍的亏损，很多个人、大中散户被强制平仓出局。如果再大跌几天，则这一亏损比例更大，将导致银行巨额贷款无法收回，出现几千上万亿坏账，极可能形成由证券市场引发，众多银行受冲击的局部性金融危机，危及中国整体经济及世界经济，后果不堪设想。

世界注视着中国，人民注视着政府。

6 月 27 日中国政府针对近期股市暴跌，开始了声势浩大的救市行动。

6 月 29 日，星期一，政府救市的第一个交易日。

三和投资公司的办公室里郭向阳和欧阳君都坐在电脑前等待着开盘。杨阳沏好茶，放在他们的桌子上。

一会儿，马富才走了进来问："向阳，这一波行情你的感觉最准，你说政府救市了我们怎么办？"

郭向阳继续看着网站上一些关于政府救市的文章，随口说道："政府刚刚开始救市，我们无法预测作用多大，只能看市场的反应了。再说我们都是第一次经历这种事，毫无经验可谈呀。"

欧阳君说道："只要政府救市的措施得力，我想救市一定能够成功。这一轮股灾，市场监管层和各种媒体上都说是场外配资的爆仓崩盘导致踩踏而造成的，一直认为场外配资是罪魁祸首，可我认为这个踩踏还不是最可怕的，踩踏配合着期指的恶意做空才是这场股灾的真正元凶。"

郭向阳离开屏幕，活动了一下身体后说道："我这两天仔细查阅了一下 1997 年金融大鳄索罗斯对香港市场精准做空的案例，当时的背景是，随着国内改革开放的提速，香港慢慢崛起，成为亚洲金融中心，加之香港回归，巨大的向好预期使得香港恒生指数从 1990 年开始持续大涨，到 1997 年 8 月已经高达 16673 点，涨幅超过 600%。而海外市场上，美国经济也开始逐步复苏，美联储加息政策出炉加速美元的出逃，金融大鳄索罗斯这时候开始瞄准了香港，他采取的措施是：以前期低息储备大量港币，同时沽空期指，然后找准时机在外汇市场上大举抛出港币，逼迫政府加息以稳定汇率，但持续加息最终导致了恒生指数暴跌，索罗斯借机散布谣言大举做空现货市场，然后平仓期指获得巨额利润。我感觉这次做空中国股市的手段与索罗斯做空香港股市有异曲同工之处。"

马富才大大咧咧地笑着说："看来你们两个是做足了功课。有你们两个人掌舵，我们三和这艘战舰一定会劈波斩浪，一往无前的。"

欧阳君哭笑不得地说："我们怎么遇着了你这么个老板呀，没心没肺的东西。"

马富才觍着脸说："有你们秦琼、徐茂公两位大将在，还差我程咬金的三板斧？"

就在这时，杨阳失声叫道："大盘高开了 90 多个点。"

欧阳君说道："不着急，走走看，我认为即便是政府救市还需要个过程。"

只见大盘高开低走，不到 5 分钟，盘面变绿了，他们紧绷着的神经松弛了下来。

欧阳君问郭向阳："向阳，如果政府救市有了效果，你打算买入什么股票？"

郭向阳说："我还没有看好的股票，这次暴跌真把我的思路打乱了。"

马富才说话了："这次下跌，中国中车股票的跌幅最大，如果抢反弹我们就买入中国中车。全国人民都看好中国中车，我认为中国中车跌到位后，还会有一波大行情。"

欧阳君说："我也正好有这个想法，政府提出的'一带一路'倡议是今后若干年的主旋律，作为这个概念的龙头股不会就是现在这个表现。"

"我原则上也同意你们的观点，我也长期看好'一带一路'板块。那好，既然我们意见一致，那么，一旦大盘向好，我们就买入中国中车股票。"

到 7 月 3 日，5 天的时间里政府连续发布了 16 道金牌救市，这在世界证券历史上也是闻所未闻的，政府救市的决心和态度可想而知。

早上不到 9 点，欧阳君和郭向阳就早早来到了办公室，不一会儿，马富才和杨阳也到了。

看大家都到齐了，欧阳君环顾了大家一眼后郑重地说："政府救市已经 5 天了，连续发了 16 道金牌，救市的决心是显而易见的。我昨天想了一夜，作为投资者，国家强盛，我们才能兴旺。我们不能太唯利是图、袖手旁观地看着政府救市，应该加入支持政府救市的队伍中，尽我们的一份心意和力量。为此，也许我们会有很大的损失，希望大家都有思想准备。当然，股票市场有很大的不确定性，也许这对于我们来说又是一个机会。"

郭向阳心情激动地说："我坚决支持欧阳的建议，一来，大盘跌到现在风险已经不大了。二来，国家养育了我们这么多年，我们也该为国家做点事了，作为一个从事股票投资的人，也只有这个时刻能报效一下国家了。我这么说，绝不是讲大道理，我是发自内心的，看着这几天政府救市，空方还这么张狂，我实在憋气。现在买入即便是赔了，大不了我们长期持仓，总有解套的那一天。"

这时，大家的目光都转向了马富才，马富才看见大家都看着自己，便收起了平常的散漫样子，正色地说道："刚才欧阳和向阳的话感动了我，我为有你们这样的兄弟而感到骄傲。为了国家不要说赔钱，就是倾家荡产我也毫不犹豫！"说完 3 个年轻人把手紧紧地握在了一起。

站在一旁的杨阳被他们 3 个人的行动感动了，竟激动地流下了泪水。没有想到平日里以追逐盈利为人生目标和快乐的他们，今天为了支持政府的救市行动，竟要舍弃自己的利益。他们大义凛然的样子震撼着她的心，她抑制不住自己内心的激动，大声地说道："老板，还有我呢，我也有 20 多万元资金，我也要和你们一起支持政府的救市行动！"

欧阳君他们 3 个人怔住了，看着眼前这个小姑娘坚决的样子，竟不知道说什么好。过了许久，郭向阳问她："你一个月才 2500 元的工资，你怎么有这么多钱？"

杨阳红着脸把自己怎么存钱做股票的事告诉了他们 3 个人。

听她说完，欧阳君他们 3 个人又惊又喜，惊喜之余，他们又感到了深深的自责。尤其是郭向阳，他自责自己对眼前这个可敬可爱的小姑娘的关心太少了，他惭愧地说："一个月 2500 元工资，两年多时间你存了 4 万块钱，这两年多时间你是怎样过得呀！"

杨阳脸上露出灿烂的笑容，说："跟着你们，这两年多时间我过得很充实、很快乐，为了实现自己的梦想，再苦再累都开心！"她停顿了一下后，又自豪地说："实话告诉你们吧，我爸得了脑出血，生活不能自理，我妈也有病。我现在是家里的顶梁柱，我们家现在全靠我了，穷人的孩子早当家呀。"

她的话再次把他们击蒙了，他们万万没有想到，平日里这个阳光、开朗的小姑娘竟生活在这样一个家庭中，两年的时间里他们竟没有给予她一点帮助。他们感到了极度的羞愧，脸上发起烧来，恨不得找个地洞钻进去。

还是马富才先开了口，他诚恳地说："杨阳，我们对不起你，我们真不知道你的家庭情况，恳请你原谅我们！我以董事长的身份任命你从今日起为三和公司投资部的副经理，年薪 12 万元！"

听马富才这样说，欧阳君和郭向阳都笑着鼓起掌来。欧阳君夸奖说："这是我们董事长这么长时间做出的唯一一个英明的决定。"

郭向阳接着说道："杨阳你一定要记住，从今天开始，工作上我们是你的老板、经理，生活中是你的3个哥哥，有什么难事一定要告诉我们。"

杨阳被这突然来到的幸福惊呆了，她有一种眩晕的感觉，喃喃地说道："我有哥哥了，我有哥哥了。"

这时，欧阳君的电话响了，他接通电话，电话里传来了方芳的声音："欧阳你们在干什么？"

欧阳君说道："我们都在公司，正商量着参加政府的救市行动呢！"

方芳说："是嘛，太好了，我已经想到了你们会这样，你们都是有信念、有觉悟的人，姐姐为你们感到高兴！你们参加救市算上姐姐一个，姐姐要和你们并肩战斗。"

欧阳君激动地说："谢谢方董事长！"

方芳说："我在外地出差，我们是一个证券公司，一会把我的客户号和密码发到你的手机上，股票账户里有3000万元资金，你们买什么股票就给我买什么，我们用实际行动支持政府救市！"

欧阳君说："好，你放心，我亲自给你操作。"

挂掉电话，欧阳君问郭向阳："我们买什么股票，你选好了吗？"

郭向阳说："除了中国中车，我这两天发现了两只强势股，天齐锂业和赣锋锂业属锂电池板块。我想我们各买三分之一资金。"

欧阳君说："好，就按你的计划安排吧，今天全部买入。"

下午收市前，他们全部买入——

股票名称	持仓量	持仓均价	市值
中国中车	147万股	17.11元	2515万元
赣锋锂业	140万股	17.81元	2493.4万元
天齐锂业	55万股	47.11元	2591.05万元
买入资金	7599.45万元		

杨阳在郭向阳的建议下，在自己的股票账户上买了 4000 股中国中车、6000 股赣锋锂业、1300 股天齐锂业。

欧阳君在方芳的股票账户上各买入了 1000 万元的中国中车、赣锋锂业、天齐锂业股票，总共买入 3000 万元股票。

为应对股灾，国务院于 7 月 4 日直接决定暂停新股发行。甚至令 7 月 6 日最后一批 28 只新股申购款解冻后立即归还。

政府坚决、强有力的救市行动和措施，似乎并没有阻止中国股市的下跌。从政府 6 月 27 日发布的第一道救市金牌到 7 月 3 日发布的最后一道救市金牌，其间大盘上证指数从 6 月 26 日的 4192.87 点下跌到 7 月 8 日的 3507.19 点，下跌幅度 16.4%。此后股市震荡了 1 个多月后，从 8 月 17 日起又开始了更为可怕的断崖式下跌。到 8 月 26 日，7 个交易日，大盘上证指数从 3993.67 点暴跌到 2927.29 点，下跌 1066.38 点，下跌幅度达 26.7%。

下表列示了两市高市值投资者及机构数在 2015 年 5 月至 8 月间的变动情况。4 个月内，持股 500 万元以上个股账户数下降了近 50%，持股 1 亿元以上机构账户数亦下降近 24%，降幅惊人。这一数量的减少真实地反映了本轮股灾对投资者财富的侵蚀。

高市值投资者及机构在股灾中的缩减数

	持股 500 万元以上股账户数		持股 1 亿元以上机构账户数	
5 月末	23.88 万	100%	10214	100%
6 月末	20.97 万	87.8%	9817	96.1%
7 月末	15.25 万	63.9%	8298	81.2%
8 月末	12.55 万	52.6%	7764	76.0%

资料来源：中国证券登记结算有限责任公司统计月报。

就这样，国家多年来积累的财富，数以千万计的投资者平生的心血积累，活命钱、养老钱被这些金融腐败者和金融强盗、股市流氓抢劫一空。有多少被强行平仓，倾家荡产、负债累累的投资者欲哭无泪，叫天天不应，呼地地不灵。

一批又一批的融资账户爆仓了，无数个私募产品清盘了，"千万大户"甚至"亿元大户"悄无声息地消失了，市场上绝大多数股民要么被消灭，要么深度套牢，投资者的信心严重受挫。

中央看到救市的效果并不明显，意识到了问题的症结，于是一场打击金融腐败和金融强盗的战斗打响了。

私募领域的一哥，一家知名投资管理有限公司法定代表人、总经理也被带走调查。

而这，还不是全部。金融系统的"打虎"行动，首次指向监管部门。2015年6月以来，仅监管系统内部就有5人被查。

史明对最近政府的救市行动一直持以坚定的支持态度，并密切注视着市场的反应。面对着继续震荡、下跌的股市，他觉得政府和市场监管层似乎并没有抓住做空力量的咽喉，推出的一系列办法和措施对于市场只是隔靴搔痒，起不到一剑封喉、出奇制胜的作用。他怀疑和忧虑眼前在位的中国证券市场监管层的能力和胆识，更厌恶那些平日里高谈阔论的专家、学者在关键时刻一个个都束手无策，根本提不出具有可行性的建议。

尽管史明现在已完全空仓，市场的下跌对他已经不是坏事，反而会给他创造更多的机会，但看着市场的下跌，政府一切举措似乎都是徒劳，严重地影响了政府在国人心目中的威信，中国投资者的资产继续在被空方抢劫，一种难以言喻的无奈和悲愤折磨着他的心。他一直在想怎样才能把自己的建议提供给那些决策者们，可一个小老百姓，即便是有什么治国安邦的良策，又有谁能听到呢，他又感到了一种深深的悲哀。

一天下午，史明来到了柏青和柳亦农他们的双丰股票投资工作室。走进他们的办公室，看见除了工作室的人外，还有几个外面的人，他们有说有笑，气氛显得十分轻松，股市的大跌好像和他们没有关系一样。史明看见他们这样，立即明白了柏青和柳亦农在大盘暴跌之时肯定采取了措施，躲过了一劫，要不他们绝不会像现在这样悠闲。

证券公司营业部的尤艳看见史明进来，连忙笑着打招呼道："史总，好久不见，你怎么来了？"

史明笑着说："我是南京证券最老的客户，过来看看呀，尤总监，多日不见还是这么漂亮！"

尤艳打趣地说："还漂亮什么呀，都老了。"

史明说道："我第一次见你时，你还是个小姑娘呢，现在都当总监了。"其他人，史明不太熟悉，他笑着礼貌地和他们打了个招呼。

柏青笑着对史明说："哥哥难得有雅兴到我们这里！怎么样空仓了吗？"

史明说："挺了几天，实在不敢挺了，就全抛了。指望着政府救市呢，也看不到效果。"

柳亦农把一杯茶递给他后问："你对这次市场的暴跌有什么看法？"

史明接过茶杯放在桌子上后说道："我觉得中国股市没有大跌的理由，回调一下可以理解。下跌了漫长的 7 年时间，才涨了不到 1 年，所谓的大牛市至少应该超过 2007 年 6000 点。现在指数刚上 5000 点就开始暴跌，绝不是市场本身的要求，从现在政府积极救市的行为说明也不是政府的意愿。"

尤艳听史明这样说，插嘴问道："那史总你认为是什么原因造成了这次的大跌呢？"

史明笑着对尤艳说："你们都是专业人士，怎么反过来问我呢？我倒想听听你们的高见呢。"

尤艳说："我哪是什么专家，既然你有这样的看法，肯定有你的观点了，不妨说出来我们一起分享一下。"

史明稍作思考后，正色说道："最近市场上有些专业人士认为有一股力量在做空中国股市，并且是蓄谋已久，做了充分准备。他们而且摸准了中国股市的死穴，不是踢下身，就是挖眼睛，招招都充满杀机。先是造成中国中车上市后的崩盘引起市场的恐慌，为做空市场营造一个氛围，然后通过股指期货引领市场下跌，造成杠杆配资资金自保和出逃，从而引发大面积的踩踏和资金恐慌性的出逃。"

柏青听着史明的话，沉思了一会儿说："我对这次股市的暴跌也感到不可理解，晚上静下来的时候复盘进行分析。越看越觉得不对劲，如果是主力对政府哪项政策不满的话，应该是小孩子撒娇耍无赖威胁那种，差不多意思意思，再顺手捞点便宜筹码就完了。虽然因为央行出乎意料的强硬态度而导致市场的情绪化下跌，但是最终主力也是先适可而止地拉起来之后再有所波动。因为，股市的上涨对主力、对绝大多数投资者来说都是有益的。而最近好多次，集合竞价时间内，直接把大盘砸到低开，直接开在 60 日均线之下，完全不像之前的主力砸盘进行震仓、洗盘的行为。我一直在试图理解主力的意图，但最终还是百思不得其解。"

听柏青说到这里，柳亦农也有点抑制不住自己的情绪，愤愤地说道："现在大盘已经超跌到这种程度，还在逼停绝大多数股票，市场上的传闻说是因为场外配资爆仓，导致踩踏出逃什么的，我才不信。因为，带配资在做的几乎都是赌徒，只要有一线机会就绝不认输的那种，绝大多数都会追加保证金，真正强平的毕竟是少数。散户更是没有踩踏出逃的情况，我们了解散户，历来大跌，散户第一反应就是等反弹再跑。所以媒体中流传的踩踏出逃绝对不是事情的真相。"

史明继续说道："你们还记得那天亚投行启动时间节点上的股市暴跌吗？以及下午的紧急救市拉升，明显不是市场自发行为，大盘上下剧烈波动，完全是有人恶意做空市场。"

说到这里，史明喝了一口茶，点燃一支烟，吸了起来。

柳亦农见状，催促说："刚把别人的兴趣引上来，怎么又停下了？"

史明把刚吸了几口的烟掐灭在烟灰缸里后说道："最近几天，明显在国家队拉抬权重和期指护盘期间，唯有中证 500 指数的现货全跌停。在所有期指都上涨的情况下，中证期货和现货严重惊天背离，市场死死咬住这个软肋不放口。我才找到答案，和国家队这样殊死搏斗的，只能是一种人，在后续改革中，利益将严重受损的既得利益群体，只有他们才有这样的动机和能力，这些人是民族的败类和人民的公敌。"

史明停顿了一会儿后接着说："所以这次战争，狙击的不是散户和融资盘，也不是私募和市场主力，而是现任领导班子的颜面和改革的前途。因为政府确实想清理融资盘，目的是避免资金过度流入股市。但是政府的想法是逐步疏导、逐步清理，而绝不想真把一群融资者逼上天台。只有想阻止改革、制造社会动荡的人才会这样做，这些人是现代版的叛徒和汉奸！"

柳亦农说道："按你这样说，中国的证券市场并不像表面上那么简单。"

史明笑了笑说："这次股市的暴跌就是做空力量借助于中国的资本市场对政府进行的一次偷袭、一场战争。其政治目的远远超越了经济，可他们在这场战争中却是真正的名利双收。当然，这也只是我个人的一点看法，不一定正确。"

柏青说道："这么一想，似乎这次股市的暴跌就不难理解了。有没有外资在做空过程中推波助澜现在还不确定，但是最大的敌人基本可以确定来自内部。尤其是咬死中证 500 现货这一行为，实在太专业了，真的打在中国股市七寸上。救市力度小一点，反应再慢半天，市场情绪可能就彻底逆转了。"

尤艳插话说："那么关停沪港通是救市的一个重要措施，这样首先截断了做空力量通过沪港通做空 A 股的通道。也许，做空资金为了隐藏身份，借用了沪港通渠道，避免监管。所以暂停沪港通成为关键一招。"

坐在一旁一直在听他们说话的岳桐说话了："那你们对这次政府救市有什么看法？是点赞呢还是……"

史明说道："对政府的救市行动应该点赞，但方法和措施除了证金公司、中央汇金积极入市以外，实在没有值得点赞的地方。"

岳桐笑着问："史总，假如你来组织救市，你会采取什么措施呢？"

史明说道："假如我是监管层的决策人，那么我的措施：一是关停沪港通，截断外部资金做空 A 股的通道；二是停止股指期货交易，禁止股指期货账户资金进出，监查到底是谁在做空中国股市；三是停止融券交易。四是等大盘上涨到足以给空方致命打击的指数后，恢复股指期货和融券交易。利用市场的手段消灭做空力量的资金，给他们以致命的打击。"

尤艳说道："这样做是不是有违市场规则和国际惯例呢？"

史明情绪激动地说道："当一个国家的形象和安全以及人民的财产受到严重威胁的时候，采取什么措施都不过分，可以完全按照我们国家的意志来解决，这是一个国家的内政。我查阅过相关资料，曾经美国和俄罗斯股市暴跌的时候，都采取了多次休市的措施。"

就这样在双丰股票投资工作室里一次关于股市行情的研判，变成了一场涉及政治层面话题的讨论。

这次股灾给中国政府和广大投资者造成了 30 万亿的损失。股市离不开政治，这是一个没有硝烟的战场，其惨烈程度一点也不亚于战争。

但愿 2015 年的股灾是金融腐败者以及金融强盗们的最后一次盛宴。

第三十五章 大跌之后

柏青和柳亦农他们的双丰股票投资工作室在这次股灾中不仅没有受到损失，反而将盈利进一步增大了。

2015年6月9日，中国中车股票上市后的第二天，股价由涨停到几乎跌停的走势让两人神经立即进入了高度警戒状态，他们嗅到了一种危险的味道，自此更加密切地注视着股市动态和盘面的变化。

6月15日，大盘一开始拐头向下，他们就马上向操盘手下达了将客户账户上的中小盘股股票全部平仓，大盘股股票平仓一半的指令。6月16日，他们看到大盘继续下跌，便下指令将账户的股票全部平仓了。

空仓半个月后，终于等来了政府开始救市的这一天。

6月29日，柏青和柳亦农早早来到了办公室，不一会儿，岳桐、李芳和其他操盘手也相继到了。

柏青抑制不住内心的兴奋问柳亦农："柳哥，政府救市了，我们是继续空仓观望呢，还是再杀回市场？"

柳亦农说道："我们现在还无法确定政府救市的决心有多大，效果如何，哪些板块受益。"

柏青说："政府救市除了政策方面，就是通过专业公司直接进入市场，假如真是这样的话，那么大盘蓝筹股应该是首选，一来买入方便，二来对稳定大盘指数效果明显。我昨晚听到政府救市的决定后，思来想去，觉得银行股的机会最大。"

柳亦农当时没有表态，他迅速地查看了近日一些银行股的走势，考虑了一会儿后说："既然你有这样的判断，那么我们就紧盯着银行股板块，一旦有率先止跌反弹的迹象，我们就进入。"

柏青没有再多犹豫，对岳桐、李芳和其他操盘手下达了盯着银行股，一旦启动便准备买入的指令，尤其告诉他们把中国银行、工商银行和农业银行这些超级大盘股作为重点。这些股票流通市值大，不易出现跌停，一旦出现意外便于随时卖出。

下午1点股市开盘20分钟刚过，本来一直在继续下跌，跌幅都在5%左右的3个超级大盘银行股农业银行、工商银行和中国银行像约定好的那样，几乎同时止住了跌势，拐头向上，股价开始了强劲的反弹。

柏青见状，激动不已，随即向操盘手发出了立即买入的指令。他们用了不到20分钟的时间就以均价3.42元买入了1000万股农业银行股票；以均价4.83元买入了1000万股工商银行股票；以均价4.4元买入了1000万股中国银行股票，总共买入资金1.265亿元。

他们买入后，3只银行股继续强劲反弹，盘面先后翻红，股价都有了不同程度的涨幅，尽管收市前股价有了些回落，但都远远高于他们的买入价。当天，3只银行股的收盘价是中国银行4.56元、工商银行5.07元、农业银行3.54元，他们持仓3只银行股的市值为1.317亿元，盈利610万元。

到7月9日这一天，柏青和柳亦农看着前期强势上涨的大盘银行股开始滞涨，有做头的迹象，他们的股票账户上都有了不错的收益，他们不想恋战，便对操盘手下达了慢慢逐步平仓的指令。

7月10日，他们卖出了账户上最后的银行股。他们的平均卖出价是：中国银行5.51元、工商银行5.63元、农业银行4.15元，总共盈利2640万元，收益率超过了20%。

在政府一系列救市的举措下，大盘慢慢止住了一路狂泻的势头。但这个时候的中国股市就像一个伤了元气，重病未愈的病人，稍有风吹草动就东摇西摆，毫无抵抗能力。

8月18日，盘整了1个多月的股市，再次选择了下跌，并且跌势更加凶狠，6个交易日便将上证指数从4000点左右打压到2900点左右。

在这次空方力量最后的疯狂中，市场上一片血雨腥风、哀鸿遍野。

毋庸置疑，这一年中国股票市场存在着致命的死穴，这个死穴就是无数民间资本通过给投资者大比例杠杆配资的方式进入了股市，使本来可能成为牛市的行情，演变成了一幅无序的疯牛狂舞景象。空方力量正是利用了市场管理层"清查场外配资、去杠杆化"的言论，发动了这场做空中国资本市场的战争。

近年来，中国的传统实体经济遇到了空前的困难，刚刚兴起和发展壮大起来的民间借贷公司没有了市场，巨量的资金没有了去处。就在这个时候，股市的火爆行情将他们的眼球吸引了过来，随之大量的配资公司诞生了。因为他们不具备资本市场基本知识，没有经历过变幻莫测的股票市场，对市场的风险没有足够的认识和切身体会，为了满足他们贪婪的本性，追求利益的最大化，将配资的比例无限扩大，把投资者捆绑在长长杠杆的一头。

股民只要将本钱打入配资公司的账户，配资公司就会根据股民的需要提供3倍至10倍杠杆的资金在股市博弈。本金扩大数倍之后，如果股价上涨，那么股民将获得巨额的回报，但是股价一旦下跌，股民的钱在几天内就能亏光。为了保证他们自己的资金安全，配资公司会在规定的警戒线强制平仓，股民血本无归，而且还要收取高额的利息。按照这样的规则，如果配资4倍到5倍，只需要两个跌停就会让股民赔光本金；如果使用10倍杠杆，则一个跌停板就会赔光，股民将承担巨大风险。

配资公司的大量出现无疑给许多股民营造了一种赌博的心理，使原本理性的投资市场变成了一个无形的赌场。这就无形之中加大了股市的风险。

盛夏的一个下午，史明和几个商界的朋友吃完午饭，习惯性地来到了九州酒店的西餐厅。本来地理位置优越的九州酒店生意一直不错，宽敞的停车场经常没有车位，住宿也是一到下午经常没有客房。可到了今年，生意一下子一落千丈，停车场上停着稀稀拉拉几辆车，酒店里更是没有几个客人，一派萧条、凄凉的景象。

二楼七八百平方米的西餐厅，平日里坐满了男男女女用餐、喝茶聊天谈生意的人，可现在整个大厅经常只坐着四五个客人。服务员也是天天都是新面孔。

刚刚坐下，房地产公司的齐总便感叹道："今年不知怎么了，经济一下子就这么萧条，到处是关停的工厂，到处是关门转让的餐厅、商铺，很多餐厅到了饭口仍然是门可罗雀。2008 年经济危机的时候也没有像现在这个样子。"

冶炼厂的万老板说："我们这个行业更是艰难，几乎全部停产了。工厂当初都是靠银行贷款建起来的，最困难的时候还借用了民间高息贷款。现在工厂停了，本金要还、利息得付，许多老板让讨债的圈到家里或者厂子，动都动不了，多数人都上了银行黑名单。以前都是几个亿身价的大老板，现在负债累累，生不如死。"

担保公司的姜总说："最近胡小东的贷款公司更是热闹，天天都是成群结伙的股民跑到公司连哭带骂、砸东西，打架闹事，要求赔偿的。"

史明问道："怎么回事？"

姜总讯笑着说："他人太聪明了，从今年开始看着实体经济都不景气，他的贷款公司只收不贷，资金趴在账上睡觉，着急了。去年的时候几个老板投资股票，想从他的公司贷点款，他以股票风险太大为由，怎么说也不贷给。可到了今年 5 月的时候，看见人家贷款公司都给做股票的人配资，就眼红了。他们找了个证券公司，开了个公司股票账户，下设了许多个子账户，做起配资业务来。他们也到处找做股票的人，发展客户，主动提供 5 倍左右比例的配资。结果有好多人到他们公司配资炒股，少的几十万，多的几千万。有许多人都是第一次进股市，连股票是什么东西都没有真正弄明白，更不要说了解股票市场的风险了。"

说到这儿，姜总喝了一口茶，润了润嗓子后继续说："结果配资业务开始没有几天就遇上股市暴跌。他们为了自己资金的安全，以强平股票为借口，天天逼着参加配资的股民到处借钱追加本金。随着股市继续的下跌，这些人损失越来越大，再也筹不到钱继续追加本金了。本来这些参加配资炒股的人都是最近生意不好，想在股市挣点钱渡过难关的，结果偷鸡不成白蚀一把米。7 月 9 日，上午一开盘，股市继续大跌，胡小东的贷款公司害怕了，如果再跌他们的资金就要损失了，便下令将这些配资人的股票都强行平仓了。最有戏剧性，也是这些配资炒股的人最不甘心的是，这些人的股票刚刚平仓不到 10 分钟，大盘开始反弹，暴涨起来，平仓的许多股票当天都涨停了。你想这些被强行平仓的人的心情是什么样子，连杀胡小东的心都有了。所以这些人联合起来，天天到胡小东的贷款公司闹事，要求赔偿。"

齐总说道："我听说正和房地产的钟总和水泥厂的洪老板都赔了两千多万。"

姜总笑着说："具体都赔了多少，当事人和贷款公司都不说，一来怕丢人，影响不好，二来都怕银行知道会对他们采取措施。"

万老板气愤地说："胡小东为了自己挣钱，真是把这些人害惨了。"

齐总说道："话也不能这样说，这也是两相情愿的事，愿赌服输。假如这次股市没有暴跌，而是暴涨了，他们不都挣大钱了嘛。"

史明若有所思地说："这都是教训，股市本来就有高风险。配资可以让收益成倍放大，但风险同样是成倍放大，在瞬息万变的市场当中，使用者稍有不慎就会血本无归。配资炒股真是刀架在脖子上跳舞。"

万老板说："最近社会上流传着许多段子，说什么'天将降大任于斯人也，必先让其炒股，先学追涨，后练杀跌，使其身无分文，痛心疾首，然后知道学习技术，掌握消息，最后成就合格股民。'还有一个段子：

小明今天去证券公司开户。

问：多大了？

答：38。

问：结婚了吗？

答：结了。

问：怕老婆吗？

答：怕。

问：住几楼？

答：住 11 楼。

算了，您还是别开户了，我们现在只给 2 楼以下，不怕老婆的人开户……"

姜总打断万老板的话，笑着说："我这里有一个关于炒中国中车股票的股民的一个段子：

一炒股的大哥买彩票中了500万，在领奖台上表情很从容。

记者上台采访：'你准备怎么花这些钱呢？'

大哥很淡定地说：'先把买中国中车借的钱还了。'

记者又问：'那剩下的呢？'

大哥没有马上回答，而是从兜里慢慢地掏出盒烟，45度角仰望天空，点上一根，悠悠地说：'剩下的……剩下的慢慢还呗……'"

齐总吸了一口烟，吐出一连串烟圈后说道："中国的经济到底是怎么了，传统经济这么低迷，好不容易盼来了一波股市行情，本想能驱散一下人们心头的阴霾，没有想到却是这么一个让投资者血流成河的结局。以前的股市波动，就像小孩打架，即使用尽全力，顶多也就鼻青脸肿一下，过几天就好了。现在的股市波动，就像黑社会火拼，动不动就是拔刀拔枪地要你命。这哪是投资啊，简直就是拼命。"

史明一直没有说什么，在别人感觉可笑的段子，他听起来一点也不觉得可笑，反而觉得是对市场的一种讥讽和控诉。假如股市成了政治斗争的工具，成了正反两种势力博弈的战场，那么对于投资者来说就是最大的不幸和悲哀。

从8月份开始，极度的悲哀情绪在市场上蔓延，一个中国股市消灭了50万中国中产阶级的言论在社会上广泛流传起来。

中产阶级，他们由社会各个方面的精英组成，大多具有良好的公德意识和较高的政治、文化修养，是社会发展的中坚力量和社会稳定的基石。

据权威机构报告，2015年6月中旬以来的股市暴跌，造成了中国股民10万亿左右的资产损失。由于中产阶级投资股市的资产数额较大，具备大比例配资的资格，是配资公司的主要客户，在这次股市暴跌中损失最大，结局也最悲惨。

当股市暴跌开始后，面对突然而来的险境，在广大投资者举棋不定、犹豫不决的时候，政府救市的冲锋号让他们放弃了跑路走人的念头，本能地选择了一条与政府同甘共苦、患难与共的道路。尤其是那些参加了配资的投资者，他们尽最大努力到处拆借资金，追加了保证金，希望能多坚守一阵，等到政府救市成功的时刻。

可以说中国的中产阶级是最有觉悟和理想的群体，他们具有很强的民族情结和爱国精神，把自己的命运和国家的命运紧密地联系到一起，他们最信任和支持政府，希望自己的国家强盛起来。

然而，政府的救市行动并没有产生预期的效果，股市继续暴跌，没有给他们再次逃生的机会。大比例的配资，巨大的杠杆像一个张着血盆大口的怪兽将他们多年来的心血吞没了。

可以说，这次政府的救市行动不仅没有减少一部分投资者的损失，反而增大了。正是政府的救市行动使许多人因为放弃了逃生的机会而陷入了万劫不复的境地，也还是政府的救市行动让许多已经逃离了市场的投资者再次进入了股市，再一次遭受了惨痛的损失。

到了 8 月中旬的时候大盘渐渐企稳，许多前期暴跌的股票开始止跌反弹。柏青对于股市后面的走势难以预判，他怕一旦股市强劲反攻，自己空仓坐失良机，于是他决定拿出五分之一的资金买入前期跌幅巨大，最近反弹势头强劲的中科金财和同方股份两只股票。

8 月 14 日，他在自己的账户上分别以 21.2 元左右的均价买入了 50 万股同方股份股票；以 85 元的均价买入了 10 万股中科金财股票。占用资金 1910 万元。

让柏青万万没有想到的是 8 月 18 日股市再次出现了暴跌。由于仓位不重，他开始也没有过于担心，也就没有及时抛出平仓，就是这一疏忽把亏损放大了。

到 8 月 26 日，短短的 6 个交易日大盘上证指数跌去了 1000 多点，跌到了 2927.29 点。自己持有的两只股票跌幅将近 40%，尤其是这 3 天连续 3 个跌停板，中科金财股价跌到了 55.53 元，同方股份股价跌到了 13.15 元。自己持有的 1910 万元的两只股票市值只剩下 1212.8 万元。

最近客户的账户都在空仓，柏青没有去工作室。整整一个上午，他都坐在家里书房的电脑前，失神地看着盘面，脑子里一片混乱。大盘到了这个地步，已经处于严重的超跌，物极必反这是最基本的道理，可盘面不仅没有止跌的迹象反而加速下跌了。自己是割肉平仓出局，还是趁市场暴跌的时候，杀入市场拿到最廉价的筹码呢？他的内心被矛盾和纠结填得满满的，几乎喘不过气来。这是他进入股市这么多年来第一次感到困惑和痛苦。

中午的时候，妻子李静叫他吃饭。

妻子李静是柏青大学的同班同学，是一个有着良好教养、性格温顺、知书达理的女性，是省级新闻媒体专栏的编辑。

他们的爱情生长在大学校园，他们没有花前月下的爱情誓言，却都在无怨无悔、心甘情愿、无所索求地为爱人付出着一切。就在柏青打算辞职专心从事股票投资行业的时候，妻子说："放心去做你喜欢的事吧，即便是不能如愿，这个家还有我撑着呢。"也就是妻子的这句话让他消除了一切忧虑，义无反顾地投入到股市之中。

柏青一副心事重重的样子说："你和老妈吃吧，我实在没有胃口。"

李静轻声细语地说："你都两三天没有好好吃顿饭了，这样下去怎么行？"

柏青为难地说："我真的吃不下去。你们先吃吧，等我想吃了再说。"

李静看见柏青这样，心疼地说："有什么大不了的事让你这样？不就是做股票挣钱嘛，既然你感觉这么为难，那么我们就不做了。钱多少够呢，不要给自己的压力太大了。"

柏青见状，不想再让妻子和母亲为自己担心，便起身随妻子来到了餐厅。

母亲60多岁了，身体一直很硬朗，仍然竭尽全力操持着家里的一切。岁月改变了她的容颜，但没有抹去她脸上坚毅、智慧的神情。

在母亲心里，柏青一直是一个懂事、孝顺的孩子。工作上胆大心细，聪明有主见，敢想敢干，有着远大的志向。这几天儿子茶饭不思、心神不宁的样子，当妈的看在眼里，急在心上。她不知道儿子遇到了什么为难事，她觉得应该帮着儿子排解一下心里的郁闷了。

看见柏青勉强地往嘴里塞着饭菜，母亲不由地开口了："亮亮，这几天你到底怎么了？如果你不嫌妈年纪大，不中用了就说说，看妈能给你出主意不。"亮亮是柏青的乳名，因为他出生在天亮的时候，他长了这么大，母亲叫他乳名的习惯一直没有改。

听母亲这样说话，柏青心里一怔，他不敢再搪塞了。他知道母亲是个很有主见的人，在她身上集中了中国妇女很多优秀的品质，这些品质或多或少地影响了他现在人生观和世界观的形成。母亲不光给了他生命，而且是他最重要的启蒙老师，是母亲教会了他怎样做人做事。正好他也想释放一下内心的烦闷，母亲和妻子是他最亲的人，也是最好的倾诉对象。

他放下筷子说："看妈您说的，我怎么敢嫌您年纪大了，不中用了呢。也没有什么事，你们不要着急，都是我做股票的事。"

母亲问道："股票怎么了，你说说，世上的道理都差不多。"

"今天股市又暴跌了，前几天我买的两只股票，股价跌掉了40%，到今天连续 3 个跌停板了。现在好多几十元钱的股票都跌到 10 元左右，我现在还有大部分的资金闲着，我不知道该怎么办，买进股票吧，又怕大盘继续跌下去；不买吧，担心大盘突然反弹，自己错失良机。所以，这几天我很矛盾、纠结。"柏青告诉了母亲和妻子实情。

母亲沉默了一会儿，表情渐渐凝重起来。她看着柏青，语气坚定地说："做股票太深的东西我不懂，道理和做买卖差不多，都是低买高卖。既然几十元的东西跌到了 10 元左右，这不正是你进货的时候？现在机会来了，你却思前想后的，我以为你这几天怎么了，真是没出息。你现在手里有钱，应该感到高兴，老天给了你个挣钱的机会。再说，即便是赔点钱也没有什么。过去，那么苦、那么穷，我们不都过来了嘛，你怕什么？"

母亲的话没有高深的道理，就像她这个人一样诚实、可信。一语点醒梦中人。柏青眼前豁然一亮，一下子感觉身上轻松了许多。他不好意思地笑着对李静说："媳妇，妈骂得对、骂得好！我今天就决定留点保证我们今后生活的费用，全仓买入股票了，你说怎么样？"

李静笑着说道："只要你觉得对，怎么做我都没意见，坚决支持你！"

看见他们这样，母亲的脸上也露出了笑容。

下午一开盘，他在跌停板的股价上加仓了 10 万股中科金财和 100 万股同方股份，以 7.24 元跌停板的股价买入了 200 万股中天金融股票，以 17.45 元的股价买入了 200 万股赣锋锂业股票。

操作结束后，柏青没有再看盘面，他不想让自己的情绪再受影响。好几天没有出家门了，他要出去找朋友，好好放放风！他关了电脑，穿戴整齐后走出了家门。

当天晚上，在专业网站的资讯中，四只股票的成交龙虎榜上他都看见了自己所在营业部的名字。

8 月 27 日，大盘上证指数高开 1.73%，以 2978.03 点开盘，稍作回调后一路上攻，尾盘报收 3083.59 点，涨幅 5.34%。这一天，他持有的 4 只股票的收盘情况是：

股票名称	持仓量	持仓均价	收盘价	市值	盈亏情况
中科金财	20 万股	70.265 元	57.41 元	1148.2 万元	−257.1 万元
同方股份	150 万股	15.833 元	14.33 元	2149.5 万元	−225.45 万元
中天金融	200 万股	7.24 元	7.34 元	1468 万元	20 万元
赣锋锂业	200 万股	17.45 元	19.2 元	3840 万元	349 万元

就这样柏青凭着自己多年在股市大起大落中的经验，在大多数股民都处于一片恐慌中，不惜血本地割肉离场的时候，他敏锐地意识到股市因短期内急速暴跌而形成的低点已经到来，在母亲的鼓励下再次杀入股市。

看着大盘渐渐企稳，前期跌幅巨大的一些强势股争相反弹，有些股票甚至创了新高。柏青将账户上剩余的资金，加上借用的证券公司部分融资款继续增持了自己新看好的一些股票。

随后，柏青和柳亦农商量后决定将股票投资工作室客户的资金也逐步买入一些近期的强势股，并且使用了证券公司融资，加大了资金总量，全仓买入了近期市场上的强势股票。利用大盘反弹、一些超跌股主力自救的机会，到年底的时候，他们获得了两倍以上的盈利，双丰股票投资工作室掌控的自有资金超过了 4 个亿。

据史明了解，他所熟悉的圈内的几个朋友朱工、杨跃进、高仁谦，因为都提前布局，到 6 月份的时候，都有了不错的收益。并且在看到大盘开始急跌后都分步早早撤离，保住了大部分的胜利果实。

唯一有点遗憾的是儿子史柯，在 5 月 26 日以 36 元买入了 16 万股易联众股票，27 日涨停板后就公告重组停牌。同一天用融资款 18 元买入 30 万股的卓翼科技股票，6 月 2 日涨停板后也公告重组停牌。两只股票至今一直没有开盘。在大盘上涨的时候，买上这样重组停牌的股票是很幸运的事，但大盘暴跌到现在这个地步，这两只股票，一旦复盘不知道会跌到什么程度，确实令人忧虑。幸好，史柯在 5 月 1 日前，从股票账户里转出了 150 万元，给自己买了一辆奔驰 S400 轿车，还算是把损失降低了一些。

10 月 27 日，史柯持有的易联众股票以跌停板开盘，他是在第四个跌停板打开后，以 27.35 元的股价卖出的，账面亏损 138.4 万元。

10 月 28 日，史柯持有的卓翼科技股票以跌停板开盘，他是在第四个跌停板后的第二天以 12.76 元的股价平仓的，账面亏损 159 万元。

史柯将股票全部平仓，归还了证券公司的融资款后，账户上剩余资金是 252.6 万元。

史明在政府采取救市行动后，毫不怀疑政府一定能救市成功，也坚定地看好中国中车的未来，将已经撤离的资金先后三次分批买入了中国中车。到了年底的时候，面对股票账户上出现的巨大损失，他没有恐惧，也没有后悔，他认为无论作为一个老百姓，还是一个投资者，如果不相信自己的政府，那还有什么希望呢？他觉得做人无论成功和失败，总得有点情感和信念。

第三十六章　前路漫漫

欧阳君他们的三和投资公司自7月份为支持政府救市行动，再次进入股市，全仓买入股票后，由于提前做好了充分的精神准备，终于经受住了市场的考验，在这个过程中也历练了自己。

从7月3日他们重新回到股市后，他们买入的3只股票股价一直在下跌。尤其是中国中车股价到8月底的时候，股价最低跌到了9.63元，比他们当初17.11元的买入价跌了7.48元，光他们持仓的147万股中国中车股票就亏损了将近1100万元。尽管三人对出现的情况有足够的心理准备，但中国中车股票的走势还是让他们大跌眼镜、百思不得其解，怎么一个好端端的号称"中国神车"的股票，股价就跌成这个样子了。看来股票市场决不能根据自己的感情来判定一只股票的涨跌。

幸好，郭向阳买入的天齐锂业和赣锋锂业两只股票急跌了几天后，股价又迅速拉了起来，到了8月底的时候，股价基本上和他们的买入价持平，没有多大亏损。

进入9月份后，随着大盘止跌稳定了下来，他们的亏损越来越小，到了月底，他们公司的账面上开始盈利了。真是善有善报，没有想到参与政府救市的这么一个善举，竟给他们带来了盈利，欧阳君他们感到特别开心，为此，在国庆节这一天，他们约了方芳、胡月天还有王东平开车到沙漠冲浪疯玩了一天。

到了12月31日这一天，他们公司持有的3只股票的盈亏情况是：

股票名称	持仓量	持仓均价	收盘价	盈亏情况
中国中车	147 万股	17. 11 元	12. 85 元	-626.22 万元
赣锋锂业	140 万股	17. 81 元	62. 93 元	6316.8 万元
天齐锂业	55 万股	47. 11 元	140. 75 元	5150.2 万元
合计盈利	10840. 78 万元	账户资产	18771. 69 万元	

就连杨阳在郭向阳的建议下，买的 4000 股中国中车、6000 股赣锋锂业、1300 股天齐锂业也盈亏相抵后还盈利 37.54 万元，她的账户上也有了 61 万元的资产。

面对账面上出现的这么多盈利，欧阳君他们仿佛在梦中一般，只是觉得成功和幸福来得意外。当天收盘后，大家待在公司办公室久久不愿离去，尽情地享受着成功后的感觉。

欧阳君说道："这次我们加入政府救市的行列中，获得了意外的成功，真是喜从天降，可喜可贺。当然，这要感谢向阳的辛勤劳动和独特眼光，在近 3000 只股票里挖出了天齐锂业和赣锋锂业两只白马股。"

马富才高兴地拍着郭向阳的肩膀说："向阳简直就是我们的福星和财神，应该给你定做一个 10 公斤的金牌！"

杨阳脸上洋溢着敬佩神情，赞叹道："郭总，这一年多时间的操作真是神来之笔，让人惊喜连连呀！"

郭向阳让他们这么一说，反而有点不好意思了，他红着脸说："这也是欧阳和富才你们对我信任和支持的结果，尤其是在这次参与政府救市的行动中，我们立场和信念高度一致，才有了这次的成功。从这个意义上说，我还要感谢你们呢！真的，和你们一起战斗，我感觉浑身有使不完的劲。"

马富才回过头对杨阳笑着说："杨阳在郭总的领导下，表现也十分优秀，本董事长决定奖励你一辆汽车，明天正好是元旦，你带着你爸妈去车市好好选一辆你喜欢的车。说好了，低于 30 万的车你不要给我往回开，我们三和投资公司的人不能开个低档车，影响我的形象呀！"

马富才从上衣口袋里掏出一张银行卡递给杨阳后说道："这张卡里的钱本来是防备我们参与政府救市出现意外后维持公司运转的费用，现在看来用不着了，你拿上明天买车吧。"

欧阳君开怀地笑着说："富才是世界上最聪明的人，好人都让他当了。"

杨阳听马富才这样说，连忙推开他拿着银行卡的手，紧张地说："不，不，老板这个奖励太重了，我不敢接受！"

郭向阳看到杨阳这个样子，接过马富才手里的银行卡递给杨阳，微笑着说："杨阳不用怕，听董事长的安排，就算哥哥给妹妹的新年礼物。公司盈利了，我们有福同享。再说你开个好车，我们看着也高兴呀。"

杨阳看到他们都真心诚意的，也没有再推辞，接过银行卡，深深地对着他们三个人鞠了一躬后说："谢谢！三位哥哥，我一定好好工作，来报答你们！"

2016 年元旦这一天，杨阳的父母早早就起床了。当昨天女儿回家告诉他们，公司董事长要给她奖励买一辆车后，他们激动得一夜没有睡好。这一年，他们家好事连连，先是杨阳的父亲看着女儿进步越来越大，公司给她又是提职又是加薪，心情好了，病情也就有了明显的好转，自己能独自下地行走，生活基本可以自理了。紧接着，女儿又告诉他们她买的股票又涨了，现在她的账户上有 60 万元钱了。60 万元对他们这样一个家庭来说，可是一个天文数字，放在平时，他们连想都不敢想。现在公司又给女儿奖励一辆汽车，这可是喜出望外呀。女儿刚告诉他们这个消息时，他们还有点担心，在他们的追问下，女儿才告诉他们今年公司挣了很多钱，所以老板一高兴就奖励她一辆车。

其实，车的品牌和型号，她在考取驾驶执照的时候，就有心仪的对象了，只是，那时这些对她来说是一个梦想罢了，她根本不敢奢望自己能有这样一辆爱车。

她心仪的汽车是一辆水晶银色的奥迪 Q5 越野车。她喜欢水晶银的颜色像月亮一样皎洁灵动，给人一种高贵、不可侵犯的感觉。喜欢奥迪 Q5 越野车那独特的运动风格，尤其是车窗下方个性鲜明的飓风线设计，营造出生动的光影效果，在驰骋中会形成一道亮丽的风景。

她站在窗前等出租车的时候，太阳已经爬到了头顶，柔和、灿烂的阳光穿过窗子上的玻璃撒在她的身上，让她感到了难得的温暖，也让她精神振奋，心情变得更加舒畅、开朗，感到生活原来是如此地美好。

她遐想自己驾驶着散发着都市运动气息的水晶银色奥迪 Q5 越野车驰骋穿越在原野的高速公路上，那将是多么美丽的一幅图画呀！

10 点钟，杨阳昨晚就定好的一辆出租车准时停在了她家楼下。她今天要和父母一起到车市买车去，也好顺便让父母出来散散心。

于是，她直接让出租车拉他们来到了开发区的奥迪 4S 店。

奥迪 4S 店装修精美、豪华，宽敞、明亮的展厅里摆满了各种款式、颜色不同的样车。杨阳搀扶着父亲坐在休息区的沙发上后，展厅的服务人员殷勤地为他们送上了饮品。她看着展厅里流动着的看车、买车的红男绿女，心情格外激动，竟情不自禁地自语道："今天，本姑娘也成了有车一族！"

买车的过程很顺利，两个小时后，杨阳驾着新买的爱车，载着父母离开了 4S 店。父亲已经好久好久没有出过小区院子了，她要拉着父母好好看看这个城市，她已经想好，中午还要请父母吃顿海鲜大餐，好好款待一下父母和自己。

2016 年 1 月 4 日，新年股市开盘第一天没有像投资者盼望的那样出现一个开门红，而是以快速、大幅暴跌拉开了新的一年中国股市的序幕，并且很快，一个叫熔断的魔鬼就出现了，着实地让千万投资者目睹了它的狰狞面目。

这天，大盘上证指数以 3536.59 点开盘，随后，开始了急速下跌。盘面上急速向下窜动的指数轨迹就像正在燃烧着的导火索，终于引爆了股民们的恐惧情绪。率先反应过来的股民意识到了巨大的风险向自己袭来，开始疯狂地抛出股票，争先恐后、慌不择路地逃起命来。

随着恐慌性抛盘的涌出，跌停板的股票越来越多，渐渐增加到整版显示屏，接着又开始整版整版地增加，再次出现了千股跌停的凄凉景象，到处哀鸿遍野、满目疮痍。

下午开盘后，大盘的下跌加速了，又有一批股票涌到了跌停板股票的行列中。没有跌停的股票跌幅开始加大，股价的变动不再是以分，而是以角、以元开始变动了。这样的局面仅仅持续了十几分钟，盘面静止了，各股的交易也停止了。好多股民被这突然出现的情况惊呆了，不知道发生了什么事，过了许久才反应过来，原来是大盘指数下跌触发了证监会新制定的第一个5%的熔断阈值，股市强行休市了。这时，股民陷入了更大的恐慌和焦躁之中，丧失了基本的理性和判断力。

好容易等来了股市恢复交易，可交易不到5分钟，下午一点半刚过，铺天盖地的抛单很快将大盘指数打压到第二个7%的熔断阈值，股市再次强行休市。

这一天，中国股市只交易了140分钟。

两天剧烈的震荡之后，1月7日，又是两次熔断，全天只交易了15分钟，成了中国股市20多年历史上绝无仅有的奇葩事件。中国股民在惊愕和恐惧之余，不禁问道：中国股市到底是怎么了？

据说证监会早在3年前就开始酝酿筹划熔断机制，但这个熔断机制实在是个舶来品。在1987年美国股灾后，由美国前财长尼古拉斯·布雷迪领导的一个委员会提出了熔断机制的建议。1988年10月19日，即1987年股灾1周年，美国商品期货交易委员会（CFTC）与证券交易委员会（SEC）批准了纽约股票交易所（NYSE）和芝加哥商业交易所（CME）的熔断机制，此后日本、韩国、新加坡等国的股市相继引进了熔断机制。

这一制度的设计初衷，是当遇到股市短期内的巨幅下跌时，人为中断交易，让市场参与者从恐慌情绪中冷静下来，有时间充分获取各方面资讯，从而重新作出理性的交易判断。应该说，熔断机制在稳定市场、控制风险方面确实起到了一定的作用，曾成功帮助美国从1997年亚洲金融危机引发的大跌中摆脱出来，也曾帮助日本安然度过2011年大地震及震后福岛核电站泄漏事故对股市的冲击。

于是2015年的股灾中，管理层有样学样，同时也是顺应当时许多专家、学者和投资者的呼吁，在2015年9月推出了熔断机制的征求意见稿，并于2015年12月4日正式发布相关规定，于2016年1月4日起正式实施。

正所谓"橘生淮南则为橘，生于淮北则为枳"，为何熔断在美国成为稳定市场的保镖，在中国就成了助纣为虐的凶手？大致分析一下中美股市各自的特点，也许就能得出答案。

第一个是市场参与者的不同。美国股市曾经一度是散户的天下，也曾出现散户交易量占总成交 90% 的情况，还诞生过利佛莫尔这样伟大的独立交易者，但随着市场的成熟，目前机构投资者的占比已上升到 70%，并且还在继续上升中。而中国目前还是散户占比很高的市场，超过 80%。

第二个是交易制度的不同。美国股市没有涨跌停制度，标普 500 指数跌幅达到 7% 和 13% 时触发交易暂停；跌幅达到 20%，当天提前收市。而中国股市本来就设置了 10% 的涨跌停板制度，如今再加上 5%、7% 的熔断阈值，真是多此一举。而且因为这两个熔断值和涨跌停板距离太近，等于给了空头明显的进攻目标，从跌幅 5% 到跌幅 7% 只有两个百分点，1 月 4 日花了 6 分钟就达到，1 月 7 日更是只用了 3 分钟就达到了。为什么？因为一旦达到 7% 的跌幅市场就丧失了流动性，在不明真相的情况下，投资者最理性的选择就是抛出股票，锁定亏损，赢得确定性。因为这个市场最可怕的不是亏损，而是在不确定的未来中还能不能交易。

中国证券市场会聚了太多的利益，承担了太多的责任，更凝聚了太多的期望，不是一个或几个"不喜欢数学"、不参与市场交易的技术官僚闭门造车、一拍脑袋就能把两亿股民拿来公测的。

监管层不得不连夜叫停刚刚出台的熔断新政，投资者对监管层的执政能力提出了质疑和谴责。

股市仍然在下跌，广大股民再次陷入了无边的痛苦和煎熬之中。

俗话说：乐极生悲。就在欧阳君他们三和投资公司沉浸在去年成功后极度的欢乐和喜悦中的时候。1 月 4 日，九点半开盘以后，大盘开始下跌，并且，下跌速度越来越快。郭向阳看到他们持仓的 3 只股票也在下跌，尤其是天齐锂业和赣锋锂业股票的盘面上只有零零星星几手几手的买单，自己想卖也没有办法卖，只能干看着，他猛然想到杨阳也有这些股票，连忙说："杨阳，快把你手里的股票全部平仓！快，你的股票少，能跑出来。"

杨阳听到郭向阳的指令后，飞快地敲着键盘操作着。不到 3 分钟，她的股票全部卖出了。

"郭总，卖完了。"杨阳报告说。

"快去把两位老板叫来。"郭向阳说道。

几分钟后，欧阳君和马富才走到了郭向阳身边。

郭向阳说道："今天大盘大跌，我们的股票也跌得很厉害，可是想抛也没有办法抛呀，没有买单，我们只要一抛，肯定会把股价砸到跌停板，如果持仓少也不说了，我们总不能把自己的股票往跌停板砸吧。"郭向阳不停地转换页面，查看着他们持仓的 3 只股票的盘面。

听郭向阳这样说，欧阳君和马富才一时也没有了主意。

马富才说道："向阳，不要太着急，我们的持仓成本那么低，我们怕什么。现在情况不明，等等看，是不是又出什么利空消息了。"

欧阳君说道："不管咋样，我们能出来多少算多少。杨阳，天齐锂业和赣锋锂业比现价低报 1 元各卖出两万股，我们看看盘面反应。"

再次响起了杨阳操作的键盘声。盘面上立刻显示出了他们刚报出的卖单，赣锋锂业股票成交了 5000 股，天齐锂业成交了 2600 股，股价都跌下去了 1 元钱。随着他们的卖单下面出现了更低价的卖单，卖单之间的差价超过了 1 元。

盘面上连几手的买单竟然都消失了。

这时，他们才意识到了问题的严重性，只要他们再抛，肯定会把股价砸到跌停板。

欧阳君对杨阳说："杨阳，把我们的卖单撤掉吧。"

马富才宽慰道："卖不掉就不卖了，我们这一路走来，这种情况遇见的还少？最后股价不是照样涨上来了嘛。"

欧阳君感慨地说："也是，富才说得有道理。当初如果我们不是参与政府救市，抱着慷慨赴死的决心，这两只股票不会持有这么长时间，也不会挣这么多钱。"

听欧阳君和马富才都这样说，郭向阳内心的压力减轻了不少，他对杨阳说：

"杨阳，你盯着，一旦盘面上出现5000股以上的买单，你就卖给它，能卖出多少算多少吧。"

郭向阳让杨阳盯着盘面，他迅速地查阅着重要的证券类网站关于今天股市暴跌的文章，看来看去也无非就是美国有连续加息的预期、人民币近期持续贬值和证监会将强推注册制导致股市大跌之类的观点，并没有突发性的事件发生。

天齐锂业和赣锋锂业的买盘上仍然没有出现大的买单，杨阳在着急地等待着。

十点五十分后，天齐锂业和赣锋锂业几乎同时跌停板了。

下午开盘10分钟后，大盘第一次出现熔断。十几分钟后恢复交易，4分钟后再次出现熔断。

这一天的交易在这一刻戛然而止。各股静止了，大盘静止了，中国股市静止了。这种静止让人感到不寒而栗，感到失魂落魄般的恐惧，仿佛世界的末日来临一样。

接下来5日、6日两天，股市给了欧阳君他们逃生的机会，然而，经过商量后，他们却毅然决然地放弃了。

柳亦农在熔断的这几天里损失也是惨重的。

去年股市的大跌他不仅没有受到损失，反而在8月底的时候，他把全部的资金加上证券公司的融资款全仓买入了看好的股票，到年底的时候，他个人的股票账户上资产净值已经超过了7000万元，从行情开始前的400万元到年底的7000多万元，资产翻了18倍，不能不说他的操作水平达到了炉火纯青的地步。眼看着自己股票账户上的资产净值在不断增长，离实现1个亿财富梦想的距离越来越近，此时，他春风得意，斗志更加昂扬。

年底的时候，他看着大盘似乎走好了，便将自己股票账户上新增的融资额度又全部买入了看好的股票，持仓的股票市值超过了1.3个亿。

新年开始的第一个交易日就迎面泼了他一身冰水，然而，这一切并没有引起他足够的重视，以至于采取断然措施，及时减仓止损，保住自己的胜利果实。而是，侥幸地认为开盘下跌只是主力玩的一个把戏而已，没人理他，玩得没意思后，大盘还得继续上涨。

然而，盘面的变化出乎他的预料，眼看着大盘指数继续向下砸去，他持仓的6只股票，有4只都跌停板了，他才意识到了问题的严重性，可是已经晚了，此时，他想卖也卖不出去了，只能听天由命，等着奇迹发生。

柳亦农没有等来奇迹的发生，而是等到了两个熔断后的交易所的强行休市。

新年开盘的第一天，他就受到了重创，资金损失超过了1000万元。

接下来的几天，随着大盘的下跌，柳亦农账户上资产的损失在继续增大，不到3个交易日，损失将近2000万元。账户上的融资额度变成了负数，这他才真正意识到了加上融资杠杆后的风险，不得不开始减仓。由于他手中的一些小盘股的持仓量太大，加上大盘下跌，成交稀少，平起仓来十分困难，本来就在下跌途中的盘面出现了他的大额卖单，其他散户们争先恐后地挂出了更低价的卖单，他的卖单很难成交。最后他只得看见盘面上积攒了一定数量买单后，报入卖单，将这些买单全部扫光。这样做的结果就是，他持有的股票，硬是让自己把股价砸了下去。

1月7日的再次熔断，他持有的股票几乎全部跌停，幸亏他已将融资买入的股票几乎全部平仓，将损失减少了一半。尽管这样，这几天账户上资产的损失还是让他触目惊心，心痛不已。这一天收市，他账户上的资产净值为5000多万元。到这个份儿上，再割肉平仓似乎不是明智之举，他只能横下一条心，随它去吧。

下午收市的时候，柳亦农接到了史明打来的电话，约他一起到九州酒店的茶座喝茶。经历了20年股市血雨腥风的考验和洗礼，他已经养成了一种临危不惧、内心豁达的习惯，可以把一切忧虑和痛苦深深地埋在心底，脸上露不出一丝痕迹。

20分钟后他们坐在了茶座里，两个人没有了往日的洒脱，尽管都在极力地抑制着自己的情绪，但面部表情仍然显露着凝重和忧郁。

史明问柳亦农："两次熔断损失怎样？现在仓位重吗？"

柳亦农说道："损失很大，熔断前我是带着全部融资满仓持股的，现在只把融资的仓位平了，自己的钱赔就赔了吧，到这个时候也实在没有办法了。你呢？"

史明苦笑着说："我还是全仓中国中车，这几天损失也不小，我几乎是从30

多元的股价拿到现在 10 多元了，140 万股损失可想而知。"

柳亦农喝了一口茶后说道："你这个人就是感情用事，没有想到你对中国中车有这样深的情结。"

史明点燃一支烟吸了起来，脸色也阴沉了下来，过了一会儿才说道："这波行情我犯了一个致命的错误，就是把所有的精力都放在了中国中车上，脑子一直不转弯，丢掉了许多机会。我对中国中车一直心存幻想，割舍不了。投资股票应该随行就市、尊重市场，切忌一意孤行、感情用事。"

柳亦农问道："你对这两次熔断怎么看？"

史明思考了一会儿说道："客观地讲市场的暴跌是基本面发生了变化，和熔断机制没有直接的关系。是市场的暴跌引发了熔断，而不是熔断机制的实行引起市场的暴跌。"史明狠劲地吸了几口烟后，继续愤然地说道："现在的股市只是圈钱市。你看：天天发新股是圈钱；新股上市还是圈钱；解禁股票是圈钱；增发股票是圈钱；推行注册制更是填大坑。股市成了掠夺的竞技场，券商、企业、大股东、银行，任何人的利益都考虑了，唯独没有考虑广大股民的利益。现在美国经济强劲，美元大涨，美元加息预期增强，资金外逃现象严重，这样的股市不跌才怪了呢。我甚至想现在还是撤离股市的机会。"

柳亦农听史明这样说，脸上也露出了困惑的表情，他说："像我们这些把股票投资作为职业的人，完全离开市场根本做不到，再说，一旦离开了市场，对市场的感觉也就中断了。"

史明听他这样说，也不知道说什么好了，两个人都陷入了沉默之中。

这时，只见窗外的天空上飞舞起雪花，那一片片的雪花像烟雾一样轻盈，像白玉一样洁白，飘飘洒洒，纷纷扬扬从天而降，亲吻着久别的大地，就像一个久别故土的游子，扑入了亲娘的怀抱。

雪继续下着，雪花越来越密集，缓缓飘落下来。

史明的心仿佛被这小精灵一样美丽、可爱的雪花滋润了一般，渐渐淡定了下来，不禁生出一分温情。他盼望着它能带来一场真正的大雪，把这个世界上的污垢和丑陋都深深地埋葬掉。

"史明，你对以后的生活有什么打算？"

柳亦农的话打断了他的思绪，他收回了凝视着窗外的目光，整理了一下思绪后说道："我感觉在股市所有的利益群体都在窥视和抢劫着小散股民的血汗钱，这是一个极端没有公理、公平和道德良知，充满了邪恶、丑陋、贪婪的地方。我已经厌倦了股市的血雨腥风和奸猾诡诈，想离开这个市场。"说着，他又点燃一支烟吸了起来，过了一会儿他接着说："我一直想远离喧闹的城市，找一个僻静的地方，比如道观、寺院住一段时间，沐浴一下自己的心灵，整理一下自己的思绪，反省一下自己这么多年来走过的路。我想动笔记述一下这些年的心路历程，也算是对自己有个交代。"

"也是，你这些年经历也够丰富了，值得好好总结一下。"柳亦农的思绪也似乎从股市暴跌带给自己的不快中解脱了出来，淡淡地附和说。

史明听他这样说，便正色地说："写回忆录好像还有点早，我想写写自己经历的中国股市的20年。写写中国股市20年的发展史和一些重大事件，讴歌一下中国股民在国家的经济建设和发展中前赴后继做出的巨大贡献，讲述一下中国股民在这20年里的辛酸史，以及他们对中国经济做出的巨大贡献和付出的惨重代价，给广大股民一个公正的评价。"

说到这儿，史明的心情有些激动。他又点燃了一支烟吸了几口，把烟灰弹到了烟灰缸里后说道："现在还有不少人认为股民多是些不务正业、投机取巧的人，把投资股票和赌博等同起来。可谁想到，如果没有中国股市就没有今天中国经济的巨大成就；没有千千万万股民参与和做出巨大牺牲，就不会有现在3000家支撑着中国经济的上市公司。可以说千千万万的股民也是中国改革的先行者和推动者，是付出代价最沉重的人，他们是中国经济高速发展的铺路石。可正在享受着社会高度物质文明和精神文明的人有谁想到这一点呢？所以，我心里一直很不平顺，我就想为中国股民鸣冤叫屈，还他们一个公道。"

史明的话说到了柳亦农的心灵深处，引起了他强烈的共鸣，他动情地说："你的想法让我很感动，股民在当今社会有些人的眼里就是些不务正业、喜欢投机的赌徒，这些人把自己的无知和愚昧标榜成自己的高尚和纯粹，确实令人可悲可叹，又让人厌恶。我现在和圈外的人在一起的时候，尽量避免提到自己投资股票的事，我厌倦了那种诧异和鄙视的目光。"

史明思索了一会儿说道："其实这些还不是最重要的，重要的是中国股民的生存环境太险恶了。在美国等成熟的市场大多数投资者都是挣上市公司的钱，而中国则是上市公司的大股东以及相关的利益团体，还有一些资本大佬在抢掠和瓜分中小股民的血汗钱。股市变成了屠宰竞技场。"

他停顿了一下后愤慨地说："最近证监会高官、私募大佬被抓，这只是发现的，还有多少没有发现的金融腐败和金融强盗。这些人的巨额财富是哪里来的？不都是通过股市抢劫中小股民的吗？尤其是这次做空中国股市的力量敢与政府抗衡，可见力量有多么强大，他们操控的资金富可敌国，令人不寒而栗呀！"

就在这时，史明接到了方芳的电话："史明你在哪儿，我已经和朱工、杨总约好了，晚上我们一起聚聚，你把柏青和柳亦农也请上。"

史明说道："好吧，我正和柳亦农聊天呢。待会儿，我给柏青通知一下。哎，方芳，你把欧阳那几个年轻人也叫上，大家一起聊聊，我喜欢那几个年轻人。"

方芳答应说："好吧，我也正好有这个意思。那好，一会儿我把聚会的地方发给你。"

史明和方芳通完电话后，他给柏青打了电话，约他晚上大家一起聚聚。史明想：中国股市最近发生的事太多了，大家应该坐下聊聊，互相探讨一下了。

到了 2016 年 2 月初，春节前的时候，大盘上证指数创下了 2638.30 的新低点。欧阳君他们三和投资公司股票账户上重仓持有的 3 只股票都有了巨大的跌幅，资产损失超过了 40%，按当时的股价计算，持仓股票的市值缩水超过了 6000 万元。

郭向阳看着公司账户上资金损失这么大，突然想到了王东平，不知道他现在是空仓还是又持仓了，情况怎样。他拨通了王东平的电话，问道："王师傅，你又买入股票了没有？"

电话里传来了王东平的声音："我上次卖出以后就再也没有进。"

郭向阳说道："那我就放心了，这两天有空我们坐坐，好久不见了。"

王东平说："谢谢你，向阳，老让你为我操心！我现在在青海呢，等回去了我找你。"

郭向阳感到奇怪，问道："你到青海做什么去了？"

过了一会儿，王东平才说道："我和领导请了10天假，要去青海大通看看牺牲的战友马占福的母亲，这一直是我的一块心病，憋在心里难受呀。完了我还要到云南文山烈士陵园去看看我的战友，这么多年了，我真的好想他们呀，每当想起他们的时候，我就感觉撕心裂肺的痛呀！我就想到他们的坟头去看看，点上一炷香，和他们说说心里话。"说到这儿，郭向阳感觉到了王东平的声音有些哽咽。

郭向阳被他的真情感动了，过了许久才说："王师傅，你到陵园后，请你代我献上一个花篮给烈士们，也替我给他们鞠上三个躬！"

王东平说道："向阳你放心，我一定会的。"

放下电话，郭向阳感情特别复杂。他的心仿佛也随王东平到了中国西南边陲的烈士陵园，他看到了青山绿水之间那一排排屹立着的墓碑，心里有一种被揪了一下的疼痛。

股市延续着下跌趋势，绿色的盘面给人黑夜一般的感觉，巨量的抛单压在盘面上，就像压在人们的心上，偶尔出现的星星点点的买单并没有让冰封的盘面出现生机，反而更让人感到凄凉、孤寂。低迷的股市让人觉得比西北的严冬更萧瑟和寒冷。

看着股市盘面，欧阳君他们三个年轻人没有忧虑和恐惧，更没有动摇看好中国经济发展的信心。"冬天来了，春天还会远吗？"他们坚信祖国的伟大复兴之梦一定能实现，中国的股市一定会好起来。